# 한끝

# 진도 교재

# 3·2

초등 국어

# 구성과 특징

## 진도 교재

### 단원 들어가기

**o 단원 도입**

국어과 교과 역량, 단원명, 단원에서 배울 내용을 알아봅니다.

**o 교과서 핵심**

단원에서 배울 학습 내용을 한눈에 들어오는 핵심 정리와 확인 문제로 알아봅니다.

### 『국어』 학습 준비 >> 기본 >> 실천

❶ 국어과 역량을 키워 주는 제재나 활동

❷ 교과서 핵심 개념 정리

❸ 교과서 핵심 개념이 구현된 문제

❹ 국어과 역량이 구현된 제재나 활동 관련 문제

- 준비에서 앞으로 학습할 단원 목표와 내용을 쉽게 이해할 수 있습니다.
- 기본에서 핵심 개념과 관련된 다양한 형태의 문제를 통해 기본적인 학습 내용을 충분히 익힐 수 있습니다.
- 실천에서는 기본에서 학습한 내용을 실천할 수 있는 다양한 활동 문제를 구성하였습니다.

## 『국어 활동』 학습 기본 학습 관련 활동 >> 기초 다지기

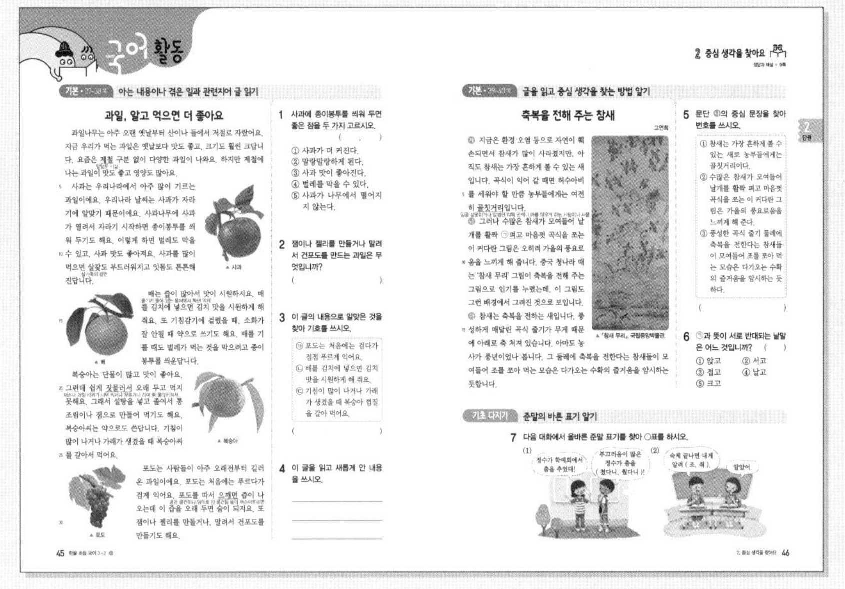

- 국어 활동은 기본에서 학습한 내용을 연습하고 다질 수 있는 문제와 국어 활동의 기초 다지기에 나오는 '쓰기, 발음, 어휘' 활동의 문제로 구성하였습니다.

## 단원 마무리

- **단원 마무리**
  단원에서 배운 내용을 빈 곳을 채우며 정리합니다.
- **단원 평가**
  꼭 나오는 핵심 문제로 단원에서 배운 내용을 확인합니다.
- **서술형 평가**
  답을 글로 쓰는 서술형 문제로 단원에서 배운 내용을 다시 한번 확인합니다.
- **교과서 낱말 퀴즈**
  교과서에 나오는 낱말을 재미있는 만화와 함께 퀴즈로 풀어 봅니다.

## 평가 교재

### 단원 평가 대비

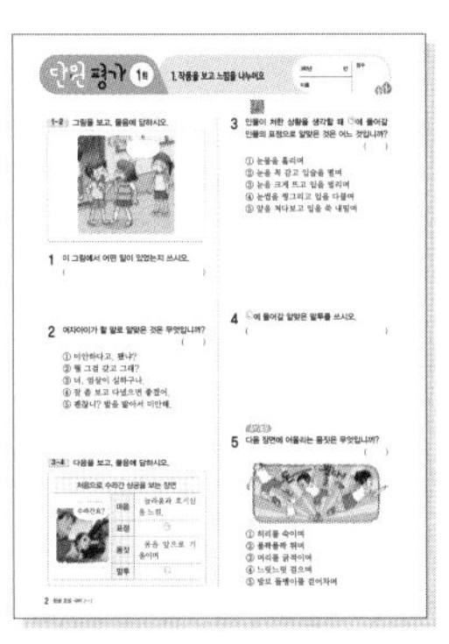

[단원 평가]

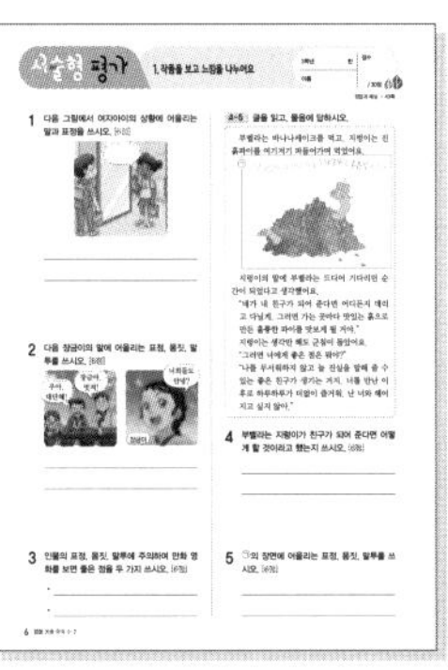

[서술형 평가]

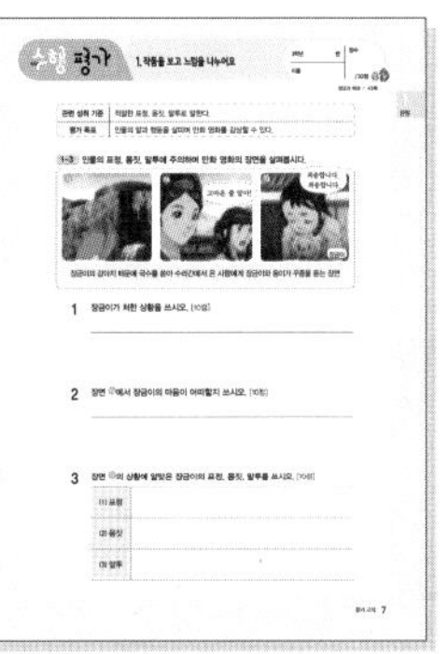

[수행 평가]

### 중간·기말 평가 대비

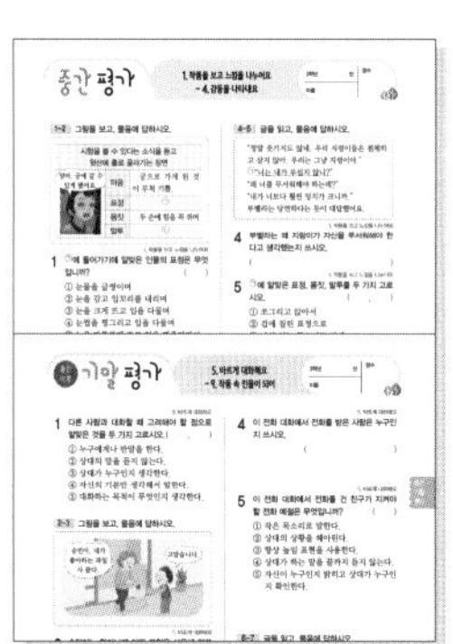

[중간·기말 평가]

# 차례

## 3-2 가



## 3-2 나

독서 단원

# 책을 읽고 생각을 나누어요

이 단원은 '한 학기 한 권 읽기'를 실천하는 단원입니다.
독서 단원은 한 학기 동안 언제든지 공부할 수 있습니다.
학교 수업에 맞추어 활용하세요.

## 독서 활동

**[독서 준비]**
읽을 책을 정하고 내용 예상하기

**[독서]**
책 읽기 방법을 정하고 인상 깊은 내용을 정리하며 읽기

**[독서 후]**
책 내용을 간추리고 생각 나누기

# 독서 준비

## >> 읽을 책을 정하고 내용 예상하기

### 1 읽을 책 정하기

○ 경험 나누기

① 지금까지 읽었던 책 가운데에서 가장 좋았던 책을 떠올려 보고, 그 책을 어떻게 골랐는지 함께 생각해 봅니다.

② 책을 고르는 과정은 친구마다 다를 수 있습니다. 친구들의 이야기를 듣고 어떻게 책을 고를 수 있을지 생각해 봅니다.

예

나는『행복한 왕자』라는 책이 가장 좋았어. 이 책은 친구가 지금까지 읽었던 책 가운데에서 가장 깊은 감동을 받은 책이라고 추천해서 읽었어.

나는 평소에 식물 가꾸는 것을 좋아해. 그래서 도서관에서 식물에 대한 책을 찾다가 책 제목이 마음에 들어서『식물 관찰』이라는 책을 읽었어.

○ 책 찾아보기

① 책을 고르는 방법을 알아봅니다.

- 평소에 관심이 많았던 분야의 책인가요?
- 책 내용에 대해 더 알고 싶은 것이 있나요?
- 다른 사람들이 추천한 책인가요?

② 책을 고르는 자신의 기준을 만듭니다.

예

선생님이나 형, 누나가 추천해 주는 책을 읽으면 내게 도움이 돼.

나는 책 앞표지와 뒤표지를 꼼꼼하게 읽어. 거기에는 책을 고르는 데 도움이 되는 내용이 많이 담겨 있거든.

○ 누구와 읽을지 정하기

| | |
|---|---|
| 혼자 | 자신이 읽고 싶은 책을 혼자 골라 읽어요. |
| 짝 | 짝과 읽고 싶은 책을 함께 골라 읽어요. |
| 모둠 | 모둠 친구들과 의논해 읽고 싶은 책을 함께 골라 읽어요. |

○ 읽을 책 결정하기

**혼자서 읽을 때**

마음에 드는 책이 여러 권일 때에는 제목이나 표지 같은 것을 자세히 살펴보고 결정합니다.

예

이 책은 친구가 추천한 책인데 책 속 그림들이 굉장히 흥미로워서 읽고 싶어.

**친구와 함께 읽을 때**

- 친구들과 함께 읽고 싶은 책을 골라 보고 그 까닭을 생각해 봅니다.
- 함께 읽고 싶은 책을 친구들에게 소개하고, 친구들은 어떤 책을 함께 읽고 싶어 하는지 알아봅니다.
- 친구들이 소개한 책을 보고 어떤 책을 함께 읽으면 좋을지 이야기해 봅니다.

예

보라색 책은 사서 선생님께서 우리가 함께 읽고 이야기하기에 좋은 책이라고 하셨어.

- 친구들과 의견을 모아 함께 읽고 싶은 책을 결정합니다.

### 2 제목과 표지를 살펴보고 내용 예상하기

① 책 제목과 앞표지를 보고 떠오르는 것을 이야기해 봅니다.

② 책 제목과 앞표지를 보고 책에 어떤 내용이 나올지 예상해 봅니다.

③ 책 뒤표지에 나오는 글을 읽고 책 내용을 예상해 봅니다.

④ 책 뒤표지를 보면 책 내용이 간략하게 소개돼 있어 책 내용을 예상하는 데 도움이 됩니다.

## 독서

### » 책 읽기 방법을 정하고 인상 깊은 내용을 정리하며 읽기

#### 1 읽기 방법 정하기

친구와 번갈아 가며 읽기

혼자 소리 내지 않고 읽기

어떤 방법으로 읽을까?

?

선생님께서 읽어 주시는 내용 듣기

모둠 친구들과 돌아가며 읽기

#### 2 인상 깊은 내용을 정리하며 책 읽기

① 책 내용에 따라 소제목이나 쪽수를 기준으로 책을 나누어 읽을 수 있습니다.
② 인상 깊은 내용을 정리하며 책을 읽으면 책 내용을 좀 더 오래 기억할 수 있고, 자신이 읽어 나간 기록을 남김으로써 꾸준히 책 한 권을 읽어 나가는 습관을 기를 수 있습니다.

예

책 제목: 『우포늪 이야기』

| 읽은 날짜 | 읽은 쪽(소제목) | 인상 깊은 내용 |
|---|---|---|
| 9월 5일 | 10~17쪽 (「우포늪의 사계절」) | 우포늪에서는 1년 내내 다양한 동식물, 특히 희귀한 생물들의 모습을 가까이에서 볼 수 있다는 것이 놀라웠다. |
| 9월 6일 | 18~22쪽 (「우포늪 지키기」) | 우포늪을 지키려고 많은 사람이 노력했다는 사실이 인상 깊었다. |

## 독서 후

### » 책 내용을 간추리고 생각 나누기

#### 1 책 내용 간추리기

① 책 한 권을 끝까지 읽고 나서 책 내용을 간추려 봅니다.
② 이야기 글을 읽고 나서 누가, 언제, 어디에서, 무엇을 했나를 생각하며 그림으로 표현해 봅니다.
③ 설명하는 글을 읽고 나서는 중요한 낱말을 중심으로 내용을 정리한 뒤에 관련 있는 그림을 그려 간추려 봅니다.

#### 2 생각 나누기

**선택 1 새롭게 안 내용 정리하기**

① 책을 읽고 새롭게 안 내용 정리하기
- 읽은 책 제목을 씁니다.
- 책을 읽고 새롭게 안 점과 더 알고 싶은 점을 씁니다.

② 정리한 내용 이야기하기

**선택 2 책 소개하기**

① 상자를 활용해 책 소개하기

> 책 소개 상자 만드는 방법
>
> 〈준비물〉 종이 상자(물건 상자 등)
> - 앞면: 책에서 기억에 남는 장면을 그린다.
> - 오른쪽 면: 이야기 배경과 등장인물을 소개한다.
> - 왼쪽 면: 줄거리를 간단히 쓴다.
> - 뒷면: 책 내용이나 궁금한 점을 질문으로 만든다.
> - 윗면: 책에 별점을 매긴다.

② 발표 및 전시하기

**선택 3 비슷한 점과 다른 점 찾기**

① 책 속 인물과 자신의 비슷한 점과 다른 점 찾기
- 동그라미 두 개를 겹쳐 그리고, 동그라미가 겹치는 곳에는 등장인물과 자신의 비슷한 점을 쓰고, 겹치지 않는 곳에는 등장인물과 자신을 비교해 다른 점을 씁니다.

② 정리한 내용 발표하기

정답과 해설 ● 2쪽

**1** 친구들과 함께 읽고 싶은 책과 그 까닭을 쓰시오.

| (1) 함께 읽고 싶은 책 | (2) 함께 읽고 싶은 까닭 |
|---|---|
| | |

도움말 추천 도서, 다른 사람의 소개, 신문이나 잡지의 광고, 자신이 평소 좋아하는 분야 등과 관련지어 친구들과 함께 읽고 싶은 책을 선택하고 그 까닭을 씁니다.

**2** 다음은 책을 읽고 인상 깊은 내용을 어떤 방법으로 정리한 것인지 쓰시오.

책 제목: 『우포늪 이야기』

| 읽은 날짜 | 읽은 쪽(소제목) | 인상 깊은 내용 |
|---|---|---|
| 9월 5일 | 10~17쪽<br>(「우포늪의 사계절」) | 우포늪에서는 1년 내내 다양한 동식물, 특히 희귀한 생물들의 모습을 가까이에서 볼 수 있다는 것이 놀라웠다. |
| 9월 6일 | 18~22쪽<br>(「우포늪 지키기」) | 우포늪을 지키려고 많은 사람이 노력했다는 사실이 인상 깊었다. |

- 
- 

도움말 책을 여러 날에 걸쳐서 나누어 읽을 때에는 쪽수나 소제목을 기준으로 조금씩 나누어 읽고, 인상 깊은 장면을 정리해 두면 책 내용을 기억하기 쉽습니다.

**3** 책을 골라 읽고 새롭게 안 점과 더 알고 싶은 점을 정리하여 쓰시오.

| (1) 책 제목 | |
|---|---|
| **(2) 새롭게 안 점** | **(3) 더 알고 싶은 점** |
| | |

도움말 책을 읽고 내용을 간추리기 위해 새롭게 안 점과 더 알고 싶은 점을 떠올려 봅니다.

역량 함께 이야기하기

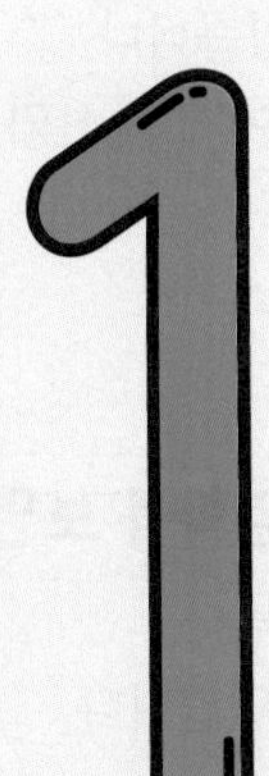

# 작품을 보고 느낌을 나누어요

무엇을 배울까요?

준비

- 표정, 몸짓, 말투에 주의하며 말하면 좋은 점 알기

기본

- 만화 영화를 보고 표정, 몸짓, 말투의 특징 알기
- 인물의 말과 행동을 살피며 만화 영화 감상하기
- 인물에게 알맞은 표정, 몸짓, 말투를 생각하며 작품을 읽고 대화 나누기

실천

- 이야기 극장 만들기

## 1 표정, 몸짓, 말투에 주의하며 말하면 좋은 점

① 듣는 사람에게 자신의 마음을 더 잘 전할 수 있습니다.
② 알맞은 표정, 몸짓, 말투로 말하면 듣는 사람에게 자신의 생각을 더 생생하게 전할 수 있습니다.

## 2 인물의 표정, 몸짓, 말투에 주의하며 만화 영화를 보면 좋은 점

① 만화 영화의 줄거리를 이해하는 데 도움이 됩니다.
② 인물의 표정, 몸짓, 말투에서 재미를 느낄 수 있습니다.
③ 만화 영화를 더 재미있게 볼 수 있습니다.

## 3 인물에게 알맞은 표정, 몸짓, 말투를 생각하며 작품 읽기

① 등장인물의 표정, 몸짓, 말투를 상상하며 글을 읽습니다.
② 이야기 속 장면을 골라 알맞은 표정, 몸짓, 말투로 표현해 봅니다.

인물이 일을 겪는 상황에서 어떤 마음이 들었을지 생각해 봅니다.

③ 그림으로 표현할 이야기 속 장면을 고르고, 그 장면을 고른 까닭을 씁니다.
④ 인물의 표정과 몸짓이 잘 드러나게 그림으로 표현해 봅니다.

예 「거인 부벨라와 지렁이 친구」를 읽고 이야기 속 장면을 골라 알맞은 표정, 몸짓, 말투로 표현하기

| 장면 | 표정, 몸짓, 말투 |
|---|---|
| 너는 내가 무섭지 않니? | 쪼그리고 앉아서 놀란 표정으로 목소리를 높여 말함. |

## 4 이야기 극장 만들기

① 모둠 친구들과 함께 '이야기 극장' 놀이로 표현하고 싶은 작품을 고릅니다.
② 선택한 작품에서 어떤 장면을 표현할지 정합니다.
③ 이야기에 나오는 인물을 생각해 보고 어떤 역할을 할지 모둠 친구와 함께 의논하여 정합니다.
④ 인물의 표정, 몸짓, 말투를 생각하며 주고받는 말을 써 봅니다.
⑤ '이야기 극장' 놀이를 하고 역할을 잘 표현한 친구를 칭찬합니다.

> '이야기 극장' 놀이를 할 때에는
> • 상황에 어울리는 표정과 말투로 말합니다.
> • 자연스러운 몸짓으로 뜻을 분명하게 전달합니다.

### 핵심 확인문제

정답과 해설 ● 2쪽

1 표정, 몸짓, 말투에 주의하며 말하면 듣는 사람에게 자신의 마음을 잘 전할 수 없습니다.
( ○, × )

2 알맞은 표정, 몸짓, 말투로 말하면 듣는 사람에게 자신의 □□을/를 더 생생하게 전할 수 있습니다.

3 인물의 표정, 몸짓, 말투에 주의하며 만화 영화를 보면 만화 영화의 ( )을/를 이해하는 데 도움이 됩니다.

4 인물의 표정, 몸짓, 말투에 주의하며 만화 영화를 보면 인물의 표정, 몸짓, 말투에서 재미를 느낄 수 있습니다.
( ○, × )

5 '이야기 극장' 놀이를 할 때에는 □□에 어울리는 표정과 말투로 말합니다.

# 준비 표정, 몸짓, 말투에 주의하며 말하면 좋은 점 알기

정답과 해설 ● 2쪽

● 평소에 자신의 마음을 어떤 표정, 몸짓, 말투로 표현하는지 떠올려 보기

가

나

다

라

• **그림 설명**: 고마운 마음을 표현해야 하는 상황과 미안한 마음을 표현해야 하는 상황이 나타나 있는 그림입니다.

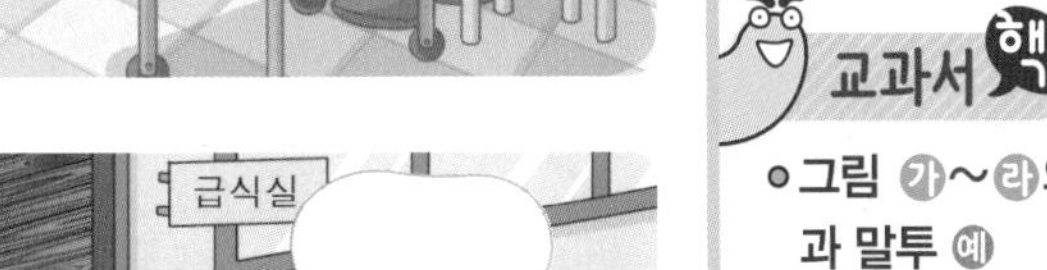


● **그림 가~라의 상황에 알맞은 표정과 말투** 예

| | |
|---|---|
| 그림 가, 나 | 고마운 마음을 표현해야 하는 상황에 알맞은 웃는 표정과 고마워하는 말투 |
| 그림 다, 라 | 미안한 마음을 표현해야 하는 상황에 알맞은 미안해하는 표정과 진심이 담긴 말투 |

**1** 그림 가~라가 어떤 상황인지 파악하여 빈칸에 알맞은 그림의 기호를 쓰시오.

| | |
|---|---|
| (1) 고마운 마음을 표현해야 하는 상황 | |
| (2) 미안한 마음을 표현해야 하는 상황 | |

교과서 문제

**2** 그림 나에서 여자아이가 할 말로 알맞은 것은 어느 것입니까? (　　)

① 늦어서 죄송합니다.
② 앞으로 열심히 하겠습니다.
③ 기다려 주셔서 감사합니다.
④ 상처를 치료해 주셔서 고맙습니다.
⑤ 우리를 안전하게 지켜 주셔서 고맙습니다.

핵심

**3** 그림 다에서 여자아이는 남자아이에게 어떤 말투로 말해야겠습니까? (　　)

① 격려하는 말투
② 칭찬하는 말투
③ 화를 내는 말투
④ 미안해하는 말투
⑤ 부러워하는 말투

논술형

**4** 다음과 같은 그림 라의 상황에서 여자아이가 해야 할 표정, 몸짓, 말투를 쓰시오.

여자아이가 남자아이의 발을 밟은 상황

| | |
|---|---|
| (1) 표정 | |
| (2) 몸짓 | |
| (3) 말투 | |

# 준비



● 어떤 일이 일어났는지 생각하며 그림을 보고, ㉯와 ㉰에서 표정과 몸짓이 어떻게 다른지 알아보기

㉮

㉯

㉰

• **그림 설명**: 같은 말을 해도 표정과 몸짓에 따라 뜻이 다르게 전달될 수 있음을 알 수 있습니다.

### 교과서 핵심

◎ **표정과 몸짓에 따른 느낌 알기**

| | |
|---|---|
| ㉯ | 풀이 죽은 표정으로 몸을 움츠리고 있다. |
| ㉰ | 빈정거리는 표정으로 고개를 쳐들고 있다. |

⬇

**미안하다고 말할 때 어울리는 표정, 몸짓, 말투**

• 웃지 말고 진지하게 말한다.
• 진심을 담아서 말한다.
• 장난치듯 하지 않는다.

교과서 문제

**5** 그림 ㉮에서 일어난 일은 무엇입니까? (  )

① 친구에게 연필을 빌렸다.
② 친구의 필통을 잃어버렸다.
③ 친구에게 선물로 필통을 주었다.
④ 실수로 친구의 필통을 떨어뜨렸다.
⑤ 친구끼리 필통이 서로 자기 것이라고 다투었다.

교과서 문제

**6** 그림 ㉯와 ㉰에서 인물의 표정과 몸짓이 어떻게 다른지 살펴보며 알맞은 그림의 기호를 쓰시오.

(1) 풀이 죽은 표정으로 몸을 움츠리고 있다. (  )

(2) 빈정거리는 표정으로 고개를 쳐들고 있다. (  )

핵심

**7** 미안하다고 말할 때 알맞은 표정, 몸짓, 말투를 두 가지 고르시오. (  ,  )

① 장난치듯이 말한다.
② 진심을 담아서 말한다.
③ 웃지 말고 진지하게 말한다.
④ 미소를 지으며 가볍게 말한다.
⑤ 약을 올리며 큰 목소리로 말한다.

교과서 문제

**8** 표정, 몸짓, 말투에 주의하며 말하면 좋은 점을 바르게 말한 사람을 쓰시오.

> 미희: 듣는 사람이 집중하지 않아도 돼.
> 유미: 자신의 생각을 더 어렵게 전달할 수 있어.
> 지훈: 듣는 사람에게 내 마음을 더 잘 전할 수 있어.

(  )

역량 제재

## 만화 영화를 보고 표정, 몸짓, 말투의 특징 알기

정답과 해설 ● 2쪽

장금이의 표정, 몸짓, 말투에 주의하며 보기

### 장금이의 꿈

장금이가 동이가 놓친 채소를 멋지게 받아 내고 친구들에게 인사했습니다.

장금이가 처음으로 수라간 상궁을 보았습니다.

→ 수라간: 예전에 궁중에서 임금의 진지를 짓는 부엌을 이르는 말.

• 동영상 설명: 수라간에서 생활하며 성장해 가는 장금이와 친구들의 이야기입니다.

교과서 핵심

○ 상황에 알맞은 장금이의 표정, 말투 알아보기 ①

예

| 마음 | 놀라움과 호기심을 느낌. |
|---|---|
| 표정 | 눈을 크게 뜨고 입을 벌리며 |
| 말투 | 높고 빠른 목소리로 |

교과서 문제

**1** 장면 ③에 어울리는 장금이의 표정, 몸짓을 찾아 기호를 쓰시오.

가 

나 

(　　　　)

**2** 문제 1번에서 답한 장면에서 장금이가 다음과 같이 말했을 때 어울리는 말투는 무엇입니까? (　　)

> "너희들도 안녕?"

① 화가 난 목소리로
② 자신 없는 목소리로
③ 높고 명랑한 목소리로
④ 느리고 작은 목소리로
⑤ 점점 작아지는 목소리로

**3** 장면 ⑤에서 장금이의 몸짓은 어떠합니까? (　　)

① 뒷짐을 지고 있다.
② 손을 흔들고 있다.
③ 눈물을 닦고 있다.
④ 바닥에 주저 앉아 있다.
⑤ 몸을 앞으로 기울이고 있다.

핵심

**4** 장면 ⑥에 어울리는 마음, 표정, 말투에 ○표를 하시오.

| | |
|---|---|
| (1) 마음 | ① 귀찮음을 느낌. (　　)<br>② 놀라움과 호기심을 느낌. (　　) |
| (2) 표정 | ① 눈을 크게 뜨고 입을 벌리며 (　　)<br>② 입을 꾹 다물고 고개를 숙이며 (　　) |
| (3) 말투 | ① 높고 빠른 목소리로 (　　)<br>② 느리고 굵은 목소리로 (　　) |

# 기본

정답과 해설 ● 2쪽

장금이가 키우는 강아지 때문에 잔치에 쓸 국수가 쏟아져 수라간 궁녀에게 장금이가 꾸중을 들었습니다.

우리 장금이가 궁녀가 된단 말이야?

그렇지!

생각시 선발 시험을 볼 수 있다는 소식을 듣고 장금이는 뒷산에 홀로 올라가 돌아가신 어머니를 떠올렸습니다.

(생각시: 나이 어린 궁녀)

**교과서 핵심**

- 상황에 알맞은 장금이의 표정, 몸짓, 말투 알아보기 ②

예

| | |
|---|---|
| 마음 | 궁으로 가게 된 것이 무척 기쁨. |
| 표정 | 눈물을 글썽이며 |
| 몸짓 | 두 손에 힘을 꽉 쥐며 |
| 말투 | 가늘고 떨리는 목소리로 |

교과서 문제

**5** 장면 ⑨의 ㉠에 들어갈 말로 알맞은 것은 무엇입니까? ( )

① 싫어!
② 반가워.
③ 사이좋게 지내자.
④ 난 잘못한 게 없어.
⑤ 죄송합니다. 죄송합니다.

**6** 장면 ⑨에 어울리는 장금이의 표정은 무엇입니까? ( )

① 즐겁다는 표정
② 기대된다는 표정
③ 궁금하다는 표정
④ 지루하다는 표정
⑤ 죄송하다는 표정

핵심

**7** 장면 ⑫에서 장금이의 마음은 어떠하겠습니까? ( )

① 속상함.
② 화가 남.
③ 힘들고 지침.
④ 엄마와 함께 가지 못해 아쉬움.
⑤ 궁으로 가게 된 것이 무척 기쁨.

역량 논술형

**8** 문제 7번에서 답한 장금이의 마음을 실감 나게 표현하는 방법을 생각하며 빈칸에 알맞은 말을 쓰시오.

| | |
|---|---|
| (1) 표정 | |
| (2) 몸짓 | |

1 단원

🔈 인물의 말과 행동을 살펴보며 이야기 간추리기

## 미미 언니 자두

미미는 어른들이 엄마를 '자두 엄마'로만 부르자 섭섭해합니다.

미미는 학교 친구와 선생님도 언니 자두에게만 관심을 기울이자 [ ].

3 (자두야! 왜 그랬어? / 민지)

자두는 미미를 돋보이게 하고 싶어서 일부러 자신의 무대를 망칩니다.

4 (그게 정말이야? / 자두)

자두는 미미가 자신보다 더 유명해지고 싶어서 몰래 발레를 배웠다는 사실을 알고 놀랐던 일을 떠올립니다.

5 (언니가 큰 거 먹어. / 아니야, 네가 큰 거 먹어.)

학예회에서 인기상을 탄 미미는 자두와 화해합니다.

• **동영상 내용**: 모든 사람들이 언니인 자두에게만 관심을 보이는 것에 섭섭해진 미미는 언니보다 유명해지고 싶어서 몰래 발레를 배웁니다. 그런 미미의 마음을 알게 된 자두는 학예회에서 미미를 돋보이게 하고 싶어서 일부러 자신의 무대를 망칩니다. 학예회에서 인기상을 탄 미미는 자두와 화해합니다.

**교과서 핵심** ● **만화 영화에 나오는 인물의 표정, 몸짓, 말투 살펴보기** 예

(언니랑 같이 다니고 싶지 않아!)

| 표정 | 화난 표정으로 |
|---|---|
| 몸짓 | 양팔을 아래위로 흔들며 |
| 말투 | 크고 높은 목소리로 |

교과서 문제

**1** 다음 인물들의 표정과 몸짓을 보고 어떤 이야기일지 짐작하여 쓰시오.

______________________________

______________________________

**2** 장면 ❷에서 미미의 마음이 어떠할지 생각해 볼 때 빈칸에 들어갈 알맞은 말은 무엇이겠습니까? ( )

① 으쓱합니다 ② 화가 납니다
③ 인심이 됩니다 ④ 어리둥절합니다
⑤ 마음이 설렙니다

핵심

**3** 장면 ❹에서 자두의 표정과 몸짓으로 알맞은 것은 어느 것입니까? ( )

① 기쁜 표정으로 만세를 하고 있다.
② 슬픈 표정으로 눈물을 흘리고 있다.
③ 놀란 표정으로 눈을 크게 뜨고 있다.
④ 화난 표정으로 허리에 손을 얹고 있다.
⑤ 부끄러운 표정으로 얼굴을 붉히고 있다.

# 기본 



● 「미미 언니 자두」에서 재미있거나 감동받은 부분 찾아 보기

가

자두는 학예회에서 공연할 춤을 친구들 앞에서 선보이며 열심히 연습합니다.

나

미미가 고백을 받는 장면을 상상합니다.

다

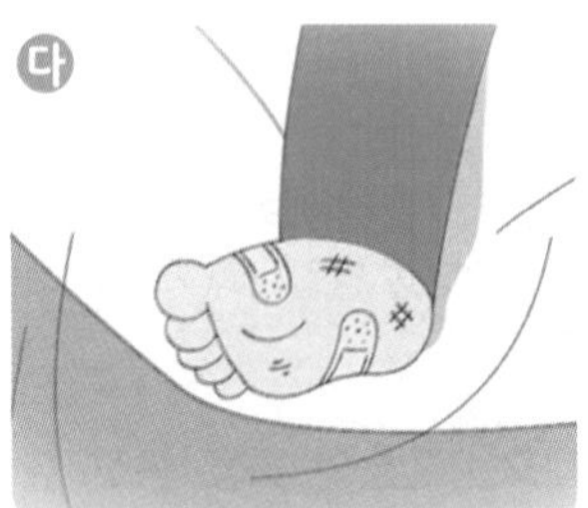

자두는 미미가 발에 멍이 들고 상처가 날 만큼 열심히 발레 연습을 한 것을 알게 됩니다.

라

미미가 학예회에서 인기상을 받자 자두와 친구들이 기뻐하며 박수를 치고 있습니다.

● 인물의 말과 행동을 보고 자신이라면 어떻게 했을지 말해 보기

미미는 사람들이 자신을 자두 동생이라고 부르는 게 너무 속상해서 울었어. 나라면 울지 않고 "내 이름을 불러 줘."라고 말했을 거야.

자두는 은희와 친하게 지내는 미미에게 화를 냈어. 나라면 ( ㉠ )

교과서 핵심 ● 만화 영화에서 재미있거나 감동받은 부분 이야기하기 예

교과서 문제

**4** 가~라 중 재미있거나 감동받은 장면을 찾아 기호를 쓰시오.

장면 (　　　　　　　　)

핵심 논술형

**5** 문제 4번에서 답한 장면을 재미있거나 감동받은 부분으로 고른 까닭을 쓰시오.

교과서 문제

**6** 인물의 말과 행동을 보고 자신이라면 어떻게 했을지 ㉠에 들어갈 내용을 쓰시오.

교과서 문제

**7** 인물의 표정, 몸짓, 말투에 주의하며 만화 영화를 보면 좋은 점이 아닌 것에 ×표를 하시오.

(1) 만화 영화를 더 빨리 볼 수 있다. (　　)

(2) 인물의 표정, 몸짓, 말투에서 재미를 느낄 수 있다. (　　)

(3) 만화 영화의 줄거리를 이해하는 데 도움이 된다. (　　)

정답과 해설 ● 3쪽



등장인물의 표정, 몸짓, 말투를 상상하며 읽기

## 거인 부벨라(등장인물 ①)와 지렁이(등장인물 ②) 친구

• 글: 조 프리드먼 • 옮김: 지혜연 • 그림: 샘 차일즈

❶ 부벨라는 거인이에요. 모든 사람이 부벨라를 무서워했는데 이 자그마한 목소리의 주인공만은 예외(일반적 규칙에서 벗어나는 일)였어요. / 부벨라는 발 근처 땅바닥을 자세히 들여다보았어요. 땅속에서 지렁이 한 마리가 고개만 빠끔히(작은 구멍이나 틈 사이로 조금만 보이는 모양) 내밀고는 말을 하고 있었어요.

이번에는 부벨라가 말을 시작했어요.

"난 부벨라야. 네 이름은 뭐니?"

"이제야 뭔가 제대로 되네. 나는 지렁이라고 해."

"아니, 네 이름 말이야. 제이미나 다니엘 같은."

지렁이는 온몸이 흔들릴 정도로 고개를 가로저었어요.

"지렁이 이름이 제이미라고?"

지렁이는 그렇게 되묻더니 요란하게(시끄럽고 떠들썩하게) 웃으며 말을 잊지 못했답니다.

"정말 웃기지도 않네. 우리 지렁이들은 젠체하고(잘난 체하고) 살지 않아. 우리는 그냥 지렁이야."

"너는 내가 무섭지 않니?"

"왜 너를 무서워해야 하는데?"

"내가 너보다 훨씬 덩치가 크니까."

부벨라는 당연하다는 듯이 대답했어요.

"무슨 그런 말도 안 되는 소리가 다 있어? 이 세상 모든 것이 다 나보다 커. 만약 나보다 큰 것들에게 말 붙이기를 겁냈다면 난 계속 입을 다물고 살아야 했을걸."

부벨라는 숨을 깊이 들이마시고 난 뒤 조심스럽게 물었어요.

"우리 집에 차 마시러 올래?"

"좋아. 내일 갈게. 네 시에 여기서 만나자."

중심 내용 거인 부벨라는 자신을 무서워하지 않는 지렁이를 집으로 초대했다.

• **글의 종류:** 이야기
• **글의 특징:** 거인 부벨라가 자신을 무서워하지 않는 지렁이를 만나서 친구가 되는 과정이 나타난 이야기로, 서로 다르지만 친구가 될 수 있다는 것을 보여 줍니다.

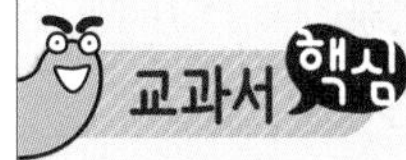


**● 이야기 속 장면에 알맞은 표정, 몸짓, 말투로 표현하기 ① 예**

| 장면 | 표정, 몸짓, 말투 |
| --- | --- |
| 너는 내가 무섭지 않니? | 쪼그리고 앉아서 놀란 표정으로 목소리를 높여 말함. |

**1** 모든 사람이 부벨라를 무서워한 까닭은 무엇입니까? (　　)

① 부벨라가 힘이 세서
② 부벨라가 거인이어서
③ 부벨라가 말썽쟁이어서
④ 부벨라의 목소리가 너무 커서
⑤ 부벨라가 신기한 힘을 지니고 있어서

**2** 지렁이가 부벨라를 무서워하지 않는 까닭에 대해 어떻게 말했는지 빈칸에 알맞은 말을 쓰시오.

> 이 세상 모든 것이 자신보다 (　　　　　　) 때문에 큰 것들에게 말 붙이기를 겁내면 계속 입을 다물고 살아야 했을 거라고 말했다.

**3** 부벨라와 지렁이는 언제 다시 만나기로 했습니까?

(　　　　　　　　　　)

핵심 논술형

**4** 다음 장면에서 부벨라에게 알맞은 표정, 몸짓, 말투를 쓰시오.

# 기본

❷ 그날 밤부터 그다음 날까지 부벨라는 정신없이 움직였어요. 집 안 곳곳을 닦고 정리했을 뿐 아니라 자신도 머리부터 발까지, 특히 발가락은 몇 번이나 씻고 또 씻었어요. 부벨라는 ♥정원의 잔디를 깎고, 낡은 종이들과 깡통도 치웠어요.

집을 다 치운 다음, 부벨라는 차와 함께 먹으려고 자신이 가장 좋아하는 바나나케이크를 구웠어요. 그러고는 가장 예쁜 옷을 꺼내 입었지요. 무지개 그림이 그려진 티셔츠에, 구멍이 하나밖에 나지 않은 청바지를 입고 제일 아끼는 야구 모자를 썼어요. 이것저것 준비를 끝낸 다음 부벨라는 잠시 앉아서 쉬었어요.

그러다 문득 지렁이가 바나나케이크를 싫어할지도 모른다는 생각이 들었어요. 그러자 ♥초조하고 당황스러웠어요.

'그럼 차 마실 때 무엇을 내놓아야 할까? 누구에게 물어보지?'

중심 내용 정신없이 집 안을 치우고 바나나케이크를 구운 부벨라는 문득 지렁이가 바나나케이크를 싫어할지도 모른다고 생각하고는 당황했다.

❸ 부벨라는 예전에 보았던 아름다운 정원이 생각났어요. 어쩌면 그곳에서 일하는 ♥정원사(등장인물 ③)는 지렁이가 무엇을 먹고 사는지 알고 있을지도 몰라요. 부벨라는 서둘러 그 정원으로 갔어요. 그런데 정원사는 거인 부벨라가 오는데도 놀라지 않고 그저 ♥물끄러미 바라보기만 했어요.

"아저씨는 도망을 가지 않네요."

㉠"나는 이제 도망 다닐 나이가 아니야, 거인 아가씨."

정원사는 어쩐지 아파 보였어요.

"그런데 무슨 걱정거리라도 있니?"

부벨라는 정원사에게 걱정거리를 솔직히 털어놓았어요.

♥정원(庭 뜰 정, 園 동산 원) 집 안에 있는 뜰이나 꽃밭.

♥초조(焦 탈 초, 燥 마를 조)하고 애가 타서 마음이 조마조마하고. 예 시험이 다가오자 공부를 안 해서 초조하고 불안했다.

♥정원사(庭 뜰 정, 園 동산 원, 師 스승 사) 정원의 꽃밭이나 나무를 가꾸는 일을 직업으로 하는 사람.

♥물끄러미 우두커니 한곳만 바라보는 모양.

**5** 지렁이를 초대한 날 밤부터 그다음 날까지 부벨라가 한 일이 아닌 것은 어느 것입니까? (　　)

① 정원의 잔디를 깎았다.
② 집 안 곳곳을 닦고 정리했다.
③ 구멍이 난 청바지를 꿰매었다.
④ 낡은 종이들과 깡통을 치웠다.
⑤ 머리부터 발까지 씻고 또 씻었다.

**6** 부벨라가 갑자기 초조해진 까닭은 무엇인지 빈칸에 알맞은 말을 쓰시오.

• 지렁이가 (　　　　　　　　)을/를 싫어할지도 모른다는 생각이 들어서

**7** 지렁이가 무엇을 먹고 사는지 알아보기 위해 부벨라가 누구를 찾아갔는지 쓰시오.

(　　　　　　　　　　)

핵심

**8** ㉠의 말에 어울리는 말투는 어느 것입니까? (　　)

① 겁먹은 말투
② 화가 난 말투
③ 기운 없는 말투
④ 걱정스러운 말투
⑤ 미안해하는 말투

"지렁이가 저희 집에 차를 마시러 오기로 했어요. 그런데 저는 지렁이가 무얼 먹고 사는지, 무슨 음식을 좋아하는지 모르겠어요. 바나나케이크를 좋아할 것 같지는 않은데……."

정원사는 가만히 생각에 잠겼어요.

"지렁이들은 멀리 다니지 않으니까 어쩌면 다른 집 정원의 흙을 좋아할 것 같구나. 진흙파이를 만들어 주면 어떻겠니?"

"아, 그게 좋겠네요! 하지만 어디에서 흙을 구하죠?" / "잠깐 여기서 기다려 봐라."

그러더니 정원사는 돌아서서 집 안으로 들어갔어요.

정원사는 허리가 굽어서 아주 천천히 움직였는데, 움직이는 게 무척이나 힘들어 보였어요.

정원사는 접시를 들고 다시 집 밖으로 나왔어요. 그러고는 천천히 움직이며 정원 세 곳에서 각기 다른 종류의 흙을 접시에 담은 뒤, 접시를 부벨라에게 건네주었어요.

"지렁이 친구가 정말 좋아할 거야."

㉠"고맙습니다, 고맙습니다."

㉡부벨라는 얼마나 기쁜지 눈물이 나올 것만 같았어요. 정말 오랜만에 누군가가 부벨라에게 ♥친절을 베풀어 주었거든요.

**중심 내용** 부벨라는 정원사를 찾아가 걱정거리를 털어놓았고, 정원사는 각기 다른 종류의 흙을 접시에 담아 부벨라에게 주었다.

❹ 부벨라는 친절한 정원사에게 어떻게든 꼭 ♥보답을 하고 싶었어요. 그때 갑자기 부벨라의 손이 간지러워지기 시작하더니 아주 따뜻해졌어요. 무슨 일이 벌어지고 있는지는 정확히 알 수가 없었지요.

부벨라는 손을 들어 정원사를 가리켰어요. 그러자 손이 점점 더 간지러워지고 따뜻해졌어요. 그리고 깜짝 놀랄 만한 일이 벌어졌어요. 갑자기 정원사가 허리를 ♥꼿꼿하게 펴더니 똑바로 선 거예요. 정원사는 한 발자국 한 발자국 내디뎌 보다가 덩실덩실 춤을 추었어요.

♥친절(親 친할 **친**, 切 끊을 **절**) 대하는 태도가 매우 정겹고 고분고분함. 또는 그런 태도.

♥보답(報 갚을 **보**, 答 대답 **답**) 남의 호의나 은혜를 갚음.
예 나는 아무런 보답도 바라지 않고 친구를 도왔다.

♥꼿꼿하게 물건이 휘거나 구부러지지 아니하고 단단하게.

**9** 다음 친구의 질문에 알맞은 답을 쓰시오.

지은: 정원사가 부벨라에게 추천해 준 요리는 무엇인가요?
나: (                    )입니다.

핵심

**10** ㉠의 말에 어울리는 표정에 ○표를 하시오.

(1) 활짝 웃는 표정 (   )
(2) 부끄러워하는 표정 (   )
(3) 인상을 찌푸린 표정 (   )

**11** 부벨라가 ㉡과 같이 기뻐한 까닭은 무엇입니까? (   )

① 정원사가 준 흙이 맛있어서
② 정원사가 정원을 가꾸어 주어서
③ 오랜만에 친절한 대접을 받아서
④ 자신의 몸이 다른 사람만큼 작아져서
⑤ 정원사가 맛있는 음식을 대접해 주어서

**12** 부벨라가 손을 들어 정원사를 가리키자 어떤 일이 벌어졌습니까? (   )

① 정원사가 멀리 날아갔다.
② 정원사가 어린아이가 되었다.
③ 정원사가 부벨라만큼 커졌다.
④ 정원사가 부벨라와 춤을 추었다.
⑤ 정원사가 허리를 꼿꼿하게 펴더니 똑바로 섰다.

정원사가 웃으며 큰 소리로 외쳤어요.

부벨라는 자신의 손을 쳐다보았어요. 무슨 일인지는 모르겠지만 분명 좋은 일임엔 틀림없었어요.

집으로 돌아오면서 부벨라의 머릿속은 많은 생각으로 가득 찼어요. 지렁이를 만난 순간부터 모든 것이 변한 것 같았어요. 게다가 아주 특별한 일까지 일어났잖아요. '어쩌면 나에게 마법의 힘이 생긴 것은 아닐까' 하는 생각이 들었어요.

**중심 내용** 부벨라가 정원사의 친절에 어떻게든 보답하고 싶다고 생각하자 손이 간지러워지고 따뜻해졌으며, 그 손으로 정원사를 가리키자 정원사의 허리가 꼿꼿하게 펴졌다.

❺ 부벨라는 부엌에 들어가서 정원사가 준 흙으로 아주 근사한 진흙파이를 만들었어요. 그런 다음 파이를 뚜껑으로 덮어 식탁 위에 놓은 뒤 손을 씻었답니다. 그것도 두 번이나 말이죠.

부벨라는 지렁이를 데리러 갔어요. 지렁이는 정확히 네 시 ♥정각에 땅 위로 고개를 내밀었어요. 지렁이가 정원을 둘러보며 만족스러운 표정으로 말했어요. / "아주 바빴겠구나."

부벨라는 조심스럽게 지렁이와 그 주변의 흙까지 한 ♥움큼을 퍼서 집 안으로 데리고 들어갔어요.

♥정각(正 바를 정, 刻 새길 각) 틀림없는 바로 그 시각.
♥움큼 손으로 한 줌 움켜쥘 만한 분량을 세는 단위.

**교과서 핵심** ● 이야기 속 장면에 알맞은 표정, 몸짓, 말투로 표현하기 ② 예

| 장면 | 표정, 몸짓, 말투 |
| --- | --- |
| 이제 하나도 아프지가 않아! | 활짝 웃으며 덩실덩실 춤을 추면서 큰 소리로 외침. |

핵심

**13** ㉠의 장면을 알맞은 표정, 몸짓, 말투로 표현할 때 빈칸에 알맞은 내용을 쓰시오.

| 표정 | (1) 몸짓 | (2) 말투 |
| --- | --- | --- |
| 활짝 웃으며 | | |

**14** 부벨라는 누구를 만난 순간부터 모든 것이 변한 것 같다고 생각했는지 쓰시오.

( )

**15** 부벨라는 정원사가 준 흙으로 무엇을 했습니까? ( )

① 진흙파이를 만들었다.
② 정원 한 편에 뿌려 두었다.
③ 화분에 담은 뒤 꽃을 심었다.
④ 지렁이의 정원에 뿌려 주었다.
⑤ 조그마한 상자에 담아 두었다.

**16** 지렁이는 정원을 둘러보며 어떤 표정을 지었는지 쓰시오.

( )

부벨라가 지렁이를 식탁에 내려놓자, 지렁이는 이리저리 기어 다니다가 바나나케이크를 보았어요. 그러고는 식탁을 마저 둘러본 후 물었어요.

㉠“이 안에는 뭐가 들어 있니?”

“물어보지 않으면 어쩌나 했어!”

부벨라는 그렇게 말하고는 ♥과장된 몸짓으로 뚜껑을 들어 올렸어요. ㉡지렁이는 신이 나서 진흙파이 속으로 파고들어 갔어요. 지렁이가 다시 위로 올라왔을 때에는 머리 위에 나뭇잎 조각이 얹어져 있었어요. 마치 모자를 쓴 듯 말이에요.

조각: 한 물건에서 따로 떼어 내거나 떨어져 나온 작은 부분

부벨라가 물었어요.

“특별한 대접을 받았으면 고맙다고 해야 정상 아니니?”

지렁이는 부벨라를 뚫어져라 쳐다보다가 온몸이 흔들릴 정도로 ♥호탕하게 웃으며 말했어요.

“어쩐지 네가 좋아질 것 같아.”

부벨라와 지렁이는 차를 마시면서 즐거운 시간을 보냈어요. 두 친구는 시간 가는 줄 모르고 이야기꽃을 피웠답니다.

부벨라는 자기만 보면 무서워서 도망을 치는 사람들을 볼 때마다 어떤 기분이 드는지 지렁이에게 솔직하게 털어놓았어요. 사실 부벨라는 파리 한 마리도 해치지 못했거든요.

“그런데 지금 누구랑 살고 있니?”

“난 혼자 살아.”

♥과장된 사실보다 지나치게 불려서 나타낸.
예 광고에는 과장된 표현이 있을 수 있다.

♥호탕(豪 호걸 호, 宕 호탕할 탕)하게 호기롭고 걸걸하게.
예 누나는 늘 호탕하게 웃는다.

핵심

**17** ㉠은 어떤 말투로 표현하는 것이 어울릴지 쓰시오.

( )

**18** 지렁이가 ㉡과 같이 행동한 까닭은 무엇이겠습니까? ( )

① 진흙파이가 마음에 들어서
② 나뭇잎 모자가 마음에 들어서
③ 바나나케이크가 마음에 들어서
④ 정원에 좋은 진흙이 깔려 있어서
⑤ 부벨라와 게임을 하는 것이 재미있어서

**19** 부벨라는 자기를 보고 무서워서 도망을 치는 사람들을 보면 어떤 기분이 들었겠습니까? ( )

① 부러운 기분
② 속상한 기분
③ 지루한 기분
④ 부끄러운 기분
⑤ 재미있는 기분

**20** 부벨라는 지금 누구와 살고 있는지 쓰시오.

• ( ) 살고 있다.

# 기본

"왜?" / "부모님이 약초를 캐러 다부쉬타 ♥정글로 가셨거든. 그동안 할머니가 돌보아 주셨는데, 갑자기 할아버지가 아프셔서 할아버지가 계시는 작은 섬으로 돌아가셨어."

지렁이는 부벨라가 ♥안쓰러워 보였어요. 지렁이들은 수백 명이나 되는 친척들과 가까이에서 함께 살았기 때문에 홀로 지내는 것이 어떤 생활일지 그저 짐작할 수밖에 없었답니다.

중심 내용 부벨라는 정원사가 준 흙으로 진흙파이를 만들었고, 지렁이를 집으로 데리고 와서 시간 가는 줄 모르고 이야기를 나누었다.

❻ 부벨라는 바나나케이크를 먹고, 지렁이는 진흙파이를 여기저기 파 들어가며 먹었어요.

지렁이의 말에 부벨라는 드디어 기다리던 순간이 되었다고 생각했어요.

"네가 내 친구가 되어 준다면 어디든지 데리고 다닐게. 그러면 가는 곳마다 맛있는 흙으로 만든 훌륭한 파이를 맛보게 될 거야."

지렁이는 생각만 해도 ♥군침이 돌았어요.

♥정글 큰 나무들이 빽빽하게 들어선 깊은 숲.

♥안쓰러워 손아랫사람이나 약자의 딱한 형편이 마음이 아프고 가여워.

♥군침 공연히 입 안에 도는 침.

**교과서 핵심** ● 이야기 속 장면에 알맞은 표정, 몸짓, 말투로 표현하기 ③ 예

| 장면 | 표정, 몸짓, 말투 |
|---|---|
| 정말 맛있어. 흙 맛이 이렇게 다양하고 좋은지 몰랐어. | 활짝 웃으며 음식을 파먹는 흉내를 내며 큰 소리로 말함. |

**21** 부벨라의 부모님이 다부쉬타 정글로 간 목적은 무엇인지 쓰시오.

(　　　　　　　　　　)

**22** 지렁이가 부벨라가 안쓰러워 보인 까닭은 무엇입니까? (　　)

① 혼자 살고 있어서
② 친척이 너무 많아서
③ 부모님이 돌아가셔서
④ 요리를 잘하지 못해서
⑤ 할머니께 꾸중을 많이 들어서

핵심

**23** ㉠의 장면에서 지렁이의 표정, 몸짓, 말투 등을 알맞게 표현한 사람은 누구인지 쓰시오.

진희: 활짝 웃으며 음식을 먹는 흉내를 냈다.
소미: 코를 훌쩍이며 눈물을 닦는 흉내를 냈다.
은혁: 얼굴을 찡그리며 접시를 밀어내는 흉내를 냈다.

(　　　　　　　　　　)

**24** 부벨라가 지렁이에게 어떤 부탁을 했는지 쓰시오.

(　　　　　　　　　　)

"그러면 너에게 좋은 점은 뭐야?"

"나를 무서워하지 않고 늘 ♥진실을 말해 줄 수 있는 좋은 친구가 생기는 거지. 너를 만난 이후로 하루하루가 더없이 즐거워. 난 너와 헤어지고 싶지 않아."

지렁이는 잠시 생각을 해 보더니 미소를 지으며 말했어요.

"그건 나도 마찬가지야."

"너에게 줄 것이 또 있어."

부벨라는 커다란 성냥갑으로 만든 작은 상자를 꺼냈어요. 상자에는 가죽 줄이 달려 있었고, 안은 ♥근사한 검은흙으로 채워져 있었어요. 지렁이는 상자를 살피더니 안으로 기어들어 갔어요.

부벨라는 상자를 들어 올려 어깨에 매달았어요.

"정말 멋지구나."

지렁이는 새로운 집에서 세상을 내려다볼 수 있었고, 걸어 다닐 때도 부벨라와 이야기를 나눌 수 있었어요.

"널 처음 보았을 때, 발에서 이렇게 ♥지독한 냄새가 나는 사람은 정말 ♥이기적일 거라고 생각했었어."

지렁이가 부벨라를 처음 봤을 때 한 생각

부벨라가 뿌듯해하며 대답했어요.

"지금껏 내게 관심을 보인 친구는 단 한 명도 없었는데……. 이제는 네가 있구나."

중심 내용 부벨라는 지렁이에게 친구가 되어 달라고 한 뒤 지렁이에게 검은 흙이 담긴 작은 상자를 선물했고, 둘은 소중한 친구가 되었다.

♥진실(眞 참 진, 實 열매 실) 거짓이 없는 사실.

♥근사(近 가까울 근, 似 닮을 사)한 그럴듯하게 괜찮은.

♥지독(至 이를 지, 毒 독 독)한 맛이나 냄새 따위가 해롭거나 참기 어려울 정도로 심한.
예 지독한 거름 냄새가 난다.

♥이기적(利 이로울 이, 己 몸 기, 的 과녁 적) 자기 자신의 이익만을 꾀하는. 또는 그런 것

교과서 문제

**25** 부벨라가 지렁이와 함께 있고 싶은 까닭으로 알맞은 것을 골라 ○표를 하시오.

(1) 혼자 사는 것이 무서워서 ( )

(2) 앞으로도 훌륭한 파이를 계속 맛보고 싶어서 ( )

(3) 자신을 무서워하지 않고 늘 진실을 말해 주는 좋은 친구와 헤어지고 싶지 않아서 ( )

교과서 문제

**26** 부벨라가 지렁이에게 무엇을 선물했는지 빈칸에 알맞은 말을 쓰시오.

• 가죽 줄이 달려 있고 검은흙으로 채워진 (          )을/를 선물했다.

교과서 문제

**27** 「거인 부벨라와 지렁이 친구」를 읽고 그림으로 표현하고 싶은 장면을 골라, 인물의 표정과 몸짓이 잘 드러나게 그림으로 표현해 보시오.

(1) 그림으로 표현하고 싶은 장면:

(2) 그림으로 표현하기

역량 활동

# 이야기 극장 만들기

정답과 해설 ● 5쪽

● 친구들과 '이야기 극장' 놀이를 해 보기

교과서 핵심

● 친구들과 '이야기 극장' 놀이를 하기

'이야기 극장' 놀이로 표현하고 싶은 작품 고르기
⬇
어떤 장면을 표현할지 정하기
⬇
이야기에 나오는 인물을 생각해 보고 어떤 역할을 할지 정하기
⬇
인물의 표정, 몸짓, 말투를 생각하며 주고받는 말 쓰기
⬇
'이야기 극장' 놀이를 하기

핵심

**1** 다음 중 친구들과 '이야기 극장' 놀이를 할 때 가장 먼저 할 일은 무엇입니까? ( )

① 어떤 역할을 할지 정하기
② '이야기 극장' 놀이를 하기
③ 어떤 장면을 표현할지 정하기
④ '이야기 극장' 놀이로 표현하고 싶은 작품 고르기
⑤ 인물의 표정, 몸짓, 말투를 생각하며 주고받는 말 쓰기

교과서 문제

**2** 모둠 친구와 함께 '이야기 극장' 놀이로 표현하고 싶은 작품을 떠올려 쓰시오.

( )

논술형

**3** 문제 2번에서 답한 이야기에서 어떤 장면을 표현하고 싶은지 쓰시오.

_______________

_______________

교과서 문제

**4** 다음은 그림 속 친구들이 '이야기 극장' 놀이를 하려고 주고받는 말을 쓴 것입니다. 아우의 말에 어울리는 표정이나 몸짓으로 알맞은 것을 골라 ○표를 하시오.

> 형: (깜짝 놀라 볏단을 떨어뜨리며) 아우야, 네가 볏단을 옮겨 놓았구나!
> 아우: ( 화를 내며, 놀라서 뛰어가며 ) 형님, 형님도 볏단을 옮겨 놓으셨군요.

역량

**5** 친구들이 꾸민 이야기 극장을 감상할 때 살펴볼 점이 아닌 것을 두 가지 고르시오. ( , )

① 높임말을 사용하는가?
② 상황에 어울리는 표정을 짓는가?
③ 내가 좋아하는 인물이 나오는가?
④ 상황에 어울리는 말투로 말하는가?
⑤ 자연스러운 몸짓으로 뜻을 분명하게 전달하는가?

정답과 해설 ● 5쪽



## 기본 • 13~14쪽 만화 영화를 보고 표정, 몸짓, 말투의 특징 알기

### 주인 찾기 대작전

남동윤

가

나

다

라 마 바 사

**1** 여자아이가 신이 난 까닭은 무엇입니까? ( )

① 돈을 주워서
② 세종대왕을 만나서
③ 용돈을 많이 받아서
④ 맛있는 음식을 먹어서
⑤ 친구들과 신나게 놀아서

**2** 가의 장면에 알맞은 표정, 몸짓, 말투를 각각 쓰시오.

| | |
|---|---|
| (1) 표정 | |
| (2) 몸짓 | |
| (3) 말투 | |

**3** 라의 장면에서 여자아이는 어떤 마음이겠습니까? ( )

① 즐겁다. ② 놀랍다.
③ 고맙다. ④ 슬프다.
⑤ 미안하다.

**4** 지폐 속 인물은 여자아이에게 무엇을 하라고 했습니까?

( )

## 1 작품을 보고 느낌을 나누어요

정답과 해설 ● 5쪽

### 기본 • 17~23쪽 인물에게 알맞은 표정, 몸짓, 말투를 생각하며 대화 나누기

● 사과할 때에 알맞은 표정과 몸짓 알기

● 상황에 따라 어떤 표정, 몸짓, 말투로 말하면 좋을지 알기

㉠ 현장 체험학습 장소가 마음에 들때

"정말? 와, 신난다!"

현장 체험학습 장소가 마음에 들지 않을 때

"정말? 에이, 실망이다."

**5** 그림 ③의 빈칸에 들어갈 말로 알맞은 것을 두 가지 고르시오. ( , )

① 성격 ② 몸짓
③ 취미 ④ 말투
⑤ 외모

**6** 친구에게 사과할 때 어떤 표정과 몸짓을 해야 할지 쓰시오.

______________________

______________________

**7** ㉠의 상황에 어울리는 표정이나 몸짓, 말투에 ○표를 하시오.

(1) 손을 번쩍 들며 신나는 표정과 큰 목소리로 ( )

(2) 입을 삐쭉 내밀며 못마땅한 표정과 작은 목소리로 ( )

### 기초 다지기 낱말을 바르게 발음하기

**8** ㉠~㉣ 중 '늪이', '무릎에'를 바르게 발음한 것을 찾아 기호를 쓰시오.

(1) 늪이 ..................... ( )

(2) 무릎에 .................. ( )

**9** 밑줄 그은 낱말의 올바른 발음을 쓰시오.

• 등대에서 밝은 빛이 나왔다.

[ ]

# 단원 마무리



**준비**

》표정, 몸짓, 말투에 주의하며 말하면 좋은 점 알기

### 예 상황에 알맞은 표정, 몸짓, 말투로 말하기

활짝 웃으며 다정한 말투로 말합니다.

미안한 표정으로 장난치지 말고 진지하게 말합니다.

➡ 표정, 몸짓, 말투에 주의하며 말하면 듣는 사람에게 자신의 마음을 더 잘 전할 수 있고, 자신의 생각을 더 ❶ □□□□ 전할 수 있습니다.

**기본**

》만화 영화를 보고 표정, 몸짓, 말투의 특징 알기

### 예 「장금이의 꿈」을 보고 장금이가 처한 상황에 알맞은 표정, 몸짓, 말투 알기

시험을 볼 수 있다는 소식을 듣고 뒷산에 홀로 올라가는 장면

엄마, 궁에 갈 수 있게 됐어요.

| | |
|---|---|
| 마음 | 궁으로 가게 된 것이 무척 ❷ □□. |
| 표정 | 눈물을 글썽이며 |
| 몸짓 | 두 손에 힘을 꼭 쥐며 |
| 말투 | 가늘고 ❸ □□□ 목소리로 |

**기본**

》인물에게 알맞은 표정, 몸짓, 말투를 생각하며 작품을 읽고 대화 나누기

### 예 「거인 부벨라와 지렁이 친구」를 읽고 이야기 속 장면에 알맞은 표정, 몸짓, 말투로 표현하기

| 장면 | 표정, 몸짓, 말투 |
|---|---|
| 이제 하나도 아프지가 않아! | 활짝 웃으며 덩실덩실 ❹ □을/를 추면서 큰 소리로 외침. |

• 단원 평가 더 풀기 >> 평가 교재 2~7쪽

**1~2** 그림을 보고, 물음에 답하시오.

**1** 그림 ㉮, ㉯에서 아이의 상황에 알맞은 말을 선으로 이으시오.

(1) ㉮ •      • ㉠ 미안해.

(2) ㉯ •      • ㉡ 고맙습니다.

**2** 그림 ㉮, ㉯ 중 다음과 같은 표정과 말투로 말하는 것이 어울리는 그림의 기호를 쓰시오.

> 활짝 웃으며 고마워하는 마음이 잘 느껴지는 말투로 말한다.

그림 ( )

**3~4** 장면을 보고, 물음에 답하시오.

**3** ㉠에 들어갈 알맞은 말을 쓰시오.

( )

**4** 여자아이에게 알맞은 표정, 몸짓, 말투를 세 가지 고르시오. ( , , )

① 비꼬듯이 말한다.
② 진심을 담아서 말한다.
③ 장난치듯 말하지 않는다.
④ 웃지 말고 진지하게 말한다.
⑤ 떨떠름한 표정을 지으며 말한다.

**5~6** 장면을 보고, 물음에 답하시오.

**5** 장면 ㉯에서 장금이의 표정은 어떠합니까? ( )

① 활짝 웃고 있다.
② 깜짝 놀라고 있다.
③ 부끄러워하고 있다.
④ 잔뜩 찡그리고 있다.
⑤ 눈물을 흘리고 있다.

중요

**6** 장면 ㉮와 ㉯의 인물들에게 어울리는 말투에 ○표를 하시오.

(1) 높고 활기찬 목소리로 ( )
(2) 느리고 작은 목소리로 ( )
(3) 빠르고 화가 난 듯한 목소리로 ( )

정답과 해설 ● 6쪽

**7~8** 장면을 보고, 물음에 답하시오.

▲ 처음으로 수라간 상궁을 보는 장면

**7** 다음 중 장금이의 마음으로 알맞은 것은 무엇입니까? ( )

① 분노와 좌절감 ② 질투와 시기심
③ 무서움과 슬픔 ④ 미안함과 두려움
⑤ 놀라움과 호기심

**8** 장금이에게 알맞은 말투를 쓰시오.

( )

**9~10** 만화를 보고, 물음에 답하시오.

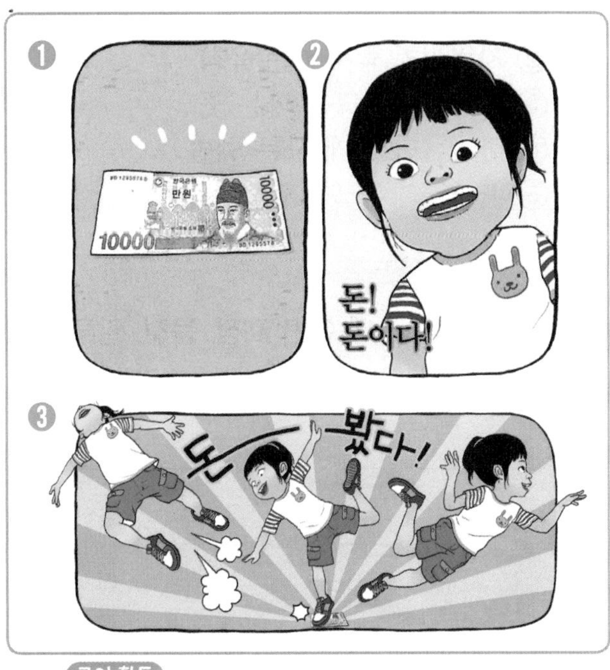


국어 활동

**9** 만화 속 여자아이는 무엇을 주웠습니까?

( )

국어 활동

**10** 장면 ❸의 여자아이의 모습을 흉내 낼 때 알맞은 것을 세 가지 고르시오.

( , , )

① 활짝 웃는다.
② 폴짝폴짝 뛴다.
③ 눈썹을 찡그린다.
④ 높고 큰 목소리로 말한다.
⑤ 더듬거리는 목소리로 말한다.

1 단원

**11~13** 장면을 보고, 물음에 답하시오.

㉮

미미는 학교 친구와 선생님도 언니 자두에게만 관심을 기울이자 화가 납니다.

㉯


자두는 미미가 자신보다 유명해지고 싶어서 몰래 발레를 배웠다는 사실을 알고 놀랐던 일을 떠올렸습니다.

**11** 장면 ㉮에서 미미의 기분이 어떠할지 쓰시오.

( )

**12** 미미가 자두 몰래 발레를 배운 까닭이 무엇인지 쓰시오.

( )

논술형

**13** 장면 ㉯에서 자두에게 어울리는 표정, 몸짓, 말투를 쓰시오.

# 단원 평가

**14~16** 글을 읽고, 물음에 답하시오.

> ㉮ 부벨라는 거인이에요. 모든 사람이 부벨라를 무서워했는데 ㉠이 자그마한 목소리의 주인공만은 예외였어요.
> 부벨라는 발 근처 땅바닥을 자세히 들여다보았어요. 땅속에서 지렁이 한 마리가 고개만 빠끔히 내밀고는 말을 하고 있었어요.
> ㉯ ㉡"너는 내가 무섭지 않니?"
> "왜 너를 무서워해야 하는데?"
> "내가 너보다 훨씬 덩치가 크니까."
> 부벨라는 당연하다는 듯이 대답했어요.
> "무슨 그런 말도 안 되는 소리가 다 있어? 이 세상 모든 것이 다 나보다 커. 만약 나보다 큰 것들에게 말 붙이기를 겁냈다면 난 계속 입을 다물고 살아야 했을걸."
> 부벨라는 숨을 깊이 들이마시고 난 뒤 조심스럽게 물었어요.
> "우리 집에 차 마시러 올래?"

**14** ㉠이 가리키는 것은 무엇인지 쓰시오.

( )

**15** 부벨라는 자신을 무서워하지 않는 지렁이에게 어떻게 했습니까? ( )

① 흙을 선물했다.
② 무서운 표정을 지었다.
③ 자신의 집으로 초대했다.
④ 발을 쿵쿵거리며 겁을 주었다.
⑤ 숨을 깊이 들이마신 뒤 힘껏 불었다.

**16** ㉡의 말에 어울리는 부벨라의 표정으로 알맞은 것에 ○표를 하시오.

> ( 슬픈, 놀란 ) 표정으로 목소리를 높이며 말한다.

**17~19** 글을 읽고, 물음에 답하시오.

> ㉮ 정원사는 어쩐지 아파보였어요.
> "그런데 무슨 걱정거리라도 있니?"
> 부벨라는 정원사에게 걱정거리를 솔직히 털어놓았어요.
> "지렁이가 저희 집에 차를 마시러 오기로 했어요. 그런데 저는 지렁이가 무얼 먹고 사는지, 무슨 음식을 좋아하는지 모르겠어요. 바나나케이크를 좋아할 것 같지는 않은데……."
> ㉯ 그리고 깜짝 놀랄 만한 일이 벌어졌어요. 갑자기 정원사가 허리를 꼿꼿하게 펴더니 똑바로 선 거예요. 정원사는 한 발자국 한 발자국 내디뎌 보다가 덩실덩실 춤을 추었어요.
> 정원사가 웃으며 큰 소리로 외쳤어요.
> ㉠"이제 하나도 아프지가 않아!"

**17** 부벨라는 누구에게 걱정거리를 털어놓았습니까?

( )

**18** 부벨라가 알고 싶어 한 것은 무엇입니까? ( )

① 지렁이가 좋아하는 차
② 지렁이가 좋아하는 음식
③ 바나나케이크를 파는 곳
④ 바나나를 싸게 사는 방법
⑤ 바나나케이크를 만드는 방법

논술형

**19** ㉠의 말을 할 때 어떤 표정, 몸짓, 말투가 어울릴지 쓰시오.

______________________

______________________

**20** '이야기 극장' 놀이로 표현하고 싶은 작품을 한 가지 쓰시오.

( )

# 서술형 평가

맞은 개수 개

정답과 해설 ● 7쪽



**1~2** 그림을 보고, 물음에 답하시오.

**1** 그림 ㉮, ㉯의 상황에서 ㉠, ㉡의 친구에게 해야 할 알맞은 말을 각각 쓰시오.

| | |
|---|---|
| (1) 그림 ㉮ | |
| (2) 그림 ㉯ | |

**2** 문제 1번에서 답한 말에 어울리는 표정, 몸짓, 말투를 각각 쓰시오.

| | |
|---|---|
| (1) 그림 ㉮ | |
| (2) 그림 ㉯ | |

**3~4** 장면을 보고, 물음에 답하시오.

▲ 시험을 볼 수 있다는 소식을 듣고 뒷산에 홀로 올라가는 장면

**3** 장금이의 마음은 어떠할지 그 까닭과 함께 쓰시오.

**4** 장금이의 말에 알맞은 표정과 말투를 쓰시오.

| | |
|---|---|
| (1) 표정 | |
| (2) 말투 | |

**5** ㉠에 나타난 마음을 쓰고, 어떤 말투로 말하면 좋을지 쓰시오.

> 부벨라는 바나나케이크를 먹고, 지렁이는 진흙파이를 여기저기 파 들어가며 먹었어요.
> ㉠"정말 맛있어. 흙 맛이 이렇게 다양하고 좋은지 몰랐어."

| | |
|---|---|
| (1) 마음 | |
| (2) 알맞은 말투 | |

# 낱말 퀴즈

교과서 문장으로 확인하는 핵심 낱말

● 다음 교과서 문장의 파란색 낱말 중에서 알맞은 것을 골라 인물들이 한 말을 완성하시오.

- "내가 너보다 훨씬 덩치가 크니까."
- 부벨라는 정원의 잔디를 깎고, 낡은 종이들과 깡통도 치웠어요.
- 그러자 초조하고 당황스러웠어요.
- 그런데 정원사는 거인 부벨라가 오는데도 놀라지 않고 그저 물끄러미 바라보기만 했어요.

괴짜 발명왕의 연구실에 온 걸 환영한다. ❶________ 쳐다만 보지 말고 궁금한 건 물어봐도 좋아.

여기저기 ❷________ 물건이 가득하네요?

어쩌면 좋지? 약을 먹었더니 ❸________가 작아졌어.

작아지는 약

너무 ❹________해 하지 마. 십 분 후에 본래 모습으로 돌아갈 거야.

정답 | ❶ 물끄러미 ❷ 낡은 ❸ 덩치 ❹ 초조

# 중심 생각을 찾아요

## 무엇을 배울까요?

### 준비

- 아는 내용이나 겪은 일과 관련지어 글을 이해하면 좋은 점 알기

### 기본

- 아는 내용이나 겪은 일과 관련지어 글 읽기
- 글을 읽고 중심 생각을 찾는 방법 알기
- 글을 읽고 중심 생각 찾기

### 실천

- 알고 싶은 내용이 담긴 글을 읽고 간추려 발표하기

# 교과서 핵심

## 1 아는 내용이나 겪은 일과 관련지어 글을 읽으면 좋은 점

① 내용을 기억하기 쉽습니다.
② 글 내용을 더 쉽게 이해할 수 있습니다.
③ 글 내용에 더 흥미를 느끼게 됩니다.
④ 글을 읽으면서 그 모습을 잘 상상할 수 있습니다.

## 2 아는 내용이나 겪은 일과 관련지어 글 읽기

① 아는 내용이나 겪은 일과 관련지어 글을 읽고 이해합니다.
② 글을 읽고 자신이 알고 있는 내용과 새롭게 안 내용을 생각해 봅니다.
③ 글을 읽고 자신이 더 알고 싶은 내용을 찾아봅니다.

## 3 글을 읽고 중심 생각을 찾는 방법

(중심 생각: 글쓴이가 글 전체에서 말하고 싶은 생각을 말합니다.)

① 문단의 중심 문장을 찾아보고 중심 생각을 간추립니다.

문단 ─ 중심 문장: 한 문단의 전체 내용을 대표하는 문장
　　 └ 뒷받침 문장: 중심 문장을 보충하거나 자세히 설명하는 문장

② 글쓴이는 글 전체 내용을 가장 잘 전할 수 있는 내용을 제목으로 정하기 때문에 글의 제목을 보고 무엇을 쓴 글인지 생각합니다.
③ 글에 있는 사진이나 그림을 보고 글쓴이의 중심 생각을 찾습니다.

예 「갯벌을 보존해야 하는 까닭」에서 각 문단의 중심 문장을 찾아 읽고 중심 생각 정리하기

| 문단 | 중심 문장 |
|---|---|
| ❶ | 갯벌은 바닷물이 육지로 밀려오는 밀물 때에는 바닷물로 덮여 있어 보이지 않지만 자연과 사람에게 여러 가지 도움을 줍니다. |
| ❷ | 갯벌은 다양한 생물이 살 수 있는 장소입니다. |
| ❸ | 어민들은 갯벌에서 수산물을 키우고 거두어 돈을 법니다. |
| ❹ | 갯벌은 육지에서 나오는 오염 물질을 분해해 좋은 환경을 만듭니다. |
| ❺ | 갯벌은 기후를 조절하고 홍수를 줄여 주는 역할을 합니다. |
| ❻ | 소중한 갯벌을 잘 보존해야겠습니다. |

⬇

중심 생각 갯벌이 주는 좋은 점을 알고 갯벌을 잘 보존해야 합니다. 등

### 핵심 확인문제

정답과 해설 ● 7쪽

**1** 아는 내용이나 겪은 일과 관련지어 글을 읽으면 글 내용을 더 쉽게 이해할 수 있습니다.
( ○, × )

**2** 글쓴이가 글 전체에서 말하고 싶은 생각을 ☐☐ ☐☐(이)라고 합니다.

**3** 글에서 각 문단을 대표하는 ☐☐ ☐☐을/를 찾으면 중심 생각을 파악할 수 있습니다.

**4** 글 전체 내용을 가장 잘 전하는 ☐☐을/를 보면 무엇을 쓴 글인지 알 수 있습니다.

**5** 글에 있는 사진이나 그림을 보면 글쓴이의 중심 생각을 찾을 수 있습니다.
( ○, × )

# 준비 — 아는 내용이나 겪은 일과 관련지어 글을 이해하면 좋은 점 알기

역량 제재

정답과 해설 ● 7쪽

자신의 경험을 떠올리며 읽기

## 줄넘기

서해경

전통 놀이 가운데에서 지금까지도 잘 ♥보존된 놀이가 줄넘기입니다. 지금도 체육 시간이나 운동 경기로 줄넘기 놀이를 자주 합니다. 언제부터 줄넘기를 했는지는 정확하게 알 수 없습니다. 다만 아주 오래전부터 줄을 사용했고, 전국의 어린이들이 줄넘기를 해 온 것으로 보아 오래된 놀이임을 짐작할 수 있을 뿐입니다. 예전에는 칡 줄기나 ♥새끼줄로 줄넘기를 했다는 기록이 남아 있습니다.

줄넘기에는 혼자 하는 줄넘기, 두 사람이 긴 줄 끝을 잡고 돌리면 다른 사람이 그 줄을 넘는 긴 줄 넘기, 줄 양 끝을 두 사람이 잡고 있으면 다른 사람이 줄을 뛰어넘는 놀이가 있습니다.

고정된 줄을 뛰어넘는 줄넘기는 발목 높이에서 시작해 만세를 하듯 두 팔을 든 높이까지 합니다. 누가 더 높은 줄을 넘을 수 있는지 겨루는 놀이랍니다. 혼자서 줄넘기를 할 때에는 앞으로 뛰기, 손 엇걸어 뛰기, 이단 뛰기(한 번 뛸 때 줄넘기 줄을 빠르게 두 번 돌리는 것) 같은 여러 놀이 방법이 있습니다. 긴 줄 넘기도 다양한 방법으로 할 수 있는데, 노래에 맞추어 놀이를 하는 특징이 있습니다.

- **글의 종류**: 설명하는 글
- **글의 내용**: 전통 놀이인 줄넘기의 종류와 줄넘기를 하는 방법 등이 나타나 있습니다.

2 단원

♥보존(保 지킬 보, 存 있을 존) 잘 보호하고 간수하여 남김.
예 우리 문화의 보존에 힘쓰다.

♥새끼줄 새끼로 만든 줄.

교과서 문제

**1** 자신이 알고 있는 전통 놀이를 두 가지 쓰시오.

( )

교과서 문제

**2** 다음 노래를 불러 보고, 줄넘기한 경험을 쓰시오.

**꼬마야 꼬마야, 줄넘기**

꼬마야 꼬마야 뒤로 돌아라
꼬마야 꼬마야 땅을 짚어라
꼬마야 꼬마야 만세를 불러라
꼬마야 꼬마야 잘 가거라

______

______

**3** 이 글을 읽을 때 어떤 경험과 관련지어 읽으면 좋겠습니까? ( )

① 친구들과 줄다리기를 한 경험
② 체육 시간에 달리기를 한 경험
③ 체육 시간에 줄넘기를 한 경험
④ 친구들과 고무줄놀이를 한 경험
⑤ 박물관으로 현장 체험학습을 간 경험

교과서 문제

**4** 이 글을 읽고 알맞은 내용을 모두 찾아 ○표를 하시오.

(1) 줄넘기는 지금까지 잘 보존된 전통 놀이이다. ( )
(2) 혼자 하는 줄넘기는 반드시 노래에 맞추어 놀이를 한다. ( )
(3) 줄넘기에는 혼자 하는 줄넘기, 긴 줄 넘기, 줄 뛰어넘는 놀이가 있다. ( )
(4) 혼자 하는 줄넘기 종류에는 앞으로 뛰기, 손 엇걸어 뛰기, 이단 뛰기 따위가 있다. ( )

# 준비

정답과 해설 ● 7쪽

아는 내용이나 겪은 일과 관련지으며 읽기

## 닭싸움 놀이

닭싸움 놀이는 한쪽 다리를 들어 올려 두 손으로 잡고, 다른 다리로 ♥균형을 잡아 ♥깨금발로 뛰면서 상대를 밀어 넘어뜨리는 놀이입니다. 준비물이 필요하지 않고 놀이 방법이 간단해 요즘도 어린이는 물론 청소년과 어른도 즐기는 놀이입니다.

'닭싸움'은 두 사람이 겨루는 모습이 닭이 싸우는 것과 비슷하다고 해서 지어진 이름입니다. 닭싸움 놀이는 한 발로 서서 하므로 '외발 싸움', '깨금발 싸움'이라고도 부르고, 무릎을 부딪쳐 싸운다고 해서 '무릎 싸움'이라고도 부릅니다. 닭싸움 놀이는 두 명이 할 수도 있고 여러 명이 할 수도 있습니다.

- **글의 종류**: 설명하는 글
- **글의 내용**: 닭싸움 놀이를 하는 방법, 닭싸움이라는 이름이 지어진 까닭, 닭싸움 놀이의 다른 이름 등이 나타나 있습니다.

♥균형(均 고를 **균**, 衡 저울대 **형**) 어느 한쪽으로 기울거나 치우치지 아니하고 고른 상태.

♥깨금발 한 발을 들고 한 발로 섬. 또는 그런 자세.

● **아는 내용이나 겪은 일과 관련지어 글을 읽으면 좋은 점** 예

친구들과 닭싸움 놀이를 한 경험을 떠올리며 읽으니 이해하기 쉬웠습니다.

**5** 다음은 닭싸움 놀이를 하는 방법입니다. 빈칸에 공통으로 들어갈 말을 쓰시오.

> 한쪽 (　　　　)을/를 들어 올려 두 손으로 잡고, 다른 (　　　　)(으)로 균형을 잡아 깨금발로 뛰면서 상대를 밀어 넘어뜨린다.

(　　　　　　　　)

서술형

**6** '닭싸움'이라는 이름은 어떻게 지어졌는지 쓰시오.

______________________

______________________

**7** 닭싸움 놀이의 다른 이름을 세 가지 고르시오. (　　,　　,　　)

① 외발 싸움　② 무릎 싸움
③ 발목 싸움　④ 양발 싸움
⑤ 깨금발 싸움

핵심 역량

**8** 아는 내용이나 겪은 일과 관련지어 이 글을 읽으면 좋은 점을 바르지 않게 말한 사람을 쓰시오.

> 은미: 아는 내용과 관련지어 읽으면 글을 천천히 읽을 수 있어.
>
> 선아: 글과 관련된 기억을 떠올리며 읽었더니 글이 쉽게 이해됐어.
>
> 진혁: 겪은 일과 관련지어 글을 읽었더니 내용을 기억하기가 쉬웠어.

(　　　　　　　　)

● 과학 실험 안전 수칙에 알맞은 행동을 생각하며 그림 보기

과학 실험 안전 수칙에 알맞은 행동을 생각하며 읽기

## 안전하게 과학 실험을 해요

❶ 어린이들은 과학 실험을 하면서 ᵛ호기심이 생기고 평소에 품었던 궁금증을 해결합니다. 또 실험을 하면서 ᵛ탐구 능력을 키우기도 합니다. 과학 실험을 하면 이와 같은 좋은 점이 있지만 안전사고가 발생하는 경우도 있습니다. 그러므로 안전하게 과학 실험을 하려면 과학 실험 안전 ᵛ수칙을 확인하고 실천해 안전사고의 위험을 줄여야겠습니다. 지금부터 과학 실험 안전 수칙을 알아보겠습니다.

• **글의 내용**: 과학 실험을 할 때에 지켜야 할 안전 수칙을 안내하고 있습니다.

ᵛ호기심(好 좋을 **호**, 奇 기특할 **기**, 心 마음 **심**) 새롭고 신기한 것을 좋아하거나 모르는 것을 알고 싶어 하는 마음.

ᵛ탐구(探 찾을 **탐**, 究 연구할 **구**) 진리, 학문 따위를 파고 들어 깊이 연구함.

ᵛ수칙(守 지킬 **수**, 則 법칙 **칙**) 행동이나 절차에 대해 지켜야 할 사항을 정한 규칙. 예 생활 수칙을 정하자.

교과서 문제

**1** ㉠~㉦ 중 과학 실험 안전 수칙에 알맞은 행동을 한 사람을 모두 찾아 기호를 쓰시오.

( )

**2** 그림을 보고 과학 실험을 할 때에 지켜야 할 점을 떠올려 한 가지 쓰시오.

____________________

____________________

**3** 과학 실험을 하면 좋은 점을 세 가지 고르시오. ( , , )

① 호기심이 생긴다.
② 탐구 능력을 키울 수 있다.
③ 안전사고를 예방할 수 있다.
④ 친구들과 친하게 지낼 수 있다.
⑤ 평소에 품었던 궁금증을 해결할 수 있다.

**4** 안전하게 과학 실험을 하려면 무엇을 반드시 지켜야 하는지 쓰시오.

( )

# 기본

정답과 해설 ● 8쪽

❷ 첫째, 선생님께서 계시지 않을 때에는 과학 실험을 하지 않습니다. 과학실에는 조심히 다루어야 할 실험 기구와 위험한 화학 약품이 많습니다. 선생님의 말씀에 따라 실험 기구나 화학 약품을 다루어야 사고가 나는 것을 예방할 수 있습니다. 그러므로 선생님께서 계시지 않을 때에는 과학 실험을 해서는 안 됩니다.

❸ 둘째, 과학실에서는 절대 장난을 치면 안 됩니다. 과학실에는 깨지기 쉽거나 위험한 실험 기구가 많습니다. 장난을 치다가 유리로 만든 실험 기구가 깨지면 날카로운 유리 조각이 생겨 이 유리 조각에 사람이 다칠 수 있습니다. 또 장난을 치다가 알코올램프가 바닥에 떨어지면 과학실에 화재가 발생할 수도 있습니다. 그러므로 과학실에서는 장난을 치지 말고 ♥진지한 자세로 실험을 해야 합니다.

❹ 셋째, 실험할 때 책상에 바짝 다가가지 않습니다. 실험하다가 만약 실험 기구가 넘어지면 깨진 기구의 조각이나 기구 속 화학 약품이 주변에 튈 수 있습니다. 이때 책상에 바짝 다가가 앉아 있으면 다칠 수가 있습니다. 그러므로 실험을 할 때에는 책상에 너무 바짝 다가가 앉지 않고 실험 기구와 어느 정도 거리를 유지하는 것이 안전합니다.

❺ 과학 실험을 할 때에는 무엇보다 안전이 중요합니다. 실험이 재미있고 공부에 도움이 된다 하더라도 사고가 발생하면 아무런 ♥소용이 없습니다. 그러므로 과학 실험 안전 수칙을 항상 기억하고 실천해 안전하게 실험을 할 수 있도록 노력해야 합니다.

♥진지한 마음 쓰는 태도나 행동 따위가 참되고 착실한.
예 학생들은 진지한 태도로 회의에 참여했다.

♥소용(所 바 소, 用 쓸 용) 쓸 곳. 또는 쓰이는 바.

**교과서 핵심** ● 글을 읽고 자신이 알고 있는 내용과 새롭게 안 내용 생각해 보기

| | |
|---|---|
| 알고 있는 내용 | 예 선생님께서 계시지 않을 때에는 과학 실험을 하지 않아야 한다는 것을 알고 있었다. |
| 새롭게 안 내용 | 예 과학 실험 안전 수칙이 많다는 것을 알았다. |

**5** 실험 기구나 화학 약품을 다루다가 사고가 나는 것을 예방하려면 누구의 말씀에 따라야 하는지 쓰시오.

( )

교과서 문제

**6** 이 글에서 말한, 과학실에서 장난을 치면 안 되는 까닭은 무엇입니까? ( )

① 비싼 기구들이 많기 때문에
② 과학 실험을 빨리 끝낼 수 없기 때문에
③ 과학 실험을 정확하게 할 수 없기 때문에
④ 진지한 자세로 실험을 해야 하기 때문에
⑤ 과학실에는 깨지기 쉽거나 위험한 실험 기구가 많기 때문에

교과서 문제

**7** 이 글의 내용을 정리하여 빈칸에 알맞은 말을 각각 쓰시오.

| | |
|---|---|
| 첫째 | (1) ( )께서 계시지 않을 때에는 과학 실험을 하지 않는다. |
| 둘째 | 과학실에서는 절대 (2) ( ) 을/를 치면 안 된다. |
| 셋째 | 실험할 때 (3) ( )에 바짝 다가가지 않는다. |

역량 논술형

**8** 이 글을 읽고 새롭게 안 내용을 쓰시오.

각 문단의 중심 문장을 생각하며 읽기

## 갯벌을 보존해야 하는 까닭

❶ 갯벌에 가 본 적이 있나요? 갯벌에서 무엇을 보았나요? 바닷물이 빠져나가는 썰물 때에 육지로 드러나는 바닷가의 편평한 곳을 갯벌이라고 불러요. 바닷물이 육지로 밀려오는 밀물 때 갯벌은 바닷물로 덮여 있어 보이지 않지만 자연과 사람에게 여러 가지 도움을 줍니다.

**중심 내용** 바닷물이 육지로 밀려오는 밀물 때 갯벌은 바닷물로 덮여 있어 보이지 않지만 자연과 사람에게 여러 가지 도움을 준다.

❷ 첫째, 갯벌은 다양한 생물이 살 수 있는 장소입니다. 갯벌에 물이 들어오기도 하고 빠지기도 하면서 생물이 살기에 적합한 환경을 만듭니다.(갯벌에 다양한 생물이 살 수 있는 까닭) 그래서 게, 조개, 갯지렁이, 불가사리, 물고기 같은 여러 가지 생명체가 삽니다. 또한 갯벌은 철새들이 ♥휴식하거나 ♥번식하려고 이동하는 중간에 머물며 살기도 하는 장소입니다.

**중심 내용** 갯벌은 다양한 생물이 살 수 있는 장소이다.

❸ 둘째, 어민들은 갯벌에서 수산물을 키우고 거두어 돈을 법니다. 어민들은 갯벌에서 조개나 물고기, 낙지 따위를 잡아 팝니다. 또 갯벌은 생물이 살기에 좋은 환경이므로 어민들이 바다 생물들을 직접 키우기도 합니다. 이것을 양식이라고 하는데, 양식은 농민들이 밭이나 논에서 농작물을 키워 파는 것과 비슷합니다.

**중심 내용** 어민들은 갯벌에서 수산물을 키우고 거두어 돈을 번다.

• **글의 내용:** 갯벌을 보존해야 하는 까닭이 나타나 있습니다.

♥휴식(休 쉴 휴, 息 쉴 식) 하던 일을 멈추고 잠깐 쉼.
예 우리에게는 적절한 휴식이 필요하다.

♥번식 붇고 늘어서 많이 퍼짐.

2 단원

---

서술형

**1** 제목을 보고 짐작할 수 있는 글쓴이의 생각을 쓰시오.

______________________________

______________________________

교과서 문제

**2** 갯벌은 어떤 곳인지 빈칸에 알맞은 말을 각각 쓰시오.

• 바닷물이 빠져나가는 (1) (　　　　　) 때에 육지로 드러나는 (2) (　　　　　)의 편평한 곳을 말합니다.

교과서 문제

**3** 다음 물음에 대한 답으로 알맞지 않은 것은 무엇입니까? (　　　)

> 갯벌에는 어떤 생물들이 사나요?

① 게　② 배
③ 조개　④ 불가사리
⑤ 갯지렁이

교과서 문제

**4** 다음은 문단 ❶~❸ 중 어떤 문단의 중심 문장을 정리한 것인지 문단 번호를 쓰시오.

> 어민들은 갯벌에서 수산물을 키우고 거두어 돈을 법니다.

문단 (　　　　　)

# 기본

정답과 해설 ● 8쪽

❹ 셋째, 갯벌은 육지에서 나오는 ♥오염 물질을 분해해 좋은 환경을 만듭니다. 갯벌은 겉으로는 그냥 진흙탕처럼 보이지만 작은 생물이 갯벌에 많이 살고 있습니다. 이 생물들은 오염 물질 분해가 잘 이루어지게 합니다. 갯벌에서 흔히 사는 갯지렁이도 오염 물질 분해를 돕습니다.

중심 내용 갯벌은 육지에서 나오는 오염 물질을 분해해 좋은 환경을 만든다.

❺ 넷째, 갯벌은 기후를 조절하고 홍수를 줄여 주는 역할을 합니다. 갯벌 흙은 물을 많이 흡수해 저장했다가 내보내는 기능을 합니다. 그러므로 갯벌은 비가 많이 오면 빗물을 저장해 갑작스러운 홍수를 막아 줍니다. 그리고 주변 온도와 습도에 따라 물을 흡수하고 내보내는 역할을 알맞게 ♥수행해 기후를 알맞게 만들어 줍니다.

중심 내용 갯벌은 기후를 조절하고 홍수를 줄여 주는 역할을 한다.

❻ 갯벌의 환경은 특별하고 다양합니다. 갯벌과 그 속에 사는 여러 생물은 자연과 사람을 위해 좋은 역할을 많이 합니다. 그러므로 갯벌은 쓸모없는 땅이 아니라 우리와 함께 살아가는 소중한 장소입니다. 소중한 갯벌을 잘 보존해야겠습니다.

중심 내용 소중한 갯벌을 잘 보존해야겠다.

♥오염(汚 더러울 **오**, 染 물들 **염**) 더럽게 물듦. 또는 더럽게 물들게 함. 예 이 지역은 지하수 오염이 심각한 상태이다.

♥수행 생각하거나 계획한 대로 일을 해냄. 예 그는 업무 수행 능력이 뛰어나다.

**교과서 핵심** ● 이 글의 중심 생각 찾기

| | |
|---|---|
| 제목 | 제목을 통해 갯벌을 잘 보존해야 하는 까닭을 강조하기 위해 쓴 글임을 알 수 있다. |
| 각 문단의 중심 문장 | • 문단 ❶: 갯벌은 바닷물이 육지로 밀려오는 밀물 때에는 바닷물로 덮여 있어 보이지 않지만 자연과 사람에게 여러 가지 도움을 줍니다.<br>⋮<br>• 문단 ❻: 소중한 갯벌을 잘 보존해야겠습니다. |
| ⬇ | |
| 중심 생각 | 갯벌이 주는 좋은 점을 알고 소중한 갯벌을 잘 보존해야 한다. 등 |

교과서 문제

**5** 다음 문단의 중심 문장을 각각 정리해 쓰시오.

| | |
|---|---|
| (1) 문단 ❹ | |
| (2) 문단 ❺ | |

교과서 문제

**6** 이 글의 중심 생각을 찾을 때 살펴보아야 하는 것을 세 가지 고르시오. (   ,   ,   )

① 글의 제목 ② 글의 길이
③ 글쓴이 이름 ④ 사진이나 그림
⑤ 문단의 중심 문장

핵심

**7** 문제 6번에서 답한 내용을 살펴보고, 이 글의 중심 생각을 찾아 ○표를 하시오.

(1) 갯벌을 개발해야 한다. (   )
(2) 갯벌은 쓸모없는 땅이다. (   )
(3) 갯벌이 주는 좋은 점을 알고 갯벌을 잘 보존해야 한다. (   )

논술형

**8** 이 글을 읽고 더 알고 싶은 내용을 한 가지 쓰시오.

계절별로 날씨와 관련된 낱말을 떠올리며 읽기

## 날씨를 나타내는 토박이말

❶ ㉠계절별로 날씨와 관련이 있는 토박이말을 알아보자. 토박이말은 우리말에 본디부터 있던 말이나 그것에 더해 새로 만들어진 말이다. 다른 말로 순우리말, 고유어라고도 한다. 옛날부터 우리 할아버지, 할머니께서 만들어 써 오신 말이 토박이말이다. 이 가운데에는 봄, 여름, 가을, 겨울의 날씨를 나타내는 말도 많은데 어떤 말들이 있는지 알아보자.

**중심 내용** 계절별로 날씨와 관련이 있는 토박이말을 알아보자.

❷ ㉡봄 날씨를 나타내는 토박이말에는 '꽃샘추위', '꽃샘바람', '소소리바람' 같은 말이 있다. 이른 봄, 꽃이 필 무렵에 찾아오는 추위를 '꽃샘추위'라고 한다. 여기서 '샘'은 ♥시기, 질투라는 뜻이다. 그래서 '꽃샘추위'는 꽃이 피는 것을 ♥시샘하듯 몰아닥친 추위라는 뜻이 된다. 꽃샘추위 때 부는 바람은 '꽃샘바람'인데, 이보다 차고 매서운(정도가 매우 심한) 바람은 '소소리바람'이다. 이 바람은 이른 봄에 살 속으로 스며드는 듯한 차고 매서운 바람을 일컫는다.

**중심 내용** 봄 날씨를 나타내는 토박이말에는 '꽃샘추위', '꽃샘바람', '소소리바람' 같은 말이 있다.

❸ ㉢여름 날씨를 나타내는 토박이말에는 '마른장마', '무더위', '불볕더위' 같은 말이 있다. 여름이면 어김없이 장마와 더위가 찾아온다. 장마 때에는 비가 많이 오는데, 장마인데도 비가 오지 않거나 적게 오면 '마른장마'라고 한다. 더위는 크게 '무더위'와 '불볕더위'로 나눌 수 있다. '무더위'는 '물+더위'로 물기를 잔뜩 머금은 ♥끈끈한 더위를 뜻하고, '불볕더위'는 '불볕+더위'로 볕이 불덩이처럼 뜨거운 더위를 뜻한다. 장마철에 비가 오거나 날씨가 흐리면서 끈끈하게 더울 때에는 '무더위'라는 말이 어울리고, 장마가 지난 한여름에 물기도 없이 뜨거운 햇볕이 쨍쨍 내리쬘 때에는 '불볕더위'라는 말이 어울린다.

**중심 내용** 여름 날씨를 나타내는 토박이말에는 '마른장마', '무더위', '불볕더위' 같은 말이 있다.

- **글의 특징**: 봄, 여름, 가을, 겨울의 날씨를 나타내는 토박이말을 알려 주면서 우리말과 우리글을 사랑하는 마음을 가지고 날씨를 나타내는 토박이말을 많이 사용하자는 생각을 전하고 있습니다.

♥시기(猜 시기할 시, 忌 꺼릴 기) 남이 잘되는 것을 샘하여 미워함.

♥시샘 '시새움(자기보다 잘되거나 나은 사람을 공연히 미워하고 싫어함)'의 준말.

♥끈끈한 습기가 어느 정도 있어서 산뜻하지 못한.

**1** 다음에서 설명하는 것이 무엇인지 쓰시오.

> 우리말에 본디부터 있던 말이나 그것에 더해 새로 만들어진 말

( )

교과서 문제

**2** 봄과 관련 있는 낱말을 세 가지 고르시오. ( , , )

① 무더위 ② 꽃샘바람
③ 불볕더위 ④ 꽃샘추위
⑤ 소소리바람

**3** 여름 날씨를 나타내는 다음 말의 뜻을 생각하며 빈칸에 알맞은 말을 쓰시오.

(1) 무더위: ( ) + 더위
(2) 불볕더위: 불볕 + ( )

**4** 다음 빈칸에 알맞은 말을 쓰시오.

> ㉠~㉢은 문단 ❶~❸의 전체 내용을 각각 대표하는 문장으로, 문단의 ( ) 이다.

# 기본



❹ 가을 날씨를 나타내는 토박이말에는 '건들바람', '건들장마', '무서리', '올서리', '된서리' 같은 말이 있다. 여름이 지나고 가을이 되면 서늘한 바람이 불고 늦가을이 되면 서리가 내린다. 이른 가을날, 가볍고 부드럽게 ♥건들건들 부는 서늘한 바람을 '건들바람'이라고 한다. 이 무렵, 비가 쏟아져 내리다가 번쩍 개고(흐리거나 궂은 날씨가 맑아지고) 또 오다가 개는 장마를 '건들장마'라고 한다. 늦가을, 수증기가 땅이나 물체 표면에 얼어붙은 것을 '서리'라고 한다. 처음 생기는 묽은 서리를 '무서리'라고 하는데, '물+서리'로 무더위와 같은 짜임이다. 다른 해보다 일찍 내리는 서리를 '올서리'라고 하고, 늦가을에 아주 되게(아주 몹시) 생기는 서리를 '된서리'라고 한다.

중심 내용 가을 날씨를 나타내는 토박이말에는 '건들바람', '건들장마', '무서리', '올서리', '된서리' 같은 말이 있다.

❺ 겨울 날씨를 나타내는 토박이말에는 '가랑눈', '진눈깨비', '함박눈', '도둑눈' 같은 말이 있다. 겨울에는 눈이 와야 겨울답다고 한다. 같은 눈이라도 눈의 생김새나 크기에 따라 그 이름이 다르다. '가랑눈'은 조금씩 잘게 부서져서 내리는 눈을 말한다. 가늘게 가루처럼 내리는 비를 '가랑비'라고 하는 것과 같다. 비가 섞여 내리는 눈은 '진눈깨비', 굵고 탐스럽게 내리는 눈은 '함박눈', 밤에 사람들이 모르게 내린 눈은 '도둑눈'이라고 한다. 도둑눈은 사람들 몰래 왔다는 뜻을 담은 말이다.

중심 내용 겨울 날씨를 나타내는 토박이말에는 '가랑눈', '진눈깨비', '함박눈', '도둑눈' 같은 말이 있다.

❻ 이처럼 계절에 따라 알고 쓰면 좋은 토박이말이 많다. 우리가 우리말의 말뜻을 배우고 익혀 제대로 쓰는 일에 더욱 힘을 쏟을 때, 더 아름답고 넉넉한 우리말과 우리글을 쓸 수 있게 될 것이다.

중심 내용 계절에 따라 알고 쓰면 좋은 토박이말이 많다.

♥건들건들 바람이 부드럽게 살랑거리며 부는 모양.

**교과서 핵심** ● 이 글의 중심 생각 찾기

| 제목 | | 중심 문장 |
|---|---|---|
| 날씨를 나타내는 토박이말 | + | 문단 ❶~❻에서 각 문단의 전체 내용을 대표하는 문장 |

⬇

| 중심 생각 | 날씨를 나타내는 토박이말이 많이 있으니 이를 알고 자주 사용하자. 등 |
|---|---|

**5** (1)~(3) 문장은 문단 ❹~❻ 중 어떤 문단의 중심 문장인지 문단의 번호를 알맞게 쓰시오.

(1) 계절에 따라 알고 쓰면 좋은 토박이말이 많다. ( )

(2) 겨울 날씨를 나타내는 토박이말에는 '가랑눈', '진눈깨비', '함박눈', '도둑눈' 같은 말이 있다. ( )

(3) 가을 날씨를 나타내는 토박이말에는 '건들바람', '건들장마', '무서리', '올서리', '된서리' 같은 말이 있다. ( )

**6** 다음 낱말들과 관련 있는 계절을 쓰시오.

가랑눈, 진눈깨비, 함박눈, 도둑눈

( )

서술형

**7** 이 글의 중심 생각을 한 문장으로 쓰시오.

교과서 문제

**8** 이 글에 나오는 다음 낱말을 서로 뜻이 반대인 낱말끼리 선으로 이으시오.

(1) 같다 • • ㉠ 모르다

(2) 덥다 • • ㉡ 다르다

(3) 알다 • • ㉢ 춥다

## 알고 싶은 내용이 담긴 글을 읽고 간추려 발표하기

정답과 해설 ● 9쪽



내용을 생각하며 읽고 간추리기

### 옷차림이 바뀌었어요

❶ 옛날과 오늘날 사람들의 옷차림에는 차이가 많이 있다. 사람들은 옛날에 우리나라 고유한 옷인 한복을 입었다. 오늘날에는 서양 사람들이 입던 차림의 옷인 양복을 주로 입는다. 그리고 명절이나 결혼식 같이 특별한 ♥행사가 있을 때에만 한복을 입는 경우가 많다. 지금부터 사람들이 입는 옷차림이 옛날과 오늘날에 어떻게 다른지 신분과 성별, 옷감 종류에 따라 나누어 알아보자.

㉠ 

㉡ 

중심 내용 옛날과 오늘날 사람들의 옷차림이 어떻게 다른지 신분과 성별, 옷감 종류에 따라 나누어 알아보자.

❷ 먼저, 옛날에는 신분에 따라 옷차림이 달랐지만 오늘날에는 직업이나 ♥유행에 따라 다른 경우가 많다. 옛날에는 양반과 평민의 신분에 따라 옷차림이 달랐다. 양반 가운데에서 남자는 소매가 넓은 저고리와 폭이 큰 바지를 입었고, 여자는 폭이 넓고 긴 치마를 입었다. 평민 가운데에서 남자는 비교적 폭이 좁은 저고리와 바지를 입었고, 여자도 폭이 좁은 치마를 입었다. 그리고 평민이 입는 치마 길이는 양반보다 짧은 편이었다. 하지만 오늘날에는 직업이나 유행에 따라 옷을 입는 경우가 많다. 또 사람들이 입는 옷 종류도 옛날보다 더 다양해졌다.

중심 내용 옛날에는 신분에 따라 옷차림이 달랐지만 오늘날에는 직업이나 유행에 따라 다른 경우가 많다.

- **글의 종류**: 설명하는 글
- **글의 특징**: 옛날과 오늘날 사람들의 옷차림이 어떻게 다른지 신분, 성별, 옷감 종류로 나누어 설명하는 글입니다.

♥행사 어떤 일을 시행함. 또는 그 일.
예 비가 오면 행사를 취소합니다.

♥유행(流 흐를 유, 行 다닐 행) 어떤 시기에 사회의 일부나 전체에 두루 퍼지는 몸짓 · 옷차림 · 문화 따위에 대한 취미.

교과서 문제

**1** 이 글의 제목을 보고 글쓴이의 생각을 알맞게 짐작한 사람은 누구인지 쓰시오.

> 은지: 옷을 입는 방법을 알려 주는 것 같아.
> 해인: 옷을 살 수 있는 곳을 알려 주는 것 같아.
> 가은: 옛날과 오늘날 사람들의 옷차림에 차이가 많이 있다는 것을 말하고 있는 것 같아.

(　　　　　　　　)

교과서 문제

**2** ㉠과 ㉡의 그림을 보고 알 수 있는 글쓴이의 생각은 무엇인지 쓰시오.

______________________________

______________________________

**3** 옛날 양반들의 옷차림으로 알맞은 것을 두 가지 고르시오. (　　,　　)

① 폭이 좁은 치마를 입었다.
② 폭이 넓고 긴 치마를 입었다.
③ 유행에 따라 늘 다른 옷을 입었다.
④ 폭이 좁은 저고리와 바지를 입었다.
⑤ 소매가 넓은 저고리와 폭이 큰 바지를 입었다.

교과서 문제

**4** 문단 ❷의 중심 문장을 찾아 빈칸에 각각 알맞은 말을 쓰시오.

> 옛날에는 (1) (　　　　　)에 따라 옷차림이 달랐지만 오늘날에는 (2) (　　　　　)(이)나 유행에 따라 다른 경우가 많다.

정답과 해설 ● 9쪽

❸ 다음으로, 옛날에는 사람들이 성별에 따라 다른 옷을 입었지만 오늘날에는 자신이 좋아하는 옷을 입는다. 옛날에 남자는 아래에 바지를 입고 위에는 저고리와 조끼, ♥마고자를 입었다. 그리고 춤추거나 나들이를 갈 때에는 겉에 ♥두루마기를 입었다. 여자는 아래에 속바지와 치마를 입고 위에는 저고리를 입었다. 여자도 두루마기를 입지만 남자가 입는 두루마기와 모양이 달랐다. 오늘날에는 남자와 여자의 옷차림을 엄격하게 구분하지 않는다. 대신 각자 좋아하는 옷을 입기 때문에 옷차림이 사람에 따라 다르다.

**중심 내용** 옛날에는 사람들이 성별에 따라 다른 옷을 입었지만 오늘날에는 자신이 좋아하는 옷을 입는다.

❹ 마지막으로, 옛날에는 자연에서 얻은 실로 짠 옷감으로 옷을 만들었지만 오늘날에는 합성 섬유로 옷을 만드는 경우가 ㉠많다. 우리 조상은 식물이나 누에고치에서 실을 뽑아 옷감을 얻었다. 식물에서 뽑은 실로 짠 옷감으로는 삼베·모시·무명 따위가 있고, 누에고치에서 뽑은 실로 짠 옷감으로는 비단이 있다. 오늘날에는 옛날처럼 자연에서 얻은 실로 옷감을 짜기도 하지만 공장에서 만든 합성 섬유에서 옷감을 더 많이 얻는다.

모시: 모시풀 껍질의 섬유로 짠 옷감. 베보다 곱고 빛깔이 희며 여름 옷감으로 많이 쓰임.

**중심 내용** 옛날에는 자연에서 얻은 실로 짠 옷감으로 옷을 만들었지만 오늘날에는 합성 섬유로 옷을 만드는 경우가 많다.

♥마고자 저고리 위에 덧입는 웃옷. 저고리와 비슷하게 생겼으나 깃과 고름이 없고 앞을 여미지 않으며, 단추를 달아 입는다.

♥두루마기 우리나라 고유의 웃옷. 주로 외출할 때 입는다. 옷자락이 무릎까지 내려오며, 소매 · 무 · 섶 · 깃 따위로 이루어져 있다.

**교과서 핵심** ● 여러 가지 방법으로 중심 생각 간추리기

| | |
|---|---|
| 제목 | 「옷차림이 바뀌었어요」라는 제목을 보고 중심 생각 말하기 |
| 중심 문장 | 각 문단의 중심 문장 찾기 |
| 그림 | 글에 있는 그림을 보고 중심 생각 말하기 |

⬇

중심 생각 간추리기: 옛날에는 신분, 성별에 따라 옷차림이 엄격했지만 요즘에는 이런 구분이 많이 없어지고 있다. 등

**5** 우리 조상들이 입은 옷 중 남자가 입은 것이 아닌 것은 어느 것입니까? ( )

① 조끼 ② 마고자 ③ 저고리
④ 속바지 ⑤ 두루마기

**6** 문단 ❹의 내용으로 알맞지 않은 것은 어느 것입니까? ( )

① 오늘날에는 합성 섬유에서 옷감을 얻지 않는다.
② 우리 조상은 비단을 이용해 옷을 만들기도 했다.
③ 우리 조상은 삼베·모시·무명 따위로 옷을 만들었다.
④ 옛날에는 자연에서 얻은 실로 짠 옷감으로 옷을 만들었다.
⑤ 우리 조상은 식물이나 누에고치에서 실을 뽑아 옷감을 얻었다.

서술형

**7** 이 글의 중심 생각을 간추려 쓰시오.

교과서 문제

**8** ㉠'많다'와 뜻이 비슷한 말을 세 가지 찾아 ○표를 하시오.

풍족하다 적다 모자라다 어마어마하다
같다 무겁다 무진장하다 덜하다

**기본 • 37~38쪽** 아는 내용이나 겪은 일과 관련지어 글 읽기

## 과일, 알고 먹으면 더 좋아요

과일나무는 아주 오랜 옛날부터 산이나 들에서 저절로 자랐어요. 지금 우리가 먹는 과일은 옛날보다 맛도 좋고, 크기도 훨씬 크답니다. 요즘은 제철 구분 없이 다양한 과일이 나와요. 하지만 제철에 나는 과일이 맛도 좋고 영양도 많아요.

제철: 알맞은 시절

사과는 우리나라에서 아주 많이 기르는 과일이에요. 우리나라 날씨는 사과가 자라기에 알맞기 때문이에요. 사과나무에 사과가 열려서 자라기 시작하면 종이봉투를 씌워 두기도 해요. 이렇게 하면 벌레도 막을 수 있고, 사과 맛도 좋아져요. 사과를 많이 먹으면 살갗도 부드러워지고 잇몸도 튼튼해진답니다.

살갗: 살가죽의 겉면

▲ 사과

▲ 배

배는 즙이 많아서 맛이 시원하지요. 배를 김치에 넣으면 김치 맛을 시원하게 해 줘요. 또 기침감기에 걸렸을 때, 소화가 잘 안될 때 약으로 쓰기도 해요. 배를 기를 때도 벌레가 먹는 것을 막으려고 종이봉투를 씌운답니다.

즙: 물기가 들어 있는 물체에서 짜낸 액체

복숭아는 단물이 많고 맛이 좋아요. 그런데 쉽게 짓물러서 오래 두고 먹지 못해요. 그래서 설탕을 넣고 졸여서 통조림이나 잼으로 만들어 먹기도 해요. 복숭아씨는 약으로도 쓴답니다. 기침이 많이 나거나 가래가 생겼을 때 복숭아씨를 갈아서 먹어요.

짓물러서: 채소나 과일 따위가 너무 썩거나 무르거나 하여 푹 물크러져서

▲ 복숭아

▲ 포도

포도는 사람들이 아주 오래전부터 길러 온 과일이에요. 포도는 처음에는 푸르다가 검게 익어요. 포도를 따서 으깨면 즙이 나오는데 이 즙을 오래 두면 술이 되지요. 또 잼이나 젤리를 만들거나, 말려서 건포도를 만들기도 해요.

으깨면: 굳은 물건이나 덩이로 된 물건을 눌러 부스러뜨리면

**1** 사과에 종이봉투를 씌워 두면 좋은 점을 두 가지 고르시오. ( , )

① 사과가 더 커진다.
② 말랑말랑하게 된다.
③ 사과 맛이 좋아진다.
④ 벌레를 막을 수 있다.
⑤ 사과가 나무에서 떨어지지 않는다.

**2** 잼이나 젤리를 만들거나 말려서 건포도를 만드는 과일은 무엇입니까?

( )

**3** 이 글의 내용으로 알맞은 것을 찾아 기호를 쓰시오.

㉠ 포도는 처음에는 검다가 점점 푸르게 익어요.
㉡ 배를 김치에 넣으면 김치 맛을 시원하게 해 줘요.
㉢ 기침이 많이 나거나 가래가 생겼을 때 복숭아 껍질을 갈아 먹어요.

( )

**4** 이 글을 읽고 새롭게 안 내용을 쓰시오.

정답과 해설 ● 9쪽

## 기본 • 39~40쪽 글을 읽고 중심 생각을 찾는 방법 알기

### 축복을 전해 주는 참새

고연희

㉮ 지금은 환경 오염 등으로 자연이 훼손되면서 참새가 많이 사라졌지만, 아직도 참새는 가장 흔하게 볼 수 있는 새입니다. 곡식이 익어 갈 때면 허수아비를 세워야 할 만큼 농부들에게는 여전히 골칫거리입니다.

골칫거리: 일을 잘못하거나 말썽만 피워 언제나 애를 태우게 하는 사람이나 사물

㉯ 그러나 수많은 참새가 모여들어 날개를 활짝 ㉠펴고 마음껏 곡식을 쪼는 이 커다란 그림은 오히려 가을의 풍요로움을 느끼게 해 줍니다. 중국 청나라 때는 '참새 무리' 그림이 축복을 전해 주는 그림으로 인기를 누렸는데, 이 그림도 그런 배경에서 그려진 것으로 보입니다.

㉰ 참새는 축복을 전하는 새입니다. 풍성하게 매달린 곡식 줄기가 무게 때문에 아래로 축 처져 있습니다. 아마도 농사가 풍년이었나 봅니다. 그 둘레에 축복을 전한다는 참새들이 모여들어 조를 쪼아 먹는 모습은 다가오는 수확의 즐거움을 암시하는 듯합니다.

▲ 「참새 무리」, 국립중앙박물관.

**5** 문단 ㉯의 중심 문장을 찾아 번호를 쓰시오.

① 참새는 가장 흔하게 볼 수 있는 새로 농부들에게는 골칫거리이다.
② 수많은 참새가 모여들어 날개를 활짝 펴고 마음껏 곡식을 쪼는 이 커다란 그림은 가을의 풍요로움을 느끼게 해 준다.
③ 풍성한 곡식 줄기 둘레에 축복을 전한다는 참새들이 모여들어 조를 쪼아 먹는 모습은 다가오는 수확의 즐거움을 암시하는 듯하다.

(                    )

**6** ㉠과 뜻이 서로 반대되는 낱말은 어느 것입니까? (    )

① 앉고　② 서고
③ 접고　④ 날고
⑤ 크고

## 기초 다지기 준말의 바른 표기 알기

**7** 다음 대화에서 올바른 준말 표기를 찾아 ○표를 하시오.

(1)

(2)

# 단원 마무리



정답과 해설 ● 10쪽

**준비**

》아는 내용이나 겪은 일과 관련지어 글을 이해하면 좋은 점 알기

예 아는 내용이나 겪은 일과 관련지어 「닭싸움 놀이」를 읽고 좋은 점 말하기

**기본**

》아는 내용이나 겪은 일과 관련 지어 글 읽기

예 「안전하게 과학 실험을 해요」를 읽고 자신이 알고 있는 내용과 새롭게 안 내용 정리하기

| | |
|---|---|
| 알고 있는 내용 | ❶ □□□께서 계시지 않을 때에는 과학 실험을 하지 않습니다. |
| 새롭게 안 내용 | 과학 실험 안전 수칙이 많다는 것을 알았습니다. |

**기본**

》글을 읽고 중심 생각 찾기

예 「날씨를 나타내는 토막이말」의 중심 생각 찾기

**1. 각 문단의 중심 문장을 정리해 봅니다.**

| 문단 | 중심 문장 |
|---|---|
| ❶ | 계절별로 날씨와 관련이 있는 토막이말을 알아보자. |
| ❷ | 봄 날씨를 나타내는 토박이말에는 '꽃샘추위', '꽃샘바람', '소소리바람' 같은 말이 있다. |
| ❸ | 여름 날씨를 나타내는 토박이말에는 '마른장마', '무더위', '불볕더위' 같은 말이 있다. |
| ❹ | 가을 날씨를 나타내는 토박이말에는 '건들바람', '건들장마', '무서리', '올서리', '된서리' 같은 말이 있다. |
| ❺ | 겨울 날씨를 나타내는 토박이말에는 '가랑눈', '진눈깨비', '함박눈', '도둑눈' 같은 말이 있다. |
| ❻ | ❷ □□에 따라 알고 쓰면 좋은 토박이말이 많다. |

**2. ❸ □□을/를 보고 글쓴이의 생각이 무엇일지 생각해 봅니다.**

- 날씨를 나타내는 토박이말이 많습니다.
- 날씨를 나타내는 토박이말을 많이 알고 씁시다. 등

**3. 중심 생각을 한 문장으로 씁니다.**

중심 생각
- 날씨를 나타내는 ❹ □□□□이/가 많이 있으니 알고 자주 사용하자.
- 우리말과 우리글을 사랑하는 마음으로 날씨를 나타내는 토박이말을 많이 사용하자. 등

# 단원 평가

• 단원 평가 더 풀기 >> 평가 교재 8~13쪽

**1~3** 글을 읽고, 물음에 답하시오.

> 줄넘기에는 혼자 하는 줄넘기, 두 사람이 긴 줄 끝을 잡고 돌리면 다른 사람이 그 줄을 넘는 긴 줄 넘기, 줄 양 끝을 두 사람이 잡고 있으면 다른 사람이 줄을 뛰어넘는 놀이가 있습니다.
>
> 고정된 줄을 뛰어넘는 줄넘기는 발목 높이에서 시작해 만세를 하듯 두 팔을 든 높이까지 합니다. 누가 더 높은 줄을 넘을 수 있는지 겨루는 놀이랍니다. 혼자서 줄넘기를 할 때에는 앞으로 뛰기, 손 엇걸어 뛰기, 이단 뛰기 같은 여러 놀이 방법이 있습니다. 긴 줄 넘기도 다양한 방법으로 할 수 있는데, 노래에 맞추어 놀이를 하는 특징이 있습니다.

**1** 긴 줄 넘기의 특징으로 알맞은 것은 무엇입니까? ( )

① 혼자서 할 수 있다.
② 줄 없이 할 수 있다.
③ 발목 높이에서 시작한다.
④ 노래에 맞추어 놀이를 한다.
⑤ 만세를 한 높이에서 줄을 돌린다.

**2** 이 글을 읽고 내용이 알맞으면 ○표, 알맞지 않으면 ×표를 하시오.

(1) 혼자서 줄넘기를 할 때에는 한 가지 놀이 방법이 있다. ( )
(2) 고정된 줄을 뛰어넘는 줄넘기는 두 팔을 든 높이에서 시작한다. ( )
(3) 줄넘기에는 혼자 하는 줄넘기, 긴 줄 넘기, 줄 뛰어넘는 놀이가 있다. ( )

**3** 이 글과 관련된 경험을 알맞게 말한 사람은 누구인지 쓰시오.

> 민혁: 설날에 연날리기를 했어.
> 은주: 친구와 제기차기를 했어.
> 가현: 체육 시간에 뒤로 뛰기 줄넘기를 했어.

( )

**4~5** 글을 읽고, 물음에 답하시오.

> 닭싸움 놀이는 한쪽 다리를 들어 올려 두 손으로 잡고, 다른 다리로 균형을 잡아 깨금발로 뛰면서 상대를 밀어 넘어뜨리는 놀이입니다. 준비물이 필요하지 않고 놀이 방법이 간단해 요즘도 어린이는 물론 청소년과 어른도 즐기는 놀이입니다.
>
> '닭싸움'은 두 사람이 겨루는 모습이 닭이 싸우는 것과 비슷하다고 해서 지어진 이름입니다. 닭싸움 놀이는 한 발로 서서 하므로 '외발 싸움', '깨금발 싸움'이라고도 부르고, 무릎을 부딪쳐 싸운다고 해서 '무릎 싸움'이라고도 부릅니다.

**4** '닭싸움'이라는 이름이 지어진 까닭은 무엇입니까? ( )

① 닭을 가지고 하는 놀이여서
② 닭의 탈을 쓰고 하는 놀이여서
③ 닭 울음소리를 내며 겨루어야 해서
④ 이긴 사람에게 닭을 선물로 주어서
⑤ 두 사람이 겨루는 모습이 닭이 싸우는 것과 비슷해서

**5** 이 글을 읽고 새롭게 안 내용은 무엇인지 쓰시오.

( )

중요

**6** 아는 내용이나 겪은 일과 관련지어 글을 읽으면 좋은 점이 아닌 것은 어느 것입니까? ( )

① 글 내용을 기억하기 쉽다.
② 글 내용에 더 흥미를 느끼게 된다.
③ 글 내용을 더 쉽게 이해할 수 있다.
④ 글을 끝까지 읽지 않아도 내용을 알 수 있다.
⑤ 글을 읽으면서 그 모습을 잘 상상할 수 있다.

정답과 해설 ● 10쪽

**7** 다음 중 과학 실험 안전 수칙에 알맞지 않은 행동을 한 친구의 이름을 쓰시오.

( )

**8~10** 글을 읽고, 물음에 답하시오.

과학실에서는 절대 장난을 치면 안 됩니다. 과학실에는 깨지기 쉽거나 위험한 실험 기구가 많습니다. 장난을 치다가 유리로 만든 실험 기구가 깨지면 날카로운 유리 조각이 생겨 이 유리 조각에 사람이 다칠 수 있습니다. 또 장난을 치다가 알코올램프가 바닥에 떨어지면 과학실에 화재가 발생할 수도 있습니다. 그러므로 과학실에서는 장난을 치지 말고 진지한 자세로 실험을 해야 합니다.

**8** 과학실에서 장난을 치면 안 되는 까닭은 무엇인지 빈칸에 알맞은 말을 쓰시오.

과학실에는 깨지기 쉽거나 ( ) 실험 기구가 많기 때문입니다.

**9** 과학 실험을 할 때에 지켜야 할 안전 수칙을 바르게 정리한 것을 찾아 기호를 쓰시오.

㉠ 실험 기구가 깨지면 위험하다.
㉡ 과학실에서는 화재가 발생할 수 있다.
㉢ 과학실에서는 절대 장난을 치면 안 된다.

( )

논술형

**10** 이 글을 읽고 자신이 알고 있는 내용을 쓰시오.

______

______

**11~12** 글을 읽고, 물음에 답하시오.

### 갯벌을 보존해야 하는 까닭

㉠갯벌에 가 본 적이 있나요? ㉡갯벌에서 무엇을 보았나요? ㉢바닷물이 빠져나가는 썰물 때에 육지로 드러나는 바닷가의 편평한 곳을 갯벌이라고 불러요. ㉣바닷물이 육지로 밀려오는 밀물 때 갯벌은 바닷물로 덮여 있어 보이지 않지만 자연과 사람에게 여러 가지 도움을 줍니다.

**11** 이 문단의 중심 문장을 찾아 기호를 쓰시오.

( )

**12** 제목을 보고 알 수 있는 글쓴이의 생각을 알맞게 말한 것을 세 가지 고르시오.

( , , )

① 갯벌을 보존해야 하는 까닭을 강조하려는 것 같다.
② 갯벌이 많아져서 생기는 문제점을 말하려는 것 같다.
③ 가족과 주말에 갯벌에 갔던 경험을 말하려는 것 같다.
④ 갯벌을 보존하면 우리에게 좋은 점이 많다는 것을 알려 주려는 것 같다.
⑤ 갯벌을 잘 보존하면 우리에게 어떤 좋은 점이 있는지 알려 주려는 것 같다.

중요

**13** 글에서 중심 생각을 찾는 방법에 맞게 빈칸에 알맞은 말을 각각 쓰시오.

(1) 문단의 ( )을/를 찾아 보고 중심 생각을 간추린다.
(2) 글의 ( )을/를 보고 무엇에 대해 쓴 글인지 생각한다.
(3) 글에 있는 사진이나 ( )을/를 보고 글쓴이의 중심 생각을 찾는다.

2 단원

# 단원 평가

**14~16** 글을 읽고, 물음에 답하시오.

> 겨울 날씨를 나타내는 토박이말에는 '가랑눈', '진눈깨비', '함박눈', '도둑눈' 같은 말이 있다. 겨울에는 눈이 와야 겨울답다고 한다. 같은 눈이라도 눈의 생김새나 크기에 따라 그 이름이 다르다. '가랑눈'은 조금씩 잘게 부서져서 내리는 눈을 말한다. 가늘게 가루처럼 내리는 비를 '가랑비'라고 하는 것과 같다. 비가 섞여 내리는 눈은 '진눈깨비', 굵고 탐스럽게 내리는 눈은 '함박눈', 밤에 사람들이 모르게 내린 눈은 '도둑눈'이라고 한다. 도둑눈은 사람들 몰래 왔다는 뜻을 담은 말이다.
>
> 이처럼 계절에 따라 알고 쓰면 좋은 토박이말이 많다. 우리가 우리말의 말뜻을 배우고 익혀 제대로 쓰는 일에 더욱 힘을 쏟을 때, 더 아름답고 넉넉한 우리말과 우리글을 쓸 수 있게 될 것이다.

**14** 밤에 사람들 모르게 내린 눈을 무엇이라고 합니까? ( )

① 가랑눈 ② 함박눈
③ 도둑눈 ④ 싸라기눈
⑤ 진눈깨비

**15** 글쓴이의 생각을 잘 나타내는, 이 글의 제목으로 어울리는 것은 어느 것입니까? ( )

① 세계 속의 한글
② 우리나라의 겨울 풍속
③ 날씨를 나타내는 토박이말
④ 변덕스러운 우리나라의 날씨
⑤ 생김새에 따라 다른 눈의 이름

논술형

**16** 이 글에 나온 겨울과 관련 있는 토박이말을 하나 고르고, 그 낱말을 넣어 문장을 만들어 쓰시오.

______________________________

______________________________

국어 활동

**17** 다음 중 '펴다'와 뜻이 서로 반대되는 낱말을 찾아 ○표를 하시오.

(1) 접다 ( )
(2) 서다 ( )
(3) 앉다 ( )

**18~20** 글을 읽고, 물음에 답하시오.

> **옷차림이 바뀌었어요**
>
> 옛날과 오늘날 사람들의 옷차림에는 차이가 많이 있다. 사람들은 옛날에 우리나라 고유한 옷인 한복을 입었다. 오늘날에는 서양 사람들이 입던 차림의 옷인 양복을 주로 입는다. 그리고 명절이나 결혼식 같이 특별한 행사가 있을 때에만 한복을 입는 경우가 많다. 지금부터 사람들이 입는 옷차림이 옛날과 오늘날에 어떻게 다른지 신분과 성별, 옷감 종류에 따라 나누어 알아보자.

**18** 사람들이 옛날에 입었던 우리나라 고유한 옷은 무엇인지 쓰시오.

( )

**19** 이 글에서는 옷차림을 무엇에 따라 나누어 설명하려고 하는지 세 가지 고르시오.

( , , )

① 신분 ② 음식 ③ 나라
④ 성별 ⑤ 옷감 종류

중요

**20** 제목을 보고 글쓴이의 생각을 짐작하였습니다. 빈칸에 알맞은 말을 쓰시오.

> 옛날과 오늘날 사람들의 ( )에 차이가 많이 있다는 것을 말하고 있는 것 같습니다.

맞은 개수 개

정답과 해설 ● 11쪽



**1** 다음 노랫말을 읽고, 줄넘기한 경험을 쓰시오.

**꼬마야 꼬마야, 줄넘기**

꼬마야 꼬마야 뒤로 돌아라
꼬마야 꼬마야 땅을 짚어라
꼬마야 꼬마야 만세를 불러라
꼬마야 꼬마야 잘 가거라

| | |
|---|---|
| (1) 언제 줄넘기를 해 보았습니까? | |
| (2) 줄넘기는 어떻게 하는 놀이입니까? | |

**2~3** 글을 읽고, 물음에 답하시오.

실험할 때 책상에 바짝 다가가지 않습니다. 실험하다가 만약 실험 기구가 넘어지면 깨진 기구의 조각이나 기구 속 화학 약품이 주변에 튈 수 있습니다. 이때 책상에 바짝 다가가 앉아 있으면 다칠 수가 있습니다. 그러므로 실험을 할 때에는 책상에 너무 바짝 다가가 앉지 않고 실험 기구와 어느 정도 거리를 유지하는 것이 안전합니다.

과학 실험을 할 때에는 무엇보다 안전이 중요합니다. 실험이 재미있고 공부에 도움이 된다 하더라도 사고가 발생하면 아무런 소용이 없습니다. 그러므로 과학 실험 안전 수칙을 항상 기억하고 실천해 안전하게 실험을 할 수 있도록 노력해야 합니다.

**2** 실험할 때 책상에 바짝 다가가지 않아야 하는 까닭은 무엇인지 쓰시오.

**3** 아는 내용이나 겪은 일과 관련지어 글을 읽고 앞으로 자신이 지킬 일을 생각하며 자신만의 과학 실험 안전 수칙을 만들어 쓰시오.

**4~5** 글을 읽고, 물음에 답하시오.

❶ 계절별로 날씨와 관련이 있는 토박이말을 알아보자. 토박이말은 우리말에 본디부터 있던 말이나 그것에 더해 새로 만들어진 말이다. 다른 말로 순우리말, 고유어라고도 한다. 옛날부터 우리 할아버지, 할머니께서 만들어 써 오신 말이 토박이말이다. 이 가운데에는 봄, 여름, 가울, 겨울의 날씨를 나타내는 말도 많은데 어떤 말들이 있는지 알아보자.

❷ 봄 날씨를 나타내는 토박이말에는 '꽃샘추위', '꽃샘바람', '소소리바람' 같은 말이 있다. 이른 봄, 꽃이 필 무렵에 찾아오는 추위를 '꽃샘추위'라고 한다. 여기서 '샘'은 시기, 질투라는 뜻이다. 그래서 '꽃샘추위'는 꽃이 피는 것을 시샘하듯 몰아닥친 추위라는 뜻이 된다.

**4** 토박이말의 뜻은 무엇인지 정리하여 쓰시오.

**5** 각 문단의 중심 문장을 찾아 쓰시오.

| | |
|---|---|
| (1) ❶ 문단 | |
| (2) ❷ 문단 | |

# 낱말 퀴즈

교과서 문장으로 확인하는 핵심 낱말 

● 다음 교과서 문장의 파란색 낱말 중에서 알맞은 것을 골라 인물들이 한 말을 완성하시오.

- 어린이들은 과학 실험을 하면서 호기심이 생기고 평소에 품었던 궁금증을 해결합니다.
- 과학실에서는 장난을 치지 말고 진지한 자세로 실험을 해야 합니다.
- 과학 실험 안전 수칙을 항상 기억하고 실천해 안전하게 실험을 할 수 있도록 노력해야 합니다.
- 다른 해보다 일찍 생기는 서리를 '올서리'라고 하고, 늦가을에 아주 되게 생기는 서리를 '된서리'라고 한다.

정답 | ❶ 진지한 ❷ 호기심 ❸ 수칙 ❹ 되게

# 3 자신의 경험을 글로 써요

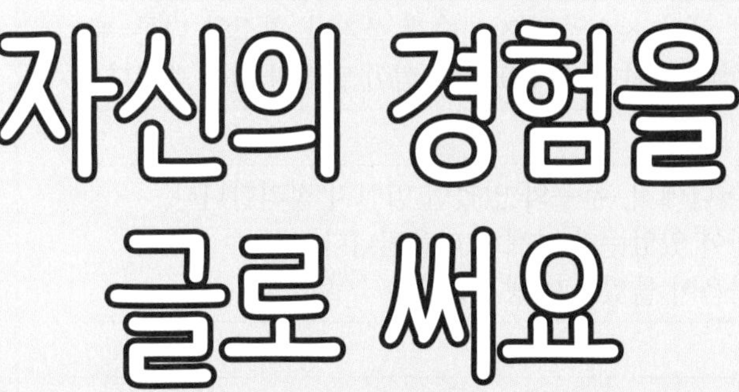

무엇을 배울까요?

### 준비

- 기억에 남는 일에 대해 이야기 나누기

### 기본

- 자신의 경험에서 인상 깊은 일을 글로 쓰는 방법 알기
- 인상 깊은 일로 글 쓰기
- 자신이 쓴 글을 고쳐 쓰기

### 실천

- 우리 반 소식지 만들기

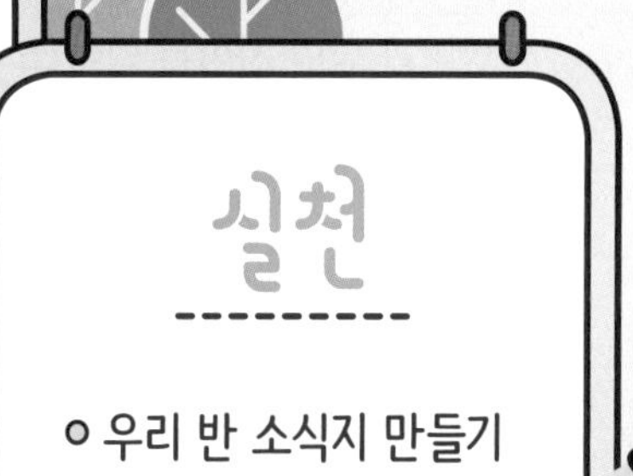

# 교과서 핵심

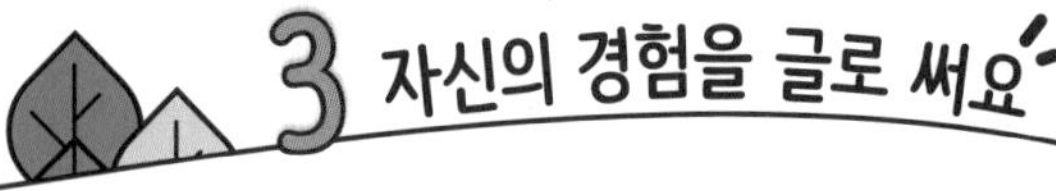


## 1 자신의 경험에서 기억에 남는 일 정리하기

| | |
|---|---|
| 기억에 남는 일을 정리하는 방법 | • 언제, 어디에서, 누구와 어떤 일이 있었는지 구체적으로 떠올려 봅니다.<br>• 기억에 남는 일에 대한 자신의 생각이나 느낌, 그렇게 생각한 까닭을 정리해 봅니다. |
| 기억에 남는 일을 정리하면 좋은 점 | • 기억에 남는 일을 자세히 떠올릴 수 있습니다.<br>• 기억에 남는 일을 글로 쓸 수 있습니다.<br>• 자신이 한 일을 되돌아볼 수 있습니다.<br>• 어떤 내용을 말하거나 쓸지 점검할 수 있습니다. |

## 2 자신의 경험에서 인상 깊은 일을 글로 쓰는 방법

| | |
|---|---|
| 무엇을 쓸지 정하기 | 평소에 일어나는 일을 자세하게 쓰거나 평소와 다른 특별한 일이나 자신의 생각 또는 느낌이 달라진 일을 씁니다. |
| ⬇ | |
| 글 쓸 내용 정리하기 | • 언제, 어디에서, 누구와 있었던 일인지 정리합니다.<br>• 무슨 일이 있었는지 자세히 떠올립니다.<br>• 어떤 마음이 들었는지 생각합니다. |
| ⬇ | |
| 글 쓰기 | • 인상 깊은 일이 무엇인지 생각하며 글을 씁니다.<br>• 글을 읽을 사람이 자신과 비슷한 경험을 한 적이 있는지, 나이가 어떻게 되는지 확인합니다. |
| ⬇ | → 글을 쓸 때 제목은 이 글에서 자신이 가장 하고 싶은 말이 무엇인지, 어떤 마음을 표현하고 싶은지를 생각해서 정합니다. |
| 고쳐쓰기 | • 있었던 일을 자세히 썼는지 확인합니다.<br>• 그때의 느낌을 잘 표현했는지 살펴봅니다.<br>• 띄어쓰기를 바르게 했는지 확인합니다. |

## 3 띄어쓰기를 바르게 하기

→ 글을 쓸 때 규칙에 따라 어떤 말을 앞말과 띄어 쓰는 일

| 띄어쓰기 방법 | 예 |
|---|---|
| 낱말과 낱말 사이는 띄어 쓰되, '이/가, 을/를, 은/는, 의'와 같은 말은 앞말에 붙여 씁니다. | 주혁이가∨눈물이∨그렁그렁한∨얼굴로∨말했다. |
| 마침표(.)나 쉼표(,) 뒤에 오는 말은 띄어 씁니다. | 마음이 아팠다.∨동생이 얼른 나았으면 좋겠다. |
| 수를 나타내는 말과 단위를 나타내는 말 사이는 띄어 씁니다. | 이번 봄에만 두∨번째네. |

## 4 글을 쓰고 고쳐쓰기를 하면 좋은 점

① 자신이 전하고자 한 내용을 효과적으로 표현했는지 확인할 수 있습니다.
② 잘못된 띄어쓰기나 표현을 고칠 수 있습니다.

### 핵심 확인 문제

정답과 해설 ● 11쪽

**1** 자신의 경험에서 기억에 남는 일을 정리하기 위해서는 먼저 ☐☐, 어디에서, 누구와 있었던 일인지 구체적으로 떠올려야 합니다.

**2** 인상 깊은 일을 글로 쓰기 위해 무엇을 쓸지 정할 때에는 평소에 일어나지 않는 특별한 일만 써야 합니다.
( ○, × )

**3** 자신의 경험에서 인상 깊은 일을 글로 쓸 때 가장 마지막 단계에서 할 일을 쓰시오.
( )

**4** ☐을/를 나타내는 말과 단위를 나타내는 말 사이는 띄어 쓰기 때문에 '두∨번째'라고 띄어 써야 합니다.

**5** 고쳐쓰기를 하면 자신이 전하고자 한 내용을 효과적으로 표현했는지 확인할 수 있습니다.
( ○, × )

# 준비 기억에 남는 일에 대해 이야기 나누기

정답과 해설 ● 11쪽



● **그림을 보고 자신이 겪은 일을 떠올리기**

▲ 수영하기

▲ 축구하기

▲ 갯벌 체험

▲ 즐거운 운동회

▲ 독서 그림 그리기

▲ 피자 만들기

• **그림 설명**: 친구들이 겪은 여러 가지 일이 나타나 있습니다.

**교과서 핵심**

● **기억에 남는 일 정리하기 예**

친구들과 함께한 운동회

| | |
|---|---|
| 언제 | 5월 |
| 어디에서 | 학교 운동장 |
| 있었던 일 | 친구들과 공 굴리기, 장애물 달리기와 같은 운동을 했다. |
| 생각이나 느낌 | 친구들과 함께 여러 가지 운동을 해서 즐거웠다. |

**1** 이 그림에 나타난 일이 아닌 것은 무엇입니까? ( )

① 갯벌 체험을 한 일
② 피자를 만들어 본 일
③ 눈썰매장에서 썰매를 탄 일
④ 운동회 때 공 굴리기를 한 일
⑤ 책을 읽고 난 뒤 독서 그림을 그린 일

교과서 문제

**2** 자신이 겪은 일을 바르게 말한 친구의 이름을 쓰시오.

수민: 숲에 나무를 심었어.
강희: 나는 커서 의사가 되고 싶어.
민주: 가족과 놀이 공원에 놀러 가기로 했어.

( )

핵심

**3** 자신이 겪은 일을 떠올려 기억에 남는 일과 그 까닭을 쓰시오.

| | |
|---|---|
| (1) 기억에 남는 일 | |
| (2) 그 까닭 | |

교과서 문제

**4** 기억에 남는 일을 정리하면 좋은 점으로 알맞은 것을 두 가지 고르시오. ( , )

① 앞으로 할 일을 계획할 수 있다.
② 기억에 남는 일을 자랑할 수 있다.
③ 자신이 한 일을 되돌아볼 수 있다.
④ 기억에 남는 일을 글로 쓸 수 있다.
⑤ 기억에 남는 일을 대강 떠올릴 수 있다.

역량 제재

## 자신의 경험에서 인상 깊은 일을 글로 쓰는 방법 알기

● 서연이가 하루 동안 겪은 일을 자신이 겪은 일과 비교해 살펴보기

• **그림 설명**: 서연이가 아침부터 밤까지 하루 동안 겪은 일이 나타나 있습니다.

● **서연이가 겪은 일과 자신이 겪은 일 비교하기** 예

| 비슷한 일 | 집에서 책을 읽은 일 |
|---|---|
| 다른 일 | 동생이 아팠던 일 |

1 서연이가 하루 동안 겪은 일을 그림에 알맞게 선으로 이으시오.

(1)  • • ① 학교에 갈 준비를 했다.

(2)  • • ② 학교에서 공부했다.

(3)  • • ③ 친구와 놀이터에서 놀았다.

(4)  • • ④ 집에서 책을 읽었다.

핵심

2 서연이가 겪은 일과 자신이 겪은 일을 비교했을 때 비슷한 일과 다른 일은 무엇인지 각각 쓰시오.

| (1) 비슷한 일 | |
|---|---|
| (2) 다른 일 | |

교과서 문제

3 자신이 서연이라면 어떤 일을 글로 쓰고 싶은지 빈칸에 알맞은 내용을 쓰시오.

내가 서연이라면 (                    ) 일을 글로 쓸 거야.

서연이가 인상 깊었던 일을 정리해 쓴 글을 띄어쓰기에 주의하며 읽기

## 동생이 아파요

"아이고,배야."

동생 주혁이가 끙끙 앓는 소리에 잠에서 깼다.

"열이 39도가 넘잖아! 배도 많이 아파하고, 큰일이네."

걱정스럽게 말씀하시는 아빠의 목소리도 들렸다. 나는 눈을 비비고 자리에서 일어났다.

"아빠, 무슨 일이에요?"

나는 주혁이 ♥머리맡에 앉아 계신 아빠 옆으로 다가갔다.

"주혁이가 열이 많이 나는구나. 아무래도 장염에 걸린 것 같다. 이번 가을에만 두번째네."

아빠께서 걱정스럽게 말씀하셨다. 주혁이는 얼굴을 찡그리며 힘들어했다. 아빠께서 병원에 갈 ♥채비를 하시는 동안 나는 주혁이 옆에 앉아 있었다.

"누나, 나 아파."

주혁이가눈물이 그렁그렁한 얼굴로 말했다.

(그렁그렁한: 눈에 눈물이 넘칠 듯이 그득 괴어 있는)

"병원 다녀오면 금방 나을 거야."

나는 주혁이의 이마에 차가운 물수건을 얹어 주었다.

마음이 아팠다.동생이 얼른 나았으면 좋겠다.

- 글의 특징: 서연이가 하루 동안 겪은 일 가운데 동생이 아팠던 일을 정리하여 쓴 글로, 서연이의 경험과 그때의 마음이 잘 나타나 있습니다.

♥머리맡 누웠을 때의 머리 부근.
예 책을 머리맡에 펴 둔 채 잠들었다.

♥채비 어떤 일이 되기 위하여 필요한 물건, 자세 따위가 미리 갖추어져 차려지거나 그렇게 되게 함. 또는 그 물건이나 자세.
예 새벽부터 일어나 여행 갈 채비를 하느라 바빴다.

### 교과서 핵심

- 서연이가 정한 인상 깊은 일

| | |
|---|---|
| 평소와 다른 특별한 일 | 예 동생이 아팠던 일 |
| 그때의 생각이나 느낌 | 예 아픈 동생에게 미안하고 안쓰러운 마음이 듦. |

**4** 서연이에게 언제 어떤 일이 있었는지 쓰시오.

(　　　　　　　　　　　　　　　　)

역량 논술형

**5** 자신의 경험에서 가장 인상 깊은 일과 그때의 생각이나 느낌을 쓰시오.

| | |
|---|---|
| (1) 가장 인상 깊은 일 | |
| (2) 그때의 생각이나 느낌 | |

교과서 문제

**6** 다음을 참고하여 초록색으로 쓰인 부분을 바르게 고친 것으로 알맞지 않은 것에 ×표를 하시오.

> - '이/가, 을/를, 은/는, 의'와 같은 말은 앞말에 붙여 쓴다.
> - 수를 나타내는 말과 단위를 나타내는 말 사이는 띄어 쓴다.
> - 마침표(.)나 쉼표(,) 뒤에 오는 말은 띄어 쓴다.

(1) "아이고,배야." → "아이고, 배야." (　　)

(2) '이번 가을에만 두번째네.' → '이번 가을에만 두 번 째네.' (　　)

(3) '주혁이가눈물이' → '주혁이가 눈물이' (　　)

(4) '마음이 아팠다.동생이' → '마음이 아팠다. 동생이' (　　)

# 기본 인상 깊은 일로 글 쓰기

정답과 해설 ● 12쪽

● 자신이 일 년 동안 경험한 일 가운데에서 인상 깊은 일 떠올려 보기

| 봄에 있었던 일 | 여름에 있었던 일 |
|---|---|
|  |  |
| • 도자기 만들기 체험<br>• 친구들과 피구를 한 일 | • 바닷가에 놀러 간 일<br>• 가족과 함께 수박을 먹은 일 |

| 가을에 있었던 일 |
|---|
|  |
| • 과수원에서 감을 따 본 일<br>• 벼를 만져 본 일 |

• **그림 설명:** 일 년 동안 경험한 일 가운데에서 인상 깊은 일을 봄, 여름, 가을로 구분하여 떠올린 것이 나타나 있습니다.

**교과서 핵심**

● **인상 깊은 일 정리하기** 예

| | |
|---|---|
| 언제, 어디에서, 누구와 있었던 일인가요? | 아침에 학교 운동장에서 동생과 있었던 일이다. |
| 무슨 일이 있었나요? | 동생과 아침 운동으로 줄넘기를 했다. |
| 어떤 마음이 들었나요? | 힘들었지만 기분이 상쾌했다. |
| 왜 그런 마음이 들었나요? | 땀이 나서 시원했고 몸이 가뿐해졌기 때문이다. |

**1** 일 년 동안 경험한 일 가운데에서 봄에 있었던 인상 깊은 일은 무엇이었는지 두 가지 고르시오. ( , )

① 벼를 만져 본 일
② 바닷가에 놀러 간 일
③ 친구들과 피구를 한 일
④ 과수원에서 감을 따 본 일
⑤ 도자기 만들기 체험을 한 일

교과서 문제

**2** 자신의 경험을 언제, 어디에서, 누구와 있었던 일인지 알맞게 정리한 것을 찾아 기호를 쓰시오.

㉠ 물놀이도 하고, 수박도 먹었다.
㉡ 가족의 사랑을 느낄 수 있었다.
㉢ 작년 여름에 할머니 댁에 놀러 가서 가족과 있었던 일이다.

( )

핵심

**3** 인상 깊은 일을 글로 쓰기 위해 정리할 때 주의할 점으로 알맞은 것을 세 가지 고르시오. ( , , )

① 어떤 마음이 들었는지 쓴다.
② 인상 깊은 일을 상상하여 쓴다.
③ 무슨 일이 있었는지 자세히 쓴다.
④ 비용이 얼마나 들었는지 자세히 쓴다.
⑤ 언제, 어디에서, 누구와 있었던 일인지 쓴다.

교과서 문제

**4** 인상 깊은 일로 쓴 글을 점검하는 방법으로 알맞지 않은 것은 무엇입니까? ( )

① 띄어쓰기를 바르게 했는지 점검한다.
② 있었던 일을 자세히 썼는지 확인한다.
③ 그때의 느낌을 잘 표현했는지 살펴본다.
④ 글을 읽을 사람을 생각했는지 점검한다.
⑤ 글에서 가장 많이 나온 낱말을 제목으로 썼는지 확인한다.

## 자신이 쓴 글을 고쳐 쓰기

정답과 해설 ● 12쪽



● 자신이 쓴 글을 친구와 바꾸어 읽고 고쳐 쓸 점 이야기하기

• **그림 설명**: 인상 깊은 일로 쓴 글을 친구와 바꾸어 읽고 서로 고쳐 쓸 점을 이야기하는 모습이 나타나 있습니다.

**교과서 핵심**

● **자신이 쓴 글에서 고칠 점** 예

> 우리 가족은 작년 여름에 시골에 계신 할머니 댁에 놀러 갔다. 우리는 계곡 옆에 텐트를 치고 물놀이를 했다.

> ⇨ 있었던 일을 구체적으로 쓰지 않았고, 그때의 생각이나 느낌이 나타나 있지 않다.

**1** 자신이 쓴 글을 고쳐 쓰는 과정에 맞게 차례대로 기호를 쓰시오.

> ㉠ 자신이 쓴 글을 고쳐 쓴다.
> ㉡ 자신이 점검한 내용과 친구의 의견을 확인한다.
> ㉢ 인상 깊은 일로 쓴 글을 친구와 바꾸어 읽고 고쳐 쓸 점을 이야기한다.

(　　　)→(　　　)→(　　　)

핵심

**2** 다음 글에서 고쳐 써야 할 점을 두 가지 고르시오. (　　,　　)

> 우리 가족은 작년 여름에 시골에 계신 할머니 댁에 놀러 갔다. 우리는 계곡 옆에 텐트를 치고 물놀이를 했다. 그리고 수박을 먹으며 쉬었다. 수박이 맛있었다.

① 있었던 일을 더 자세히 쓴다.
② 잘못된 띄어쓰기를 고쳐 쓴다.
③ 언제, 어디에서 겪은 일인지 쓴다.
④ 어떤 생각이나 느낌이 들었는지 쓴다.
⑤ 자신의 경험에 대한 친구의 생각을 덧붙여 쓴다.

**3** 다음 글을 읽고 띄어쓰기를 점검한 내용으로 바르지 않은 것에 ×표를 하시오.

> 지난 주말에 남동생과 할아버지 댁에 놀러 갔다. 할아버지 댁 감나무에는 빨갛게 익은 ㉠감들이주렁주렁 열려 있었다. 나는 ㉡할아버지,남동생과 함께 긴 막대기로 조심스럽게 ㉢한알씩 감을 땄다. 감 따기는 참 재미있었다.

(1) ㉠: '감들∨이∨주렁주렁'이라고 띄어 써야 한다. (　　)
(2) ㉡: '할아버지,∨남동생과'라고 띄어 써야 한다. (　　)
(3) ㉢: '한∨알씩'이라고 띄어 써야 한다. (　　)

핵심

**4** 글을 쓰고 고쳐쓰기를 하면 좋은 점을 알맞게 말한 친구의 이름을 모두 쓰시오.

> 기영: 잘못된 띄어쓰기나 표현을 고칠 수 있어.
> 수민: 내가 전하고자 한 내용을 효과적으로 표현했는지 확인할 수 있어.
> 강민: 재미있는 표현을 많이 넣어서 읽는 사람을 즐겁게 해 줄 수 있어.

(　　　　　)

# 실천 《 우리 반 소식지 만들기

역량 활동

정답과 해설 ● 12쪽

● 우리 반 소식지를 만드는 과정

❶ 지금까지 우리 반에서 있었던 일을 떠올려 본다.
❷ 지금까지 우리 반에서 있었던 일과 관련된 사진을 모으거나 그림을 그린다.
❸ 지금까지 우리 반에서 있었던 일 가운데에서 기억에 남는 일 다섯 가지를 투표로 정한다.
❹ 다섯 가지 사건으로 모둠별 소식지를 만든다.
❺ 모둠별 소식지를 모아 우리 반 소식지를 만든다.

• **그림 설명**: 우리 반에서 있었던 일 가운데에서 기억에 남는 사건을 골라 붙임 쪽지에 써서 칠판에 붙이고 있습니다.

교과서 핵심

**● 기억에 남는 일 다섯 가지를 중심으로 모둠별 소식지 만들기**

• 모둠 친구들이 다섯 가지 사건을 하나씩 맡는다.
• 맡은 사건을 글과 그림으로 표현한다. 예

| 내가 맡은 사건 |
| --- |
| 4월에 민우가 전학 온 일 |
| 글과 그림으로 표현한 것 |
|  4월에 전학 온 친구<br>• 이름: 최민우<br>• 전학 온 곳: 누리초등학교<br>민우가 1학기에 전학을 와서 우리 반 짝이 딱 맞게 되었다.…… |

• 각자 완성한 글과 그림을 하나로 모아 모둠별 소식지를 만든다.

교과서 문제

**1** 우리 반 소식지를 만들기 위해 떠올린 일로 알맞지 않은 것은 무엇입니까? ( )

① 개교기념일 행사를 한 일
② 가족과 놀이 공원에 간 일
③ 개학식 때 새 친구를 만난 일
④ 학교에서 모둠 농장을 가꾼 일
⑤ 국립중앙과학관에 가서 체험학습을 한 일

교과서 문제

**2** 다음은 우리 반 소식지를 만드는 과정에서 할 일입니다. 빈칸에 알맞은 말을 쓰시오.

> 지금까지 있었던 일 가운데에서 기억에 남는 일 다섯 가지를 ( )(으)로 정한다.

핵심 역량

**3** ❸에서 투표로 정한 기억에 남는 일 중 하나가 다음 사건일 때 이 사건을 글과 그림으로 표현해 보시오.

> 독서 단원을 배우고 나서 독서 잔치를 한 일

## 기본 • 58쪽 인상 깊은 일로 글 쓰기

### 현장 체험학습 가는 날

지난주 월요일에 우리 반은 희망 목장으로 현장 체험학습을 갔다. 희망 목장에서는 내가 좋아하는 피자와 치즈를 만들 수 있다. 학교에서 출발해 시간이 흘러 드디어 목장에 도착했다. 도착하자마자 피자 만들기 체험장에 들어갔다. 우리는 모둠별로 의자에 앉았다. 먼저, 밀가루 반죽을 동그랗게 만들고 여러 가지 재료를 그 위에 올려놓았다. 피자가 구워질 동안 우리는 치즈 만들기 체험장에 갔다.

치즈 만들기 체험장에서는 치즈와 관련된 영상을 보았다. 영상을 보고 나서 본격적으로 치즈 만들기를 시작했다. 조몰락조몰락하며 치즈를 만드는 모습이 체험장을 가득 채웠다. 친구들은 모두 밝은 표정으로 신바람이 나 있었다. 현장 체험학습은 새로운 것을 체험할 수 있어서 좋다. 다음에 또 오고 싶다.

**1** 다음 내용에 해당하는 말을 보기 에서 찾아 각각 알맞은 기호를 쓰시오.

보기
㉠ 누가 ㉡ 언제
㉢ 무엇을 ㉣ 어디에서
㉤ 생각이나 느낌

(1) 지난 주 월요일에 (　　)
(2) 우리 반은 (　　)
(3) 희망 목장으로 (　　)
(4) 현장 체험학습을 갔다. (　　)
(5) 현장 체험학습은 새로운 것을 체험할 수 있어서 좋다. (　　)

## 기본 • 59쪽 자신이 쓴 글을 고쳐 쓰기

● 그림의 상황에 알맞은 문장 찾기

가 

나 

다 

● 사진을 설명하는 문장에서 띄어쓰기가 바른 것 찾기

|  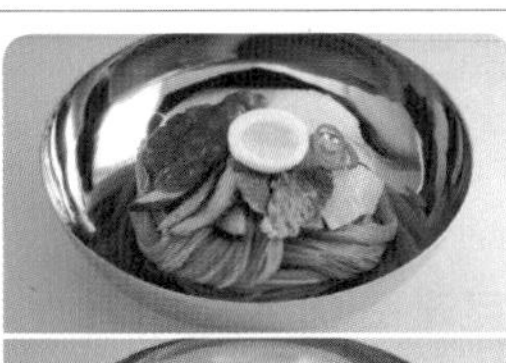  | 마  |
|---|---|
| 비빔냉면은 매콤하고, 물냉면은 시원하다. | 예쁜 신 한켤레 |

**2** 그림 가~다의 상황에 알맞은 문장을 찾아 ○표를 하시오.

(1) 그림 가: 아기 가오리를 보았다. (　　)
(2) 그림 나: 용돈이 만 원이 있다. (　　)
(3) 그림 다: 예쁜 손 수건으로 닦아. (　　)

**3** 라, 마의 사진을 설명하는 문장에서 띄어 써야 할 부분에 ∨표를 하시오.

(1) 라: 비빔냉면은 매콤하고,물냉면은 시원하다.
(2) 마: 예쁜 신 한켤레

**준비** ······

》기억에 남는 일에 대해 이야기 나누기

예 자신이 겪은 일 가운데에서 기억에 남는 일 정리하기

|  |  |
|---|---|
| 언제 | 5월 |
| 어디에서 | 학교 운동장 |
| 있었던 일 | 친구들과 공 굴리기, 장애물 달리기와 같은 운동을 했다. |
| 생각이나 ❶ □□ | 친구들과 함께 여러 가지 운동을 해서 즐거웠다. |

친구들과 함께한 운동회

**기본** ······

》자신의 경험에서 인상 깊은 일을 글로 쓰는 방법 알기

예 서연이가 하루 동안 겪은 일 중에서 인상 깊은 일을 글로 쓴 방법

**1. 무엇을 쓸지 정하기**

| | |
|---|---|
| 서연이가 정한 일 | 동생이 아팠던 일 |
| 그 일을 쓰기로 정한 까닭 | • 동생이 아픈 것은 평소에 자주 겪는 일이 아니기 때문이다.<br>• 아픈 동생에게 미안하고 안쓰러운 마음이 들었던 것이 ❷ □□ 깊었기 때문이다. |

➡

**2. 글 쓸 내용 정리하기**

| | |
|---|---|
| 서연이가 겪은 일 | 지난밤에 동생 주혁이가 아파서 부모님께서 아픈 동생을 돌보셨다. |
| 그때 들었던 마음 | • 아픈 동생이 ❸ □□되고 마음이 아팠다.<br>• 동생이 얼른 나았으면 좋겠다. |

**3. 서연이가 쓴 글에서 잘못된 부분을 찾아 바르게 띄어쓰기 하기**

- "아이고,배야(→ 아이고,∨배야)."
- 이번 가을에만 두번째네(→ ❹ □□□□□).
- 주혁이가눈물이(→ 주혁이가∨눈물이) 그렁그렁한 얼굴로 말했다.
- 마음이 아팠다.동생이(→ 아팠다.∨동생이) 얼른 나았으면 좋겠다.

기본

》 인상 깊은 일로 글 쓰기

**1. 인상 깊은 일을 글로 쓰는 과정**

| 자신의 경험에서 인상 깊은 일 떠올리기 | | 인상 깊은 일 정리하기 | |
|---|---|---|---|
| 일 년 동안 경험한 일 가운데에서 특별히 ❺ ☐☐에 남는 일을 골라 보고, 그 일을 고른 까닭을 말합니다. | ➡ | • 언제, 어디에서, 누구와 있었던 일인가요?<br>• 무슨 일이 있었나요?<br>• 어떤 마음이 들었나요?<br>• 왜 그런 마음이 들었나요? | ➡ |
| **인상 깊은 일을 글로 쓰기** | | **자신이 쓴 글에서 점검하고 싶은 부분 확인하기** | |
| • 인상 깊은 경험을 생각해 보며 글을 씁니다.<br>• 글을 읽을 사람이 자신과 비슷한 경험을 한 적이 있는지, 나이가 어떻게 되는지 확인합니다. | ➡ | • 자신이 쓴 글에서 점검하고 싶은 부분을 생각하고 친구들과 이야기해 봅니다.<br>• 자신만의 ❻ ☐☐☐을/를 만들어 그 기준을 생각하며 자신이 쓴 글을 읽어 봅니다. | |

**2. 일 년 동안 경험한 일 가운데에서 인상 깊은 일을 글로 쓰기 ㉦**

우리 가족은 작년 여름에 시골에 계신 할머니 댁에 놀러 갔다. 할머니 댁에서 조금만 걸어가면 계곡이 있다. 우리는 그 계곡 옆에 텐트를 치고 물놀이를 했다. 물놀이를 하다 힘이 들면 수박을 먹으며 쉬기도 했다. 가족의 사랑을 느낄 수 있었던 가슴이 따뜻해지는 경험이었다. 올해 여름 방학에도 할머니 댁에 놀러 가면 좋겠다.

기본

》 자신이 쓴 글을 고쳐 쓰기

**㉦ 자신이 쓴 글을 친구와 바꾸어 읽고 고쳐 쓸 점을 이야기하기**

어떤 생각이나 느낌이 들었는지를 써야 해.

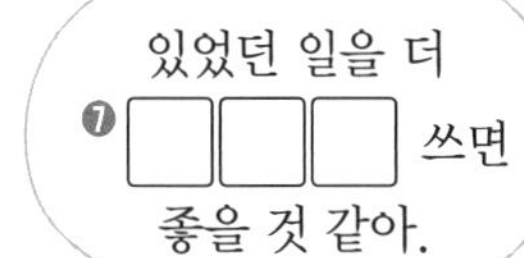

있었던 일을 더 ❼ ☐☐☐ 쓰면 좋을 것 같아.

친구들이 이해하기 쉽고 재미있는 표현을 많이 쓰면 좋겠어.

# 단원 평가

• 단원 평가 더 풀기 >> 평가 교재 14~19쪽

**1~2** 그림을 보고, 물음에 답하시오.

**1** 그림 ㉮~㉰에서 겪은 일은 무엇인지 알맞게 선으로 이으시오.

(1) 그림 ㉮ •      • ① 축구하기

(2) 그림 ㉯ •      • ② 수영하기

(3) 그림 ㉰ •      • ③ 피자 만들기

**2** 그림 ㉱의 일을 겪은 친구가 했을 생각으로 알맞은 것을 찾아 기호를 쓰시오.

㉠ 운동장에서 실컷 뛰어놀아서 신났다.
㉡ 갯벌에서 처음으로 조개를 캐서 좋았다.
㉢ 할머니께서 어깨가 시원하다고 하셔서 기뻤다.

(          )

논술형

**3** 자신이 겪은 일을 떠올려 보고 기억에 남는 일을 간단히 정리해 쓰시오.

| | |
|---|---|
| (1) 언제 | |
| (2) 어디에서 | |
| (3) 있었던 일 | |
| (4) 생각이나 느낌 | |

**4** 기억에 남는 일을 정리하면 좋은 점으로 알맞지 않은 것은 어느 것입니까? (     )

① 말을 유창하게 잘할 수 있다.
② 자신이 한 일을 되돌아볼 수 있다.
③ 기억에 남는 일을 글로 쓸 수 있다.
④ 기억에 남는 일을 자세히 떠올릴 수 있다.
⑤ 어떤 내용을 말하거나 쓸지 점검할 수 있다.

**5~6** 그림을 보고, 물음에 답하시오.

**5** 서연이가 하루 동안 겪은 일이 아닌 것은 어느 것입니까? (     )

① 책을 읽었다.
② 학교에서 공부했다.
③ 학교에 갈 준비를 했다.
④ 동생 주혁이와 다투었다.
⑤ 친구와 놀이터에서 놀았다.

**6** 자신이 서연이라면 하루 동안 겪은 일 가운데 어떤 일을 글로 쓰고 싶은지 쓰시오.

중요

**7** **글로 쓸 인상 깊은 일을 정하는 방법으로 알맞은 것을 두 가지 고르시오.** ( , )

① 재미있었던 일만 떠올린다.
② 평소 늘 있는 일만 떠올린다.
③ 모두가 함께 겪은 일만 떠올린다.
④ 평소와 다른 특별한 일을 떠올린다.
⑤ 자신의 생각이나 느낌이 달라진 일을 떠올린다.

**8~10** **글을 읽고, 물음에 답하시오.**

> 가 "아이고, 배야."
> 동생 주혁이가 끙끙 앓는 소리에 잠에서 깼다.
> "열이 39도가 넘잖아! 배도 많이 아파하고, 큰 일이네."
> 걱정스럽게 말씀하시는 아빠의 목소리도 들렸다. 나는 눈을 비비고 자리에서 일어났다.
> "아빠, 무슨 일이에요?"
> 나는 주혁이 머리맡에 앉아 계신 아빠 옆으로 다가갔다.
> "주혁이가 열이 많이 나는구나. 아무래도 장염에 걸린 것 같다. 이번 가을에만 두 번째네."
> 나 "누나, 나 아파."
> 주혁이가 눈물이 그렁그렁한 얼굴로 말했다.
> "병원 다녀오면 금방 나을 거야."
> 나는 주혁이의 이마에 차가운 물수건을 얹어 주었다.
> 마음이 아팠다. 동생이 얼른 나았으면 좋겠다.

**8** **'내'가 잠에서 깬 까닭은 무엇입니까?** ( )

① 아빠께서 '나'를 불러서
② 동생이 '나'를 흔들어서
③ '나'의 몸이 좋지 않아서
④ 물건이 떨어지는 소리가 들려서
⑤ 동생이 끙끙 앓는 소리가 들려서

**9** **'나'는 언제 어떤 일을 겪었는지 쓰시오.**

( )

**10** **이 일을 겪은 '나'의 마음으로 알맞은 것은 무엇입니까?** ( )

① 걱정은 되지만 여전히 동생이 밉다.
② 마음이 아프고 동생이 얼른 나았으면 좋겠다.
③ 동생이 아파서 학교에 가지 않는 것이 부럽다.
④ 동생이 부모님의 보살핌을 받는 것이 질투난다.
⑤ 동생이 이마에 물수건을 얹어 달라고 해서 귀찮다.

**11** **다음 문장에서 띄어 써야 할 부분에 ∨표를 하여 바르게 띄어 쓰시오.**

하늘이맑고푸르다.

( )

**12** **다음은 어떤 방법으로 인상 깊은 일을 떠올린 것인지 알맞은 것에 ○표를 하시오.**

| | |
|---|---|
| 봄에 있었던 일 | <br>▲ 도자기 만들기 체험 |
| 여름에 있었던 일 | ▲ 바닷가에 놀러 간 일 |

(1) 특정 장소에서 있었던 일을 떠올렸다. ( )

(2) 계절별로 어떤 일이 있었는지를 떠올렸다. ( )

**13** 다음은 일 년 동안 경험한 일 가운데에서 인상 깊은 일을 떠올려 정리한 것입니다. 정리한 내용이 알맞지 않은 것에 ×표를 하시오.

(1) 언제: 여름에 ( )
(2) 어디에서: 바닷가에서 ( )
(3) 누구와: 가족과 ( )
(4) 생각이나 느낌: 고기도 구워 먹고, 물놀이도 했다. ( )

중요

**14** 다음은 자신이 쓴 글을 읽고 고쳐쓰기를 할 때의 좋은 점입니다. 빈칸에 알맞은 말을 쓰시오.

- 자신이 전하고자 한 (1)( )을/를 효과적으로 표현했는지 확인할 수 있다.
- 잘못된 띄어쓰기나 (2)( )을/를 고칠 수 있다.

국어 활동

**15** 오른쪽 그림의 상황에 알맞은 문장을 찾아 ○표를 하시오.

(1) 나물 좀 줘. ( )
(2) 나 물 좀 줘. ( )

국어 활동

**16** 다음 문장의 띄어쓰기가 바르면 ○표, 틀리면 ×표를 하시오.

(1) 예쁜 신 한 켤레 ( )
(2) 나는 친구 들을 사랑합니다. ( )
(3) 하늘은 높고, 단풍은 붉게물든다. ( )

서술형

**17** 다음 글에서 [ ] 부분을 고쳐 쓸 때, 기준이 되는 띄어쓰기 방법은 무엇인지 쓰시오.

> 우리나라에는 [봄,여름,가을,겨울]의 사계절이 [있습니다.자연의] 모습은 계절에 따라 아름답게 변합니다.

**18** 다음 글을 읽고 글쓴이가 '어디에서', '무엇을' 했는지 쓰시오.

> 9월에 우리 반은 국립중앙과학관으로 현장 체험학습을 갔다.

**19** 우리 반 소식지에 넣고 싶은 기억에 남는 일을 쓰시오.

( )

**20** 기억에 남는 일 다섯 가지를 중심으로 모둠별 소식지를 만들 때 주의할 점으로 알맞지 않은 것은 무엇입니까? ( )

① 모둠 친구들과 서로 양보하고 도움을 준다.
② 어떤 일이 있었는지 글과 그림으로 표현한다.
③ 언제, 어디에서, 누구와 있었던 일인지 밝힌다.
④ 기억에 남는 일에 대한 생각이나 느낌을 나타낸다.
⑤ 가장 기억에 남는 일이 친구와 겹치면 같은 사건을 두 사람이 맡는다.

# 서술형 평가

맞은 개수 개

정답과 해설 ● 14쪽



**1** 다음 그림과 비슷한 자신의 경험을 떠올려 보고, 그때의 마음을 쓰시오.

▲ 선물 받은 경험

| (1) 자신의 경험 | |
|---|---|
| (2) 그때의 마음 | |

**2~3** 글을 읽고, 물음에 답하시오.

"아이고, 배야."
동생 주혁이가 끙끙 앓는 소리에 잠에서 깼다.
"열이 39도가 넘잖아! 배도 많이 아파하고, 큰 일이네."
걱정스럽게 말씀하시는 아빠의 목소리도 들렸다. 나는 눈을 비비고 자리에서 일어났다.
"아빠, 무슨 일이에요?"
나는 주혁이 머리맡에 앉아 계신 아빠 옆으로 다가갔다.
"주혁이가 열이 많이 나는구나. 아무래도 장염에 걸린 것 같다. 이번 가을에만 두 번째네."
아빠께서 걱정스럽게 말씀하셨다. 주혁이는 얼굴을 찡그리며 힘들어했다. 아빠께서 병원에 갈 채비를 하시는 동안 나는 주혁이 옆에 앉아 있었다.
"누나, 나 아파."
주혁이가 눈물이 그렁그렁한 얼굴로 말했다.
"병원 다녀오면 금방 나을 거야."
나는 주혁이의 이마에 차가운 물수건을 얹어 주었다.
마음이 아팠다. 동생이 얼른 나았으면 좋겠다.

**2** '내'가 동생이 아팠던 일을 글로 쓴 까닭은 무엇일지 짐작하여 쓰시오.

**3** 이 글과 같이 자신이 경험한 인상 깊은 일을 글로 쓸 때, 무엇을 쓸지 정하는 방법을 쓰시오.

**4** 다음 각 문장을 바르게 띄어 쓰시오.

(1) 책을읽으면지식이쌓인다.

→

(2) 우정은예쁘게가꿀수록좋다.

→

(3) 우리여섯명은친한친구사이다.

→

**5** 자신이 일 년 동안 경험한 일 가운데에서 계절별로 인상 깊은 일을 떠올려 쓰시오.

| (1) 봄에 있었던 일 | |
|---|---|
| (2) 여름에 있었던 일 | |
| (3) 가을에 있었던 일 | |
| (4) 겨울에 있었던 일 | |

# 낱말 퀴즈

교과서 문장으로 확인하는 핵심 낱말 

● 다음 교과서 문장의 파란색 낱말 중에서 알맞은 것을 골라 인물들이 한 말을 완성하시오.

- 기억에 남는 일을 글로 쓸 수 있어.
- 동생이 아팠을 때에는 평소와 다른 느낌이 들었거든.
- 아빠께서 병원에 갈 채비를 하시는 동안 나는 주혁이 옆에 앉아 있었다.
- 9월에 국립중앙과학관으로 현장 체험학습을 갔을 때 일이야.

정답 | ❶ 기억 ❷ 평소 ❸ 채비 ❹ 체험

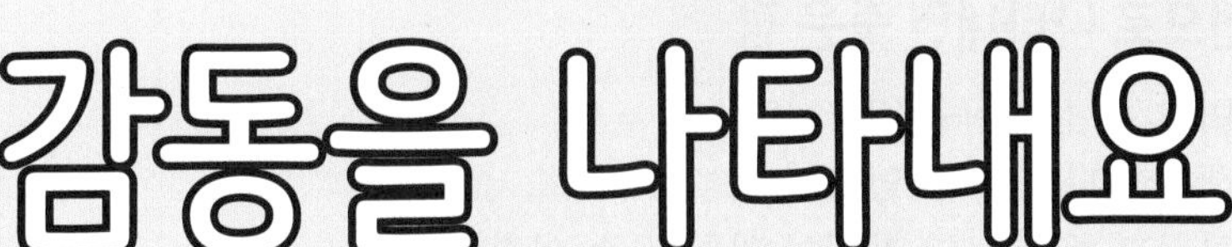

# 4 감동을 나타내요

## 무엇을 배울까요?

### 준비

- 감각적 표현을 사용해 느낌 나타내기

### 기본

- 시를 읽고 여러 가지 감각적 표현 말하기
- 시를 읽고 재미나 감동 나누기
- 이야기를 읽고 생각이나 느낌 표현하기

### 실천

- 느낌을 살려 시 쓰기

# 교과서 핵심

## 1 대상을 감각적으로 표현하기

| 감각적 표현 |  | 감각적 표현을 넣어 대상을 표현하기 예 |  |
|---|---|---|---|
| 우리가 눈으로 보고, 귀로 듣고, 입으로 맛보고, 코로 냄새 맡고, 손으로 만지면서 알게 된 대상의 느낌을 생생하게 표현한 것 | … |  | • 푹신푹신 부드러운 느낌이다.<br>• 마치 강아지를 만지는 것 같다. |

대상에 대한 느낌을 감각적으로 표현하는 방법
- 대상을 떠올리고 그 느낌을 소리나 모양을 흉내 내는 말을 사용하여 표현합니다.
- 대상을 떠올리고 그 느낌을 다른 대상에 빗대어 표현합니다.

## 2 대상을 감각적 표현으로 나타내면 좋은 점

① 대상의 느낌을 재미있게 나타낼 수 있습니다.
② 대상의 느낌을 생생하게 나타낼 수 있습니다.
③ 감각적 표현을 말하려고 대상을 더 자세히 관찰할 수 있습니다.

예 「감기」에 나타난 감각적 표현

| 느릿느릿,<br>거북이도 들어오고 | + | 까무룩,<br>잠꾸러기도 들어왔다. |
|---|---|---|
| 감기약을 먹고 몸이 무거운 상태 |  | 감기약을 먹고 몹시 졸린 상태 |

## 3 시나 이야기를 읽고 재미나 감동 나누기

① 시나 이야기에 나타난 감각적 표현을 생각해 봅니다.
② 시나 이야기를 읽고 떠오른 생각이나 느낌을 친구들과 이야기해 봅니다.
③ 이야기를 읽고 생각이나 느낌을 표현하는 방법에는 '인물에게 편지 쓰기, 이야기를 소개하는 책 표지나 인물 책갈피 만들기, 노랫말로 감동 표현하기, 이야기를 읽고 떠오른 생각을 네 컷 만화로 그리기' 등이 있습니다.

## 4 느낌을 살려 시를 쓸 때 주의할 점

① 시로 쓸 대상을 자세히 관찰합니다.
② 대상을 떠올리고 그 느낌을 보거나 듣거나 냄새 맡거나 만지는 것처럼 표현합니다.
③ 시 내용에 어울리는 제목을 붙입니다.
④ 시 내용을 짧은 글로 씁니다.

## 핵심 확인 문제

정답과 해설 • 15쪽

**1** 대상을 보고, 듣고, 맛보고, 냄새 맡고, 만지면서 알게 된 느낌을 생생하게 표현한 것을 무엇이라고 하는지 쓰시오.

(　　　　　　　　)

**2** 곰 인형에 어울리는 표현을 다음에서 모두 찾아 ○표를 하시오.

| 푹신푹신 | 보들보들 |
|---|---|
| 매끈매끈 | 일렁일렁 |

**3** 대상을 감각적 표현으로 나타내면 좋은 점으로 알맞지 않은 것에 ×표를 하시오.

(1) 대상의 느낌을 재미있게 나타낼 수 있다. (　)
(2) 대상의 느낌을 생생하게 나타낼 수 있다. (　)
(3) 대상의 느낌을 사실적으로 나타낼 수 있다. (　)

**4** '이야기 속 인물에게 ☐☐ 쓰기, 노랫말로 감동 표현하기' 등은 이야기를 읽고 생각이나 느낌을 표현하는 방법의 예입니다.

**5** 느낌을 살려 시를 쓸 때에는 시 내용을 짧은 글로 표현해야 합니다.

(　　○, ×　　)



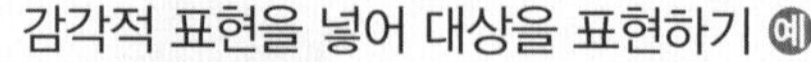

# 준비 《 감각적 표현을 사용해 느낌 나타내기

정답과 해설 • 15쪽



**1** 대상을 보거나 들어서 알게 된 느낌을 생생하게 표현한 것을 무엇이라고 하는지 쓰시오.

( )

교과서 문제

**2** 다음 대상에 어울리는 표현은 어느 것입니까? ( )

① 와삭 ② 요리조리
③ 울긋불긋 ④ 푹신푹신
⑤ 왁자지껄

교과서 문제

**3** 다음 대상을 표현하기에 알맞은 감각적 표현을 골라 ○표를 하시오.

(1) 사과 모양이 ( 동글동글, 펄럭펄럭 )합니다.
(2) 사과 껍질이 ( 꼬불꼬불 , 매끈매끈 )합니다.

**4** 다음 그림의 내용을 감각적 표현을 넣어 쓰시오.

( )

교과서 문제

**5** 다음 대상을 떠올리고 그 느낌을 알맞게 표현한 것을 두 가지 골라 기호를 쓰시오.

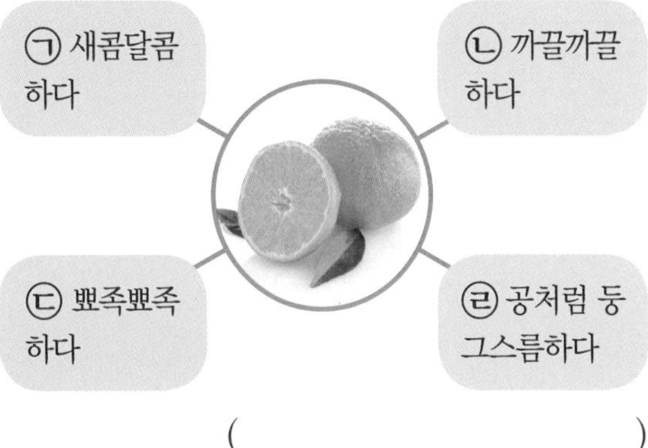


( )

핵심

**6** 대상을 떠올리고 그 느낌을 감각적 표현을 넣어 나타낸 것이 아닌 것은 무엇입니까? ( )

① 열려 있는 창문
② 아삭아삭한 사과
③ 쟁반처럼 둥근 보름달
④ 졸졸졸 흐르는 맑은 시냇물
⑤ 강아지처럼 뛰어다니는 내 동생

### 교과서 핵심

• 대상에 대한 느낌을 감각적 표현을 넣어 말하기 예

| 대상 | 감각적 표현 |
|---|---|
| 곰 인형 | 강아지처럼 푹신푹신 부드럽다. |
| 사과 | 겉면이 매끈매끈하고 베어 물면 아삭아삭하다. |
| 귤 | 공처럼 둥그스름하고, 맛이 새콤달콤하다. |

역량 제재

## 시를 읽고 여러 가지 감각적 표현 말하기

정답과 해설 ● 15쪽

시의 장면을 떠올리며 읽기

### 감기

• 글: 정유경 • 그림: 조미자

내 몸에
불덩이가 들어왔다.
—뜨끈뜨끈.
불덩이를 따라
몹시 추운 사람도 들어왔다.
—오들오들.

약을 먹고 나니
㉠느릿느릿,
거북이도 들어오고
㉡♥까무룩,
잠꾸러기도 들어왔다.

내 몸에
너무 많은 것들이 들어왔다.
그래서
내 몸이 아주 무거워졌다.

• **글의 종류**: 시
• **글의 특징**: 감기에 걸린 몸 상태를 감각적 표현을 사용하여 표현하고 있습니다.

♥**까무룩** 정신이 갑자기 흐려지는 모양.
예 까무룩 잠이 들었다 싶었는데 벌써 아침이었다.

**● 시에 나타난 감각적 표현**

• '느릿느릿'
• '거북이도 들어오고'
• '까무룩'
• '잠꾸러기도 들어왔다'

➡ 감기에 걸린 상태를 생생하게 나타냄.

**1** 이 시의 말하는 이는 지금 어떤 상태입니까? ( )

① 잠을 못 잤다.
② 힘든 운동을 막 끝냈다.
③ 무거운 물건을 나르고 있다.
④ 감기 때문에 힘들어하고 있다.
⑤ 밥을 먹지 못해 몹시 배가 고프다.

교과서 문제

**2** '내' 몸에 들어왔다고 한 것이 아닌 것은 무엇입니까? ( )

① 불덩이 ② 거북이
③ 바윗덩이 ④ 잠꾸러기
⑤ 몹시 추운 사람

교과서 문제

**3** 거북이가 들어왔다고 한 까닭은 무엇인지 쓰시오.

( )

핵심 역량

**4** ㉠'느릿느릿'과 ㉡'까무룩'을 넣고 읽으면 빼고 읽을 때와 느낌이 어떻게 달라지는지 알맞은 것을 두 가지 고르시오. ( , )

① 넣고 읽으면 더 재미있다.
② 넣고 읽으면 시가 길어져서 지루하다.
③ 넣고 읽으면 내용이 어렵게 느껴진다.
④ 넣고 읽으면 느낌이 생생하게 살아난다.
⑤ 넣은 것과 뺀 것의 느낌에 차이가 없다.

시에 나타난 감각적 표현을 생각하며 읽기

## 지구도 대답해 주는구나

박행신

강가 고운 모래밭에서
발가락 ♥옴지락거려
두더지처럼 파고들었다.

지구가 간지러운지
굼질굼질 움직였다.

아, 내 작은 신호에도
㉠지구는 대답해 주는구나.

그 큰 몸짓에
이 조그마한 발짓
그래도 지구는 대답해 주는구나.

- **글의 종류**: 시
- **글의 특징**: 강가 모래밭에 발을 대고 발가락으로 파고 든 일을 감각적으로 표현하고 있습니다.

♥옴지락거려 작은 것이 느릿느릿 자꾸 움직여. 또는 작은 것을 느릿느릿 자꾸 움직여.
예 아기가 손가락을 옴지락거려 먹는 모습이 귀여웠다.

● 시에 나타난 감각적 표현

| 흉내 내는 말 |
| --- |
| '굼질굼질' |
| 흉내 낸 모습 |
| • 느리게 조금씩 움직이는 모습<br>• 무언가가 천천히 움직이는 모습 |

4 단원

교과서 문제

**1** 이 시의 말하는 이는 어디에 있습니까? ( )

① 계곡 ② 바닷가
③ 놀이터 ④ 강가 모래밭
⑤ 두더지 굴 근처

교과서 문제

**2** 이 시의 말하는 이는 문제 1번에서 답한 곳에서 무엇을 하고 있습니까? ( )

① 강을 바라보고 있다.
② 두더지를 관찰하고 있다.
③ 물에서 수영을 하고 있다.
④ 모래밭에 발을 대 보고 있다.
⑤ 친구들이 노는 모습을 바라보고 있다.

핵심

**3** 이 시에서 '느리게 조금씩 움직이는 모습'을 표현한 흉내 내는 말을 찾아 쓰시오.

( )

교과서 문제

**4** ㉠과 같이 표현한 까닭은 무엇인지 알맞은 것에 ○표를 하시오.

(1) 모래의 움직임을 지구가 움직이는 것으로 생각했기 때문이다. ( )
(2) 발가락으로 모래 속을 파고들었을 때 지구가 간지럽다고 말했기 때문이다. ( )

교과서 문제

**5** 이 시를 읽고 떠오른 생각이나 느낌을 바르게 말하지 못한 친구를 쓰시오.

수민: 지구가 굼질굼질 움직였다는 표현이 재미있어.
태우: 우리가 하는 작은 행동을 자연은 모른다는 생각이 들어.
민주: 모래의 움직임을 지구의 대답이라고 생각한 점이 재미있어.

( )

인물의 마음을 생각하며 읽기

## 진짜 투명 인간

• 글: 레미 쿠르종 • 옮김: 이정주

❶ "봐, 이건 투명 인간이 된 남자의 이야기야. 사람들이 눈치채지 못하게 정상인 것처럼 보이려고 애를 쓰지. 그러던 어느 날, 투명 인간은 자신에게 장점이 많다는 걸 알게 돼."

(투명 인간: 다른 사람의 눈에 보이지 않는 사람)

내가 단짝 폴에게 신나게 투명 인간의 이야기를 하고 있을 때 엄마가 부르는 소리가 들렸어요.

"에밀, 피아노 쳐야지!" / "네, 가요!"

"그래서 들키지 않으려면 홀딱 벗어야 하는 거야?"

폴이 눈이 동그래져서 물었어요.

"응. 하지만 겨울이 문제야. 감기에 걸리면 재채기를 하다가 들켜 버리거든."

"에이, 안됐네."

"난 이만 갈게. 악! 괴로운 시간이야."

우리 엄마는 피아노 선생님이에요.

그래서 엄마의 제자 중에서 내가 제일 잘 치기를 원하지만 난 그렇지 못해요.

이날은 엄마가 내 탓이 아니라며 딴 데서 핑계를 찾았어요. 피아노 음이 맞지 않는다고요. 조율이 안 됐다고 말이에요.

(조율: 악기의 소리를 기준이 되는 소리에 맞게 하는 것)

난 방으로 올라가서 투명 인간 책을 읽었어요.

정말이지 투명 인간처럼 되고 싶어요.

**중심 내용** 엄마가 피아노 선생님이지만 피아노를 잘 치지 못하는 에밀은 투명 인간처럼 되고 싶었다.

❷ 학교에서 돌아와 보니 검은 선글라스를 낀 아저씨가 피아노 앞에 몸을 숙인 채 앉아 있었어요. 밖엔 비가 오는데 선글라스를 끼고 말이에요.

"누구세요?" / 내가 물었어요.

"안녕, 나는 피아노 조율사 블링크란다. 넌 누구니?"

(조율사: 건반 악기나 현악기의 음을 표준음에 맞추어 고르는 일을 직업으로 하는 사람)

"전 피아니스트 에밀이에요."

아저씨가 웃었어요.

아저씨의 웃음소리가 피아노 줄 위에서 통통 튀었어요.

- **글의 종류**: 이야기
- **글의 내용**: 투명 인간이 되고 싶은 에밀과 피아노 조율사인 블링크 아저씨의 우정이 감동적으로 나타나 있습니다.

**1** 에밀은 단짝인 폴에게 무슨 이야기를 들려주었는지 쓰시오.

( )

**2** 엄마가 에밀에게 원한 것은 무엇입니까? ( )

① 책을 많이 읽는 것
② 피아노를 잘 치는 것
③ 피아노 조율을 배우는 것
④ 친구와 사이좋게 지내는 것
⑤ 어른께 예의 바르게 인사하는 것

**3** 블링크 아저씨의 직업은 무엇인지 쓰시오.

( )

교과서 문제

**4** 이야기를 읽고 사건이 어떻게 연결되는지 생각할 때, 다음 일의 원인이 된 사건은 무엇입니까? ( )

> 블링크 아저씨가 에밀 집에 찾아와 피아노 음을 맞추었다.

① 밖에 비가 왔다.
② 에밀이 피아노를 배웠다.
③ 에밀의 피아노 음이 맞지 않았다.
④ 에밀이 투명 인간에 대한 책을 읽었다.
⑤ 블링크 아저씨가 선글라스를 끼고 나타났다.

정답과 해설 ● 16쪽



아저씨가 일을 마치고 일어나자 엄마는 아저씨의 소매를 잡고 현관까지 안내했어요.

길에 나온 아저씨는 흰 지팡이를 펼치며 말했어요.

"됐습니다, 됐어요. 집이 코앞인걸요. 길도 잘 압니다."

코앞: 아주 가까운 곳을 이르는 말

나는 조율사를 본 게 처음이었어요.

시각 장애인을 본 것도 처음이었어요.

"에밀, 피아노 쳐야지!"

"또요?"

"그럼. 매일 쳐야 ♥실력이 늘지."

나는 식당에서 정확한 음을 자동으로 연주하는 피아노를 본 적이 있어요.

마치 투명 인간이 치는 듯했지요.

정말이지 난 그 피아노를 사고 싶었어요. 우리 부모님이 내 피아노 실력이 많이 늘었다고 믿게 말이에요.

**중심 내용** 피아노 음이 맞지 않자 피아노 조율사인 블링크 아저씨가 에밀네 집에 찾아와 피아노 음을 맞추었다.

❸ "에밀, 집중해."

"엄마, 엄청 집중하고 있어요."

"이 곡 다 치고 조율사 아저씨 댁에 갔다 올래? 비(b) ♥플랫 ♥건반이 이상한 것 같구나."

나는 블링크 아저씨 집에 가서 초인종을 눌렀어요.

"안녕, 에밀. 들어오너라."

나는 아직 인사도 안 했는데 아저씨는 이미 나란 것을 알았어요.

"비(b) 플랫이 여전히 이상해서 왔어요."

"그래? 내일 가 보마. 주스 마실래?"

아저씨는 손끝으로 벽을 더듬어 주방에 들어갔다가 큰 유리잔을 들고 나왔어요. 주스를 한 방울도 흘리지 않았어요.

♥실력 실제로 갖추고 있는 힘이나 능력.

♥플랫 음의 높이를 반음 내릴 것을 지시하는 기호.

♥건반 피아노, 오르간 따위에서 손가락으로 치도록 된 부분을 늘어놓은 면. 예 피아노 건반을 두드리자 맑은 소리가 났다.

**5** 엄마는 왜 일을 마친 블링크 아저씨의 소매를 잡고 현관까지 안내했겠습니까? ( )

① 블링크 아저씨가 일을 잘해서
② 블링크 아저씨가 도와 달라고 해서
③ 블링크 아저씨와 가장 친한 친구여서
④ 에밀이 손님께 예의 바르게 행동하기를 바라서
⑤ 시각 장애인인 블링크 아저씨가 현관문을 찾지 못할까 봐 도와주기 위해서

**6** 에밀이 식당에서 본 것은 무엇이었는지 쓰시오.

( )

**7** 에밀이 문제 6번에서 답한 것을 사고 싶어 한 까닭은 무엇입니까? ( )

① 친구들에게 자랑하고 싶어서
② 저절로 연주되는 피아노가 신기해서
③ 투명 인간이 되는 방법을 배우고 싶어서
④ 자신이 피아노를 더 잘 친다는 것을 확인하고 싶어서
⑤ 부모님에게 자신의 피아노 실력이 많이 늘었음을 믿게 하고 싶어서

**8** 에밀은 어떤 문제를 해결하기 위해 블링크 아저씨 집에 찾아갔는지 쓰시오.

( )

"질문 하나 해도 돼요?" / "물론이지, 에밀."

"조금 전에 어떻게 저란 걸 아셨어요? 앞이 보이지 않으시면서요."

아저씨는 웃으며 말했어요.

"그래, 난 태어날 때부터 앞을 보지 못했지. 그 대신 어릴 적부터 다른 감각들이 아주 발달되어 있단다. 촉각, 후각, 미각, 청각 이런 것들 말이야. 아까 네가 현관문을 열 때 너희 집 냄새와 네 바지가 구겨지는 소리, 그 밖에 설명하기 애매한 것들로 너란 걸 알았어."

"그러면 제가 투명 인간이어도 알아채실 수 있어요?"

㉠"에밀, 넌 나에게 투명 인간이란다."

나는 잠시 망설이다 말했어요.

"그러면 아저씨는 뭐가 보여요? 검은색이요? 아니면 흰색이요?"

"아무것도 없는 게 보여." / "그게 무슨 말이에요?"

"에밀, 넌 네 무릎으로 뭐가 보이니?"

"아무것도 안 보여요."

"나도 마찬가지야. 내 눈은 네 무릎처럼 본단다."

아저씨는 또다시 웃음을 터뜨렸어요.

이어서 손가락이 잘 보이지 않을 정도로 빠른 곡을 쳤어요.

**중심 내용** 블링크 아저씨는 눈이 보이지 않았지만 다른 감각들이 아주 발달하여 에밀이 온 것을 알아챌 수 있었다.

**4** ㉡집에 돌아오는 길에 나는 슬펐어요. 색깔들이 참 아름다워서요.

♥오만 가지 질문이 머릿속에서 맴돌았어요.

투명 인간은 먹을 때 음식물이 순식간에 사라질까요? / 아니면 투명한 소화 기관을 따라 내려가는 게 보일까요?

소화 기관: 먹은 음식을 소화하고 영양분을 흡수시키는 기관

그리고 소화가 다 되면 천천히 없어질까요?

블링크 아저씨의 미각으로는 코코아가 가장 맛있지 않을까요?

♥오만(五 다섯 오, 萬 일만 만) 매우 종류가 많은 여러 가지를 이르는 말. 예 머릿속에 오만 가지 생각이 떠올랐다.

**9** 블링크 아저씨는 집에 온 사람이 에밀이라는 것을 어떻게 알 수 있었는지 두 가지 고르시오. (　　,　　)

① 에밀네 집 냄새가 나서
② 에밀의 발걸음 소리를 들어서
③ 에밀이 자신의 이름을 크게 말해서
④ 에밀과 만나기로 약속한 시간이어서
⑤ 에밀의 바지가 구겨지는 소리가 들려서

서술형

**10** 다음 원인에 대한 결과는 무엇인지 쓰시오.

블링크 아저씨는 태어날 때부터 앞을 보지 못했다.

____________________

____________________

**11** 블링크 아저씨가 ㉠과 같이 말한 까닭은 무엇일지 쓰시오.

(　　　　　　　　　　　　　　　　)

**12** ㉡에서 에밀이 슬픈 마음이 든 진짜 이유는 무엇입니까? (　　)

① 아저씨가 빠른 곡을 잘 쳐서
② 아저씨가 코코아를 가장 맛있어 해서
③ 아저씨가 자신을 투명 인간이라고 생각해서
④ 아저씨가 아름다운 색깔들을 볼 수 없어서
⑤ 아저씨가 자신의 질문에 제대로 답해 주지 않아서

아저씨가 오렌지를 먹을 때 오렌지색을 알면 더 좋을 텐데. / 아주 조금이라도 말이에요.

나는 간식을 먹다가 결심했어요.

아저씨에게 색깔을 가르쳐 주기로요.

중심 내용 에밀은 블링크 아저씨에게 색깔을 가르쳐 주기로 결심했다.

⑤ 블링크 아저씨에게 알려 주기 위해 나는 색깔을 떠올리는 것을 찾아봤어요.

가장 초록색인 것은 맨발로 걸을 때 발가락 사이로 살살 ♥삐져나오는 촉촉한 풀잎이에요.

가장 붉은색인 것은 할아버지 밭에서 나는 토마토 맛이에요.

가장 푸른색인 것은 옆집 수영장에서 헤엄치는 것이에요.

가장 흰 것은 여름에 푹 자고 열 시쯤에 일어났을 때예요.

난 할아버지네 토마토를 블링크 아저씨 집에 가져갔어요. / 아저씨는 맛있게 먹었어요.

"이건 붉은색이에요."

내가 말했어요. 그러자 아저씨는 피아노 한 곡을 쳤어요.

"나한테는 이게 붉은색이란다!"

진짜였어요. 왜 그런지 설명하기는 어렵지만 딱 붉은색인 곡이었어요.

나는 아저씨를 풀밭에 데려가 걸었어요.

그러자 아저씨는 ♥아코디언을 가져와 즉석에서 딱 초록색인 곡을 연주했어요.

♥삐져나오는 속에 있는 것이 겉으로 불거져 나오는.

♥아코디언 악기의 하나. 주름상자를 신축시키고 건반을 눌러 연주하며 경음악에 씀.

교과서 핵심 ● 이야기에 나타난 감각적 표현

| 색깔 | 에밀이 표현한 방법 |
|---|---|
| 초록색 | 맨발로 걸을 때 발가락 사이로 살살 삐져나오는 촉촉한 풀잎 |
| 붉은색 | 할아버지 밭에서 나는 토마토 맛 |
| 푸른색 | 옆집 수영장에서 헤엄치는 것 |
| 흰색 | 여름에 푹 자고 열 시쯤에 일어났을 때 |

**13** 이 글에서 에밀이 결심한 일은 무엇인지 쓰시오.

( )

핵심

**14** 다음은 에밀이 무슨 색깔을 떠올린 것인지 보기 에서 찾아 쓰시오.

보기: 초록색 붉은색 푸른색 흰색

(1) 옆집 수영장에서 헤엄치는 것 ( )

(2) 할아버지 밭에서 나는 토마토 맛 ( )

(3) 여름에 푹 자고 열 시쯤에 일어났을 때 ( )

(4) 맨발로 걸을 때 발가락 사이로 살살 삐져나오는 촉촉한 풀잎 ( )

교과서 문제

**15** 자신이 에밀이라면 블링크 아저씨에게 다음 색깔을 어떻게 알려 주고 싶은지 쓰시오.

◀ 주황색

( )

**16** 블링크 아저씨가 에밀과 풀밭을 걸은 후 한 행동은 무엇입니까? ( )

① 토마토를 맛있게 먹었다.
② 에밀과 달리기 경주를 하였다.
③ 에밀에게 붉은색을 설명해 주었다.
④ 에밀에게 피아노를 가르쳐 주었다.
⑤ 아코디언으로 초록색인 곡을 연주했다.

이건 우리 사이의 놀이가 되었어요.

나는 아저씨에게 색깔을 알려 주려고 애를 썼고, 아저씨는 내게 색깔을 연주해 주려고 애를 썼어요.

어떤 색은 다른 색보다 훨씬 쉬웠어요.

하지만 난 가끔 집에 돌아올 때에는 기운이 쭉 빠졌어요.

㉠아저씨가 진짜 색깔을 볼 수 있으면 얼마나 좋을까요?

하루는 아저씨가 ♥점자책을 보여 줬어요.

작은 점으로 된 글씨가 오톨도톨(물건의 거죽이나 바닥이 여기저기 잘게 부풀어 올라 고르지 못한 모양) 나 있는데, 시각 장애인들은 이것을 손가락으로 만지면서 읽는다고 했어요.

나는 감자를 갈 때 쓰는 ♥강판을 만지는 것 같았어요.

아저씨의 세상은 또 다른 별이에요.

**중심 내용** 에밀은 블링크 아저씨에게 색깔에 대해 설명해 주었고, 아저씨는 색깔에 대한 자신의 느낌을 악기로 연주했다.

❻ 그리고 겨울이 왔어요.

블링크 아저씨는 먼 여행을 떠났어요. 아저씨의 음악도요. / 날씨가 춥고 우중충해졌어요(어둡고 침침해졌어요). 그래서 난 도서관에서 책을 한 아름 빌렸어요.

『투명 인간의 복수』

『투명 인간의 일곱 명의 아이들』

『투명 인간들이 사는 행성(중심 별의 강력한 인력의 영향으로 타원 궤도를 그리며 중심 별의 주위를 도는 천체)』

『투명 개 키키』

난 빌린 책들을 다 읽고 폴에게 얘기해 줬어요.

엄마는 내 피아노 실력이 늘었다고 좋아했어요.

그럴 수밖에요. 난 블링크 아저씨가 돌아오면 세상 모든 색을 들려주려고 많이 연습했으니까요.

**중심 내용** 블링크 아저씨가 여행을 떠났고, 에밀은 블링크 아저씨에게 세상 모든 색을 들려주려고 피아노 연습을 많이 했다.

♥**점자책** 손가락으로 더듬어 읽도록 만든 시각 장애인용 문자 책.

♥**강판** 무, 생강, 과일 따위를 갈아 즙을 내거나 채를 만들기 위해 사용하는, 표면이 거칠게 생긴 도구.

서술형

**17** 에밀과 블링크 아저씨는 어떤 놀이를 했는지 쓰시오.

______________________________

______________________________

**18** ㉠에 나타난 블링크 아저씨에 대한 에밀의 마음으로 알맞은 것은 무엇입니까? ( )

① 귀찮은 마음
② 즐거운 마음
③ 불쾌한 마음
④ 안타까운 마음
⑤ 호기심 어린 마음

**19** 에밀은 블링크 아저씨가 보여 준 점자책을 만졌을 때 무엇을 만지는 것 같다고 했는지 쓰시오.

( )

교과서 문제

**20** 다음과 같은 일이 일어나게 된 원인은 무엇입니까? ( )

> 에밀은 피아노 연습을 많이 했다.

① 부모님께 인정을 받고 싶었다.
② 유명한 피아니스트가 되고 싶었다.
③ 피아노 치는 것에 재미를 느끼게 되었다.
④ 블링크 아저씨가 연습을 많이 하라고 하셨다.
⑤ 블링크 아저씨에게 세상 모든 색을 들려주고 싶었다.

⑦ 어느 날, 학교에서 돌아온 나는 눈이 휘둥그레졌어요.

놀라서 눈이 크고 둥그렇게 되었어요

진짜 투명 인간을 봤거든요.

투명 인간은 거실에 앉아 엄마와 얘기하고 있었어요.

얼굴을 붕대로 칭칭 감은 것이 책과 똑같았어요.

"에밀, 네 피아노 실력이 늘었다며?"

블링크 아저씨 목소리였어요. 나는 말문이 막혔어요.

"블링크 아저씨는 외국에서 다른 사람에게서 ♥안구를 ♥기증받아 수술을 받고 돌아오셨어."

엄마가 말했어요.

새하얀 ♥침묵이 거실을 뒤덮었어요.

"한 달 뒤에 붕대를 풀 거야. 그러면 네가 어떻게 생겼는지 드디어 볼 수 있겠지?"

아저씨가 말했어요.

그제야 난 알았어요.

이제 새로운 이야기가 시작된다는 것을요.

**중심 내용** 블링크 아저씨가 외국에서 다른 사람에게서 안구를 기증받아 수술을 받고 돌아왔다.

♥**안구**(眼 눈 **안**, 球 공 **구**) 눈알. 척추동물의 시각 기관인 눈구멍 안에 박혀 있는 공 모양의 기관.

♥**기증받아** 선물이나 기념으로 남에게 물품을 대가 없이 주는 것을 받아. 예 이 도서관은 책을 기증받아 만들었다.

♥**침묵**(沈 잠길 **침**, 默 잠잠할 **묵**) 아무 말도 없이 잠잠히 있음. 또는 그런 상태.

**교과서 핵심** ● 이야기에 대한 생각이나 느낌을 이야기 속 인물에게 편지를 써서 표현하기

> 예 에밀, 안녕?
> 나는 선주라고 해.
> 이야기를 읽고 너에게 하고 싶은 말이 있어서 편지를 쓰게 되었어.
> 나는 네가 블링크 아저씨에게 색깔을 알려 드린 것을 칭찬해 주고 싶어. 또 블링크 아저씨를 위해 피아노 연습을 많이 한 것도 말야.
> 앞으로 너와 블링크 아저씨가 어떤 우정을 만들어 갈지 궁금해. 그럼 안녕.
> 선주가

**21** 학교에서 돌아온 에밀의 눈이 휘둥그레진 까닭은 무엇입니까? ( )

① 집에 아무도 없어서
② 집에 투명 인간이 있어서
③ 갑자기 눈이 보이지 않아서
④ 엄마가 얼굴에 붕대를 감고 있어서
⑤ 모르는 사람이 피아노를 치고 있어서

**22** 투명 인간의 정체는 누구였는지 쓰시오.

( )

**23** 문제 22번에서 답한 사람이 얼굴을 붕대로 감은 이유는 무엇입니까? ( )

① 몸이 진짜로 투명해졌다.
② 안구를 기증받아 수술을 받았다.
③ 책에 나온 투명 인간을 따라 했다.
④ 얼굴에 흉터가 생겨서 치료를 했다.
⑤ 시력이 더 안 좋아져서 수술을 받았다.

핵심 논술형

**24** 이 이야기에 대한 생각이나 느낌을 표현하고 싶은 방법을 한 가지 쓰고, 그 방법으로 표현할 내용을 쓰시오.

| | |
|---|---|
| (1) 표현 방법 | |
| (2) 표현할 내용 | |

역량 활동

## 느낌을 살려 시 쓰기

정답과 해설 ● 17쪽

**1~2** 시를 읽고, 물음에 답하시오.

### 천둥소리

유강희

하늘에 사는 아이들도
체육 시간이 있나 보다

㉠우르르 쿵쾅,
운동장으로
뛰쳐나가는 소리

**1** 이 시는 천둥소리가 무엇과 같다고 표현했는지 쓰시오.

______________________

______________________

**2** ㉠'우르르 쿵쾅'에 사용된 감각적 표현에 대한 설명으로 알맞은 것에 ○표를 하시오.

(1) 다른 대상에 빗대어 표현했다. (    )
(2) 모양을 흉내 내는 말을 사용했다. (    )
(3) 소리를 흉내 내는 말을 사용했다. (    )

핵심 교과서 문제

**3** 대상을 떠올리고 그 느낌을 소리나 모양을 흉내 내는 말을 사용하여 표현한 것이 아닌 것은 무엇입니까? (    )

① 씽씽 달리는 자전거
② 주렁주렁 열린 사과
③ 새근새근 잠이 든 아기
④ 반짝반짝 빛나는 눈망울
⑤ 신나고 기대되는 놀이 시간

교과서 문제

**4** 다음 밤송이에 대한 느낌을 다른 대상에 빗대어 표현할 때 빈칸에 들어갈 알맞은 말은 무엇입니까? (    )

(                    )처럼 따가운 밤송이

① 조약돌 ② 병아리
③ 축구공 ④ 바닷물
⑤ 고슴도치

역량 논술형

**5** 다음 대상에 대한 느낌이 잘 나타나도록 노래하듯이 표현하여 쓰시오.

• 대상: 선물
• 대상에 대한 느낌: 손을 대면 갑자기 선물이 튀어나올 것 같다.

교과서 핵심

● 대상에 대한 느낌을 감각적으로 표현하는 방법

| 감각적으로 표현하는 방법 | 대상을 감각적으로 표현하기 예 |
|---|---|
| 소리나 모양을 흉내 내는 말로 표현하기 | 씽씽 달리는 자전거 |
| 다른 대상에 빗대어 표현하기 | 고슴도치처럼 따가운 밤송이 |
| 노래하듯이 표현하기 | 운동장으로 뛰쳐나가는 소리가 우르르 쿵쾅 하고 들린다.<br>→ 우르르 쿵쾅, / 운동장으로 / 뛰쳐나가는 소리 |

## 기본 • 72쪽 시를 읽고 여러 가지 감각적 표현 말하기

● 감각적 표현을 생각하며 전래 동요를 소리 내어 읽기

### 나무 타령

나무나무 무슨 나무
십 리 절반 오리나무
열아홉에 스무나무
'시무나무'를 '스물'로 떠오를 수 있게 바꾸어 쓴 말
아흔아홉 백양나무
가다 보니 가닥나무
오다 보니 오동나무
너구 나구 살구나무
'너하고 나하고'를 줄여 쓴 말
따끔따끔 가시나무
갓난아기 자작나무
앵돌아져 앵두나무
동지섣달 사시나무
바람 솔솔 솔나무
방귀 뀌는 ( ㉠ )
입 맞추자 쪽나무
낮에 봐도 밤나무

● 장면을 떠올리며 전래 동요를 소리 내어 읽기

### 초승달아

초승달아 초승달아 무엇이 되련?
풀 베는 아저씨 낫이 되련다

초승달아 초승달아 무엇이 되련?
어여쁜 언니 머리빗이 되련다

초승달아 초승달아 무엇이 되련?
귀여운 아가 꼬까신이 되련다

**1** 「나무 타령」에 대한 설명으로 알맞지 않은 것에 ×표를 하시오.

(1) 모양을 흉내 내는 말을 사용했다. ( )

(2) 나무의 모습을 정확하게 떠올릴 수 있게 썼다. ( )

(3) 나무의 이름을 감각적 표현으로 재미있게 말하고 있다. ( )

**2** 「나무 타령」의 내용으로 볼 때, ㉠에 들어가기에 알맞은 나무의 이름을 쓰시오.

( )

**3** 「초승달아」에서 초승달이 된다고 한 것이 아닌 것을 두 가지 고르시오. ( , )

① 낫 ② 거울 ③ 머리빗 ④ 꼬까신 ⑤ 바가지

**4** 초승달이 되려는 물건들의 모양으로 보아 실제 초승달의 모습은 무엇일지 찾아 ○표를 하시오.

| 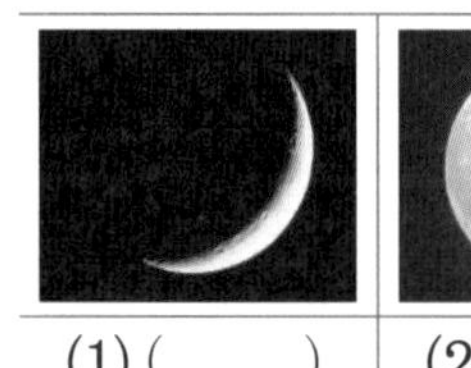 |  |
|---|---|
| (1) ( ) | (2) ( ) |

## 기본 • 74~79쪽 이야기를 읽고 생각이나 느낌 표현하기

문무과에 급제하고 아직 벼슬을 하지 아니한 사람

# 별난 양반 이 선달 표류기

물 위에 떠서 정처 없이 흘러간 경험이나 감상 따위를 적음. 또는 그런 글

김기정

**가** 잠잠하던 바다가 갑자기 무서워지는 것이었어요. 휘이잉 소리가 나더니 남풍이 뚝 그치고, 서쪽에서 큰바람이 한 번 불었어요. 뱃사공은 등골이 오싹했어요. 그러자 배가 슈우웅 단숨에 먼바다까지 나아가는 게 아니겠어요? / "이게 뭔 일이냐?"

배에 탄 이들은 입을 딱 벌린 채 오들오들 떨었습니다.

춥거나 무서워서 몸을 잇따라 심하게 떠는 모양

바닷물이 뭍을 점점 삼키더니, 뭍이 가물가물하다가 산꼭대기가 쏙 하고 물속으로 사라졌습니다. / "이야!"

물체가 보일 듯 말 듯 자꾸 희미하게 움직이다가

선달은 눈이 휘둥그레졌어요. 그러고는 환하게 웃었습니다. 바람 덕분에 선달은 마침내 보고 싶던 것을 보게 되었으니까요. 이것이 야말로 '땅이 둥글다'는 첫 번째 증거였습니다.

다른 이들이 모두 정신없는 사이에도 선달은 싱글벙글하며 붓을 꺼내 들고 수첩에 열심히 적어 내려갔어요.

증거 하나. 배가 물에서 멀리 나아갈 때였다. 배에서 보니 산이 밑동부터 점점 사라지다가 마지막에 꼭대기가 없어졌다. 땅이 둥글지 않고서야 어찌 이런 일이 있겠는가? 음하하하.

**나** 배에 탔던 이들은 밤새 높은 파도와 무서운 바람에 시달렸어요.

이튿날 아침, 정신을 차려 보니 배는 찢어진 옷처럼 ㉠너덜너덜해져 ㉡남실남실 물 위에 떠 있었어요. 잔뜩 실었던 짐들은 온데간데없고, 둘레는 끝없는 바닷물뿐이었습니다. 크게 다치거나 죽은 이들이 없는 것만으로도 천만다행이었지요.

**다** 선달은 가마솥을 들고 성큼성큼 걸어 나왔어요. 그러고는 가마솥에 바닷물을 채우고, 솥 안에 그릇을 띄운 다음 솥뚜껑을 거꾸로 덮고 불을 지피는 것이었습니다. 다른 이들은 눈만 끔벅이며 지켜보았지요. 그때까지도 선달을 제정신이 아닌 사람으로만 생각하였으니까요.

이윽고 선달이 말했어요.

"먹을 물을 만드는 수가 있소."

가장 젊은 군돌이 고개를 가로저으며 말했습니다.

"비라도 오면 모를까, 어떻게 먹을 물이 생기우?"

선달은 수염을 한 번 쓰다듬으며 말했어요.

**5** 배에 탄 사람들이 겪은 일로 알맞지 않은 것은 무엇입니까? ( )

① 무서운 바람을 맞았다.
② 배가 너덜너덜하게 찢어졌다.
③ 배가 단숨에 먼바다까지 나아갔다.
④ 산이 물속으로 사라지는 것을 보았다.
⑤ 밤새 높은 파도에 크게 다친 사람이 있었다.

**6** 다음의 증거를 통해 선달이 알게 된 사실은 무엇입니까? ( )

> 배에서 보니 산이 밑동부터 점점 사라지다가 마지막에 꼭대기가 없어졌다.

① 땅이 둥글다.
② 바다가 깊다.
③ 배가 빠르다.
④ 바다가 넓다.
⑤ 땅이 평평하다.

**7** 감각적 표현인 ㉠'너덜너덜'과 ㉡'남실남실'의 뜻을 짐작하여 쓰시오.

| | |
|---|---|
| (1) ㉠'너덜너덜' | |
| (2) ㉡'남실남실' | |

"에헴, 내가 읽은 책이 만 권이 넘는데, 팔백아흔두 번째 읽은 책에 이런 말이 있소."

"뭔 말이 쓰여 있우?"

"'바닷물은 마실 수는 없으나 물을 끓여 나오는 김을 식혀 받으면 먹을 만한 물이 생긴다.' 하였는데, 이제 내가 그걸 해 보려는 거요."

배에 탄 이들이 그 말을 듣고는 벌떡 일어나 가마솥 둘레로 모여들었습니다.

'참말일까?'

모두 의심 반 기대 반으로 가마솥을 뚫어지게 보았답니다.

한참 있으니, 솥뚜껑에 물방울이 맺히더니 손잡이에서 물이 똑똑 떨어졌습니다. 이 모습을 보고는 모두 신기해했어요. 사람들은 그릇에 받은 물로 홀짝홀짝 입술만 축이었는데도, 죽다 살아난 듯 좋아하며 한마디씩 했습니다. 아까와는 딴판이었지요.

"선달님은 참 신통방통하십니다."

**라** 가는 곳 모르고 배가 떠돈 지 아흐레째(아홉 날) 되는 날이었어요. 바람 한 점 불지 않았어요. 배는 물 위에 가만 떠 있었습니다. 쌀은 벌써 떨어지고 달랑(딸린 것이 적거나 하나만 있는 모양) 물 한 모금씩으로 목을 축이고 하루하루를 버티고 있는데, 문득 누군가 소리쳤어요.

"물개다!"

배 옆을 보니 시커멓고 둥근 머리가 오르락내리락하였습니다. 물개가 틀림없었어요. 물개는 무슨 재미난 구경이 난 듯, 배 옆구리에 슬쩍 부딪쳤다가 사라졌다가 다시 슬쩍 고개를 내밀고 배 안을 살피다 했습니다. 그러다가 나중에는 수십 마리 물개 떼가 고개를 쳐든 채 누가 있나 하고는 배 안을 구경하는 것이었습니다.

이때 공 비장이 칼을 빼 들고 말했어요.

"잘됐군. 배고픈데 한 놈 잡아먹읍시다."

그러자 선달이 말리며 말했습니다.

"내가 읽은 책이 만 권이 넘는데, 삼천삼백삼십삼 권째로 읽은 책이 점을 보는 책이었소."

선달은 손가락을 꼽더니 이윽고 무슨 말인가를 흥얼대었습니다.

"물개가 배를 따르니, 이건 우리가 죽지는 않고 살겠다는 점괘요. 물개를 죽이면 천벌을 받겠소."

배에 탄 사람들은 공 비장에게 눈총을 주었어요. 곧이어 하나같이 손을 모으고 빌기 시작했어요.

**8** 선달은 어떤 방법으로 먹을 물을 만들었습니까? (　　)

① 빗물을 모아서
② 바닷물과 빗물을 섞어서
③ 숨겨 두었던 물을 끓여서
④ 바닷물을 햇볕이 드는 곳에 두어서
⑤ 바닷물을 끓여 나오는 김을 식혀 받아서

**9** 글 **다**에서 선달에 대한 사람들의 마음은 어떻게 바뀌었는지 쓰시오.

| 의심스럽다. |
|---|
| ↓ |
| |

**10** 배가 떠돈 지 아흐레째 되는 날 사람들이 발견한 것은 무엇인지 쓰시오.

(　　　　　　　　)

**11** 물개를 본 선달이 점을 쳐서 나온 점괘는 무엇입니까? (　　)

① 물개를 잡아먹어야 한다.
② 물개를 배에 태워야 한다.
③ 물개를 멀리 피해야 한다.
④ 물개에게 먹을 것을 주지 않으면 천벌을 받는다.
⑤ 죽지는 않고 살 것이며 물개를 죽이면 천벌을 받는다.

정답과 해설 ● 17쪽

"아이고, 물개님! 우릴 살려 주십시오."

이때 선달에게 기발한 생각이 떠올랐습니다.

"물개가 있다는 건 뭍이 멀지 않은 곳에 있단 말이기도 하오."

선달은 끈을 고리 모양으로 만들어 물개의 목에 슬쩍 걸었어요. 그러자 배가 천천히 물살을 가르며 앞으로 나아가는 것이 아닌가요?

"이야!"

"재밌겠는걸."

다른 이들도 덩달아 너도나도 물개의 목에 끈을 걸었어요.

(마) 그렇게 며칠 밤낮 정신없이 갔을까요?

누군가 소리를 쳤습니다.

"뭍이다!"

배고파 다 죽어 가던 이들은 그 소리에 벌떡 일어나 목이 터져라 만세를 불렀습니다.

**12** 이 글의 내용에 맞게 차례대로 번호를 쓰시오.

① 배가 높은 파도를 만남.
② 사람들이 물개가 이끄는 배를 타고 뭍에 도착함.
③ 이 선달이 가마솥으로 바닷물을 끓여 마실 물을 마련함.

(　　) → (　　) → (　　)

## 기초 다지기 복수표준어 알기

**13** 다음 그림의 남자아이가 궁금해하는 것에 대한 답을 생각하며 빈칸에 들어갈 알맞은 말을 쓰시오.

• 예전에는 '(　　　　　)'만 표준어였는데 '맨날'도 표준어로 인정해 주어서, 현재 두 낱말 모두 표준어이다.

**14** 보기 를 참고하여 빈칸에 알맞은 낱말을 쓰시오.

보기

| 예전 표준어 | 새로 추가된 표준어 |
|---|---|
| 차지다 | 찰지다 |
| 간질이다 | 간지럽히다 |

| | 예전 표준어 | 새로 추가된 표준어 |
|---|---|---|
| (1) | 예쁘다 | |
| (2) | | 마실 |
| (3) | 삐치다 | |

# 단원 마무리





**기본**

시를 읽고 여러 가지 감각적 표현 말하기

예 「감기」에 나타난 여러 가지 감각적 표현

- 내 몸에 / 불덩이가 들어왔다.
- 몹시 추운 사람도 들어왔다.
- 거북이도 들어오고
- 잠꾸러기도 들어왔다.
- 뜨끈뜨끈, 오들오들, 느릿느릿, 까무룩

➡ ❶ □□에 걸린 상태를 생생하게 나타냅니다.

**기본**

시를 읽고 재미나 감동 나누기

예 「지구도 대답해 주는구나」를 읽고 떠오른 생각이나 느낌 나누기

| 시에 나타난 감각적 표현 | 시를 읽고 떠오른 생각이나 느낌 |
|---|---|
| • 발가락 움지락거려 / 두더지처럼 파고들었다.<br>• 지구가 간지러운지 / 굼질굼질 움직였다. | • 지구가 ❷ □□□□ 움직였다는 표현이 재미있습니다.<br>• 우리가 하는 작은 행동에도 자연이 대답해 준다는 생각이 듭니다.<br>• 모래의 움직임을 지구의 대답이라고 생각한 점이 재미있습니다. |

**기본**

이야기를 읽고 생각이나 느낌 표현하기

예 「진짜 투명 인간」을 읽고 자신의 생각이나 느낌 표현하기

| | |
|---|---|
| 재미있거나 감동받은 부분 | • 에밀이 블링크 아저씨에게 ❸ □□을/를 알려 주려고 노력한 장면이 감동 깊었습니다.<br>• 마지막에 블링크 아저씨가 눈 수술을 받고 온 장면이 인상 깊었습니다.<br>• 앞으로 에밀과 블링크 아저씨가 어떤 우정을 만들어 갈지 궁금했습니다. |
| 이야기에 대한 생각이나 느낌 | • 세상을 냄새나 소리로 안다는 게 신기했습니다.<br>• 이야기에 감각적 표현이 많이 사용된 것 같습니다.<br>• 블링크 아저씨가 에밀네 집 냄새와 바지 구겨지는 소리로 에밀임을 알아차린 장면이 기억에 남습니다.<br>• 블링크 아저씨가 에밀에게 에밀이 마치 ❹ □□ □□처럼 느껴진다고 말한 장면이 인상적이었습니다. |

⬇

| | |
|---|---|
| 표현 방법 | • 이야기를 읽고 생각이나 느낌을 살려 인물에게 편지를 씁니다.<br>• 이야기를 소개하는 책 표지나 인물 책갈피를 만듭니다.<br>• 노랫말로 감동을 표현합니다.<br>• 이야기를 읽고 떠오른 생각을 네 컷 ❺ □□(으)로 그립니다. |

# 단원 평가

• 단원 평가 더 풀기 >> 평가 교재 20~25쪽

**1** 다음 대상에 어울리는 표현을 골라 ○표를 하시오.

(1) 아삭아삭 ( )
(2) 보들보들 ( )
(3) 거칠거칠 ( )

**2** 다음 대상을 표현하기에 알맞은 감각적 표현은 어느 것입니까? ( )

① 뻥 ② 일렁일렁
③ 푹신푹신 ④ 동글동글
⑤ 왁자지껄

**3** 다음 대상을 관찰하고 그 느낌을 감각적 표현을 넣어 쓰시오.

( )

**4~7** 시를 읽고, 물음에 답하시오.

> ㉠내 몸에
> 불덩이가 들어왔다.
> —뜨끈뜨끈.
> 불덩이를 따라
> 몹시 추운 사람도 들어왔다.
> —오들오들.
>
> 약을 먹고 나니
> 느릿느릿,
> 거북이도 들어오고
> 까무룩,
> 잠꾸러기도 들어왔다.

**4** 말하는 이는 지금 어떤 상태인지 빈칸에 알맞은 말을 쓰시오.

• ( )에 걸렸다.

**5** ㉠과 같이 표현한 까닭은 무엇입니까? ( )

① 불 옆에 서 있어서
② 갑자기 화가 많이 나서
③ 몸에서 열이 많이 나서
④ 따뜻한 장소에 있고 싶어서
⑤ 불덩이처럼 뜨거운 약을 먹어서

중요

**6** 감기약을 먹고 몹시 졸린 상태를 감각적으로 표현한 부분은 어느 것입니까? ( )

① 뜨끈뜨끈
② 오들오들
③ 거북이도 들어오고
④ 잠꾸러기도 들어왔다.
⑤ 몹시 추운 사람도 들어왔다.

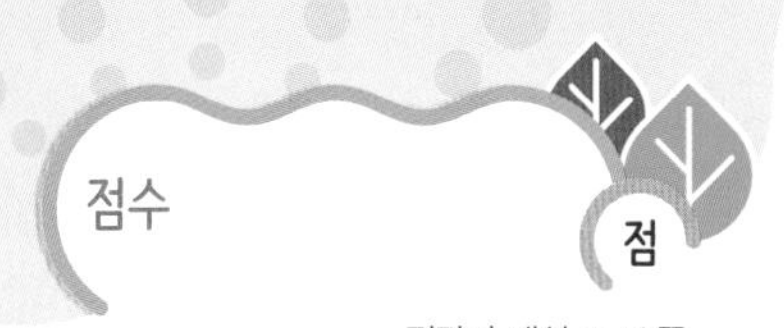


정답과 해설 ● 18쪽



논술형

**7** 이 시에 대한 생각이나 느낌을 쓰시오.

______________________________

______________________________

국어 활동

**8** 다음 노랫말에서 밑줄 친 부분을 읽으면 어떤 느낌이 드는지 쓰시오.

> 너구 나구 살구나무
> 따끔따끔 가시나무
> 갓난아기 자작나무

( )

**9~10** 시를 읽고, 물음에 답하시오.

> 강가 고운 모래밭에서
> 발가락 옴지락거려
> 두더지처럼 파고들었다.
>
> 지구가 간지러운지
> 굼질굼질 움직였다.
>
> 아, 내 ㉠작은 신호에도
> 지구는 대답해 주는구나.

**9** 이 시에 나타난 감각적 표현으로 알맞지 않은 것에 ×표를 하시오.

(1) 강가 고운 모래밭에서 ( )

(2) 발가락 옴지락거려 / 두더지처럼 파고들었다. ( )

(3) 지구가 간지러운지 / 굼질굼질 움직였다. ( )

**10** ㉠'작은 신호'는 무엇을 뜻하는지 쓰시오.

( )

**11~13** 글을 읽고, 물음에 답하시오.

> "그래, 난 태어날 때부터 앞을 보지 못했지. 그 대신 어릴 적부터 다른 감각들이 아주 발달되어 있단다. 촉각, 후각, 미각, 청각 이런 것들 말이야. 아까 네가 현관문을 열 때 너희 집 냄새와 네 바지가 구겨지는 소리, 그 밖에 설명하기 애매한 것들로 너란 걸 알았어."
> "그러면 제가 투명 인간이어도 알아채실 수 있어요?"
> "에밀, 넌 나에게 투명 인간이란다."
> 나는 잠시 망설이다 말했어요.
> "그러면 아저씨는 뭐가 보여요? 검은색이요? 아니면 흰색이요?"
> "아무것도 없는 게 보여."

**11** 아저씨가 에밀이 온 사실을 알 수 있었던 것은 무엇 때문인지 알맞은 것에 모두 ○표를 하시오.

(1) 에밀네 집 냄새 ( )

(2) 눈에 비친 에밀의 모습 ( )

(3) 에밀의 바지가 구겨지는 소리 ( )

**12** 아저씨가 다른 사람보다 촉각, 후각, 미각, 청각이 발달한 원인이 되는 사건은 무엇인지 쓰시오.

( )

**13** 아저씨는 무엇이 보인다고 했는지 쓰시오.

( )

중요

**14** 이야기에 대한 생각이나 느낌을 표현하는 방법으로 알맞지 않은 것은 무엇입니까? ( )

① 노랫말로 감동을 표현한다.
② 이야기 속 인물에게 편지를 쓴다.
③ 이야기 내용을 그대로 옮겨 적는다.
④ 네 컷 만화로 자신의 생각을 그린다.
⑤ 이야기를 소개하는 책 표지를 만든다.

**15~17** 글을 읽고, 물음에 답하시오.

> 블링크 아저씨에게 알려 주기 위해 나는 색깔을 떠올리는 것을 찾아봤어요.
> 가장 초록색인 것은 맨발로 걸을 때 발가락 사이로 살살 삐져나오는 촉촉한 풀잎이에요.
> 가장 붉은색인 것은 할아버지 밭에서 나는 토마토 맛이에요.
> 가장 푸른색인 것은 옆집 수영장에서 헤엄치는 것이에요.
> 가장 흰 것은 여름에 푹 자고 열 시쯤에 일어났을 때예요.

**15** '내'가 왜 색깔을 떠올리는 것을 찾아봤는지 생각하여 빈칸에 알맞은 말을 쓰시오.

• (　　　　　　　)에게 색깔을 알려 드리려고

**16** 다음은 '내'가 어떤 색깔을 표현한 것입니까? (　　)

> 옆집 수영장에서 헤엄치는 것

① 흰색　② 검정색
③ 초록색　④ 붉은색
⑤ 푸른색

논술형

**17** 자신이라면 문제 16번에서 답한 색깔을 어떻게 표현하고 싶은지 쓰시오.

______________________________

______________________________

**18** 다음 시에 나타난 표현 방법으로 알맞지 않은 것에 ×표를 하시오.

> 하늘에 사는 아이들도
> 체육 시간이 있나 보다
>
> 우르르 쿵쾅,
> 운동장으로
> 뛰쳐나가는 소리

(1) 소리를 흉내 내는 말을 사용했다. (　　)

(2) 체육 시간에 있었던 일을 시로 나타내었다. (　　)

(3) 말하고 싶은 내용을 짧은 글에 담아서 전달했다. (　　)

(4) 천둥소리를 하늘 나라 아이들이 운동장으로 뛰쳐나가는 소리처럼 표현했다. (　　)

**19** 대상을 떠올리고 그 느낌을 다른 대상에 빗대어 표현하려고 합니다. 빈칸에 알맞은 대상을 쓰시오.

> 유리처럼 매끈매끈한 [　　　　]

(　　　　　　　　)

중요

**20** 감각적 표현과 그에 대한 설명이 알맞은 것끼리 선으로 이으시오.

| | | | |
|---|---|---|---|
| (1) | 쿵쾅쿵쾅 두근대는 내 마음 • | • ① | 다른 대상에 빗대어 표현했다. |
| (2) | 둥둥 바람 위를 떠도는 낙엽 • | • ② | 모양을 흉내 내는 말로 표현했다. |
| (3) | 캥거루처럼 뛰어다니는 내 동생 • | • ③ | 소리를 흉내 내는 말로 표현했다. |

맞은 개수 개

정답과 해설 ● 19쪽

4 단원

**1~2** 시를 읽고, 물음에 답하시오.

내 몸에 / 불덩이가 들어왔다.
—㉠뜨끈뜨끈.
불덩이를 따라
몹시 추운 사람도 들어왔다.
—㉡오들오들.

약을 먹고 나니
느릿느릿, / 거북이도 들어오고
까무룩, / 잠꾸러기도 들어왔다.

**1** '내' 몸에 몹시 추운 사람이 들어왔다고 말한 까닭은 무엇인지 쓰시오.

**2** ㉠'뜨끈뜨끈', ㉡'오들오들'을 빼고 읽을 때를 생각하여, 넣고 읽을 때의 느낌이 어떤지 쓰시오.

**3~4** 시를 읽고, 물음에 답하시오.

강가 고운 모래밭에서
발가락 옴지락거려
두더지처럼 파고들었다.

지구가 간지러운지
굼질굼질 움직였다.

아, 내 작은 신호에도
지구는 대답해 주는구나.

그 큰 몸짓에
이 조그마한 발짓
그래도 지구는 대답해 주는구나.

**3** 이 시에서 어떤 모습을 두더지처럼 파고들었다고 표현했는지 쓰시오.

**4** 이 시의 말하는 이처럼 지구가 살아 있다고 생각한 경험을 떠올려 쓰시오.

**5~6** 글을 읽고, 물음에 답하시오.

난 할아버지네 토마토를 블링크 아저씨 집에 가져갔어요.
아저씨는 맛있게 먹었어요.
"이건 붉은색이에요."
내가 말했어요. 그러자 아저씨는 피아노 한 곡을 쳤어요.
"나한테는 이게 붉은색이란다!"
진짜였어요. 왜 그런지 설명하기는 어렵지만 딱 붉은색인 곡이었어요.

**5** 자신이라면 붉은색을 어떻게 표현하고 싶은지 쓰시오.

**6** 이 글에 대한 생각이나 느낌을 쓰시오.

# 낱말 퀴즈

교과서 문장으로 확인하는 핵심 낱말 

● 다음 교과서 문장의 파란색 낱말 중에서 알맞은 것을 골라 인물들이 한 말을 완성하시오.

- 내 몸에 / 불덩이가 들어왔다.
- 내 몸에 거북이가 들어왔다는 표현이 실감 나고 재미있어.
- 그 대신 어릴 적부터 다른 감각들이 아주 발달되어 있단다.
- 촉각, 후각, 미각, 청각 이런 것들 말이야.

내가 만든 가상 현실 기계로는 다양한 ❶________들을 체험할 수 있어.

아무리 먹어도 ❷________이 느껴지지 않아요.

실제로 꽃밭에 있는 것처럼 ❸________ 아름다워요.

허우적

으악! ❹________가 나를 향해 날아오고 있어!

정답 | ❶ 감각 ❷ 미각 ❸ 실감 나고 ❹ 불덩이

# 바르게 대화해요

## 무엇을 배울까요?

### 준비

- 대화할 때 고려해야 할 점 떠올리기

### 기본

- 대상에 따라 알맞은 높임 표현을 사용해 말하기
- 전화할 때의 바른 대화 예절 알기
- 상황에 어울리는 표정, 몸짓, 말투로 대화하기

### 실천

- 언어 예절에 맞게 역할놀이하기

## 1 다른 사람과 대화할 때 고려해야 할 점

① 대화하는 목적이 무엇인지 생각합니다.
② 상대가 누구인지 생각합니다. → 듣는 사람에 따라 같은 뜻이지만 형태가 다르게 말합니다.
③ 어떤 대화 상황인지 생각합니다.
④ 상대의 기분을 생각합니다.

## 2 대상에 따라 알맞은 높임 표현을 사용해 말하기

① 웃어른과 대화할 때에는 공손한 태도로 말합니다.
② 문장을 끝맺는 말로 '-어요', '해요'를 써서 높임을 나타내기도 합니다.
③ 사물에는 높임 표현을 사용하지 않습니다. → 예 '사과주스 나오셨습니다'는 잘못된 표현입니다.
④ 대화를 나눌 때에는 상대가 하는 말을 집중해서 듣습니다.
⑤ 상대가 하는 말에 알맞게 반응합니다.

## 3 전화 대화의 특징

① 전화를 거는 사람과 받는 사람이 있습니다.
② "여보세요?"처럼 자주 사용하는 말이 있습니다.
③ 듣고 있음을 나타내는 말을 해야 합니다.
④ 상대가 상황을 볼 수 없기 때문에 내용을 정확하고 구체적으로 표현해야 합니다.
⑤ 직접 만나지 않아도 멀리 있는 사람에게 소식을 전할 수 있습니다.
⑥ 자신이 누구인지 밝혀야 합니다.

## 4 전화로 대화할 때 지켜야 할 예절

① 자신이 누구인지 밝히고 상대가 누구인지 확인합니다.
② 상대의 상황을 헤아려 봅니다.
③ 상대의 얼굴을 보지 않고 이야기하므로 더 공손하게 말합니다.
④ 공공장소에서는 작은 목소리로 말합니다.
⑤ 상대가 하는 말을 끝까지 듣습니다.
⑥ 내용을 구체적으로 말합니다.

## 5 언어 예절에 주의하며 알맞은 표정, 몸짓, 말투로 대화하기

① 상황에 어울리는 표정, 몸짓, 말투로 대화합니다.
② 대상에 따라 알맞은 높임 표현을 사용해 대화합니다.
③ 언어 예절을 지키며 대화합니다.

### 핵심 확인 문제

정답과 해설 ● 20쪽

**1** 다른 사람과 대화할 때에는 대화하는 ☐☐과/와 상대가 누구인지, 어떤 대화 상황인지 생각해야 합니다.

**2** 웃어른께 말씀드릴 때 사용해야 하는 표현은 무엇입니까?
( )

**3** 사물에는 높임 표현을 사용 ( 합니다 , 하지 않습니다 ).

**4** 전화 대화의 특징이 아닌 것에 ×표를 하시오.
(1) 자신이 누구인지 밝히지 않아도 됩니다. ( )
(2) 듣고 있음을 나타내는 말을 해야 합니다. ( )
(3) 전화를 거는 사람과 받는 사람이 있습니다. ( )

**5** 전화로 대화할 때에는 상대의 얼굴을 보지 않고 이야기하므로 더 공손하게 말해야 하고 공공장소에서는 작은 목소리로 말해야 합니다.
( ○ , × )

# 준비 《 대화할 때 고려해야 할 점 떠올리기

정답과 해설 ● 20쪽

5 단원

● 진수에게 있었던 일을 생각하며 「진수의 대화」 읽기

❶ 엄마: 진수야, 몸은 좀 괜찮니?
진수: 엄마, 어제보다 많이 좋아졌어. 내일은 학교에 갈 거야.
엄마: 그래.

❷ 수정: 여보세요?
진수: 수정이니? 나, 진수야. 수정아, 내일 준비물이 뭐야?

수정: 풀이랑 가위야.
진수: 그리고…….
수정: (전화를 뚝 끊는다.)

❸ (문구점 안. 남녀 학생이 시끄럽게 떠드는 소리가 들린다.)
진수: 아저씨, 이 풀 얼마예요?
문구점 주인아저씨: 뭐라고? 시끄러워서 잘 안 들리는데 다시 한번 말해 줄래?

❹ 여자아이: 진수야, 내가 가위를 깜빡하고 안 가져왔어. 가위 좀 빌려줄래?
진수: 안 돼. 내가 쓸 거야. 나도 가위가 계속 필요하거든.

• **그림 설명:** 진수가 다양한 상황에서 대화를 하는 장면으로, 각 상황에 나타난 문제점을 보면서 대화할 때 고려해야 할 점을 알 수 있습니다.

**교과서 핵심**

**○ 대화 내용 속 문제 상황**

| 대화 | 문제 상황 |
|---|---|
| ❶ | 진수가 엄마께 높임 표현을 사용하지 않고 말하였습니다. |
| ❷ | 수정이가 준비물만 알려 준 뒤에 진수의 말을 더 듣지 않고 전화를 끊었습니다. |
| ❸ | 시끄럽게 얘기하는 친구들 때문에 문구점 주인아저씨가 진수에게 다시 한번 말해 달라고 하였습니다. |
| ❹ | 진수가 여자아이에게 가위를 빌려주지 않았습니다. |

**1** 대화 ❶에 대한 설명으로 알맞지 않은 것은 무엇입니까? ( )

① 진수는 엄마와 대화하고 있다.
② 진수가 엄마와 전화로 대화하고 있다.
③ 진수는 높임 표현을 사용하지 않았다.
④ 엄마가 진수에게 몸이 괜찮은지 물어보고 있다.
⑤ 진수는 "어제보다 많이 좋아졌어요."라고 말해야 한다.

**2** 대화 ❷에서 수정이는 진수의 전화를 받고 어떻게 하였는지 쓰시오.

• 준비물만 알려 준 뒤에 ______________

______________

**3** 대화 ❸에서 문구점 주인아저씨가 진수의 말을 제대로 듣지 못한 까닭을 쓰시오.

( )

**4** 대화 ❹에서 여자아이의 마음은 어떠하겠습니까? ( )

① 기쁘다. ② 고맙다. ③ 반갑다.
④ 섭섭하다. ⑤ 자랑스럽다.

# 준비

정답과 해설 ● 20쪽

● 대화할 때 고려해야 할 점을 생각하며 진영이가 어떻게 말해야 할지 생각하기

㉮

㉯

• **그림 설명**: 진영이가 그림 ㉮에서는 친구, 그림 ㉯에서는 선생님과 각각 대화를 하는 상황으로, 듣는 사람에 따라 같은 뜻이지만 형태가 다르게 말해야 하는 것을 알려 주고 있습니다.

**교과서 핵심**

● **대화에서 진영이가 해야 할 말**

| 대화 | 듣는 사람 | 진영이가 해야 할 말 |
|---|---|---|
| ㉮ | 친구 | 고마워. 등 |
| ㉯ | 선생님 | 고맙습니다. 등 |

**5** 진영이는 대화 ㉮와 ㉯에서 각각 누구와 대화를 나누고 있는지 쓰시오.

(1) 대화 ㉮: (　　　　　　　　)

(2) 대화 ㉯: (　　　　　　　　)

핵심　　교과서 문제

**6** 대화 ㉮와 ㉯에서 진영이가 각각 해야 할 말로 알맞은 것을 찾아 선으로 이으시오.

(1) 대화 ㉮ •　　　　• ㉠ 고마워.

(2) 대화 ㉯ •　　　　• ㉡ 고맙습니다.

서술형　　교과서 문제

**7** 문제 6번과 같이, 같은 뜻이지만 형태가 다르게 말하는 까닭은 무엇인지 쓰시오.

______________________

______________________

교과서 문제

**8** 다른 사람과 대화할 때 고려해야 할 점을 세 가지 고르시오. (　　,　　,　　)

① 대화하는 목적을 생각한다.
② 자신이 하고 싶은 말만 한다.
③ 어떤 대화 상황인지 생각한다.
④ 누구에게나 높임 표현을 사용한다.
⑤ 대화하는 상대가 누구인지 생각한다.

## 대상에 따라 알맞은 높임 표현을 사용해 말하기

정답과 해설 ● 20쪽

5 단원

● 웃어른과 대화한 경험을 떠올리며 승민이와 할머니의 대화 살펴보기

❶

❷

• **그림의 내용**: 지난 주말에 할머니께서 승민이네 집에 오신 상황으로, 알맞은 높임 표현을 사용하여 말하는 방법을 알 수 있습니다.

**교과서 핵심**

**○ 그림에 나타난 대화 살펴보기**

| 승민이의 대화 태도 |
|---|
| • 공손한 태도로 대화합니다.<br>• 할머니의 눈을 바라보며 대화합니다.<br>• 할머니의 말씀을 잘 들으며 대화합니다. |
| 승민이가 사용한 표현 |
| 높임 표현을 사용해 말씀드립니다. |

**1** 승민이는 누구와 대화를 하고 있는지 쓰시오.

( )

핵심 교과서 문제

**2** 승민이의 대화 태도로 알맞지 않은 것은 무엇입니까? ( )

① 공손한 태도로 대화하고 있다.
② 상황과 관련이 없는 말을 하고 있다.
③ 웃어른께 알맞은 표현을 사용하고 있다.
④ 할머니의 눈을 바라보며 대화하고 있다.
⑤ 할머니의 말씀을 잘 들으며 대화하고 있다.

핵심 교과서 문제

**3** 승민이는 할머니께 어떻게 말씀드리는지 빈칸에 알맞은 말을 쓰시오.

• ( )을/를 사용해 말씀드립니다.

**4** 할머니는 승민이와 대화를 하면서 어떤 기분이 들었겠습니까? ( )

① 황당하다. ② 지루하다.
③ 미안하다. ④ 대견하다.
⑤ 화가 난다.

● 대화를 보고 알맞은 표현 생각하기

나
할아버지 지금 뭐 하시니?
할아버지께서 사과주스를 ㉡먹고 있어요.

• **그림 설명**: 대상에 따라 알맞은 높임 표현을 사용해 말하는 방법을 알 수 있습니다.

교과서 핵심

● **상대에 따른 알맞은 언어 예절 알기**

| | |
|---|---|
| 대화 가 | 알맞은 표현 |
| | 나왔습니다 |
| | 그 까닭 |
| | 사과주스가 사물이라 높임 표현을 사용할 수 없기 때문입니다. |
| 대화 나 | 알맞은 표현 |
| | 드시고 계세요 |
| | 그 까닭 |
| | 할아버지와 어머니가 웃어른이므로 높임 표현을 사용해야 하기 때문입니다. |

교과서 문제

**5** 대화 가의 ㉠에 들어갈 알맞은 표현에 ○표를 하시오.

( 나오셨습니다 , 나왔습니다 )

핵심

**6** 문제 5번의 답과 같은 표현을 사용해야 하는 까닭으로 알맞은 것은 무엇입니까? (　　)

① 손님이 점원보다 나이가 더 많아서
② 사과주스가 손님보다 높은 대상이어서
③ 손님에게는 높임 표현을 사용해야 해서
④ 어린 사람에게는 높임 표현을 사용해야 해서
⑤ 사과주스가 사물이라 높임 표현을 사용할 수 없어서

**7** 대화 나는 어떤 상황입니까? (　　)

① 승민이가 주스를 먹고 있는 상황
② 어머니와 승민이가 대화하는 상황
③ 할아버지와 승민이가 대화하는 상황
④ 승민이가 할아버지를 찾고 있는 상황
⑤ 어머니와 승민이가 청소를 하는 상황

핵심

**8** 대화 나의 ㉡을 알맞은 높임 표현으로 고쳐 쓰시오.

(　　　　　　　　　　)

● 대상에 따라 어떻게 말할지 생각하며 대화 보기

가

나

• **그림의 내용**: 친구와 대화하는 상황과 선생님과 대화하는 상황으로, 상대를 고려해 알맞은 대화를 하는 방법을 알 수 있습니다.

**교과서 핵심**

● **대상에 따라 알맞게 대화하는 방법**

| 상황 |
|---|
| 같은 내용을 친구와 대화하는 상황과 선생님과 대화하는 상황입니다. |
| 알맞은 표현 |
| 친구와는 높임 표현을 사용하지 않고, 웃어른과는 높임 표현을 사용해 대화해야 합니다. |

**9** 대화 가에서 ㉠과 ㉡은 각각 누구와 대화할 때 사용하는 표현인지 선으로 이으시오.

(1) ㉠ •　　　　• ① 친구

(2) ㉡ •　　　　• ② 웃어른

핵심 서술형

**10** 대화 가에서 승민이가 같은 내용을 ㉠, ㉡과 같이 다르게 말한 까닭은 무엇인지 쓰시오.

______

______

______

교과서 문제

**11** 대화 나의 ㉢을 알맞은 높임 표현으로 고쳐 쓰시오.

(　　　　　　　　　　)

**12** 대화 가, 나를 보고 친구들과 역할을 정해 대화하였습니다. 다음 중 바르게 대화한 친구가 아닌 사람은 누구인지 쓰시오.

세주: 상황에 어울리는 말을 했다.
동화: 대상에 따라 알맞은 높임 표현을 사용해 대화했다.
우진: 상대가 하는 말은 대충 듣고 내가 하고 싶은 말만 하였다.
지연: 상대를 바라보고 상대가 하는 말을 존중하며 대화했다.

(　　　　　　)

역량 활동

## 전화할 때의 바른 대화 예절 알기

● 전화로 대화할 때 주의할 점을 생각하며 「민지와 지원이의 대화」 읽기

㉮ (전화벨이 울린다.)

민지: 여보세요?

지원: 여보세요, 민지 있나요?

민지: ㉠제가 민지인데, 누구신가요?

지원: 나, 지원이야.

㉯ 지원: 나, 아까 학교 앞 문구점에서 미술 준비물을 샀는데 망가져 있어.

민지: ㉡뭐가? 물감에 구멍이 났니? 아니면 물통?

지원: 아니, 물통에 물이 샌다고.

민지: 아, 물통을 말하는 거구나.

• 글의 내용: 지원이와 민지의 전화 대화를 통해 전화로 대화할 때에 주의할 점을 알 수 있습니다.

교과서 핵심

● 전화로 대화할 때 주의할 점

| | |
|---|---|
| 대화 ㉮ | 전화를 건 사람이 자신이 누구인지를 밝혀야 합니다. |
| 대화 ㉯ | 전화로는 상황을 볼 수 없기 때문에 내용을 정확하고 구체적으로 표현해야 합니다. |

교과서 문제

**1** 대화 ㉮에서 민지가 ㉠과 같이 말한 까닭은 무엇입니까? (　　)

① 지원이가 거짓말을 해서
② 지원이와 장난을 치고 싶어서
③ 자신이 누구인지 자랑하고 싶어서
④ 자신은 지원이가 아닌데 상대가 지원이라고 해서
⑤ 전화를 건 지원이가 자신이 누구인지를 밝히지 않아 전화를 건 사람이 누구인지 몰라서

**2** 대화 ㉯의 ㉡처럼 민지가 지원이가 한 말을 알아듣지 못한 까닭은 무엇입니까? (　　)

① 지원이의 목소리가 작아서
② 민지가 집중해서 듣지 않아서
③ 지원이가 전화를 잘못 걸어서
④ 자신과 관련이 없는 이야기를 해서
⑤ 지원이가 물통을 들고 말했지만 전화 대화에서는 상황을 볼 수가 없어서

핵심

**3** 대화 ㉮, ㉯에 나타난 문제를 해결하기 위해 해야 할 일을 두 가지 골라 ○표를 하시오.

(1) 전화를 건 사람이 자신이 누구인지를 밝힌다. (　　)
(2) 전화를 받은 사람이 자신을 소개하는 말을 먼저 한다. (　　)
(3) 전화로는 상황을 볼 수 없기 때문에 정확하고 구체적으로 표현한다. (　　)

교과서 문제

**4** 전화 대화의 특징으로 알맞은 것을 두 가지 고르시오. (　　,　　)

① 항상 높임 표현을 사용한다.
② 전화를 거는 사람과 받는 사람이 있다.
③ 전화를 받는 사람은 말을 하지 않는다.
④ "여보세요?"처럼 자주 사용하는 말이 있다.
⑤ 내용을 구체적으로 말하지 않아도 상황을 정확하게 알 수 있다.

● 전화로 대화할 때 잘못된 부분과 그 까닭을 생각하며 「전화 대화」 읽기

㉮ (전화벨이 울린다.)

예원이 언니: 여보세요?

수진: 예원아! 우리 내일 어디에서 만나서 놀기로 했지?

예원이 언니: (생각) ㉠나는 예원이 언니인데……. 누구지?

㉯ 지수: 정아야, 어제 우리 반 회의에서 책 ♥당번을 정하기로 했잖아. 내 생각에는 책 당번을 일주일에 한 번씩 바꾸는 건 잘못된 것 같아. 각자 맡고 있는 역할도 있는데 일주일 동안 책을 관리하는 건 너무 힘들어.

정아: 응, 그런데…….

지수: 내 생각에는 하루에 한 번씩 책 당번을 바꾸는 게 맞아. 회의 시간에 ♥강력하게 말했어야 하는데, 내가 괜히 의견을 말 안 했나 봐. 내일 선생님께 다시 한번 말씀드려 볼까?

정아: (생각) 내 생각에는 하루에 한 번씩 바꾸면 친구들도 헷갈리고, 책 관리가 안 될 수도 있다고 말하고 싶었는데. 지수는 계속 자기 말만 하네. ㉡지수에게 내 생각을 언제 말하지?

지수: 내 의견 어때? 왜 말이 없니?

정아: 그래.

• 글의 내용: 전화로 대화할 때 지켜야 할 예절을 알 수 있습니다.

♥당번 어떤 일을 책임지고 돌보는 차례가 됨. 또는 그 차례가 된 사람.

♥강력(强 굳셀 강, 力 힘 력)하게 힘이나 영향이 강하게.

● 전화로 대화할 때 잘못한 점

| | |
|---|---|
| 대화 ㉮ | 수진이가 자신이 누구인지를 밝히지 않고 상대가 누구인지도 확인하지 않았습니다. |
| 대화 ㉯ | 지수가 정아의 상황은 헤아리지 않고 계속 자신이 할 말만 했습니다. |

서술형

**5** 대화 ㉮는 어떤 상황인지 쓰시오.

______________________

______________________

핵심 교과서 문제

**6** 대화 ㉮에서 예원이 언니가 ㉠처럼 생각한 까닭은 무엇입니까? ( )

① 예원이가 집에 없어서
② 전화를 건 사람이 갑자기 전화를 끊어서
③ 전화를 건 사람에게 장난을 치고 싶어서
④ 전화를 건 사람이 전화를 걸고는 아무 말도 하지 않아서
⑤ 전화를 건 사람이 자신이 누구인지를 밝히지 않고 상대가 누구인지도 확인하지 않아서

핵심 교과서 문제

**7** 대화 ㉯에서 정아가 ㉡처럼 생각한 까닭은 무엇인지 쓰시오.

( )

역량

**8** 대화 ㉮와 ㉯에 나타난 문제를 해결하는 방법으로 알맞은 것을 찾아 선으로 이으시오.

(1) 대화 ㉮ • • ① 상대의 상황을 헤아리고 상대의 말을 귀 기울여 들어야 한다.

(2) 대화 ㉯ • • ② 전화를 건 사람이 자신이 누구인지 밝히고 상대가 누구인지도 확인해야 한다.

다 (전화벨이 울린다.)

유진: 여보세요?

할머니: 유진이냐? 할머니다.

유진: 네, 할머니! 안녕하세요?

할머니: 그래. 여기는 괜찮은데, 요즘 한국은 많이 덥지?

유진: 네, 많이 더워요.

할머니: 네 엄마는?

유진: 시장에 장 보러 가셨어요.

할머니: ㉠엄마 오시면 할머니가 이번 토요일에 한국에 간다고 전해 다오.

유진: 네. (전화를 끊는다. 전화 끊는 소리 "찰칵 뚜뚜뚜……")

할머니: 세 시까지 공항에 데리러 오라고 말해야 하는데…….

라 (지하철 소리)

남자아이: (큰 목소리로) 하하! 그래. 너 이번 주에 뭐 하니? 우리 이번 주에 축구할래? 지난주에 비가 와서 축구를 하지 못했잖아.

○ 전화로 대화할 때 잘못한 점

| | |
|---|---|
| 대화 다 | 할머니께서 하실 말씀이 남아 있는데 유진이가 그것을 듣지 않고 갑자기 전화를 끊었습니다. |
| 대화 라 | 공공장소에서는 작은 목소리로 말해야 하는데 남자아이가 큰 목소리로 통화했습니다. |

핵심 교과서 문제

**9** 대화 다에서 할머니께서 당황하신 까닭은 무엇입니까? ( )

① 유진이가 너무 큰 목소리로 말해서
② 유진이의 목소리가 잘 들리지 않아서
③ 유진이가 높임 표현을 사용하지 않아서
④ 유진이가 자신이 누구인지 먼저 밝히지 않아서
⑤ 할머니께서 하실 말씀이 남아 있는데 유진이가 그것을 듣지 않고 갑자기 전화를 끊어서

**10** 대화 다에서 유진이가 ㉠의 말을 듣고 어떻게 말하면 좋을지 유진이의 말을 쓰시오.

______

______

핵심 교과서 문제

**11** 대화 라의 남자아이 주변 사람들의 표정이 좋지 않은 까닭은 무엇인지 빈칸에 각각 알맞은 말을 쓰시오.

• 공공장소에서는 (1)( ) 목소리로 말해야 하는데 남자아이가 (2)( ) 목소리로 통화했기 때문입니다.

역량

**12** 전화로 대화할 때 지켜야 할 예절로 알맞지 않은 것은 무엇입니까? ( )

① 상대의 상황을 헤아려 본다.
② 공공장소에서는 작은 목소리로 말한다.
③ 자신이 누구인지 밝히고 상대가 누구인지 확인한다.
④ 상대의 얼굴을 보지 않고 이야기하므로 더 공손하게 말한다.
⑤ 하고 싶은 말이 있으면 상대가 하는 말을 중간에 끊고 말한다.

5 단원

● 인물의 표정, 몸짓, 말투를 자세히 살피며 동영상 장면 보기

## 나는야, 안전 멋쟁이

▲ 비 오는 날 노란색 옷을 입고 노란색 우산을 쓴 강이를 보고 훈이가 유치원생 같다고 놀렸고, 강이는 속이 상했습니다.

▲ 강이는 비 오는 날 검은색 옷을 입으려고 했지만 엄마는 비가 올 때에는 밝은색 옷을 입는 것이 진짜 멋쟁이라고 하셨습니다.

▲ 한 손에는 우산, 한 손에는 준비물 가방을 들어야 하는 강이를 위해 엄마는 준비물을 등에 메는 가방에 넣어 주셨습니다.

• **동영상의 내용**: 비가 오는 날, 밝은색 옷을 입으라는 엄마의 말씀에 따라 노란 옷을 입은 강이를 보고 훈이가 유치원생 같다고 놀렸습니다. 훈이는 앞을 잘 보지 않고 뛰어가다가 교통사고가 날 뻔하였습니다. 훈이와 강이는 비가 오는 날에는 밝은색 옷을 입어야 한다는 것과 우산으로 앞을 가리지 않고 조심해서 길을 건너야 한다는 것을 깨달았습니다.

**1** 강이는 비 오는 날 어떤 색 옷을 입었는지 ○표를 하시오.

(1) 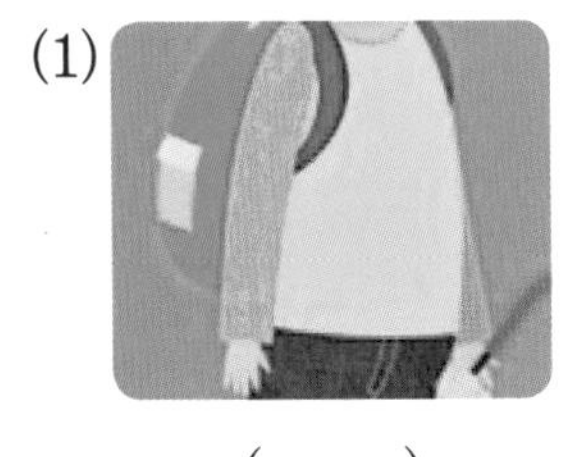
( )

(2) 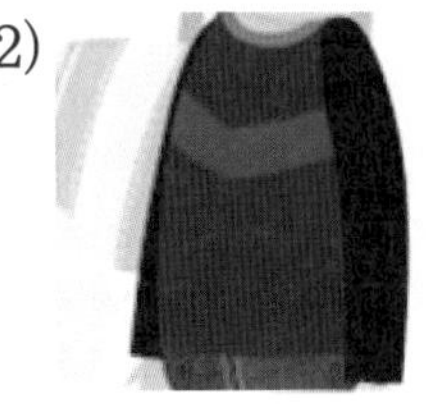
( )

**2** 강이가 문제 1번에서 답한 옷을 입은 까닭은 무엇입니까? ( )

① 새로 산 옷이어서
② 훈이와 약속을 해서
③ 옷이 하나밖에 없어서
④ 친구들에게 자랑하고 싶어서
⑤ 엄마가 비가 오니 밝은색 옷을 입으라고 하셔서

교과서 문제

**3** 강이가 훈이를 만난 뒤에 속상해한 까닭은 무엇입니까? ( )

① 훈이가 우산을 빼앗아가서
② 훈이 혼자만 차를 타고 가서
③ 훈이가 혼자 우산을 쓰고 가서
④ 훈이가 유치원생하고만 놀아서
⑤ 훈이가 유치원생 같다고 놀려서

**4** 장면 3에서 강이가 '다녀오겠습니다.'라고 말하였다면 어떤 말투가 어울릴지 인물의 마음을 생각하며 쓰시오.

( )

정답과 해설 ● 22쪽

▲ 엄마는 강이에게 비가 오는 날에는 우산으로 앞을 가리지 않아야 하고, 땅을 쳐다보고 걷지 말라고 당부하셨습니다.

▲ 검은색 옷을 입은 훈이는 앞을 보지 않고 뛰어가다가 훈이를 미처 보지 못한 자동차에 치일 뻔하였습니다.

▲ 강이와 훈이는 비가 오는 날에는 밝은색 옷을 입어야 하는 것과 우산으로 앞을 가리지 않고 조심해서 길을 건너는 것은 우리 모두가 지켜야 하는 안전 약속이라는 것을 깨닫게 되었습니다.

교과서 핵심

◎ 장면에 어울리는 강이의 표정, 몸짓, 말투 생각하기

| 상황 |
|---|
| 훈이가 차가 오는지 보지 않고 횡단보도로 뛰어가는 것을 보고 강이가 놀라는 상황 |
| 마음 |
| 놀라면서 당황함. |
| 표정, 몸짓, 말투 |
| 놀라면서 당황하는 표정, 친구를 말리려고 뛰어가며 잡으려는 몸짓, "안 돼!"라고 외치며 다급한 말투 |

**5** 엄마께서 비 오는 날 강이에게 당부하신 것은 무엇인지 두 가지를 고르시오. (　　,　　)

① 어두운 색의 옷을 입는다.
② 땅을 쳐다보고 걷지 않는다.
③ 우산으로 앞을 가리지 않는다.
④ 주변을 보지 않고 빨리 걷는다.
⑤ 비에 맞지 않게 우산을 아래로 내린다.

교과서 문제

**6** 장면 ⑤에서 훈이에게 생긴 일로 알맞은 것을 찾아 기호를 쓰시오.

㉠ 노란색 우산을 샀다.
㉡ 길에서 담임 선생님을 만났다.
㉢ 하얀색 자동차에 부딪혀서 다쳤다.
㉣ 앞을 보지 않고 뛰어가다가 교통사고가 날 뻔했다.

(　　　　　　)

**7** 장면 ⑤에서 강이의 마음은 어떠하였겠는지 쓰시오.

(　　　　　　　　　　)

핵심

**8** 다음 장면에서 강이의 표정, 몸짓, 말투로 알맞지 않은 것은 무엇입니까? (　　)

① 놀라는 표정
② 당황하는 표정
③ 귀찮은 듯 느린 몸짓
④ "안 돼!"라고 외치며 다급한 말투
⑤ 친구를 말리려고 뛰어가며 잡으려는 몸짓

# 실천 《 언어 예절에 맞게 역할놀이하기

정답과 해설 ● 22쪽



● 대화를 나누는 상황을 생각하며 「미나의 대화」 듣기

❶ 선생님: 이번 주 금요일까지 우리 주위 사람들이 좋아하는 음식을 조사해 오세요.

미나: 선생님, 주위 사람이면 누구를 말하는 건가요?

선생님: 가족, 친척, 이웃처럼 가까운 사람을 말한단다.

❷ 미나: 할아버지, 가장 좋아하시는 음식이 뭐예요?

할아버지: 음식? 어떤 음식?

미나: 불고기, 김밥 같은 음식요.

할아버지: 응, 할아버지는 된장찌개가 최고야.

❸ 남동생: 누나, 뭐 해? 나랑 놀자.

미나: 참, 민철아! 너, 가장 좋아하는 음식이 뭐야?

남동생: 에이, 누난 그것도 몰라?

미나: 하하, 맞아. 우리 민철이는 통닭을 가장 좋아하지!

• **글의 내용**: 이번 주 금요일까지 우리 주위 사람들이 좋아하는 음식을 조사해 오는 숙제를 하기 위해 미나가 할아버지와 동생과 대화를 나누는 내용입니다.

**교과서 핵심**

**상황에 어울리는 표정, 몸짓, 말투로 역할놀이하기** 예

| 선택한 상황 | 대화 ❷ |
|---|---|
| 맡은 역할 | 미나 |
| 대화 내용 | 할아버지, 가장 좋아하시는 음식이 뭐예요? |
| 표정, 몸짓, 말투 | 궁금해하는 표정을 하고 높임 표현을 사용해 말합니다. |

교과서 문제

**1** 선생님이 이번 주 금요일까지 조사해 오라고 한 것은 무엇입니까? ( )

① 불고기와 김밥 만드는 방법
② 자신이 가장 좋아하는 음식
③ 우리 주위 사람들이 좋아하는 음식
④ 우리 주위 사람들이 좋아하는 놀이
⑤ 우리 주위 사람들에게 직접 만들어 주고 싶은 음식

교과서 문제

**2** 대화 ❷와 ❸에서 미나는 각각 누구와 대화를 나누고 있는지 쓰시오.

| | |
|---|---|
| (1) 대화 ❷ | |
| (2) 대화 ❸ | |

**3** 대화 ❷와 ❸ 중에서 미나가 높임 표현을 사용하여 말한 것은 무엇인지 번호를 쓰시오.

대화 ( )

핵심 논술형

**4** 언어 예절에 맞게 역할놀이를 할 때 주의할 점을 한 가지 쓰시오.

# 국어 활동

## 기본 • 98~100쪽 전화할 때의 바른 대화 예절 알기

● 전화할 때 '바른 대화 예절' 찾기

❶

❷

● 그림을 보고 바르게 전화 대화한 것 찾기

㉮

㉯

㉰

**1** 대화 ❶에서 ㉠을 말한 여자아이에게 필요한 '바른 대화 예절'을 쓰시오.

______________________

______________________

**2** 대화 ❷에서 ㉡을 말한 여자아이가 잘한 점은 무엇인지 빈칸에 알맞은 말을 쓰시오.

• 상대의 (            )을/를 헤아리며 대화를 하였다.

**3** 대화 ㉮와 ㉯를 보고 빈칸에 들어갈 전화 대화로 알맞은 것을 찾아 선으로 이으시오.

(1) ㉮ •    • ①
            • ②

(2) ㉯ •    • ①
            • ②

**4** 대화 ㉰에서 전화 대화를 하고 있는 남자는 어떤 목소리로 말해야 하는지 ○표를 하시오.

• ( 큰 , 작은 ) 목소리

5 단원

## 기본 • 101~102쪽 상황에 어울리는 표정, 몸짓, 말투로 대화하기

● 다음 상황에서 두 가지 반응을 보고 친구가 어떤 기분이 들지 쓰기

친구가 국어 시간에 필요한 모둠 준비물을 가져오지 않았을 때

㉠괜찮아. 내가 준비물을 더 가져왔으니까 나누어 쓰자.

㉡우리 모둠 준비물을 안 챙겨 오면 어떡하니? 네가 책임져!

● 각 상황에 어울리는 표정, 몸짓, 말투 찾기

**5** ㉠과 ㉡ 중, 들었을 때 친구에게 미안하고 고마운 마음이 드는 말은 어느 것인지 기호를 쓰시오.

( )

**6** ㉢~㉤에 들어갈 알맞은 표정, 몸짓, 말투를 다음 보기 에서 골라 번호를 쓰시오.

> **보기**
> ① 손뼉을 치며 기쁜 표정으로
> ② 미안해하며 걱정하는 목소리로
> ③ 당황하며 울먹이는 표정으로

(1) ㉢: ( )

(2) ㉣: ( )

(3) ㉤: ( )

## 기초 다지기 낱말의 발음에 주의하기

**7** 다음 문장에서 밑줄 그은 낱말을 바르게 발음한 것을 찾아 ○표를 하시오.

(1) 창문을 닫으니 답답하다. → [ 답따바다, 답따파다 ]

(2) 어제 네가 전화를 끊자마자 현수가 다시 전화했어. → [ 끈짜마자, 끈차마자 ]

**8** 다음 문장에서 밑줄 그은 낱말의 발음을 쓰시오.

(1) 힘이 있는 사람은 힘이 약한 사람을 도와주어야 한다. → [ ]

(2) 친구가 전학을 가게 되어서 섭섭하다. → [ ]

# 단원 마무리

**준비**

》 대화할 때 고려해야 할 점 떠올리기

➡ 상대가 누구인지 생각합니다.

➡ 상대가 하는 말을 끝까지 듣습니다.

➡ 어떤 대화 상황인지 생각합니다.

➡ 상대의 ❶ ☐☐ 을/를 생각합니다.

**기본**

》 대상에 따라 알맞은 높임 표현을 사용해 말하기

**예 대상에 따른 알맞은 높임 표현을 떠올리며 초록색으로 쓴 낱말 바르게 고쳐 쓰기**

| ❷ ☐☐ 은/는 높임 표현을 사용하지 않습니다. | ❸ ☐☐☐ 이므로 높임 표현을 사용해야 합니다. | 친구와는 높임 표현을 사용하지 않고 말해야 합니다. |
| --- | --- | --- |
| 나오셨습니다 ➡ 나왔습니다 | 먹고 있어요 ➡ 드시고 계세요 | 갔습니다 ➡ ❹ ☐☐ |

기본

》 전화할 때의 바른 대화 예절 알기

➡ ❺ ☐☐이/가 누구인지 밝히고 상대가 누구인지 확인합니다.

➡ 상대의 상황을 헤아려 봅니다.

➡ 상대가 하는 말을 끝까지 듣습니다.

➡ ❻ ☐☐☐☐에서는 작은 목소리로 말합니다.

실천

》 언어 예절에 맞게 역할놀이하기

예 「미나의 대화」에서 한 부분을 골라 역할놀이하기

미나: 할아버지, 가장 좋아하시는 음식이 뭐예요?
할아버지: 음식? 어떤 음식?
미나: 불고기, 김밥 같은 음식요.
할아버지: 응, 할아버지는 된장찌개가 최고야.

상황에 어울리는 ❼ ☐☐, 몸짓, 말투로 대화합니다.

대상에 따라 알맞은 높임 표현을 사용해 대화합니다.

언어 예절을 지키며 대화합니다.

• 단원 평가 더 풀기 >> 평가 교재 26~31쪽

**1~2** 그림을 보고, 물음에 답하시오.

**1** 이 그림은 어떤 대화 상황입니까? ( )

① 여자아이가 가위의 주인을 찾는 상황
② 여자아이가 진수에게 가위를 선물하는 상황
③ 여자아이가 진수에게 가위를 빌려주는 상황
④ 진수가 여자아이에게 가위를 빌려주는 상황
⑤ 진수가 여자아이에게 가위를 빌려주지 않으려는 상황

**2** 진수가 대화를 할 때 고려해야 할 점은 무엇인지 빈칸에 알맞은 말을 쓰시오.

• 상대의 ( )을/를 생각하여 대화해야 합니다.

**3~4** 그림을 보고, 물음에 답하시오.

**3** 이 그림은 어떤 상황인지 쓰시오.

( )

**4** 이 그림에 나타난 승민이의 대화 태도는 어떠한지 두 가지를 고르시오 ( , )

① 반말을 사용하고 있다.
② 공손한 태도로 대화하고 있다.
③ 할머니를 보지 않고 대화하고 있다.
④ 할머니의 말씀을 잘 듣지 않고 있다.
⑤ 문장을 끝맺는 말로 '해요'를 써서 높임 표현을 나타내고 있다.

중요

**5** ㉠을 알맞은 표현으로 고쳐 쓰시오.

| 손님: 사과주스 한 잔 주세요.<br>점원: 사과주스 ㉠나오셨습니다. |
|---|

( )

**6~7** 그림을 보고, 물음에 답하시오.

**6** ㉠에 들어갈 표현으로 알맞은 것에 ○표를 하시오.

( 먹고 있어요 , 드시고 계세요 )

논술형

**7** 문제 7번에서 답한 표현을 고른 까닭은 무엇인지 쓰시오.

정답과 해설 ● 23쪽



**8~9** 대화를 읽고, 물음에 답하시오.

> ㉮ 지훈: 승민아, 지난 주말에 뭐 했니?
> 승민: (  ㉠  )
>
> ㉯ 선생님: 승민아, 지난 주말에 뭐 했니?
> 승민: (  ㉡  )

**8** ㉠과 ㉡에 들어갈 말로 알맞은 것을 찾아 선으로 이으시오.

(1) ㉠ •　　• ① 책을 사러 서점에 갔어.

(2) ㉡ •　　• ② 책을 사러 서점에 갔습니다.

중요

**9** 문제 8번의 답과 같이 ㉠과 ㉡에서 다르게 말해야 하는 까닭은 무엇입니까? (　　)

① 말하는 장소가 달라서
② 말하는 시간이 달라서
③ 지난 주말에 한 일이 달라서
④ 주말에 일을 한 사람이 달라서
⑤ 대화하는 대상이 친구와 웃어른으로 달라서

**10~11** 대화를 읽고, 물음에 답하시오.

> 민지: 여보세요?
> 지원: 여보세요, 민지 있나요?
> 민지: 제가 민지인데, 누구신가요?
> 지원: 나, 지원이야.

**10** 이 전화 대화에서 전화 예절을 지키지 않고 대화한 사람은 누구인지 쓰시오.

(　　　　　　　　　　　　)

**11** 전화 대화에 나타난 문제를 해결하기 위해 문제 10번에서 답한 사람이 지켜야 할 전화 예절은 무엇입니까? (　　)

① 높임말을 사용해야 한다.
② 큰 목소리로 말해야 한다.
③ 길게 이야기를 해야 한다.
④ 재미있게 장난을 치며 말을 해야 한다.
⑤ 자신이 누구인지 밝히고 상대가 누구인지도 확인해야 한다.

**12~13** 그림을 보고, 물음에 답하시오.

▲ 지수　　▲ 정아

**12** 전화 대화에서 지수가 잘못한 점은 무엇입니까? (　　)

① 장난 전화를 걸었다.
② 상대가 누구인지 확인하지 않았다.
③ 알맞은 높임 표현을 사용하지 않았다.
④ 자신의 생각을 제대로 말하지 않았다.
⑤ 정아의 말을 들으려 하지 않고 자기 할 말만 하였다.

서술형

**13** 전화 대화에서 ㉠의 말 다음에 지수가 어떤 말을 해야 할지 쓰시오.

**14** 다음 전화 대화에서 유진이가 잘못한 점은 무엇입니까? ( )

> 할머니: 네 엄마는?
> 유진: 시장에 장 보러 가셨어요.
> 할머니: 엄마 오시면 할머니가 이번 토요일에 한국에 간다고 전해 다오.
> 유진: 네. (전화를 끊는다. 전화 끊는 소리 "찰칵 뚜뚜뚜…….")
> 할머니: 세 시까지 공항에 데리러 오라고 말해야 하는데…….

① 자기가 하고 싶은 말만 하였다.
② 너무 오래 전화 통화를 하였다.
③ 자신이 누구인지 밝히지 않았다.
④ 할머니께 높임 표현을 사용하지 않았다.
⑤ 할머니께서 하실 말씀이 남아 있는데 그것을 듣지 않고 갑자기 전화를 끊었다.

**15** 다음 상황에서 남자아이가 지켜야 할 전화 예절을 보기 에서 골라 기호를 쓰시오.

보기
> ㉠ 공손하게 말한다.
> ㉡ 상대가 누구인지 확인한다.
> ㉢ 공공장소에서는 작은 목소리로 말한다.

( )

국어 활동

**16** 다음 대화에서 ㉠을 알맞게 고쳐 쓰시오.

( )

**17** 다음 상황에서 강이에게 어울리는 표정, 몸짓, 말투가 아닌 것에 ×표를 하시오.

> 훈이가 차가 오는지 보지 않고 횡단보도로 뛰어가는 것을 보고 강이가 놀라는 상황

(1) 놀라면서 당황하는 표정 ( )
(2) 느리고 궁금해하는 말투 ( )
(3) 친구를 말리기 위해 뛰어가며 잡으려는 몸짓 ( )

국어 활동

**18** 다음 빈칸에 들어갈 표정, 몸짓, 말투는 어느 것입니까? ( )

① 밝고 씩씩한 목소리로
② 짜증 나고 화나는 표정으로
③ 손뼉을 치며 기쁜 표정으로
④ 팔짱을 낀 채로 눈을 흘기며
⑤ 미안해하며 걱정하는 목소리로

**19** 언어 예절에 맞게 역할놀이를 할 때 주의할 점을 떠올리며 빈칸에 알맞은 말을 쓰시오.

• 누구와 어떤 상황에서 말하는지 생각하며 말하고 웃어른과 대화할 때에는 ( )을/를 사용합니다.

중요

**20** 다른 사람과 대화할 때 지켜야 할 예절을 바르게 말한 친구의 이름을 쓰시오.

> 윤영: 상대가 어떤 처지인지 생각하며 대화해야 해.
> 연호: 친구와 만나서 대화할 때 표정은 신경 쓰지 않아도 돼.
> 민정: 전화로 대화할 때에는 상대가 하는 말에 집중하지 않아도 돼.

( )

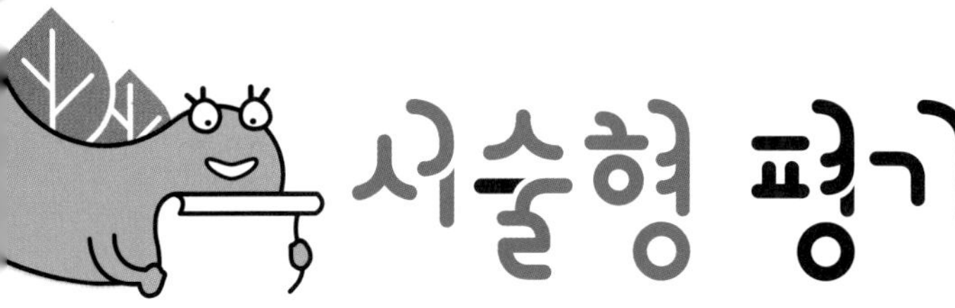

# 서술형 평가

맞은 개수 개

정답과 해설 ● 24쪽



**1** 다음 그림에 나타난 진수의 대화 태도와 비슷한 경험을 떠올려 쓰시오.

**2** 다음 대화에서 승민이의 대화 태도는 어떠한지 쓰시오.

**3** 다음 대화에서 ㉠'나오셨습니다'를 바른 표현으로 고치고, 그렇게 고친 까닭을 쓰시오.

**4** 다음 전화 대화에 나타난 문제를 해결하기 위해서 지원이가 해야 할 일을 쓰시오.

지원: 나, 아까 학교 앞 문구점에서 미술 준비물을 샀는데 망가져 있어.
민지: 뭐가? 물감에 구멍이 났니? 아니면 물통?
지원: 아니, 물통에 물이 샌다고.

**5** 다음 전화 대화에서 미나가 고쳐야 할 대화 태도를 미나에게 직접 말하듯이 쓰시오.

미나: 할아버지, 가장 좋아하는 음식이 뭐야?
할아버지: 음식? 어떤 음식?
미나: 불고기, 김밥 같은 음식요.
할아버지: 응, 할아버지는 된장찌개가 최고야.

# 낱말 퀴즈

교과서 문장으로 확인하는 핵심 낱말 

● 다음 교과서 문장의 파란색 낱말 중에서 알맞은 것을 골라 인물들이 한 말을 완성하시오.

- 대화하는 목적이 무엇인지 생각해요.
- 웃어른과 대화할 때에는 공손한 태도로 말해요.
- 상대가 하는 말에 알맞게 반응해야 해요.
- 대화할 때에는 언어 예절을 지키며 말해요.

이 로봇은 사람이 어려운 상황에 처했을 때 도와줄 ❶ ________ 으로 만들었단다.

나에게 도움을 요청할 때에는 ❷ ________ 자세로 말하도록 해!

나 좀 도와줘.

끙 끙

로봇의 ❸ ________ 이 영 이상해.

로봇에게 ❹ ________ 을 가르쳐야겠어.

정답 | ❶ 목적 ❷ 공손한 ❸ 반응 ❹ 예절

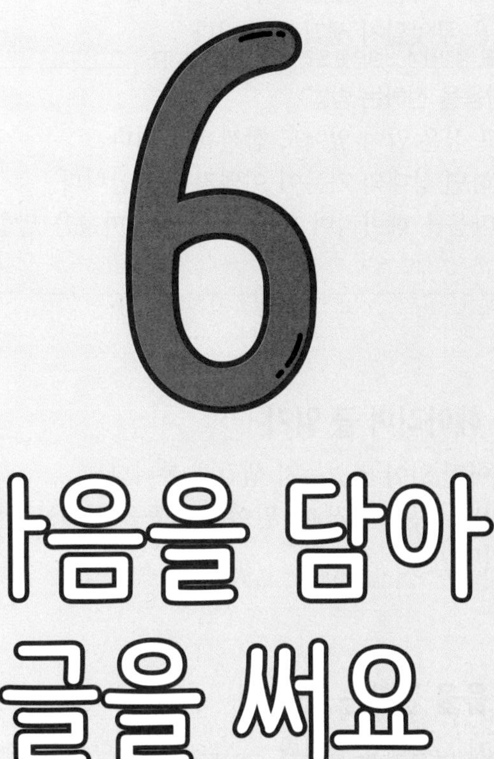

# 6 마음을 담아 글을 써요

## 무엇을 배울까요?

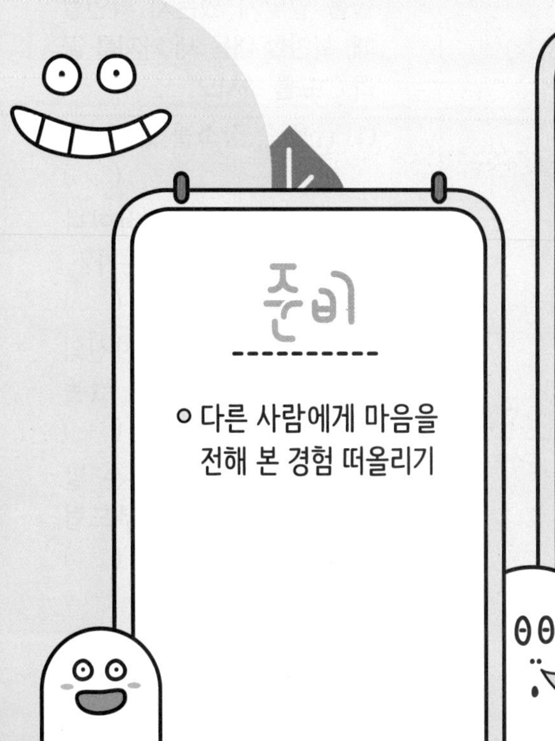

### 준비

- 다른 사람에게 마음을 전해 본 경험 떠올리기

### 기본

- 이야기를 듣고 인물의 마음이 어떻게 변했는지 정리하기
- 이야기 속 인물의 마음을 헤아리며 글 읽기
- 읽을 사람을 생각하며 마음을 전하는 글 쓰기

### 실천

- 다른 사람에게 마음을 전하는 글 쓰기

## 1 다른 사람에게 마음을 전해야 하는 상황 떠올리기

① 우리 주변에서 마음을 전해야 하는 상황을 떠올려 봅니다.

② 떠올린 상황에 알맞은 말은 무엇일지 생각해 봅니다.
→ 마음을 전할 때에는 상대의 기분을 생각하며 진심으로 말하는 것이 중요합니다.

〈다른 사람에게 자신의 마음을 전하는 방법〉
- 화가 났을 때에는 하고 싶은 말이 있어도 잠깐 멈춥니다.
- 말하기 전에 이 말을 하면 상대의 기분이 어떨지 생각합니다.
- 말할 때에는 상대의 마음을 헤아리며 자신의 생각과 마음을 말합니다.

## 2 이야기 속 인물의 마음을 헤아리며 글 읽기

① 인물에게 언제 어디에서 어떤 일이 있었는지 생각해 봅니다.

② 이야기 속 인물이 한 일이나 겪은 일, 생각, 말이나 행동을 살펴보면 인물의 마음을 알 수 있습니다.

## 3 읽을 사람을 생각하며 마음을 전하는 글 쓰기

① 누구와 어떤 일이 있었는지 사실대로 씁니다.

② 전하고 싶은 자신의 감정을 솔직하게 씁니다.

③ 앞으로 바라는 점이 무엇인지 씁니다.

**사과하는 쪽지를 쓸 때 주의할 점**
- 장난처럼 말하듯이 쓰지 않아야 합니다.
- 정성껏 바른 글씨로 진심을 담아 써야 합니다.

## 4 다른 사람에게 마음을 전하는 글 쓰기

① 마음을 전하고 싶은 사람과 있었던 일을 떠올려 정리해 봅니다.

〈정리할 내용〉
전하고 싶은 사람, 있었던 일, 자신이 한 말과 행동, 상대가 한 말과 행동

② 상대에게 어떤 말을 하고 싶은지 생각해 봅니다.

③ 상대에게 쪽지를 쓸 때 하고 싶은 말을 정리해 봅니다.
→ 어른께 쓸 때에는 높임 표현에 맞게 씁니다.

〈정리할 내용〉
전하고 싶은 마음, 상대에게 하고 싶은 말, 앞으로의 각오나 다짐

④ 마음을 전하는 글을 씁니다.

⑤ 상대에게 자신의 마음을 잘 전했는지 확인해 봅니다.

〈확인할 내용〉
- 있었던 일과 그때 자신의 감정을 솔직하게 썼는가?
- 상대에게 하고 싶은 말을 진심을 담아 부드럽게 썼는가?
- 앞으로 바라는 점이나 자신의 다짐을 썼는가?

### 핵심 확인 문제

정답과 해설 ● 24쪽

**1** 이야기 속 인물의 마음을 파악하기 위해 살펴볼 것이 아닌 것은 무엇입니까?

인물의 생각,
인물의 나이,
인물이 한 일,
인물이 겪은 일

(　　　　　　)

**2** 마음을 전하는 글을 쓸 때에는 누구와 어떤 일이 있었는지 사실대로 쓰고, 전하고 싶은 자신의 □□을/를 솔직하게 쓰며, 앞으로 바라는 점을 씁니다.

**3** 사과하는 쪽지를 쓸 때에는 쑥스러운 마음이 들 수 있기 때문에 장난처럼 말하듯이 써야 합니다.

(　　○, ×　　)

**4** 다른 사람에게 마음을 전하는 글을 알맞게 썼는지 확인할 때, 확인할 내용 세 가지를 골라 ○표를 하시오.

(1) 글을 쓴 장소를 썼는가? (　)

(2) 앞으로 바라는 점이나 자신의 다짐을 썼는가? (　)

(3) 있었던 일과 그때 자신의 기분을 솔직하게 썼는가? (　)

(4) 상대에게 하고 싶은 말을 진심을 담아 부드럽게 썼는가? (　)

# 준비 다른 사람에게 마음을 전해 본 경험 떠올리기

정답과 해설 ● 24쪽

● 그림을 보고 인물이 어떤 마음이었을지 생각하며 알맞은 말 찾기

㉮

㉯

㉰

㉱

• **그림 설명:** 우리 주변에서 볼 수 있는 마음을 전해야 하는 상황으로, 각 상황에서 어떤 마음이 느껴지고 상황에 알맞은 말은 무엇인지 생각해 볼 수 있습니다.

6 단원

교과서 핵심

● **그림 ㉮~㉱에서 전해야 할 마음**

| 그림 | 전해야 할 마음 |
|---|---|
| ㉮ | 고마운 마음 |
| ㉯ | 미안한 마음 |
| ㉰ | 기쁜 마음 |
| ㉱ | 걱정하는 마음 |

핵심

**1** ㉠~㉣에 들어갈 알맞은 말을 찾아 선으로 이으시오.

(1) ㉠ •     • ① 와, 신난다!

(2) ㉡ •     • ② 고맙습니다.

(3) ㉢ •     • ③ 정말 미안해.

(4) ㉣ •     • ④ 빨리 나아야 해.

**2** 다음 상황에서 느낄 수 있는 감정에 ○표를 하시오.

가족과 맛있는 음식을 만들어 먹었을 때.

( 슬프다 , 행복하다 , 화가 난다).

**3** 다른 사람에게 자신의 마음을 전할 때에 고려해야 할 점으로 알맞은 것을 두 가지 고르시오. ( , )

① 진심으로 말해야 한다.
② 짧은 문장으로 말해야 한다.
③ 상대가 좋아할 만한 말만 해야 한다.
④ 상대의 기분을 생각하며 말해야 한다.
⑤ 자신의 기분을 가장 우선으로 생각하며 말해야 한다.

서술형     교과서 문제

**4** 다음 상황에서 넘어진 친구에게 무엇이라고 말할지 쓰시오.

달리기를 하다가 친구가 넘어진 상황

## 이야기를 듣고 인물의 마음이 어떻게 변했는지 정리하기

규리의 마음이 어떻게 변하는지 생각하며 읽기

### 규리의 하루

❶ "규리야, 얼른 일어나. 학교 가야지!"

엄마 목소리가 귀에 울려 퍼졌다.

"5분만요."

"지금 안 일어나면 지각이야."

엄마 손이 이불을 걷어 냈다.

"아이참! 엄마, 알았다고요."

나는 눈을 비비며 부스스 자리에서 일어났다. 차가운 물로 세수를 하자, 졸음이 싹 달아났다. 아침밥을 먹는 둥 마는 둥 하고 서둘러 집을 나섰다.

마음이 바빠져서 거의 뛰다시피 걸었다. 덕분에 1교시 시작하기 직전에 교실에 들어갈 수 있었다.

"규리야, 왜 이렇게 늦었어? 걱정했잖아."

짝 민호가 핀잔 투로 말했다.

핀잔: 맞대어 놓고 언짢게 꾸짖거나 비꼬아 꾸짖는 일

"그랬어? 늦잠 자는 바람에……."

곧 수업 시작을 알리는 종이 울렸다.

**중심 내용** 규리는 아침에 더 자고 싶은데 억지로 일어나 서둘러 학교에 갔고 1교시 시작하기 직전에 교실에 들어갔다.

❷ 1교시는 사회 시간이었다. 우리 지역의 자랑거리를 조사해서 발표하는 시간이었다.

우리 모둠 발표자는 나였다. 앞 모둠 발표가 거의 끝나 가자 나는 가슴이 콩닥콩닥 뛰기 시작했다.

'어쩌지? 실수하면 안 되는데…….'

발표 내용이 갑자기 뒤죽박죽되는 느낌이었다.

우리 모둠 차례가 되었고 겨우겨우 발표를 끝내고 자리로 돌아왔다. 얼른 이 시간이 지나가면 좋겠다고 생각했다.

**중심 내용** 규리는 사회 시간에 발표 차례가 다가오자 걱정이 되었고, 겨우겨우 발표를 끝냈다.

- **글의 종류**: 이야기
- **글의 내용**: 규리가 하루 동안 겪은 일에 따라 인물의 마음이 어떻게 변하는지 알 수 있습니다.

**교과서 핵심** ● 규리가 한 일이나 겪은 일과 그때의 마음 ①

| 규리가 한 일이나 겪은 일 | 그때의 마음 |
|---|---|
| 더 자고 싶은데 억지로 일어남. | 속상한 마음 |
| 발표할 차례가 다가옴. | 걱정스러운 마음, 불안한 마음 |

교과서 문제

**1** 글 ❶에서 규리가 한 일이나 겪은 일은 무엇입니까? (　　)

① 아침에 일찍 일어났다.
② 학교에 가장 먼저 도착했다.
③ 아파서 학교에 가지 못했다.
④ 더 자고 싶은데 억지로 일어났다.
⑤ 지각을 해서 선생님께 꾸중을 들었다.

핵심

**2** 규리가 1번 문제 답의 상황에서 어떤 마음이 들었는지 쓰시오.

(　　　　　　　　　　　　　　　　)

**3** 규리가 1교시 사회 시간에 발표해야 할 내용은 무엇이었는지 쓰시오.

(　　　　　　　　　　　　　　　　)

핵심

**4** 규리네 모둠의 발표할 차례가 다가왔을 때 규리의 마음은 어떠하였는지 알맞은 것을 두 가지 고르시오. (　　,　　)

① 즐거웠다.
② 불안하였다.
③ 기대되었다.
④ 걱정스러웠다.
⑤ 자랑스러웠다.

❸ 3교시는 내가 가장 좋아하는 음악 시간이었다. 나는 여러 가지 악기를 잘 다루고 노래도 잘 부르는 편이다. 오늘 음악 시간에는 리코더를 연주했다. 내 짝 민호는 리코더 연주가 서툴다. 선생님께서는 민호가 리코더를 연주하는 것을 보시더니 내게 말씀하셨다.

"규리야, 네가 민호 좀 도와주렴."

나는 음악 시간 내내 민호의 리코더 선생님이 되었다.

"규리야, '솔' 음은 어떻게 소리 내니?"

"응, 내가 가르쳐 줄게."

민호는 가르쳐 주는 대로 잘 따라 했다.

"아, 이렇게 하는 거구나. 고마워, 규리야."

민호가 잘하자 나도 ♥덩달아 기분이 좋아졌다.

**중심 내용** 규리는 음악 시간에 민호의 리코더 선생님이 되어 민호에게 리코더 연주 방법을 가르쳐 주었다.

❹ 수업이 모두 끝났다. 집으로 가는 길에 놀이터를 지나게 되었다.

"멍멍!"

어디선가 강아지 소리가 들려왔다.

자세히 보니 옆집 수호네 엄마께서 강아지를 데리고 산책을 나오셨다. 너무너무 반가웠다. 수호네 강아지는 털이 하얗고 조그만 강아지여서 내가 아주 귀여워한다. 나는 수호 엄마께 반갑게 인사한 뒤에 수호네 강아지의 하얀 털을 조심조심 쓰다듬어 주었다. 구름을 만지는 기분이 이런 기분일까?

수호네 강아지 덕분에 오늘 하루가 행복하게 마무리되었다.

**중심 내용** 규리는 수업을 마치고 집으로 가는 길에 수호네 하얀 강아지를 만났고 강아지의 털을 쓰다듬어 주었다.

♥덩달아 실속도 모르고 남이 하는 대로 좇아서 하며.

**교과서 핵심** ● 규리가 한 일이나 겪은 일과 그때의 마음 ②

| 규리가 한 일이나 겪은 일 | 그때의 마음 |
|---|---|
| 민호에게 리코더 연주 방법을 가르쳐 줌. | 자랑스러운 마음 |
| 수호네 강아지의 하얀 털을 쓰다듬어 줌. | 행복한 마음 |

**5** 규리가 3교시 음악 시간에 한 일은 무엇인지 빈칸에 알맞은 말을 쓰시오.

• 민호에게 (                    )을/를 가르쳐 주었습니다.

**핵심**

**6** 글 ❸, ❹에 나타난 규리의 마음을 알맞게 짝지은 것은 무엇입니까? (    )

| | 글 ❸ | 글 ❹ |
|---|---|---|
| ① | 행복한 마음 | 지루한 마음 |
| ② | 우울한 마음 | 미안한 마음 |
| ③ | 미안한 마음 | 신기한 마음 |
| ④ | 속상한 마음 | 불안한 마음 |
| ⑤ | 자랑스러운 마음 | 행복한 마음 |

교과서 문제

**7** 시간의 흐름에 따라 변하는 규리의 마음을 점으로 표시하고, 그 점을 서로 연결하시오.

교과서 문제

**8** 자신의 하루를 되돌아보고, 하루 동안 일어난 일 중 한 가지 골라 쓰고 그때의 마음을 쓰시오.

| | |
|---|---|
| (1) 언제 | |
| (2) 일어난 일 | |
| (3) 그때의 마음 | |

인물에게 어떤 일이 일어났는지 생각하며 읽기

## 꼴찌라도 괜찮아!

• 글: 유계영 • 그림: 김중석

❶ "힘껏 던져!"

친구들이 책가방을 향해 ♥얌체공을 던졌어요. 박 터뜨리기 연습을 하고 있는 거예요. 운동회가 코앞으로 다가왔지만 기찬이는 ♥멀찍이 앉아 물끄러미 친구들을 쳐다보았어요.

'치, 하나도 재미없어!'

기찬이는 운동에 자신이 없었거든요. 심술이 나 돌멩이를 발로 뻥 차 버렸어요. 그런데 기찬이가 찬 돌멩이가 그만 책가방을 맞혀 버렸어요.

"으악!"

공책과 연필이 친구들의 머리 위로 우수수 쏟아졌어요.

"나기찬, 방해하지 말고 집에나 가!"

머리에 혹이 난 친구들이 화가 나서 한마디씩 거들었어요. ㉠기찬이는 사과를 하려고 했지만 할 말이 생각나지 않았어요.

"난 운동회가 정말 싫어!"

기찬이는 교문 밖으로 후다닥 달려 나갔어요. 그 때 이호가 소리쳤어요.

"저것 봐. 달리기도 엄청 느려!"

친구들이 손뼉을 치며 깔깔 웃었어요.

**중심 내용** 운동회가 다가오자 운동에 자신이 없는 기찬이는 속이 상했고, 친구들은 기찬이가 달리기가 느리다고 놀렸다.

- **글의 종류**: 이야기
- **글의 내용**: 운동회 날 이어달리기에서 꼴찌를 했지만 최선을 다하는 기찬이의 모습을 통해 결과와 상관없이 노력하는 모습이 아름답다는 것을 알 수 있습니다.

♥얌체공 고무로 만든 작고 말랑말랑한 공.
♥멀찍이 사이가 꽤 떨어지게. '멀찌감치'와 뜻이 같은 말.

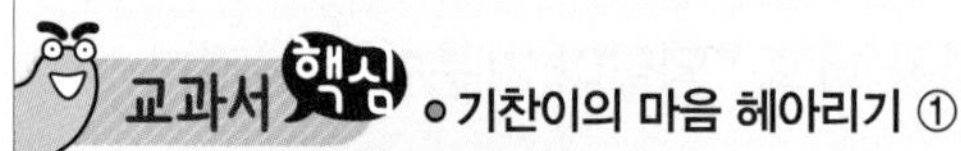

**교과서 핵심** • 기찬이의 마음 헤아리기 ①

예 기찬이는 운동을 잘 못해서 속상하고, 친구들에게 사과를 제대로 못 해서 당황했을 것 같습니다.

**1** 친구들은 책가방을 향해 얌체공을 던지며 무엇을 연습하였는지 쓰시오.

( )

핵심

**2** 기찬이는 ㉠의 상황에서 어떤 마음이 들었을지 쓰시오.

( )

**3** 기찬이가 운동회가 정말 싫다고 한 까닭은 무엇이겠습니까? ( )

① 운동에 자신이 없어서
② 공부에 방해가 되어서
③ 운동회가 너무 자주 열려서
④ 운동회 연습을 너무 많이 해서
⑤ 친구들이 운동회가 싫다고 해서

핵심

**4** 달리기를 못한다며 이호와 친구들이 놀릴 때 기찬이의 마음은 어떠하였겠습니까? ( )

① 고맙고 부럽다.
② 속상하고 외롭다.
③ 우습고 황당하다.
④ 미안하고 쑥스럽다.
⑤ 이상하고 궁금하다.

❷ 이튿날, 운동회에 나갈 선수를 뽑기로 했어요. 모두 들뜬 마음으로 선생님의 말씀에 귀 기울였어요.

"제비뽑기로 선수를 뽑자. 누구나 한 경기씩 나갈 수 있도록 말이야."

"말도 안 돼. 가장 잘하는 사람이 나가야 하는 것 아닌가요?"

아이들은 투덜거리며 제비를 뽑았어요. 기찬이의 제비뽑기 순서가 다가왔어요. 기찬이는 '이어달리기'가 쓰인 쪽지를 뽑았어요. 울상이 된 기찬이를 보고 친구들이 몰려들었어요.

"안 봐도 질 게 뻔해!"

"어떡해! 이어달리기가 가장 점수가 높은데!"

그때 이호가 쪽지를 까딱까딱 흔들며 말했어요. 이호가 뽑은 쪽지도 '이어달리기'였어요.

"얘들아, 이 형님만 믿어!"

**중심 내용** 운동회에 나갈 선수를 제비뽑기로 정했는데 기찬이와 이호가 이어달리기를 하게 되었다.

❸ 운동회 날 아침, 친구들은 머리에 힘껏 청군 띠를 묶었어요. 그런데 어제부터 신나게 뛰어다니던 이호의 표정이 이상했어요. 다리를 배배 꼬며 ♥안절부절못했어요.

'아, 어제 떡을 너무 많이 먹었나 봐…….'

"탕!"

출발 신호가 떨어졌어요. 백군 친구들은 쌩쌩 잘도 달렸어요. 기찬이네 반 친구들은 걱정이 앞섰어요. 청군은 이미 반 바퀴나 뒤처지고 있었어요.

"진 거나 마찬가지야! 다음엔 거북이 나기찬인걸!"

♥**안절부절못했어요** 마음이 초조하고 불안하여 어찌할 바를 몰랐어요.

**교과서 핵심** ● 기찬이의 마음 헤아리기 ②

예 이어달리기가 가장 점수가 높은데 달리기를 잘하지 못해서 마음이 무거웠을 것 같습니다.

**5** 기찬이는 제비뽑기에서 어떤 경기가 쓰인 쪽지를 뽑았는지 쓰시오.

( )

역량

**6** 쪽지를 뽑은 기찬이의 마음을 짐작한 것으로 알맞은 것에 ○표를 하시오.

(1) 뿌듯하고 자랑스러웠다. ( )

(2) 자신의 능력을 보여 줄 기회라고 생각해서 기대가 되었다. ( )

(3) 이어달리기가 가장 점수가 높은데 달리기를 잘하지 못해서 마음이 무거웠다. ( )

**7** 이호가 운동회 날 아침, 안절부절못한 까닭은 무엇입니까? ( )

① 다리가 아파서
② 기찬이가 자신보다 잘 달려서
③ 친구들이 자신을 응원하지 않아서
④ 달리기에서 질 것 같아 걱정이 되어서
⑤ 어제 떡을 너무 많이 먹어 배 속이 안 좋아서

**8** 친구들은 달리기를 못하는 기찬이를 무엇이라고 불렀는지 쓰시오.

( )

## 기본

아무도 기찬이를 응원하지 않고 ♥딴전을 부렸어요. 기찬이는 이를 악물고 뛰었어요. 하지만 점점 뒤처지기만 할 뿐이었어요. 이미 백군의 마지막 선수가 달리고 있었어요. 하지만 기찬이는 반 바퀴도 채 뛰지 못하고 있었어요.

"빨리! 더 빨리!"

다음 선수인 이호는 손을 뒤로 뻗어 기찬이를 재촉했어요.

중심 내용 이어달리기가 시작되었고, 기찬이는 자신의 차례가 되어 열심히 달렸지만 점점 뒤처졌다.

❹ "꾸르르륵……!"

그때 이호의 배 속에서 천둥처럼 큰 소리가 났어요. 이호는 갑자기 가로질러 뛰쳐나갔어요. 더 이상 참을 수가 없었던 거예요!

백군의 마지막 선수와 청군의 세 번째 선수 기찬이가 같은 자리를 뛰고 있었어요. 이호가 화장실에 가 버리는 바람에 기찬이의 다음에는 아무도 없었어요. 그런데 누군가 기찬이를 가리키며 소리쳤어요.

"어? 나기찬이 이기고 있어!"

백군의 마지막 선수와 같이 달리고 있는 기찬이를 보고 친구들이 착각을 한 거예요.

"뛰어라, 나기찬!"

"달려라, 나기찬!"

기찬이는 어리둥절했어요. 친구들이 ♥목청껏 자신의 이름을 부르고 있었으니까요. 기찬이는 눈을 질끈 감고 발바닥에 불이 나도록 내달렸어요. 기찬이가 마지막 백군 선수보다 한발 앞서 나갔어요.

♥딴전 어떤 일을 하는 데 그 일과는 전혀 관계없는 일이나 행동.
예 소정이는 엄마가 부르시는 소리를 듣고도 딴전만 부렸습니다.

♥목청껏 있는 힘을 다하여 소리를 질러.
예 운동회가 시작하자 각 반 친구들은 목청껏 응원을 시작했습니다.

**9** 기찬이 다음으로 달려야 할 이어달리기 선수는 누구인지 쓰시오.

( )

**10** 이호가 이어달리기 순서가 되었을 때 갑자기 가로질러 뛰쳐나간 까닭은 무엇입니까? ( )

① 더 빨리 달리고 싶어서
② 다른 경기에도 나가야 해서
③ 배가 아파서 화장실에 가기 위해서
④ 기찬이가 너무 느린 것이 답답해서
⑤ 자기가 없어도 기찬이가 이길 것 같아서

**11** 친구들은 백군의 마지막 선수와 같이 달리고 있는 기찬이를 보고 어떻게 생각했는지 쓰시오.

( )

**12** 기찬이는 친구들이 자신의 이름을 부르며 응원하자 어떻게 하였습니까? ( )

① 우쭐해져서 천천히 달렸다.
② 부끄러워하며 숨으려고 하였다.
③ 돌아오지 않는 이호에게 화를 냈다.
④ 힘이 들어서 달리는 것을 포기했다.
⑤ 눈을 질끈 감고 발바닥에 불이 나도록 내달렸다.

"기적이야! 우리가 이겼어!"

기적: 상식으로는 생각할 수 없는 기이한 일

기찬이네 반 친구들이 신이 나서 외쳤어요.

"나기찬!"

"나기찬!"

**중심 내용** 이호가 화장실에 간 사이 기찬이가 이호 차례까지 계속 열심히 달렸고, 기찬이가 이기고 있다고 착각한 친구들이 기찬이를 응원했다.

⑤ "저기! 나기찬 좀 봐."

그런데 기찬이가 한 바퀴를 더 도는 게 아니겠어요? 그때 이호가 휴지를 들고 헐레벌떡 뛰어왔어요. 친구들은 그제야 이마를 탁 쳤어요.

"뭐야, 이긴 게 아니야?"

"그것도 한 바퀴나 차이 나게 진 거야?"

이호는 머리를 긁적이며 멋쩍게 웃었어요.

"어디 갔다 왔어!"

기찬이는 이호에게 ♥배턴을 넘겨주었어요.

"너만 믿다가 졌잖아."

기찬이는 괜히 웃음이 나왔어요. 친구들도 웃음이 나오는 것을 참을 수 없었어요. 모두 기찬이를 둘러싸고 웃으며 운동장을 달렸어요.

**중심 내용** 이호가 화장실에서 돌아왔고, 친구들은 열심히 달린 기찬이를 둘러싸고 함께 달렸다.

♥배턴 달리기 경기에서, 앞 선수가 다음 선수에게 넘겨주는 막대기.

### 교과서 핵심 ● 기찬이의 마음 헤아리기 ③

예 최선을 다해서 결과와 상관없이 뿌듯한 마음일 것 같습니다.



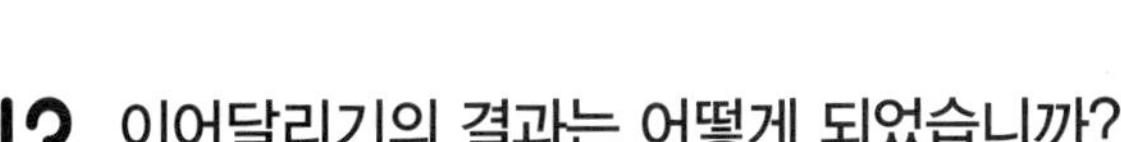

**13** 이어달리기의 결과는 어떻게 되었습니까? (   )

① 청군이 한 바퀴나 차이 나게 졌다.
② 이호가 역전을 해서 청군이 이겼다.
③ 청군과 백군이 공동으로 우승을 했다.
④ 기찬이가 일 등으로 들어와서 청군이 이겼다.
⑤ 이호가 달리지 않아서 다시 경기를 하기로 했다.

**14** 헐레벌떡 뛰어오며 친구들을 본 이호의 마음은 어떠하였겠는지 **보기** 에서 알맞은 것을 골라 기호를 쓰시오.

**보기**

| | |
|---|---|
| ㉠ 기쁘다. | ㉡ 미안하다. |
| ㉢ 피곤하다. | ㉣ 자랑스럽다. |

(   )

핵심 · 교과서 문제

**15** 이호에게 배턴을 넘겨주는 기찬이의 마음으로 알맞은 것은 무엇입니까? (   )

① 경기에 져서 분한 마음
② 친구들에게 서운한 마음
③ 혼자 달린 것이 부끄러운 마음
④ 경기를 포기한 이호가 미운 마음
⑤ 최선을 다해서 결과와 상관없이 뿌듯한 마음

논술형

**16** 이 글을 읽고 기찬이에게 하고 싶은 말이나 묻고 싶은 말을 떠올려 쓰시오.

● 인물에게 어떤 일이 일어났는지 생각하기

## 화해하기

▲ 주은이가 딱지치기를 하다가 마음대로 되지 않자 원호에게 "다시 해!", "집에 갈 거야."와 같은 예의 없는 말과 행동을 했습니다.

▲ 주은이의 예의 없는 말에 원호는 화가 많이 났고, 주은이는 원호에게 사과를 해야겠다고 생각했습니다.

▲ 원호는 주은이가 말로는 사과한다고 했지만, 표정이나 분위기, 말한 내용이나 행동이 사과하는 것처럼 느껴지지 않아서 사과를 받지 않고 가 버렸습니다.

▲ 주은이는 친구들의 비법을 보고 사과 쪽지를 써서 원호에게 주었고, 원호는 주은이의 사과를 받아 주었습니다.

• 그림 설명: 주은이가 원호와 화해하는 과정이 나타난 그림으로, 주은이가 사과할 때 어떤 점을 잘못했는지 살펴볼 수 있습니다.

**교과서 핵심**

● 그림 ③에서 주은이가 잘못한 점

말로는 사과한다고 했지만, 표정이나 분위기, 말한 내용이나 행동이 사과하는 것처럼 느껴지지 않도록 말했습니다.

교과서 문제

**1** 주은이와 원호가 같이 놀다가 어떤 일이 생겼습니까? (　　)

① 원호가 주은이를 놀렸다.
② 주은이가 넘어져서 다쳤다.
③ 주은이가 계속 이겨서 원호가 집에 가 버렸다.
④ 주은이가 원호에게 예의 없는 말과 행동을 했다.
⑤ 원호가 다른 친구하고만 놀고 주은이와는 놀지 않았다.

**2** 그림 ③에서 주은이의 사과를 들었을 때 원호의 마음은 어떠하였겠습니까? (　　)

① 고맙다.　② 미안하다.
③ 부끄럽다.　④ 화가 난다.
⑤ 자랑스럽다.

핵심 서술형

**3** 원호가 그림 ③에서 주은이의 사과를 받지 않고 가 버린 까닭은 무엇이겠는지 쓰시오.

______________________________

______________________________

**4** 자신이 주은이라면 원호에게 사과하기 위해 어떻게 할지 쓰시오.

(　　　　　　　　　　　　　　)

● 친구에게 화해하고 싶은 마음을 전하는 방법을 생각하기

해진이의 '화해하기' 비법
– 손 편지를 주며 사과한다.

민주의 '화해하기' 비법
– 상냥하게 사과한다.

근우의 '화해하기' 비법
– 진심을 담아서 표현한다.

• 그림 설명: 친구들이 「화해하기」의 주은이의 행동을 보고 마음을 전하는 방법에 대해 말하고 있습니다.

6 단원

교과서 핵심

● 주은이가 되어 원호에게 사과하는 쪽지 쓰기

• 어떤 일이 있었는지 씁니다.

예 교실에서 활동할 때 네게 예의 없이 행동하고서는 제대로 사과하지 못했어.

• 자신의 감정을 솔직하게 씁니다.

예 쑥스러운 마음이 많이 들어서 그런 행동을 했나 봐. 미안해.

• 앞으로 바라는 점을 씁니다.

예 예의 있게 행동하고 용기를 내서 제대로 사과할게. 앞으로 친하게 지내자.

교과서 문제

**5** 친구들이 말한, 화해하는 쪽지를 쓰는 방법이 아닌 것은 무엇입니까? (　　)

① 정성껏 손으로 쓴다.
② 진심을 담아서 쓴다.
③ 상냥한 말투로 쓴다.
④ 편지에 '너, 화났냐?'와 같은 말을 쓴다.
⑤ 진짜 사과나 사과 그림을 함께 선물한다.

**6** 친구들이 말한 방법 외에 사과하는 쪽지를 쓸 때 주의할 점을 바르게 말하지 못한 친구의 이름을 쓰시오.

준식: 최대한 길게 써야 해.
민영: 장난처럼 말하듯이 쓰면 안 돼.
수지: 정성껏 바른 글씨로 진심을 담아 써야 해.

(　　　　　　　　)

역량　교과서 문제

**7** 다음은 주은이가 쓴 원호에게 사과하는 쪽지입니다. 주은이가 쪽지에서 자신의 마음을 전한 방법을 세 가지 골라 ○표를 하시오.

원호야, 안녕. 나 주은이야.
교실에서 활동할 때 네게 예의 없이 행동하고서는 제대로 사과하지 못했어. 그리고 사과할 때 툭툭 치면서 말해서 많이 기분 나빴지?
미안한 마음에 네게 미안하다는 말을 하려고 했는데, 쑥스러운 마음이 많이 들어서 그런 행동을 했나 봐. 미안해.
예의 있게 행동하고 용기를 내서 제대로 사과할게. 앞으로 친하게 지내자.

(1) 어떤 일이 있었는지 썼다. (　　)
(2) 자신의 감정을 솔직하게 썼다. (　　)
(3) 앞으로 바라는 점이 무엇인지 썼다. (　　)
(4) 쪽지를 받을 사람이 잘못한 점을 썼다. (　　)

## 실천 다른 사람에게 마음을 전하는 글 쓰기

정답과 해설 ● 26쪽

● 다른 사람에게 마음을 전하는 글을 어떻게 쓸지 생각하며 읽기

| 대한초등학교 | 대한통신 | 20○○년 10월 |
|---|---|---|

### '마음을 전하는 우리 반' 행사에 많이 참여해 주세요

우리 학교 전교 어린이회에서는 2학기를 맞이해 10월에 어떤 행사를 하면 좋을지 의논했습니다. 회의 시간에 각 학년 학생들은 각자 하고 싶은 행사를 많이 추천해 주었습니다. 그 가운데에서 전교 어린이회에서는 '마음을 전하는 우리 반' 행사를 함께하기로 결정했습니다.

10월 넷째 주에 '마음을 전하는 우리 반'이라는 이름으로 각 반에서 행사를 합니다. '마음을 전하는 우리 반'은 자신의 마음을 다른 사람에게 전하는 행사입니다. 이때에는 친구들뿐만 아니라 주위 사람들에게 고마운 마음, 존경하는 마음, 미안한 마음 따위를 전할 수 있습니다. 전하는 방법은 다양하지만 예쁜 종이에 마음을 담아 손편지를 써서 전하자는 의견이 많았습니다.

• **글의 내용**: '마음을 전하는 우리 반' 행사를 하는 날짜와 행사에 참여하는 방법을 설명하였습니다.

**교과서 핵심**

● **다른 사람에게 마음을 전하는 글을 쓸 때 들어가야 할 내용**

| 전하고 싶은 마음 |
|---|
| 예 미안한 마음 |
| 상대에게 하고 싶은 말 |
| 예 다른 사람의 말을 끝까지 듣지 않았던 점과 제가 하고 싶은 말만 했던 것을 사과하고 싶습니다. |
| 앞으로의 각오나 다짐 |
| 예 기분이 나쁠 때라도 이야기가 끝날 때까지 상대와 같이 있을 것입니다. |

**1** '마음을 전하는 우리 반' 행사가 열리는 때는 언제인지 찾아 쓰시오.

( )

**2** '마음을 전하는 우리 반' 행사는 어떤 행사입니까? ( )

① 부모님과 함께 즐거운 놀이를 하는 행사
② 자신의 마음을 다른 사람에게 전하는 행사
③ 마음이 잘 맞는 친구와 선물을 주고받는 행사
④ 다른 반 친구들과 함께 운동 경기를 하는 행사
⑤ 선물을 주고 싶은 사람을 학교로 초대하는 행사

핵심 서술형

**3** 마음을 전하고 싶은 사람을 떠올려 어떤 말을 하고 싶은지 쓰시오.

**4** 상대에게 마음을 전하는 글을 쓸 때 고려할 점을 보기 에서 모두 골라 기호를 쓰시오.

보기
㉠ 전하고 싶은 마음을 씁니다.
㉡ 앞으로의 각오나 다짐을 씁니다.
㉢ 상대에게 하고 싶은 말을 씁니다.
㉣ 항상 높임 표현을 사용하여 씁니다.

( )

정답과 해설 ● 26쪽

## 기본 • 116~117쪽 이야기를 읽고 인물의 마음이 어떻게 변했는지 정리하기

● 이야기 속 인물의 마음 찾기

❶

토요일까지 못 기다리겠어!

친구에게 줄 선물을 당장 만들어야지.

---

❷

찌돌이가 죽었어.

저런, 불쌍해라.

네가 오랫동안 길렀는데…….

울지 마. 나도 슬퍼.

찌돌이는 너무 나이를 먹었어.

병에도 걸렸고.

언젠가는 죽을 수밖에 없었어.

난 가슴이 너무 아파.

찌돌이는 귀여웠어.

찌돌이는 재미있었어.

찌돌아, 네가 보고 싶을 거야.

**1** ❶의 이야기 속 인물의 말이나 행동으로 알 수 있는 인물의 마음으로 알맞은 것은 무엇입니까? (　　)

① 슬픈 마음
② 행복한 마음
③ 화나는 마음
④ 두려운 마음
⑤ 걱정하는 마음

**2** ❷의 이야기 속 인물들의 대화로 보아 여자아이의 마음은 어떠한지 알맞은 것을 골라 기호를 쓰시오.

> ㉠ 친구를 오랜만에 만나서 반갑다.
> ㉡ 자신이 키우던 찌돌이가 죽어서 슬프다.
> ㉢ 친구에게 찌돌이를 자랑할 수 있어서 기쁘다.

(　　　　　　　)

**3** 이야기에서 인물의 마음을 알 수 있는 방법으로 알맞은 것을 두 가지 골라 ○표를 하시오.

(1) 인물의 생김새를 잘 떠올려 본다. (　　)
(2) 인물이 한 일이나 겪은 일을 찾아본다. (　　)
(3) 인물의 생각, 말이나 행동을 살펴본다. (　　)

6 단원

## 기본 • 122~123쪽 읽을 사람을 생각하며 마음을 전하는 글 쓰기

● 다른 사람의 감정을 그대로 인정해 주는 말로 고쳐 쓰기

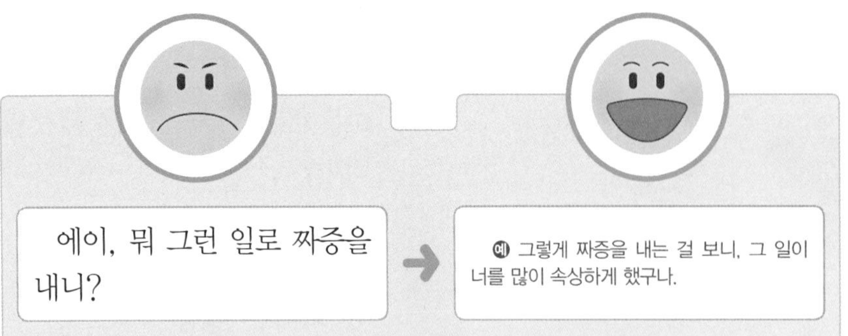


● 다른 사람의 마음을 생각하며 자신의 마음을 전하는 말로 고쳐 쓰기

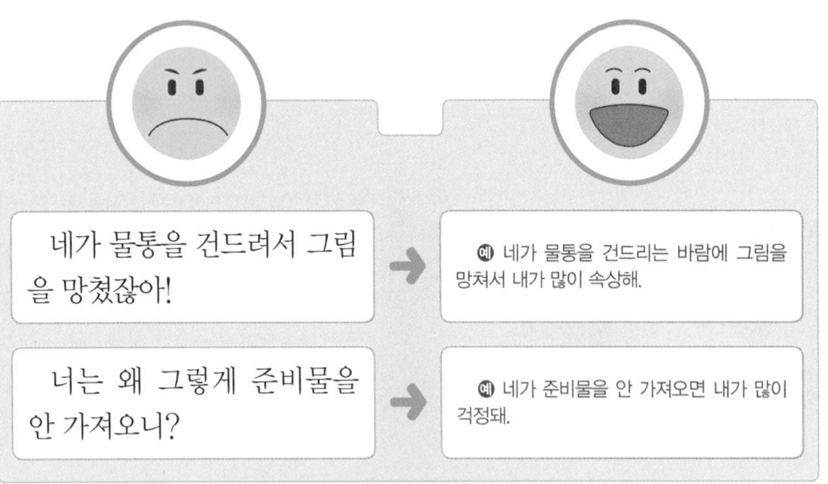


**4** 다음 말을 다른 사람의 감정을 그대로 인정해 주는 말로 고쳐 쓰시오.

> 시끄럽게 왜 우니?

______________________

______________________

**5** 다른 사람의 마음을 생각하며 자신의 마음을 전하는 말이 아닌 것을 골라 기호를 쓰시오.

> ㉠ 그것도 못하니?
> ㉡ 네가 도와줘서 고마워.
> ㉢ 부탁을 들어주지 못해 내 마음이 아파.

( )

## 기초 다지기 '-(는)대'와 '-(는)데' 구분하기

**6** 다음 글에서 초록색으로 쓴 낱말을 바르게 고쳐 쓰시오.

> 오늘은 음악 수업이 있는 날이다. 선생님께서 리코더를 가지고 오라고 하셨다. 그래서 나는 어제저녁에 리코더를 가방에 넣어 두었다. 그런데 점심시간에 리코더 연습을 하려고 가방을 보니 리코더가 없었다. 아침 자습 시간에도 분명히 있었는대 아무리 찾아봐도 없었다. 이 모습을 보고 옆에 있던 친구가 "현주가 장난으로 숨겼데."라고 말했다.

(1) 있었는대 → ( )
(2) 숨겼데 → ( )

**7** ㉠~㉣ 중 바른 표기를 골라 기호를 쓰시오.

> • 공연장에 가는 ㉠길인대 친구가 아직 오지 ㉡않았데.
> • 비가 온다고 해서 우산을 ㉢가져왔는대 비가 안 온다.
> • 그곳에 입장하려면 오후 여섯 시까지는 도착해야 ㉣한대.

( )

# 단원 마무리



정답과 해설 ● 26쪽

**준비**

》다른 사람에게 마음을 전해 본 경험 떠올리기

예 그림을 보고 인물의 마음을 짐작하며 마음을 전하는 말 떠올리기

| | |
|---|---|
| 고마운 마음 | ❶ □□□ 마음 |
| ㉠: 고맙습니다. | ㉡: 정말 미안해. |
| 기쁜 마음 | ❸ □□하는 마음 |
| ㉢: 와, ❷ □□□! | ㉣: 빨리 나아야 해. |

**기본**

》이야기 속 인물의 마음을 헤아리며 글 읽기

예 「꼴찌라도 괜찮아!」에 나오는 기찬이의 마음 헤아리기

운동을 잘 못해서 속상하고, 친구들에게 사과를 제대로 못 해서 당황했을 것 같습니다.

이어달리기가 가장 점수가 높은데 달리기를 잘하지 못해서 마음이 무거웠을 것 같습니다.

최선을 다해서 결과와 상관없이 ❹ □□□ 마음일 것 같습니다.

**기본**

》읽을 사람을 생각하며 마음을 전하는 글 쓰기

예 「화해하기」를 보고 주은이가 되어 원호에게 사과하는 쪽지 쓰기

원호야, 안녕. 나 주은이야.

교실에서 활동할 때 네게 예의 없이 행동하고서는 제대로 사과하지 못했어. 그리고 사과할 때 툭툭 치면서 말해서 많이 기분 나빴지? — 어떤 일이 있었는지 씁니다.

미안한 마음에 네게 미안하다는 말을 하려고 했는데, 쑥스러운 마음이 많이 들어서 그런 행동을 했나 봐. 미안해. — 자신의 감정을 솔직하게 씁니다.

예의 있게 행동하고 용기를 내서 제대로 사과할게. 앞으로 친하게 지내자. — 앞으로 ❺ □□□ □ 이/가 무엇인지 씁니다.

• 단원 평가 더 풀기 >> 평가 교재 32~37쪽

**1~4** 그림을 보고, 물음에 답하시오.

서술형

**1** 그림 ㉮, ㉯는 각각 어떤 상황인지 쓰시오.

| | |
|---|---|
| (1) 그림 ㉮ | |
| (2) 그림 ㉯ | |

**2** 그림 ㉮에서 뛰어가는 남자아이는 기다리고 있는 친구에게 어떤 마음을 전하는 말을 해야 할까요? ( )

① 기쁜 마음 ② 화난 마음
③ 미안한 마음 ④ 서운한 마음
⑤ 뿌듯한 마음

**3** 그림 ㉮의 빈칸에 들어갈 말로 가장 알맞은 것은 무엇입니까? ( )

① 정말 미안해.
② 늦을 수도 있지, 뭐.
③ 너도 많이 늦었잖아.
④ 왜 나한테 화를 내니?
⑤ 왜 이렇게 일찍 만나자고 했어.

**4** 그림 ㉯에서 걱정하는 마음이 느껴지도록 빈칸에 들어갈 알맞은 말을 쓰시오.

( )

**5~7** 글을 읽고, 물음에 답하시오.

㉮ "규리야, 얼른 일어나. 학교 가야지!"
엄마 목소리가 귀에 울려 퍼졌다.
"5분만요."
"지금 안 일어나면 지각이야."
엄마 손이 이불을 걷어 냈다.
"아이참! 엄마, 알았다고요."
나는 눈을 비비며 부스스 자리에서 일어났다. 차가운 물로 세수를 하자, 졸음이 싹 달아났다. 아침밥을 먹는 둥 마는 둥 하고 서둘러 집을 나섰다.

㉯ 1교시는 사회 시간이었다. 우리 지역의 자랑거리를 조사해서 발표하는 시간이었다.
우리 모둠 발표자는 나였다. 앞 모둠 발표가 거의 끝나 가자 나는 가슴이 콩닥콩닥 뛰기 시작했다.
'어쩌지? 실수하면 안 되는데…….'
발표 내용이 갑자기 뒤죽박죽되는 느낌이었다.
우리 모둠 차례가 되었고 겨우겨우 발표를 끝내고 자리로 돌아왔다.

**5** 글 ㉮에 나타난 규리의 마음으로 알맞은 것은 무엇입니까? ( )

① 고맙다. ② 속상하다. ③ 지루하다.
④ 행복하다. ⑤ 자랑스럽다.

**6** 1교시 사회 시간에 규리가 한 일을 쓰시오.

( )

중요

**7** 글 ㉯에 나타난 규리의 마음으로 알맞은 것에 모두 ○표를 하시오.

(1) 불안한 마음 ( )
(2) 거만한 마음 ( )
(3) 걱정스러운 마음 ( )

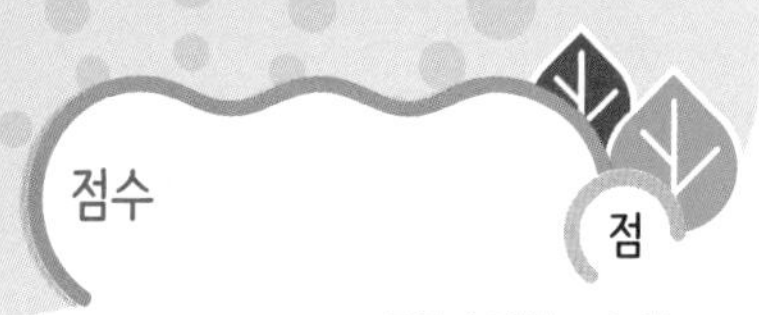




국어 활동

**8** 남자아이의 마음을 짐작하기 위해 살펴볼 것을 두 가지 고르시오. ( , )

① 인물의 말 ② 인물의 행동
③ 인물의 나이 ④ 인물의 머리 색
⑤ 인물이 사는 곳

**9~11** 글을 읽고, 물음에 답하시오.

> 이튿날, 운동회에 나갈 선수를 뽑기로 했어요. 모두 들뜬 마음으로 선생님의 말씀에 귀 기울였어요.
> "제비뽑기로 선수를 뽑자. 누구나 한 경기씩 나갈 수 있도록 말이야."
> "말도 안 돼. 가장 잘하는 사람이 나가야 하는 것 아닌가요?"
> 아이들은 투덜거리며 제비를 뽑았어요. 기찬이의 제비뽑기 순서가 다가왔어요. 기찬이는 '이어달리기'가 쓰인 쪽지를 뽑았어요. 울상이 된 기찬이를 보고 친구들이 몰려들었어요.
> "안 봐도 질 게 뻔해!"
> "어떡해! 이어달리기가 가장 점수가 높은데!"

**9** 운동회에 나갈 선수는 어떻게 뽑기로 하였는지 쓰시오.
( )

**10** 기찬이가 '이어달리기'가 쓰인 쪽지를 뽑았을 때 친구들의 반응은 어떠했습니까? ( )
① 다 같이 기뻐했다.
② 기찬이를 응원했다.
③ 기찬이를 부러워했다.
④ 이어달리기를 빨리 하고 싶어 했다.
⑤ 안 봐도 질 게 뻔하다며 걱정했다.

중요

**11** '이어달리기'가 쓰인 쪽지를 뽑은 기찬이의 마음은 어떠하였을지 쓰시오.
( )

6 단원

**12~14** 글을 읽고, 물음에 답하시오.

> 그때 이호의 배 속에서 천둥처럼 큰 소리가 났어요. 이호는 갑자기 가로질러 뛰쳐나갔어요. 더 이상 참을 수가 없었던 거예요!
> 백군의 마지막 선수와 청군의 세 번째 선수 기찬이가 같은 자리를 뛰고 있었어요. 이호가 화장실에 가 버리는 바람에 기찬이의 다음에는 아무도 없었어요. 그런데 누군가 기찬이를 가리키며 소리쳤어요.
> "어? 나기찬이 이기고 있어!"
> 백군의 마지막 선수와 같이 달리고 있는 기찬이를 보고 친구들이 착각을 한 거예요.
> "뛰어라, 나기찬!"
> "달려라, 나기찬!"
> 기찬이는 어리둥절했어요. 친구들이 목청껏 자신의 이름을 부르고 있었으니까요.

**12** 이호는 이어달리기 도중에 어디를 갔는지 쓰시오.
( )

**13** 친구들이 갑자기 기찬이를 응원한 까닭은 무엇입니까? ( )
① 이호가 돌아오지 않아서
② 기찬이가 달리기를 잘해서
③ 기찬이가 응원해 달라고 해서
④ 기찬이를 무시한 것이 미안해서
⑤ 기찬이가 이기고 있다고 착각해서

**14** 친구들이 목청껏 기찬이의 이름을 불렀을 때 기찬이의 마음은 어떠했을지 쓰시오.
( )

**15~16** 그림을 보고, 물음에 답하시오.

▲ 주은이가 딱지치기를 하다가 마음대로 되지 않자 원호에게 "다시 해!", "집에 갈 거야!"와 같은 예의 없는 말과 행동을 했습니다.

▲ 원호는 주은이가 말로는 사과한다고 했지만, 표정이나 분위기, 말한 내용이나 행동이 사과하는 것처럼 느껴지지 않아서 사과를 받지 않고 가 버렸습니다.

**15** 주은이가 원호에게 사과하는 태도는 어떠합니까? (　　)

① 상냥하게 말하고 있다.
② 공손하게 말하고 있다.
③ 진심이 느껴지게 말하고 있다.
④ 듣는 사람의 마음을 헤아리며 말하고 있다.
⑤ 말로는 사과한다고 했지만, 표정이나 분위기가 사과하는 것처럼 느껴지지 않는다.

중요

**16** 주은이가 원호에게 사과하는 쪽지를 쓰는 방법을 알맞게 말하지 못한 친구를 쓰시오.

현우: 어떤 일이 있었는지 쓰면 좋겠어.
소영: 앞으로 바라는 점이 무엇인지 쓰면 될 거야.
진아: 자신의 감정은 드러나지 않게 쓰면 좋을 것 같아.

(　　　　)

국어 활동

**17** 다음 말을 다른 사람의 마음을 생각하며 자신의 마음을 전하는 말로 고쳐 쓰시오.

네가 물통을 건드려서 그림을 망쳤잖아!

**18~19** 글을 읽고, 물음에 답하시오.

10월 넷째 주에 '마음을 전하는 우리 반'이라는 이름으로 각 반에서 행사를 합니다. '마음을 전하는 우리 반'은 자신의 마음을 다른 사람에게 전하는 행사입니다. 이때에는 친구들뿐만 아니라 주위 사람들에게 고마운 마음, 존경하는 마음, 미안한 마음 따위를 전할 수 있습니다. 전하는 방법은 다양하지만 예쁜 종이에 마음을 담아 손 편지를 써서 전하자는 의견이 많았습니다.

**18** 마음을 전하는 방법 중 이 글에서는 어떤 의견이 가장 많았다고 했는지 쓰시오.

(　　　　)

논술형

**19** 문제 18번에서 답한 방법으로 마음을 전하려고 합니다. 마음을 전하고 싶은 상대를 정하고 하고 싶은 말은 무엇인지 쓰시오.

**20** 다른 사람의 마음을 고려하며 자신의 마음을 전하기에 알맞은 표현이 아닌 것은 무엇입니까? (　　)

① 그런 게 뭐가 속상해!
② 네 사과를 받을게. 괜찮아.
③ 내가 보건실에 갈 때 함께 가 줘서 고마워.
④ 친구가 네 마음을 몰라줘서 많이 속상했겠구나!
⑤ 지난번에 내가 뛰다가 너와 부딪쳐서 아팠지? 미안해.

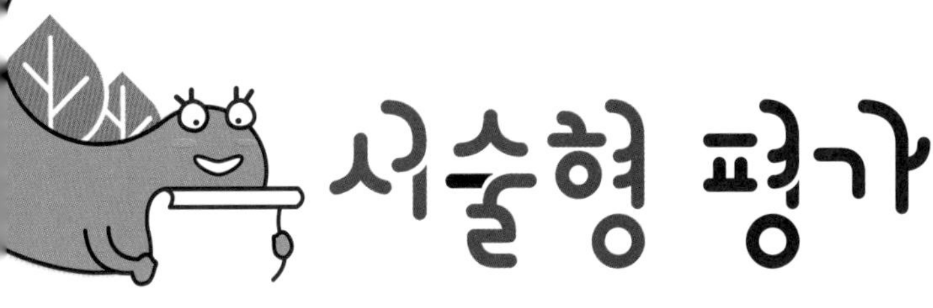

맞은 개수 개

정답과 해설 ● 28쪽



**1** 자신의 마음을 다른 사람에게 전해 본 경험을 떠올려 쓰시오.

**2~3** 글을 읽고, 물음에 답하시오.

수업이 모두 끝났다. 집으로 가는 길에 놀이터를 지나게 되었다.

"멍멍!"

어디선가 강아지 소리가 들려왔다.

자세히 보니 옆집 수호네 엄마께서 강아지를 데리고 산책을 나오셨다. 너무너무 반가웠다. 수호네 강아지는 털이 하얗고 조그만 강아지여서 내가 아주 귀여워한다. 나는 수호 엄마께 반갑게 인사한 뒤에 수호네 강아지의 하얀 털을 조심조심 쓰다듬어 주었다. 구름을 만지는 기분이 이런 기분일까?

수호네 강아지 덕분에 오늘 하루가 행복하게 마무리되었다.

**2** 이 글에서 글쓴이가 겪은 일을 쓰시오.

**3** 이 글에서 글쓴이의 마음과 비슷한 마음이 들었던 경험을 떠올려 쓰시오.

**4~5** 글을 읽고, 물음에 답하시오.

기찬이는 운동에 자신이 없었거든요. 심술이 나 돌멩이를 발로 뻥 차 버렸어요. 그런데 기찬이가 찬 돌멩이가 그만 책가방을 맞혀 버렸어요.

"으악!"

공책과 연필이 친구들의 머리 위로 우수수 쏟아졌어요.

"나기찬, 방해하지 말고 집에나 가!"

머리에 혹이 난 친구들이 화가 나서 한마디씩 거들었어요. 기찬이는 사과를 하려고 했지만 할 말이 생각나지 않았어요.

"난 운동회가 정말 싫어!"

기찬이는 교문 밖으로 후다닥 달려 나갔어요. 그때 이호가 소리쳤어요.

"저것 봐. 달리기도 엄청 느려!"

친구들이 손뼉을 치며 깔깔 웃었어요.

**4** 기찬이가 운동회가 싫다고 한 까닭은 무엇일지 쓰시오.

**5** 친구들이 기찬이를 보고 달리기도 엄청 느리다고 놀릴 때 기찬이의 마음은 어떠하였을지 쓰시오.

**6** 친구에게 사과하는 쪽지를 쓸 때 주의할 점을 쓰시오.

# 낱말 퀴즈

교과서 문장으로 확인하는 핵심 낱말 

● 다음 교과서 문장의 파란색 낱말 중에서 알맞은 것을 골라 인물들이 한 말을 완성하시오.

- 감정 카드에 쓰인 감정을 언제 느꼈는지 또는 언제 느낄 수 있는지 다른 친구들에게 설명한다.
- 운동회가 코앞으로 다가왔지만 기찬이는 멀찍이 앉아 물끄러미 친구들을 쳐다보았어요.
- "나기찬, 방해하지 말고 집에나 가!"
- 울상이 된 기찬이를 보고 친구들이 몰려들었어요.

쉿! 연구에 ❶ ________ 되니까 조용히 해 주겠니.

죄송해요. ❷ ________ 서서 구경만 할게요.

멈칫

와! 분명 웃으면서 찍었는데 ❹ ________ 인 표정으로 나왔어!

이 사진기는 사람의 슬픈 ❸ ________ 을 찍을 수 있대.

지잉

정답 | ❶ 방해 ❷ 멀찍이 ❸ 감정 ❹ 울상

역량 자료 찾아보기

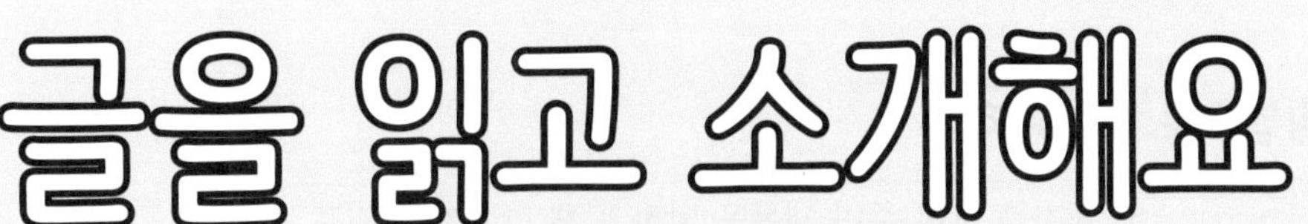


무엇을 배울까요?

준비

- 글을 읽고 다른 사람에게 소개한 경험 나누기

기본

- 여러 가지 방법으로 책 소개하기
- 독서 감상문에 대해 알기

실천

- 독서 감상문으로 우리 반 꾸미기

## 1 글을 읽고 다른 사람에게 소개한 경험 나누기

① 어떤 글을 소개했는지 말합니다.
② 누구에게 소개했는지 말합니다.
③ 무슨 내용을 소개했는지 말합니다.

## 2 글을 읽고 친구에게 소개하면 좋은 점

① 친구에게 새로운 지식이나 사실을 알려 줄 수 있습니다.
② 소개하면서 친구들과 많은 이야기를 나눌 수 있습니다.
③ 읽은 글의 내용을 잘 정리할 수 있습니다.
④ 자신이 관심 있는 분야를 더 다양하게 생각할 수 있습니다.

## 3 여러 가지 방법으로 책 소개하기

| | |
|---|---|
| 책 보여 주며 말하기 | 책 표지를 보여 주며 제목을 말하고 책 앞표지나 뒤표지에 있는 글과 그림, 책 내용 가운데에서 소개하고 싶은 부분, 가장 인상 깊은 부분과 그 까닭을 소개합니다. |
| 노랫말을 바꾸어 소개하기 | 노랫말을 책을 소개하는 내용으로 바꾸어 부릅니다. |
| 새롭게 안 내용을 그림으로 보여 주며 소개하기 | 책을 읽고 새롭게 안 내용을 정리해 그림으로 보여 주며 책을 소개합니다. |
| 책갈피를 만들어 소개하기 | 책을 읽고 기억에 남는 문장을 책갈피 앞쪽에 쓰고 그 까닭을 책갈피 뒤쪽에 써서 책을 소개합니다. |
| 책 보물 상자를 만들어 소개하기 | 책 내용과 관련된 물건을 책 보물 상자에 넣고 하나씩 꺼내며 소개합니다. |

## 4 독서 감상문의 특징

① 책을 읽게 된 까닭을 씁니다.
② 책 내용을 소개합니다.
③ 인상 깊은 부분을 씁니다.
④ 책을 읽은 뒤에 든 생각이나 느낌을 씁니다.

## 5 독서 감상문으로 우리 반 꾸미기

① 독서 감상문을 쓰고 싶은 책을 생각합니다.
② 독서 감상문에 쓸 내용을 친구들과 이야기합니다.
③ 독서 감상문으로 교실을 꾸미는 방법을 정합니다. → 예 나뭇잎 모양으로 책 나무 환경판 만들어 꾸미기, 독서 감상문을 복도에 전시하기, 책 보물 상자를 만들어 전시하기
④ 자신이 읽은 책으로 독서 감상문을 씁니다. → 같은 책을 읽었는데 인상 깊은 부분이 서로 다를 수 있습니다.

### 핵심 확인 문제

정답과 해설 ● 28쪽

**1** 글을 읽고 친구에게 소개하면 새로운 □□(이)나 사실을 알려 줄 수 있습니다.

**2** 글을 읽고 친구에게 소개하면 읽은 글의 내용을 잘 정리할 수 있습니다.
( ○, × )

**3** 노랫말을 책을 소개하는 내용으로 바꾸어 책을 소개하는 방법을 무엇이라고 합니까?
( )

**4** 독서 감상문에는 책을 읽게 된 □□과/와 책 내용, 인상 깊은 부분과 책을 읽은 뒤에 든 생각이나 느낌을 씁니다.

**5** 다음은 독서 감상문의 특징 중 무엇에 해당합니까?

> 아기별과 같은 친구가 되어야겠다는 생각이 들었다.

( )

## 준비 《 글을 읽고 다른 사람에게 소개한 경험 나누기

정답과 해설 ● 28쪽

7 단원

소개하는 내용 생각하며 읽기

### 재미있는 교실 놀이 '앉아서 하는 피구'

'앉아서 하는 피구'는 공 하나로 교실에서 쉽게 즐길 수 있는 놀이이다. 먼저 교실에 있는 책상을 모두 뒤로 밀어 가로로 긴 네모 모양으로 피구장을 만든다. 그다음에는 학급 친구 전체를 두 ♥편으로 나누고 두 편 대표가 가위바위보를 해서 먼저 공격할 쪽을 정한다.

규칙은 피구와 같지만 앉은 자세로 하는 것이 특징이다. 공을 굴리는 사람이나 피하는 사람 모두 앉은 자세로 해야 한다. 앉은 자세에서 무릎을 한쪽이라도 펴서 일어나는 자세가 되면 누구든 피구장 밖으로 나가야 한다. 상대를 맞힐 때에는 공을 바닥에 굴려서 맞혀야 한다. 공을 튀기거나 던져서 맞히면 맞은 사람은 밖으로 나가지 않는다. 공을 피할 때에는 옆으로 이동해 피하거나, 무릎을 가슴에 붙여 앉은 자세로 뜀을 뛰어 피할 수 있다. / 굴린 공이 아무도 맞히지 못하고 벽에 닿으면, 수비하던 친구가 공을 잡아 공격할 기회를 얻는다. 그러나 굴린 공이 벽에 닿기도 전에 잡으면 공에 맞은 것과 똑같이 밖으로 나가야 한다.

결국 공에 맞거나, 일어서거나, 공이 벽에 닿기 전에 잡으면 밖으로 나가야 하는 것이다. 밖으로 나간 친구들은 놀이가 끝날 때까지 지켜본다. 어느 한 편의 친구 모두가 밖으로 나가면 놀이가 끝난다.

- **글의 종류**: 소개하는 글
- **글의 내용**: '앉아서 하는 피구'를 소개하는 글로, 놀이 이름, 준비할 내용, 놀이 규칙을 이해하기 쉽게 설명하였습니다.

♥편(便 편할 편) 여러 패로 나누었을 때 그 하나하나의 쪽.
예 우리 편 이겨라!

**교과서 핵심**

● **글을 읽고 다른 사람에게 소개한 경험 나누기** 예

| 소개한 글 | 「아낌없이 주는 나무」 |
|---|---|
| 누구에게 | 친구 |
| 소개한 내용 | 아낌없이 주는 나무의 마음이 정말 착하다고 생각했고 나도 그런 친구가 있으면 좋겠다고 소개했습니다. |

교과서 문제

**1** 이 글에서 소개한 놀이 이름은 무엇입니까? ( )

① 거꾸로 피구
② 굴리는 피구
③ 뜀뛰기 피구
④ 앉아서 하는 피구
⑤ 눈 감고 하는 피구

교과서 문제

**2** 이 글에서 소개한 놀이를 하기 위해 준비할 내용으로 알맞지 않은 것을 두 가지 고르시오. ( , )

① 교실 바닥을 닦는다.
② 긴 네모 모양으로 피구장을 만든다.
③ 서서 공을 던지는 공격수를 정한다.
④ 학급 친구 전체를 두 편으로 나눈다.
⑤ 교실에 있는 책상을 모두 뒤로 민다.

교과서 문제

**3** 이 글에서 소개한 놀이의 규칙으로 알맞지 않은 것은 무엇입니까? ( )

① 모두 앉은 자세로 해야 한다.
② 공을 바닥에 굴려서 상대를 맞혀야 한다.
③ 공을 튀기거나 던져서 맞히면 맞은 사람은 밖으로 나간다.
④ 무릎을 한쪽이라도 펴서 일어나는 자세가 되면 피구장 밖으로 나가야 한다.
⑤ 굴린 공이 아무도 맞히지 못하고 벽에 닿으면, 수비하던 친구가 공을 잡아 공격할 기회를 얻는다.

핵심 서술형

**4** 이 글처럼 어떤 글을 읽고 다른 사람에게 소개한 경험을 쓰시오.

🔈 자신이 아는 국기를 생각하며 읽기

## 온 세상 국기가 펄럭펄럭

• 글: 서정훈 • 그림: 김성희

❶ 두근두근, 두근두근!

드디어 월드컵 개막식이 시작되었어.

(개막식: 일정 기간 동안 계속되는 행사를 처음 시작할 때 행하는 의식)

각 나라를 대표하는 선수들이 운동장으로 줄지어 들어오고 있어.

커다란 국기를 펼쳐 들고서 말이야.

ᵛ갖가지 무늬와 색깔의 국기들이 물결처럼 출렁거려.

그런데 왜 국기를 들고 입장하냐고?

국기는 그 나라를 나타내는 깃발이거든.

중심 내용 국기는 그 나라를 나타내는 깃발이다.

❷ 국기에는 그 나라의 자연이 담겨 있어.

캐나다에는 설탕단풍 나무가 많이 자라.

설탕단풍 나무는 캐나다처럼 추운 날씨에 잘 자라거든.

▲ 캐나다 국기

가을에 붉은색으로 단풍이 들면 얼마나 고운지 몰라.

캐나다 사람들은 설탕단풍 나무에서 나오는 즙으로 달콤한 메이플시럽을 만들어 먹기도 해.

(즙: 물기가 들어 있는 물체에서 짜낸 액체)

그래서 캐나다 사람들은 국기에 빨간 단풍잎을 그려 넣었어.

중심 내용 빨간 단풍잎이 그려진 캐나다 국기에는 자연이 담겨 있다.

• **글의 종류:** 그림책
• **글의 내용:** 여러 나라 국기에 담긴 뜻을 그 나라의 특성에 맞게 설명하였습니다.

ᵛ갖가지 이런저런 여러 가지.

**교과서 핵심** ● '책 보여 주며 말하기'로 책을 소개하는 방법

| | |
|---|---|
| 책 표지를 보여 주며 제목 말하기 | 예 이 책 제목은『온 세상 국기가 펄럭펄럭』입니다. |
| 소개하고 싶은 부분 말하기 | 예 이 책에는 우리가 몰랐던 여러 나라 국기에 담긴 뜻이 나와 있습니다. |
| 가장 인상 깊은 부분과 그 까닭 말하기 | 예 태극기가 나오는 부분이 인상 깊었습니다. 태극기에 평화를 사랑하는 마음이 담겨 있다는 것을 알았기 때문입니다. |

**1** 월드컵 개막식에서 각 나라를 대표하는 선수들이 국기를 들고 입장하는 까닭을 쓰시오.

( )

**2** 캐나다에 대한 설명으로 알맞지 않은 것의 기호를 쓰시오.

㉠ 캐나다 사람들은 붉은색을 좋아한다.
㉡ 캐나다에는 설탕단풍 나무가 많이 자란다.
㉢ 캐나다의 국기에는 캐나다의 자연이 담겨 있다.
㉣ 캐나다 사람들은 설탕단풍 나무에서 나오는 즙으로 메이플시럽을 만들어 먹는다.

( )

**3** 캐나다 국기에 그려진 것은 무엇입니까? ( )

① 메이플시럽 ② 노란 은행잎
③ 빨간 단풍잎 ④ 캐나다 지도
⑤ 설탕단풍 나무

핵심

**4** 다음은 '책 보여 주며 말하기'로 책을 소개하는 방법 중 무엇을 소개하는 부분인지 ○표를 하시오.

(책 표지를 보여 주며) 이 책 제목은『온 세상 국기가 펄럭펄럭』입니다.

(1) 책 제목 ( )
(2) 소개하고 싶은 부분 ( )
(3) 인상 깊은 부분과 그 까닭 ( )

정답과 해설 ● 29쪽



**③ 국기에는 그 나라의 ♥전설이 담겨 있어.**

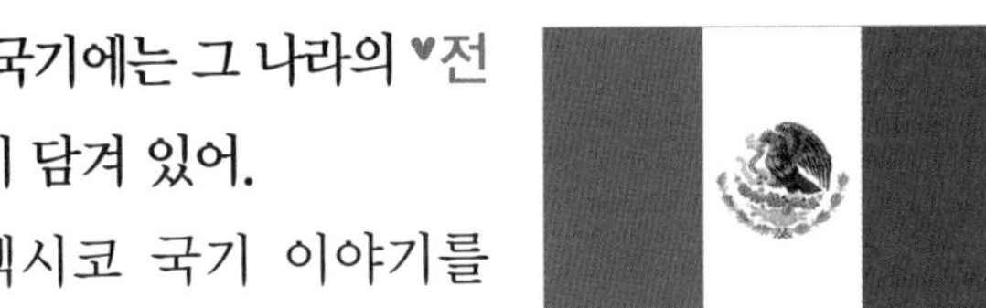

▲ 멕시코 국기

멕시코 국기 이야기를 들어 볼래?

어느 날, ♥아즈텍족이 신의 계시를 받았어.
(계시: 사람의 지혜로써는 알 수 없는 진리를 신이 가르쳐 알게 함.)

"독사를 물고 날아가는 독수리가 선인장 위에 앉으면 그곳에 도시를 세워라!"

계시대로 독수리가 내려앉은 곳에 도시를 세웠더니 점점 강해져 아즈텍 제국으로 발전했고, 오늘날의 멕시코가 되었대.

그래서 나라를 세운 이야기를 국기에 그려 넣은 거야.

**중심 내용** 독사를 문 독수리가 선인장 위에 앉아 있는 모습이 그려진 멕시코 국기에는 나라가 세워진 전설이 담겨 있다.

**④ 국기에는 그 나라의 땅이 담겨 있어.**

미국 국기에는 줄과 별이 참 많지? 도대체 몇 개인지 한번 세어 볼까? 줄이 열세 개, 별이 오십 개야. 미국이 처음 나라를 세울 때에는 ♥주가 열세 개였대. 열세 개의 줄은 그걸 기념하는 거야. 미국 땅이 점점 커져 주가 생길 때마다 국기의 별이 하나씩 늘어났는데 지금은 주가 오십 개라서 별도 오십 개가 된 거야. 땅과 함께 국기도 변한 거지.

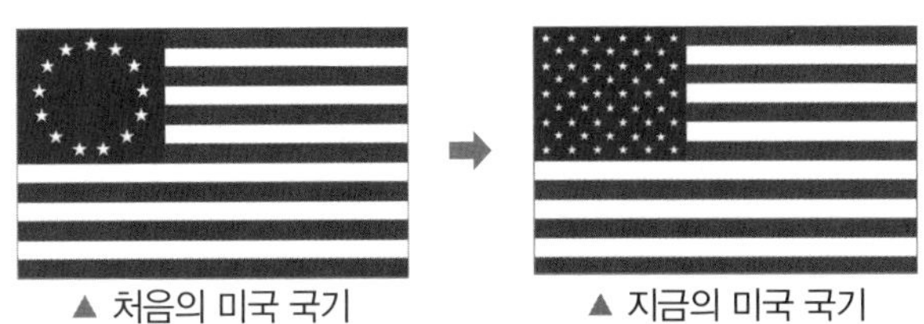

▲ 처음의 미국 국기 ▲ 지금의 미국 국기

**중심 내용** 줄과 별이 많은 미국 국기에는 나라의 땅이 담겨 있다.

♥전설(傳 전할 전, 說 말씀 설) 옛날부터 민간에서 전하여 내려오는 이야기.

♥아즈텍(Aztec)족 멕시코고원에 살던 고대 인디언의 한 부족.

♥주(州 고을 주) 연방 국가의 행정 구역의 하나.

**5** 멕시코에 대한 설명으로 알맞지 않은 것은 무엇입니까? ( )

① 도시 수만큼 별을 그려 넣었다.
② 멕시코 국기에는 전설이 담겨 있다.
③ 아즈텍 제국이 오늘날의 멕시코가 되었다.
④ 아즈텍족이 신의 계시를 받아 세운 나라이다.
⑤ 독사를 물고 날아가는 독수리가 내려앉은 선인장이 있는 곳에 도시를 세웠다.

**6** 멕시코 국기에서 볼 수 있는 것을 두 가지 고르시오. ( , )

① 신 ② 나무
③ 독수리 ④ 선인장
⑤ 아즈텍족

**7** 미국 국기에 그려져 있는 열세 개의 줄이 의미하는 것은 무엇입니까? ( )

① 미국에 사는 민족의 수
② 미국과 가까운 나라의 수
③ 미국에 있는 호수의 개수
④ 처음 미국을 세울 때 주의 개수
⑤ 미국을 세우기 위해 노력한 사람의 수

**8** 미국 국기의 별이 늘어난 까닭은 무엇입니까? ( )

① 미국에 섬이 점점 많아져서
② 미국 대통령이 점점 많아져서
③ 미국에 유명한 사람이 많아져서
④ 미국에서 별을 많이 볼 수 있어서
⑤ 미국 땅이 점점 커져 주가 늘어나서

# 기본

정답과 해설 ● 29쪽

**⑤ 우리나라 국기인 태극기도 궁금하지?**

일본에 나라를 빼앗긴 시대에는 태극기를 마음대로 사용하지 못했어.

일본이 태극기 사용을 금지했거든.

하지만 우리는 ♥독립하려고 열심히 싸울 때마다 태극기를 힘차게 휘날렸어.

마침내 1945년에 나라를 되찾았고, 그동안 무늬가 조금씩 달랐던 태극기는 1949년에 지금의 태극기 모습으로 정해졌어.

▲ 대한민국 태극기

우리나라 사람들의 평화를 사랑하는 마음은 태극기의 흰색에 담겨 있어.

태극 문양은 조화로운 우주를 뜻하고, 네 모서리의 사괘는 하늘, 땅, 물, 불을 나타낸 거야.

중심 내용 우리나라 국기인 태극기에는 우리나라 사람들의 평화를 사랑하는 마음, 조화로운 우주, 하늘, 땅, 물, 불이 담겨 있다.

**⑥ 국기는 그 나라를 나타내는 얼굴이야.**

국제 경기에 참가할 때에도, 메달을 땄을 때에도, 에베레스트산 정상에 올랐을 때에도…… 나라를 빛내는 순간에는 언제나 국기가 함께해.

남극의 과학 기지에도, 우주로 날아가는 우주선에도, 국제연합[유엔] 본부에도…… 나라를 대표하는 자리에는 언제나 국기가 함께해.

국기는 그 나라이자 국민이거든.

중심 내용 국기는 그 나라를 나타내는 얼굴이다.

♥독립하려고 한 나라가 정치적으로 완전한 주권을 행사하려고.

**교과서 핵심 ● 책을 소개하는 여러 가지 방법**

노랫말을 바꾸어 소개하기

새롭게 안 내용을 그림으로 보여 주며 소개하기

책갈피를 만들어 소개하기

책 보물 상자를 만들어 소개하기

**9** 태극기에 대한 설명으로 알맞지 않은 것은 무엇입니까? (　　)

① 우리나라의 국기이다.
② 독립하려고 싸울 때마다 휘날렸다.
③ 1949년에 지금의 모습으로 정해졌다.
④ 일본에게 나라를 빼앗긴 시대에는 마음대로 사용하지 못했다.
⑤ 태극 문양은 우리나라 사람들의 평화를 사랑하는 마음이 담겨 있다.

서술형

**10** 나라를 빛내는 순간, 나라를 대표하는 자리에 언제나 국기가 함께하는 까닭에 맞게 빈칸에 알맞은 말을 쓰시오.

• 국기는 그 (1)(　　　　　　)이자 (2)(　　　　　　)이기 때문입니다.

논술형

**11** 이 글을 읽은 자신의 생각이나 느낌을 쓰시오.

핵심

**12** 오른쪽 그림과 같이 책을 소개하는 방법은 무엇입니까? (　　)

① 책 보여 주며 말하기
② 책갈피를 만들어 소개하기
③ 노랫말을 바꾸어 소개하기
④ 책 보물 상자를 만들어 소개하기
⑤ 새롭게 안 내용을 그림으로 보여 주며 소개하기

독서 감상문의 특징을 생각하며 읽기

# 바위나리와 아기별의 우정

❶ 오늘은 학교에서 『바위나리와 아기별』이라는 책을 읽었다. 앞표지에 있는 바위나리와 아기별 그림이 무척 예뻐서 내용이 궁금했기 때문이다. 이 책은 바위나리와 아기별의 우정 이야기이다.

중심 내용 앞표지에 있는 바위나리와 아기별 그림이 무척 예뻐서 책을 읽었다.

❷ 바위나리는 바닷가에 핀 아름다운 꽃이었다. 하지만 친구가 없어 늘 외로웠다. 어느 날 밤, 아기별이 하늘에서 내려와 둘은 친구가 되었고, 바위나리와 아기별은 밤마다 만나 즐겁게 놀았다.

그러던 어느 날, 병이 든 바위나리를 간호하던(다쳤거나 앓고 있는 환자나 노약자를 보살피고 돌보던) 아기별은 너무 늦게 하늘 나라로 올라가 그 벌로 다시는 바닷가에 내려오지 못했다. 아기별을 기다리던 바위나리는 점점 시들다가 그만 바람이 세게 불어 바다로 날려 갔다. 아기별은 밤마다 울다가 빛을 잃어 바다로 떨어졌다. 바위나리가 날려 간 바로 그 바다였다.

중심 내용 바위나리와 아기별이 친구가 되어 즐겁게 놀던 어느 날, 바위나리는 점점 시들다가 바람이 세게 불어 바다로 날려 갔고, 밤마다 울던 아기별도 바위나리가 날려 간 바다로 떨어졌다.

❸ 나는 이 책에서 바위나리를 그리워하며 울다가 빛을 잃은 아기별이 하늘 나라에서 쫓겨나 바다로 떨어진 장면이 가장 기억에 남는다. 왜냐하면 살아 있을 때에는 만나지 못하다가 죽은 뒤에야 같이 있을 수 있게 된 것이 너무 슬펐기 때문이다. 바위나리는 몸이 아파 아기별을 만나지 못해 너무 슬펐다. 얼마나 슬펐으면 가슴이 미어졌을까?

중심 내용 아기별이 하늘 나라에서 쫓겨나 바다로 떨어진 장면이 가장 기억에 남는다.

❹ 이 책을 읽고 주위에 바위나리처럼 외로운 친구가 있는지 생각해 보았다. 그리고 그 친구에게 아기별과 같은 친구가 되어야겠다는 생각이 들었다. 나는 바위나리와 아기별의 우정이 아름다우면서도 안타깝고 슬펐다.

중심 내용 주위에 바위나리처럼 외로운 친구가 있으면 아기별과 같은 친구가 되어야겠다는 생각이 들었다.

- **글의 종류**: 독서 감상문
- **글의 내용**: 책을 읽은 뒤에 책을 읽게 된 까닭, 책 내용, 인상 깊은 부분, 책을 읽은 뒤에 든 생각이나 느낌을 썼습니다.

**교과서 핵심** ● 독서 감상문의 특징과 내용

|  |  |
|---|---|
| 책을 읽게 된 까닭 | 앞표지에 있는 바위나리와 아기별 그림이 무척 예뻐서 내용이 궁금했기 때문이다. |
| 책 내용 | 아기별을 기다리던 바위나리는 ~ 그만 바람이 세게 불어 바다로 날려 갔다. |
| 인상 깊은 부분 | 나는 이 책에서 바위나리를 그리워하며 울다가 ~ 장면이 가장 기억에 남는다. |
| 책을 읽은 뒤에 든 생각이나 느낌 | 아기별과 같은 친구가 되어야겠다는 생각이 들었다. |

핵심

**1** 이와 같은 글을 무엇이라고 하는지 쓰시오.

( )

**2** 바위나리에 대한 설명으로 알맞지 않은 것은 무엇입니까? ( )

① 친구가 없어 늘 외로웠다.
② 바닷가에 핀 아름다운 꽃이다.
③ 점점 시들다가 바다로 날려 갔다.
④ 아기별과 밤마다 만나 즐겁게 놀았다.
⑤ 하늘로 올라가 아기별과 친구가 되었다.

역량 교과서 문제

**3** 이 글의 내용과 독서 감상문의 특징을 알맞게 말하지 못한 것에 ×표를 하시오.

재한: '아기별과 같은 친구가 되어야겠다는 생각이 들었다.'는 책을 읽은 뒤에 든 생각이나 느낌이야. ( )

현수: '앞표지에 있는 바위나리와 아기별 그림이 무척 예뻐서 내용이 궁금했기 때문이다.'는 책을 읽게 된 까닭이야. ( )

수진: '아기별을 기다리던 바위나리는 점점 시들다가 그만 바람이 세게 불어 바다로 날려 갔다.'는 인상 깊은 부분이야. ( )

# 실천

역량 활동

## 독서 감상문으로 우리 반 꾸미기

정답과 해설 ● 29쪽

● 친구들이 쓴 독서 감상문 살펴보기

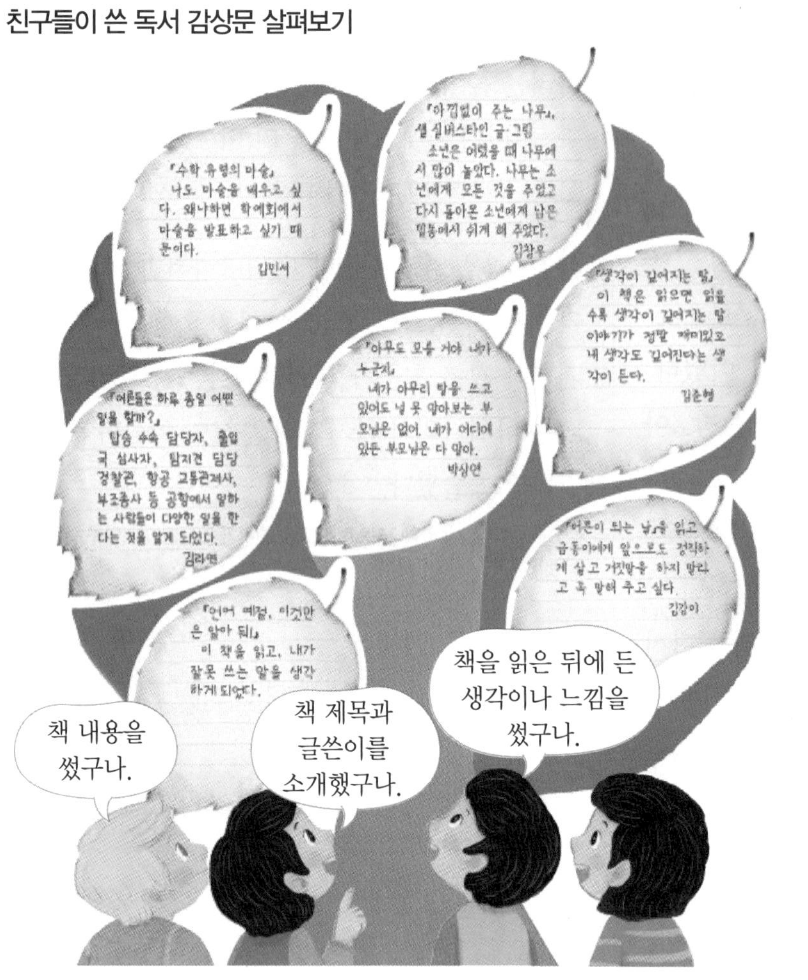


• **그림 설명**: 나뭇잎 모양의 종이에 독서 감상문을 써서 책 나무로 만들어 꾸민 것을 친구들이 보고 있습니다.

**교과서 핵심**

● **독서 감상문으로 교실을 꾸미는 방법**

- 나뭇잎 모양으로 책 나무 환경판을 만들어 꾸미기
- 독서 감상문을 복도에 전시하기
- 책 보물 상자를 만들어 전시하기

핵심

**1** 이 그림에서 독서 감상문으로 교실을 꾸민 방법은 무엇입니까? (　　)

① 책상 위에 전시하기
② 책 표지를 그려 꾸미기
③ 책갈피를 만들어 꾸미기
④ 책 보물 상자를 만들어 전시하기
⑤ 나뭇잎 모양으로 책 나무 환경판을 만들어 꾸미기

**2** 독서 감상문을 친구들과 바꾸어 읽으면 좋은 점으로 알맞지 않은 것은 무엇입니까? (　　)

① 새로운 지식을 알 수 있다.
② 읽은 글의 내용을 잘 정리할 수 있다.
③ 친구와 더 많은 이야기를 나눌 수 있다.
④ 친구가 어떤 책을 좋아하는지 알 수 있다.
⑤ 친구가 읽은 책을 따로 읽지 않아도 모든 내용을 알 수 있다.

교과서 문제

**3** 자신이 독서 감상문으로 쓰고 싶은 책의 제목을 쓰시오.

(　　　　　　　　　　　　　　　　)

역량 논술형 　　교과서 문제

**4** 문제 3번에서 답한 책으로 독서 감상문을 쓰려고 합니다. 독서 감상문에 쓸 내용을 빈칸에 정리하여 쓰시오.

| | |
|---|---|
| (1) 책을 읽게 된 까닭 | |
| (2) 책 내용 | |
| (3) 책을 읽은 뒤에 든 생각이나 느낌 | |

정답과 해설 • 30쪽



**기본 • 136~138쪽** 여러 가지 방법으로 책 소개하기

## 산꼭대기에 열차가?

김대조

㉮ 쩡! 번쩍! / 아까보다 더 큰 번개가 쳤다. 그 순간 영롱이는 분명히 보았다. 산꼭대기에 나타난 거대한 검은 물체를!

영롱이는 침을 크게 꿀꺽 삼켰다.

콰르릉 쾅! / 뒤따라 천둥이 요란하게(시끄럽고 떠들썩하게) 울렸다. 영롱이는 그 자리에서 그대로 얼어 버렸다.

'뭐였지? 여긴 원래 아무것도 없었는데?'

영롱이는 그 자리에서 꼼짝하지 못했다. 방금 전에 자신이 본 것이 무엇일지 온갖 상상력을 동원해(어떤 목적을 달성하고자 사람을 모으거나 물건, 수단, 방법 따위를 집중해) 추측해 보았다. 하지만 아무리 생각해도 정체를 알 수 없었다.

번쩍!

다시 눈앞이 잠깐 밝아졌다. 이번에도 영롱이는 보았다. 어둡고, 크고, 거무튀튀한 괴물이 자신을 향해 성큼성큼 걸어올 것만 같았다.

쿠르르릉 쾅쾅! / "어, 엄마아야! 으어어어!"

공포심에 온몸이 찌릿찌릿했다. 영롱이는 두고 온 가방도 잊고 집을 향해 내달렸다.

㉯ 다음 날, 영롱이는 ㉠어젯밤에 본 것이 무엇인지 확인하고 싶었다. 겁도 났지만 날이 밝으니까 괜찮을 거라고 용기를 내었다.

"어? 저게 뭐지?" / 분명 며칠 전까지만 해도 빈터였던 곳에 열차가 한 대 떡하니 서 있었다. 고장 난 증기 기관차처럼 보였다.

"산꼭대기에 왜 열차가 있지?"

영롱이는 열차에 가까이 다가갔다.

"도대체 이게 뭐야? 이런 게 왜 여기에 있어?"

㉰ "넌 누구니?"

"아휴, 깜짝이야!" / 등 뒤에서 갑자기 사람이 나타났다. 희끗한 머리카락이 아무렇게나 헝클어지고 콧수염이 윗입술을 살짝 가린 아저씨였다. 아저씨는 무릎까지 내려오는 흰색 가운을 입고 있었다. 차림새가 의사 같기도 하고 과학자 같기도 했다.

"누구세요?" / "그건 내가 먼저 물었잖니?"

괴상하게 생긴 아저씨가 키를 낮춰 영롱이와 눈을 맞췄다. 낯선 얼굴이 가까이 다가오자 영롱이는 당황해서 한 발짝 뒤로 물러섰다.

**1** 글 ㉮에서 영롱이의 마음으로 알맞지 않은 것은 무엇입니까? (　　)

① 놀람. ② 긴장됨.
③ 두려움. ④ 무서움.
⑤ 반가움.

**2** 영롱이가 확인한 결과 ㉠은 무엇입니까? (　　)

① 가운 ② 가방
③ 괴물 ④ 열차
⑤ 자전거

**3** 영롱이가 만난 사람의 모습으로 알맞지 않은 것은 무엇입니까? (　　)

① 까만 모자를 썼다.
② 머리카락이 희끗했다.
③ 과학자 같은 차림새를 하였다.
④ 콧수염이 윗입술을 살짝 가렸다.
⑤ 무릎까지 내려오는 흰색 가운을 입었다.

**4** '책 보여 주며 말하기'의 방법으로 이 책을 친구에게 소개할 때, 빈칸에 알맞은 말을 쓰시오.

(책 표지를 보여 주며) 이 책의 제목은 (　　　　　　)입니다.

라 "난 이 열차, 그러니까 탐정 사무소의 주인인 명탐정 아인슈타인이란다."

"이 기차가 탐정 사무소라고요?" / 영롱이는 아저씨의 모습을 다시 살펴보았다. / "여기에서 무슨 일을 하시는데요?"

"잃어버린 물건, 도둑맞은 물건, 해결하지 못한 문제 등 어떤 일이든 해결해 줄 수 있어. 나는 명탐정 아인슈타인이니까."

아저씨는 콧수염을 쓰다듬으며 자랑스럽게 말했다.

"아, 그러세요? 그런데 열차가 어떻게 산 위에 있어요? 이걸 여기까지 어떻게 가지고 온 거예요?" / "난 이 열차를 옮겨 온 게 아니야. 음, 쉽게 말해 잠시 주차해 둔 거라고 해 두자꾸나."

"주차요? 그럼 이게 움직이는 열차라는 말이에요? 에이, 말도 안 돼! ㉠기찻길도 없는데 어떻게 산꼭대기까지 왔어요?"

마 "난 말이다, 이 세상의 빛과 시간이 무엇인지 알고 싶단다. 영롱이 넌 빛과 시간이 뭐라고 생각하니?"

"아저씨, 사실 전 똑똑한 아이가 아니에요. 저한테 물어보지 마시고 그냥 알아듣게 설명을 해 주세요."

"그렇게 스스로를 생각하고 있다니 안타깝구나. 자신이 모르는 것에 대해서 끝까지 호기심을 가지고 알아내려고 노력하는 것이 중요하단다. 열정적인 호기심이 세상을 바꾸니까."

호기심: 새롭고 신기한 것을 좋아하거나 모르는 것을 알고 싶어 하는 마음

영롱이는 커다란 눈을 끔뻑이며 아저씨의 다음 말을 기다렸다.

"빛을 타고 날아가는 상상을 해 보았니? 빛처럼 빠르게 날아갈 수 있다면 이 세상에 어떤 일이 일어날까? 난 항상 이런 상상을 하며 살아."

바 "그게 가능한 일이라야 상상을 하죠. 그건 만화 영화에서나 나오는 일인걸요."

"상상은 지식보다 훨씬 중요해. 지금은 불가능한 일일지라도 상상하면서 그것을 현실로 만들어 내는 거야." / "정말 그럴까요?"

"바닷속을 마음껏 다닐 수 있는 잠수함이 처음부터 있었겠어? 『해저 2만 리』라는 책이 쓰일 때만 해도 잠수함은 존재하지 않았지. 하지만 바닷속을 다니는 잠수함을 상상했기 때문에 잠수함이 현실에 생겨난 거야. 작은 일이지만 호기심을 가지고 끊임없이 상상하면 이 세상을 바꿀 수도 있단다." / 영롱이는 아저씨의 말이 다 이해되지는 않았다. 그렇지만 탐정 사무소를 구경하고 나니 세상을 바꿀 수 있는 '상상'이란 게 과연 무엇인지 궁금해졌다.

**5** 다음에서 설명하는 사람은 누구인지 찾아 쓰시오.

- 탐정 사무소의 주인
- 어떤 일이든 해결해 줄 수 있는 명탐정

(　　　　　　　　)

**6** ㉠에 대한 답을 상상하여 쓰시오.

______________________

______________________

**7** 아인슈타인 아저씨가 알고 싶어 하는 것은 무엇인지 쓰시오.

(　　　　　　　　)

**8** 아인슈타인 아저씨가 말한 세상을 바꾸는 것을 두 가지 고르시오. (　　,　　)

① 상상
② 잠수함
③ 만화 영화
④ 똑똑한 아이
⑤ 열정적인 호기심

**9** 이 글에서 가장 인상 깊은 장면을 쓰시오.

______________________

______________________

______________________

7 단원

## 기본 • 139쪽 독서 감상문에 대해 알기

### 여러 가지 타악기

❶ 나는 음악을 좋아한다. 그래서 도서관에 가면 음악에 대한 책을 자주 찾는다. ㉠이번에는 악기에 대한 책을 읽고 독서 감상문을 썼다.

❷ 책에는 여러 가지 타악기가 나와 있었다. ㉡트라이앵글, 탬버린, 북, 심벌즈는 내가 이미 알고 있는 타악기였다. ㉢내가 모르는 팀파니와 비브라폰도 있었다. 팀파니는 밑이 좁은 통에 막을 씌운 것인데 두드리면 일정한 소리를 낸다. 비브라폰은 실로폰처럼 생긴 쇠막대를 두드려서 연주하는 악기이다.

❸ ㉣책에서 읽은 타악기 가운데에서 마라카스가 가장 기억에 남는다. 마라카스는 '마라카'라는 열매를 말려서 그 속에 말린 씨를 넣고 흔들어서 소리를 낸다. '마라카'라는 열매가 있다니 참 신기했다.

❹ ㉤책을 읽고 나서 나도 타악기를 하나 만들어 보고 싶다는 생각을 했다. 컵라면 그릇 두 개를 준비하고 윗면에 두꺼운 종이로 뚜껑을 만들어 붙인다. 바닥을 서로 붙이고 나무젓가락으로 두드리면 소리가 나겠지?

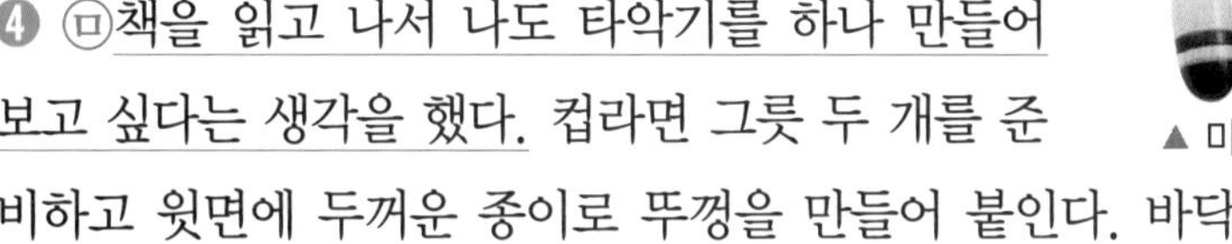

▲ 마라카스

**10** 각 문단 내용에 알맞은 독서 감상문의 특징을 선으로 이으시오.

(1) ❶ • 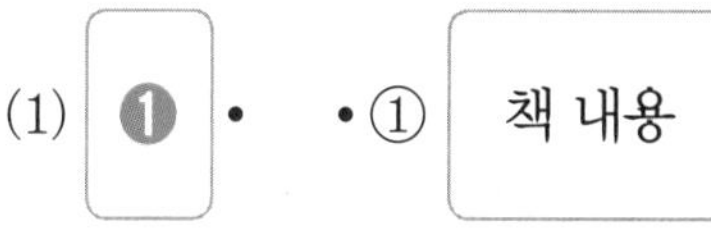 • ① 책 내용

(2) ❷ • 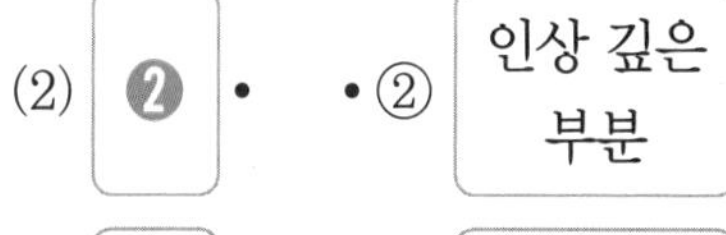 • ② 인상 깊은 부분

(3) ❸ • 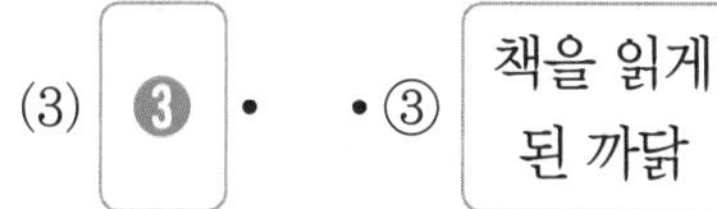 • ③ 책을 읽게 된 까닭

**11** ㉠~㉤ 중 책을 읽은 뒤에 든 생각이 가장 잘 나타난 부분으로 알맞은 것은 무엇인지 기호를 쓰시오.

(　　　　　　)

## 기초 다지기 낱말의 표기에 주의하기

**12** 다음 글에서 초록색으로 쓰인 '올께요', '할깨요'를 바르게 고쳐 쓰시오.

> 아빠, 친구들이랑 축구 경기를 하기로 했어요. 다섯 시쯤 올께요.
> 숙제는 축구를 마치고 와서 할깨요.

(1) 올께요 → (　　　　　　)　　(2) 할깨요 → (　　　　　　)

**13** 다음 중 밑줄 그은 부분을 바르게 표기한 것은 무엇입니까? (　　)

① 내일 다시 올깨.
② 맛있게 잘 먹을께요.
③ 다음 공은 내가 칠께.
④ 동생이랑 싸우지 않을깨요.
⑤ 내일부터 운동을 열심히 할게요.

# 단원 마무리

**준비**

》글을 읽고 다른 사람에게 소개한 경험 나누기

**예** 동준이가 쓴 「재미있는 교실 놀이 '앉아서 하는 피구'」 내용 정리하기

| 놀이 이름 | 앉아서 하는 피구 |
|---|---|
| 준비할 내용 | 교실에 있는 책상을 모두 뒤로 밀어 가로로 긴 네모 모양으로 피구장을 만들고 학급 친구 전체를 두 편으로 나눈다. |
| ❶ □□ | ① 공을 굴리는 사람이나 피하는 사람 모두 앉은 자세로 해야 한다.<br>② 앉은 자세에서 무릎을 한쪽이라도 펴서 일어나는 자세가 되면 누구든 피구장 밖으로 나가야 한다.<br>③ 상대를 맞힐 때에는 공을 바닥에 굴려서 맞혀야 한다.<br>④ 굴린 공이 아무도 맞히지 못하고 벽에 닿으면, 수비하던 친구가 공을 잡아 공격할 기회를 얻는다. |

**기본**

》여러 가지 방법으로 책 소개하기

**책 보여 주며 말하기**

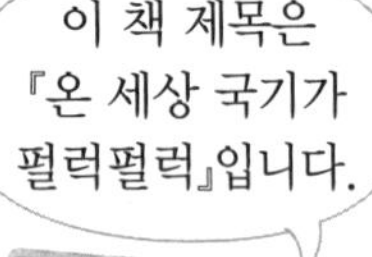

➡ 책 표지를 보여 주며 책 제목을 말하고 책 앞표지나 뒤표지에 있는 글과 그림을 소개하며, 책 내용 가운데에서 소개하고 싶은 부분, 가장 인상 깊은 부분과 그 ❷ □□을/를 말합니다.

| 노랫말을 바꾸어 소개하기 | 새롭게 안 내용을 그림으로 보여 주며 소개하기 | 책갈피를 만들어 소개하기 | 책 보물 상자를 만들어 소개하기 |
|---|---|---|---|
|  |  |  |  |
| ↳ 노랫말을 책을 소개하는 내용으로 바꾸어 부름. | ↳ 책을 읽고 새롭게 안 내용을 정리해 그림으로 보여 주며 책을 소개함. | ↳ 책을 읽고 기억에 남는 문장을 책갈피 앞쪽에 쓰고 그 까닭을 책갈피 뒤쪽에 써서 소개함. | ↳ 책 내용과 관련된 물건을 책 보물 상자에 넣고 하나씩 꺼내며 소개함. |

7 단원

**기본**

》독서 감상문에 대해 알기

**예 「바위나리와 아기별의 우정」에 나타난 독서 감상문의 특징**

| 독서 감상문의 내용 | 독서 감상문의 특징 |
|---|---|
| 앞표지에 있는 바위나리와 아기별 그림이 무척 예뻐서 내용이 궁금했기 때문이다. | 책을 읽게 된 까닭 |
| 아기별을 기다리던 바위나리는 점점 시들다가 그만 바람이 세게 불어 바다로 날려 갔다. | 책 내용 |
| 나는 이 책에서 바위나리를 그리워하며 울다가 빛을 잃은 아기별이 하늘 나라에서 쫓겨나 바다로 떨어진 장면이 가장 기억에 남는다. | 인상 깊은 부분 |
| 아기별과 같은 친구가 되어야겠다는 생각이 들었다. | 책을 읽은 뒤에 든 생각이나 ❸□□ |

독서 감상문을 쓸 때에는 책에서 모든 내용이나 사건을 다 쓰지 않고 중요한 내용이나 사건을 중심으로 써요.

책에서 가장 기억에 남는 부분을 ❹□□ 깊은 부분이라고 해요.

**실천**

》독서 감상문으로 우리 반 꾸미기

**예 나뭇잎 모양으로 책 나무 환경판을 만들어 꾸미기**

➡ 이 외에도 독서 감상문을 복도에 전시하거나 책 보물 상자를 만들어 전시할 수 있습니다.

# 단원 평가

• 단원 평가 더 풀기 >> 평가 교재 38~43쪽

**1~4** 글을 읽고, 물음에 답하시오.

'앉아서 하는 피구'는 공 하나로 교실에서 쉽게 즐길 수 있는 놀이이다. 먼저 교실에 있는 책상을 모두 뒤로 밀어 가로로 긴 네모 모양으로 피구장을 만든다. 그다음에는 학급 친구 전체를 두 편으로 나누고 두 편 대표가 가위바위보를 해서 먼저 공격할 쪽을 정한다.

규칙은 피구와 같지만 앉은 자세로 하는 것이 특징이다. 공을 굴리는 사람이나 피하는 사람 모두 앉은 자세로 해야 한다. 앉은 자세에서 무릎을 한쪽이라도 펴서 일어나는 자세가 되면 누구든 피구장 밖으로 나가야 한다. 상대를 맞힐 때에는 공을 바닥에 굴려서 맞혀야 한다.

**1** 이 글에서 소개한 놀이의 이름을 쓰시오.

( )

**2** 이 글에서 소개한 내용으로 알맞지 않은 것을 두 가지 고르시오. ( , )

① 놀이 규칙 ② 놀이 이름
③ 준비할 내용 ④ 놀이의 단점
⑤ 놀이의 다른 이름

**3** 이 놀이에서 사람을 공으로 맞히려면 어떻게 해야 합니까? ( )

① 공을 찬다. ② 공을 굴린다.
③ 공을 띄운다. ④ 공을 던진다.
⑤ 공을 튀긴다.

중요

**4** 이와 같은 글을 읽고 친구에게 소개하면 좋은 점으로 알맞지 않은 것의 기호를 쓰시오.

㉠ 새로운 사실을 알려 줄 수 있다.
㉡ 친구와 많은 이야기를 나눌 수 있다.
㉢ 읽은 글의 내용을 잘 정리할 수 있다.
㉣ 관심 있는 분야에 대한 흥미가 사라진다.

( )

**5~7** 글을 읽고, 물음에 답하시오.

국기에는 그 나라의 자연이 담겨 있어.

캐나다에는 설탕단풍 나무가 많이 자라.

설탕단풍 나무는 캐나다처럼 추운 날씨에 잘 자라거든.

가을에 붉은색으로 단풍이 들면 얼마나 고운지 몰라.

캐나다 사람들은 설탕단풍 나무에서 나오는 즙으로 달콤한 메이플시럽을 만들어 먹기도 해.

그래서 캐나다 사람들은 국기에 빨간 단풍잎을 그려 넣었어.

**5** 캐나다에서 많이 자라는 나무 이름은 무엇입니까? ( )

① 소나무 ② 참나무 ③ 잣나무
④ 동백나무 ⑤ 설탕단풍 나무

**6** 캐나다 국기에 그려져 있는 것은 무엇인지 쓰시오.

( )

서술형

**7** 캐나다 국기에 자연이 담겨 있다고 한 까닭을 쓰시오.

**8** '책 보여 주며 말하기'로 책을 소개하는 방법으로 알맞지 않은 것은 무엇입니까? ( )

① 책을 산 장소를 소개한다.
② 소개하고 싶은 부분을 말한다.
③ 가장 인상 깊은 부분을 말한다.
④ 책 표지를 보여 주며 제목을 말한다.
⑤ 책 표지에 있는 글과 그림을 소개한다.

**9~11** 글을 읽고, 물음에 답하시오.

> 국기에는 그 나라의 전설이 담겨 있어.
> 멕시코 국기 이야기를 들어 볼래?
> 어느 날, 아즈텍족이 신의 계시를 받았어.
> "독사를 물고 날아가는 독수리가 선인장 위에 앉으면 그곳에 도시를 세워라!"
> 계시대로 독수리가 내려앉은 곳에 도시를 세웠더니 점점 강해져 아즈텍 제국으로 발전했고, 오늘날의 멕시코가 되었대.
> 그래서 나라를 세운 이야기를 국기에 그려 넣은 거야.

**9** 멕시코 국기에 담겨 있는 것은 무엇인지 빈칸에 알맞은 말을 쓰시오.

• 그 나라의 (                    )

**10** 멕시코 국기로 알맞은 것에 ○표를 하시오.

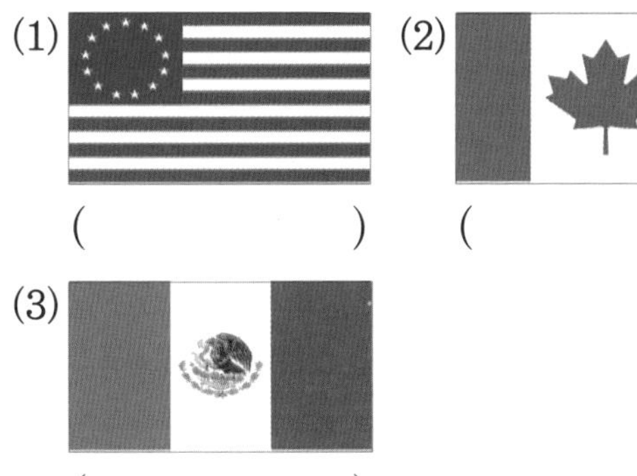

(1) (          ) (2) (          )

(3) (          )

중요

**11** 이 글을 읽고 오른쪽 그림과 같이 책을 소개하는 방법은 무엇입니까? (    )

① 책 보여 주며 말하기
② 책갈피를 만들어 소개하기
③ 노랫말을 바꾸어 소개하기
④ 책 보물 상자를 만들어 소개하기
⑤ 새롭게 안 내용을 그림으로 보여 주며 소개하기

**12~15** 글을 읽고, 물음에 답하시오.

> 우리나라 국기인 태극기도 궁금하지?
> 일본에 나라를 빼앗긴 시대에는 태극기를 마음대로 사용하지 못했어.
> 일본이 태극기 사용을 금지했거든.
> 하지만 우리는 독립하려고 열심히 싸울 때마다 태극기를 힘차게 휘날렸어.
> 마침내 1945년에 나라를 되찾았고, 그동안 무늬가 조금씩 달랐던 태극기는 1949년에 지금의 태극기 모습으로 정해졌어.
> 우리나라 사람들의 평화를 사랑하는 마음은 태극기의 흰색에 담겨 있어.
> 태극 문양은 조화로운 우주를 뜻하고, 네 모서리의 사괘는 하늘, 땅, 물, 불을 나타낸 거야.

**12** 무늬가 조금씩 달랐던 태극기가 지금의 모습으로 정해진 때는 언제입니까? (    )

① 1910년 ② 1919년 ③ 1945년
④ 1949년 ⑤ 1950년

**13** 태극기의 태극 문양이 뜻하는 것은 무엇입니까? (    )

① 평화 ② 사랑
③ 남자와 여자 ④ 조화로운 우주
⑤ 우리나라 사람들

**14** 태극기의 사괘가 나타내는 것이 아닌 것은 무엇입니까? (    )

① 땅 ② 물 ③ 불
④ 바람 ⑤ 하늘

서술형

**15** 이 글을 읽고 새롭게 안 내용을 쓰시오.

**16~18** 글을 읽고, 물음에 답하시오.

> ㉮ 오늘은 학교에서 『바위나리와 아기별』이라는 책을 읽었다. 앞표지에 있는 바위나리와 아기별 그림이 무척 예뻐서 내용이 궁금했기 때문이다.
> ㉯ 바위나리는 바닷가에 핀 아름다운 꽃이었다. 하지만 친구가 없어 늘 외로웠다. 어느 날 밤, 아기별이 하늘에서 내려와 둘은 친구가 되었고, 바위나리와 아기별은 밤마다 만나 즐겁게 놀았다.
> 그러던 어느 날, 병이 든 바위나리를 간호하던 아기별은 너무 늦게 하늘 나라로 올라가 그 벌로 다시는 바닷가에 내려오지 못했다.
> ㉰ 이 책을 읽고 주위에 바위나리처럼 외로운 친구가 있는지 생각해 보았다. 그리고 그 친구에게 ㉠아기별과 같은 친구가 되어야겠다는 생각이 들었다.

**16** 이 독서 감상문의 내용으로 보아 책을 읽게 된 까닭은 무엇입니까? ( )

① 별을 좋아해서
② 바위나리처럼 외로워서
③ 책 제목이 마음에 들어서
④ 아기별과 같은 친구가 되고 싶어서
⑤ 앞표지에 있는 그림이 무척 예뻐서 내용이 궁금해서

중요

**17** 글 ㉯에 나타난 독서 감상문의 특징은 무엇입니까? ( )

① 책 내용
② 책 제목
③ 인상 깊은 부분
④ 책을 읽게 된 까닭
⑤ 책을 읽은 뒤에 든 생각이나 느낌

서술형

**18** ㉠과 같은 친구는 어떤 친구인지 쓰시오.

______________________________

______________________________

국어 활동

**19** 다음 글을 읽고 책 보물 상자에 넣을 물건의 그림과 그것을 고른 까닭을 선으로 이으시오.

> 영롱이는 작은 우산 하나로 비를 피하며 걸었다. 드문드문 가로등이 켜져 있었지만 경사진 골목길은 어둡기만 했다.
> '이러다 온몸이 다 젖겠는걸? 그냥 지름길로 갔다 올까? 아니야, 밤에는 너무 어두워서 무서워.'
> 낮에 우현이와 다투다가 그만 공터에 가방을 두고 왔다. 학생이 가방을 내팽개치고 다닌다며 엄마에게 한바탕 꾸중을 들은 터라 무섭지만 꾹 참고 집을 나섰다.

(1)  • • ㉠ 비가 올 때 이것을 써도 옷이 젖은 기억이 있어.

(2) 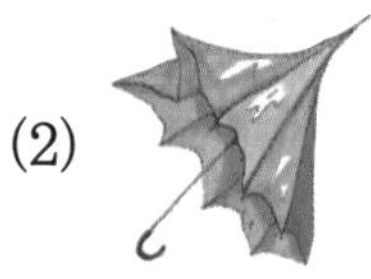 • • ㉡ 친구들과 놀다가 이것을 두고 와서 깜짝 놀란 적이 있어.

중요

**20** 독서 감상문으로 교실을 꾸미려고 합니다. 해야 할 일의 차례대로 기호를 쓰시오.

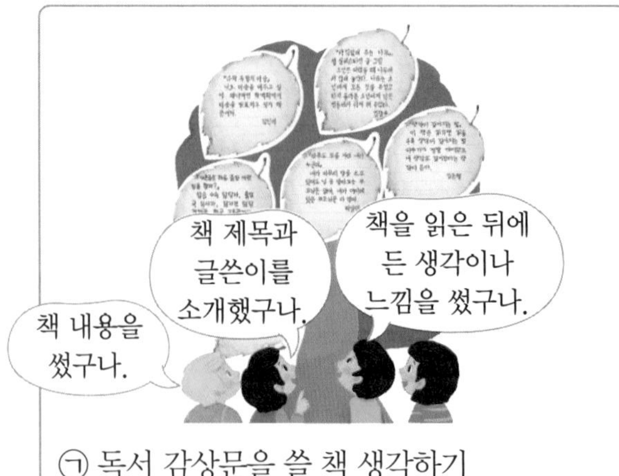


㉠ 독서 감상문을 쓸 책 생각하기
㉡ 독서 감상문에 쓸 내용 이야기하기
㉢ 독서 감상문을 모아 책 나무로 만들기
㉣ 나뭇잎 모양 종이에 독서 감상문 쓰기

( ) → ( ) → ( ) → ( )

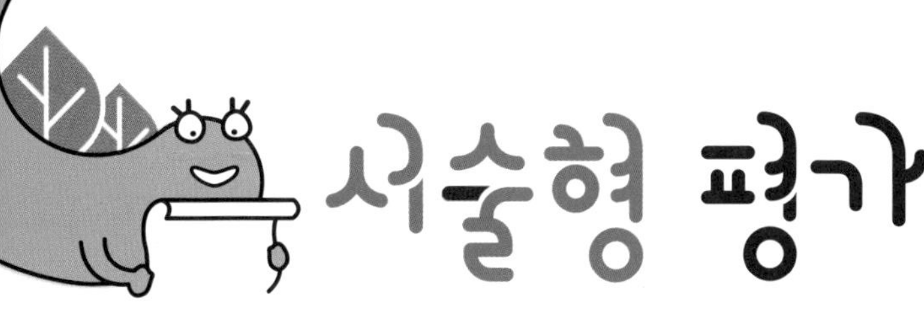

정답과 해설 ● 31쪽



**1** 글을 읽고 친구에게 소개하면 좋은 점을 쓰시오.

**2~3** 글을 읽고, 물음에 답하시오.

> 국기는 그 나라를 나타내는 얼굴이야.
> 국제 경기에 참가할 때에도, 메달을 땄을 때에도, 에베레스트산 정상에 올랐을 때에도…… 나라를 빛내는 순간에는 언제나 국기가 함께해.
> 남극의 과학 기지에도, 우주로 날아가는 우주선에도, 국제연합[유엔] 본부에도…… 나라를 대표하는 자리에는 언제나 국기가 함께해.
> 국기는 그 나라이자 국민이거든.

**2** 영광스러운 순간이나 기념할 만한 순간에 국기가 함께 있는 까닭은 무엇인지 쓰시오.

**3** 이와 같은 책을 읽고 친구들에게 책을 소개하려고 합니다. 어떤 방법으로 소개할지 한 가지를 떠올려 쓰시오.

**4~5** 글을 읽고, 물음에 답하시오.

> ㉮ 오늘은 학교에서 『바위나리와 아기별』이라는 책을 읽었다. 앞표지에 있는 바위나리와 아기별 그림이 무척 예뻐서 내용이 궁금했기 때문이다. 이 책은 바위나리와 아기별의 우정 이야기이다.
> ㉯ 그러던 어느 날, 병이 든 바위나리를 ㉠간호하던 아기별은 너무 늦게 하늘 나라로 올라가 그 벌로 다시는 바닷가에 내려오지 못했다. 아기별을 기다리던 바위나리는 점점 시들다가 그만 바람이 세게 불어 바다로 날려 갔다. 아기별은 밤마다 울다가 빛을 잃어 바다로 떨어졌다.
> ㉰ 나는 이 책에서 바위나리를 그리워하며 울다가 빛을 잃은 아기별이 하늘 나라에서 쫓겨나 바다로 떨어진 장면이 가장 기억에 남는다. 왜냐하면 살아 있을 때에는 만나지 못하다가 죽은 뒤에야 같이 있을 수 있게 된 것이 너무 슬펐기 때문이다. 바위나리는 몸이 아파 아기별을 만나지 못해 너무 슬펐다. 얼마나 슬펐으면 가슴이 미어졌을까?

**4** 이 글에 나타난 독서 감상문의 특징을 세 가지 쓰시오.

**5** ㉠'간호하던'의 뜻을 짐작해 보고, 국어사전에서 그 뜻을 찾아 쓰시오.

| | |
|---|---|
| (1) 짐작한 뜻 | |
| (2) 국어사전에서 찾은 뜻 | |

# 낱말 퀴즈

교과서 문장으로 확인하는 핵심 낱말 

● 다음 교과서 문장의 파란색 낱말 중에서 알맞은 것을 골라 인물들이 한 말을 완성하시오.

- 학급 친구 전체를 두 편으로 나누고 두 편 대표가 가위바위보를 해서 먼저 공격할 쪽을 정한다.
- 갖가지 무늬와 색깔의 국기들이 물결처럼 출렁거려.
- 그런데 왜 국기를 들고 입장하냐고?
- 열세 개의 줄은 그걸 기념하는 거야.

이번 발명품은 ❷ __________ 어려운 실험을 통해 완성한 바람에도 절대 쓰러지지 않는 신호등이란다.

박사님이 우리나라 ❶ __________ 로 발명품 대회에 나가기로 하셨어.

흔들 흔들

박사님이 ❸ __________ 할 때 박수는 쳐 드릴게요.

여기 보세요. 대회 참가를 ❹ __________ 해 사진 한 장 찍을게요.

정답 | ❶ 대표 ❷ 갖가지 ❸ 입장 ❹ 기념

역량 다르게 생각하기

# 8 글의 흐름을 생각해요

무엇을 배울까요?

### 준비

- 시간 흐름을 생각하며 이야기 읽기

### 기본

- 일하는 방법에 따라 내용을 파악하며 글 읽기
- 장소 변화에 따라 글의 내용 간추리기
- 글의 흐름에 따라 내용 간추려 쓰기

### 실천

- 우리 지역을 소개하는 글 쓰기

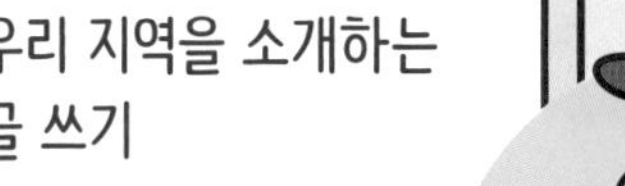

## 1 시간 흐름을 생각하며 이야기 읽기

① '다음 날 밤', '오늘 낮'과 같이 직접 시간을 말하는 시간 표현을 살펴보며 읽습니다.

② '수업 시작종이 친 뒤', '식사하기 전', '숙제를 마치자마자'와 같이 직접 시간이 들어가지 않아도 시간을 짐작할 수 있게 해 주는 말을 살펴보며 읽습니다.

## 2 시간 흐름에 따라 내용을 파악하며 글을 읽으면 좋은 점

① 사건이 일어난 차례대로 정리할 수 있습니다.

② 전체 내용을 잘 이해할 수 있습니다.

③ 내용이 한눈에 들어옵니다.

④ 사건의 원인과 결과가 잘 파악됩니다.

## 3 일하는 방법에 따라 내용을 파악하며 글 읽기

① 일하는 방법을 설명하는 글 중 물건을 만드는 차례를 알려 주는 글은 차례를 나타내는 말(→ 첫 번째, 두 번째, 마지막으로 등)에 주의하며 읽고 그 차례를 반드시 지켜야 합니다.

② 일하는 방법을 설명하는 글 중 일할 때의 주의할 점이나 도구를 설명하는 글은 차례가 정해져 있지 않습니다.

## 4 글의 흐름에 따라 내용 간추려 쓰기

① 시간 흐름에 따라 쓴 글은 시간 차례대로 간추립니다.

② 일 차례를 설명한 글은 일 차례가 잘 드러나게 간추립니다.

③ 장소가 바뀌면서 사건이 변하는 글은 이동한 장소와 각 장소에서 한 일을 중심으로 간추립니다.

## 5 글의 흐름에 따라 내용을 간추릴 때 주의할 점

① 시간 표현을 사용합니다.

② 차례를 나타내는 말을 사용합니다.

③ 이어 주는 말을 사용합니다.

④ 중요한 부분을 메모합니다.

## 6 우리 지역을 소개하는 글 쓰기

주제 정하기 ➡ 조사 계획 세우기 ➡ 조사한 내용 기록하기 ➡ 글의 흐름 정하기 ➡ 글에 넣을 그림이나 사진 계획하기 ➡ 글 쓰기

(글의 흐름 정하기 → 예 일 차례, 시간 흐름, 장소 변화)

## 핵심 확인문제

정답과 해설 ● 32쪽

1 '다음 날 밤', '오늘 낮'과 같은 말은 직접 시간을 말하는 표현입니다.

( ○, × )

2 시간 흐름에 따라 내용을 파악하며 읽으면 사건의 원인과 □□이/가 잘 파악됩니다.

3 일하는 방법을 설명하는 글 중 물건을 만드는 차례를 알려 주는 글은 무엇에 주의하며 읽어야 합니까?

• (　　　)을/를 나타내는 말

4 장소가 바뀌면서 사건이 변하는 글은 이동한 □□과/와 각 장소에서 한 일을 중심으로 간추립니다.

5 우리 지역을 소개하는 글을 쓸 때 가장 먼저 □□을/를 정해야 합니다.

시간 흐름을 생각하며 읽기

## 베짱베짱 베 짜는 베짱이

• 글: 임혜령 • 그림: 류재수

❶ 끝이 보이지 않을 만큼 넓디넓은 땅에, 잎이 세 개뿐인 나무들이 빽빽했습니다. ㉠자세히 보니 그것은 클로버밭이었습니다. 발목까지밖에 오지 않던 화단 ♥턱이 절벽처럼 높았습니다. 도대체 무슨 일이 일어난 것일까요?

"갑자기 세상이 왜 이렇게 커졌지?"

이야기 할아버지는 어리둥절해서 사방을 둘러보았습니다. ㉡그날 밤도 할아버지는 여느 때처럼 어린이들을 위한 동시와 이야기를 쓰고 있었습니다. 잠시 바람을 쐬러 ㉢마당으로 나왔다가 순식간에 벌어진 일이었지요. 할아버지는 어쩔 줄 몰랐습니다.

(어리둥절해서: 무슨 영문인지 잘 몰라서 얼떨떨해서)

"어, 이야기 할아버지 아니세요? 어쩌다 이렇게 작아지셨어요?"

할아버지만큼 커다란 베짱이가 말을 건넸습니다. 할아버지는 그제야 ㉣세상이 크게 변한 게 아니라 할아버지가 작게 줄어들었음을 알았습니다.

"글쎄, 나도 잘 모르겠다. 마당에 처음 보는 작은 열매가 있기에 먹어 보았을 뿐인데……."

베짱이는 할아버지 말을 듣고 이마를 '탁' 치며 말했습니다.

"그건 아마 '커졌다 작아졌다' 마법 열매였을 거예요! 그걸 한 알 더 먹어야 본래 크기로 돌아올 수 있어요."

"그래? 혹시 그걸 구할 방법을 알고 있니?"

"마루 밑에 사는 쥐들이 갖고 있는 걸 본 적은 있지만……."

"그럼 쥐를 찾아가서 ㉤부탁하면 되겠군. 지금 내 몸이라면 마루 밑에 들어갈 수 있으니!"

베짱이는 서둘러 쥐를 찾아가려는 할아버지를 덥석 잡았습니다.

(덥석: 왈칵 달려들어 냉큼 물거나 움켜잡는 모양)

"안 돼요, 할아버지! ♥흉악한 쥐들이 할아버지를 잡아먹을지도 모른다고요! 제가 도와드릴게요."

**중심 내용** 할아버지가 '커졌다 작아졌다' 마법 열매를 먹고 작아졌다.

- **글의 종류**: 이야기
- **글의 내용**: '커졌다 작아졌다' 마법 열매를 먹고 작아진 이야기 할아버지가 베짱이의 도움으로 본래 크기로 돌아온 이야기를 시간의 흐름에 따라 나타냈습니다.

♥턱 평평한 곳의 어느 한 부분이 갑자기 조금 높이 된 자리.
예 학교 앞에는 과속 방지 턱이 많습니다.
♥흉악한 성질이 악하고 모진.

**교과서 핵심** ● 시간을 나타내는 말을 넣어 이야기의 내용 간추리기 ❶

어느 날 밤, 이야기 할아버지가 갑자기 작아졌어요.

**1** 베짱이가 할아버지를 '이야기 할아버지'라고 부른 까닭은 무엇입니까? ( )

① 할아버지가 이야기를 좋아해서
② 할아버지가 이야기책을 팔아서
③ 할아버지가 동시와 이야기를 써서
④ 할아버지가 이야기를 재미있게 해서
⑤ 할아버지가 이야기를 많이 알고 있어서

교과서 문제

**2** 할아버지는 무엇을 먹고 작아졌는지 빈칸에 알맞은 말을 쓰시오.

• ( )을/를 먹어서

**3** 베짱이가 쥐를 찾아가려는 할아버지를 덥석 잡은 까닭은 무엇입니까? ( )

① 할아버지가 길을 잃을까 봐.
② 할아버지가 더 작아질까 봐.
③ 할아버지가 쥐를 쫓아낼까 봐.
④ 할아버지가 쥐를 못 만날까 봐.
⑤ 할아버지가 쥐들에게 잡아먹힐까 봐.

**4** ㉠~㉤ 중 시간을 나타내는 말은 무엇인지 기호를 쓰시오.

( )

# 준비

❷ 베짱이는 제 집에서 작은 베틀을 꺼내어 풀잎 위에 놓았습니다. 그러고는 별이 총총한 밤하늘 위로 다리 하나를 번쩍 들었습니다. 그러자 별빛들이 모여 가느다란 실 모양으로 합쳐졌습니다. 가느다란 별빛이 베짱이 다리 속으로 쏙 들어왔지요.

베짱이가 다시 다른 다리 하나를 번쩍 들어 꽃밭을 향했습니다. 이번에는 달빛을 받아 마당에 은은히 흐르던 꽃빛들이 한데 모여 베짱이의 다른 쪽 다리로 들어왔습니다.

베짱이는 별빛으로 ♥날을 날고(베, 비단 따위를 짜려고 날을 세는 단위인 새의 수에 맞춰 실을 길게 늘이고), 꽃빛으로 ♥씨를 삼아 부지런히 베를 짰습니다. 베짱베짱 베틀이 분주히 움직일 때마다 베는 한 자 한 자 길어졌습니다.

마침내 베가 완성되었을 때, 할아버지는 감탄을 금치 못했습니다. 베짱이가 너무도 빠르게 베 한 필(일정한 길이로 말아 놓은 피륙을 세는 단위)을 짜 내었을 뿐 아니라, 솜씨 또한 기가 막혔기 때문이죠.

"자, 할아버지. 이 베를 가지고 쥐들을 찾아가세요. 그러고는 '커졌다 작아졌다' 마법 열매와 바꾸자고 하세요."

"정말 고맙다, 베짱이야. 보답으로 무엇을 해 줄까?"

"음……. 할아버지, 「개미와 베짱이」 이야기 알고 계시죠?"

"[ ㉠ ]은/는 이야기 말이냐?"

"네, 맞아요. 그래서 말인데요. 할아버지, 제가 놀기만 하는 곤충이 아니라는 것을 글로 써 주세요. 동시든 이야기든 좋으니 말이에요. 사실 그동안 「개미와 베짱이」 이야기 때문에 늘 게으른 곤충 취급을 당해서 많이 속상했거든요."

"아무렴, 너같이 솜씨 좋고 부지런한 베짱이더러 놀기만 하는 곤충이라니, 말도 안 되지!"

**중심 내용** 베짱이는 할아버지에게 베를 짜 드렸고, 할아버지는 보답으로 솜씨 좋고 부지런한 베짱이를 위해 글을 써 주기로 하였다.

♥날 베, 비단 따위의 천이나 그물을 짤 때, 세로 방향으로 놓는 실.
♥씨 베, 비단 따위의 천이나 그물을 짤 때, 가로 방향으로 놓는 실.

**교과서 핵심** ● 시간을 나타내는 말을 넣어 이야기의 내용 간추리기 ❷

이야기 할아버지가 마법 열매를 먹고 작아진 것을 안 뒤, 베짱이는 베틀로 베를 짰어요.

**5** 베짱이가 베를 짜서 할아버지께 드린 까닭은 무엇입니까? (　　)

① 할아버지에게 자랑하려고
② 할아버지를 더 작아지게 만들려고
③ 할아버지가 베를 짜 달라고 부탁해서
④ 쥐를 찾아가서 마법 열매와 바꾸라고
⑤ 할아버지에게 옷을 만들어 달라고 하려고

서술형

**6** ㉠에 들어갈 「개미와 베짱이」 이야기를 쓰시오.

______________________________

______________________________

**7** 「개미와 베짱이」 이야기에 대한 베짱이의 마음으로 알맞은 것은 무엇입니까? (　　)

① 귀찮음. ② 미안함. ③ 부러움.
④ 속상함. ⑤ 행복함.

핵심

**8** 이야기에서 일이 일어난 차례대로 기호를 쓰시오.

㉠ 할아버지가 쥐를 찾아가려고 하였다.
㉡ 할아버지가 마법 열매를 먹고 작아졌다.
㉢ 베짱이가 베를 짜서 할아버지에게 드렸다.
㉣ 할아버지는 부지런한 베짱이를 위한 글을 써 주기로 하였다.

(　　) → (　　) → (　　) → (　　)

❸ 할아버지는 베짱이에게 고맙다는 인사를 하고 마루 밑으로 들어갔습니다. 쥐들은 자기 크기만 한 작은 사람이 찾아오자 깜짝 놀랐습니다.

"이 집에 사는 영감님이잖아! 이렇게 작아져서는 웬일이지?" / "인간도 우리만 해지니 무섭지 않군. 한입에 꿀꺽 삼켜 버릴까?"

쥐들은 날카로운 이빨을 ♥번뜩였습니다.

할아버지는 침착하게(행동이 들뜨지 아니하고 차분하게) 쥐들에게 베를 내밀어 보였습니다. 쥐들은 아까보다 더 놀라워했습니다.

"오호, 베짱이가 짠 베잖아! 이 베를 우리가 가진 보물이랑 바꾸지 않겠어? 반쯤 갉아먹은 비누는 어떠냐? 맛이 기가 막히지!"

"난 비누는 먹지 않아."

"그럼 이건 어떠냐? 썩은 사과다. 향긋한 썩은 내(냄새)에 군침이 절로 돈다고!"

"아니, 너희가 갖고 있는 '커졌다 작아졌다' 마법 열매를 주면 바꾸지."

할아버지 말에 쥐들은 잠깐 자기네끼리 속닥이더니 말했습니다. / "좋아, 바꾸자."

할아버지가 베를 내주자, 쥐들은 할아버지에게 마법 열매를 주었습니다.

**중심 내용** 할아버지는 쥐를 찾아가 베짱이가 짠 베와 마법 열매를 바꾸었다.

♥**번뜩였습니다** 물체 따위에 반사된 큰 빛이 잠깐씩 나타났습니다.
예 물고기가 헤엄칠 때마다 비늘이 번뜩였습니다.

**교과서 핵심** ● 시간을 나타내는 말을 넣어 이야기의 내용 간추리기 ❸

베짱이가 베를 다 짠 뒤, 이야기 할아버지는 베짱이가 짠 베와 마법 열매를 바꾸러 쥐를 찾아갔어요.

● **시간을 나타내는 말 알아보기**

| 직접 시간을 나타내는 표현 | '다음 날 밤', '오늘 낮' 등 |
|---|---|
| 시간을 짐작하게 해 주는 말 | '이야기 할아버지가 마법 열매를 먹고 작아진 것을 안 뒤', '베짱이가 베를 다 짠 뒤' 등 |

**9** 할아버지는 베짱이에게 베를 받고 어떤 마음이 들었습니까? (　　)

① 고맙다. ② 미안하다.
③ 서운하다. ④ 걱정된다.
⑤ 화가 난다.

**10** 할아버지가 쥐들을 찾아갔을 때, 쥐들이 깜짝 놀란 까닭은 무엇입니까? (　　)

① 할아버지가 놀래켜서
② 할아버지가 무서워서
③ 할아버지가 작아져서
④ 할아버지가 썩은 사과를 줘서
⑤ 할아버지가 날카로운 이빨을 보여서

**11** 할아버지와 쥐들이 서로 바꾼 것은 무엇입니까? (　　)

① 썩은 사과와 마법 열매
② 베짱이가 짠 베와 썩은 사과
③ 베짱이가 짠 베와 마법 열매
④ 썩은 사과와 반쯤 갉아먹은 비누
⑤ 베짱이가 짠 베와 반쯤 갉아먹은 비누

핵심

**12** 이야기에서 시간을 나타내는 말에 대하여 바르지 않게 말한 친구는 누구인지 쓰시오.

승근: '어느 날 밤', '다음 날 밤'과 같은 말은 시간을 나타내는 말이야.
지우: '베짱이가 베를 다 짠 뒤'와 같은 말은 직접 시간이 들어가지 않기 때문에 시간을 나타내는 말이 아니야.

(　　　　　　　　)

# 준비

정답과 해설 ● 32쪽

❹ 마루 밑에서 나온 할아버지는 열매를 입에 넣고 꿀꺽 삼켰습니다. 순간 할아버지 몸이 풍선처럼 ♥부풀어 오르는 듯한 기분이 드는가 싶더니 본래 크기로 돌아왔습니다.

클로버밭은 작고 ♥아담해 보였습니다. 화단 턱도 가볍게 오르내릴 수 있을 만큼 낮았고요. 모든 것이 평소와 다름없었습니다.

중심 내용 할아버지는 마법 열매를 먹고 원래대로 돌아왔다.

❺ ㉠다음 날 밤, 이야기 할아버지 방으로 동네 아이들이 모여들었습니다.

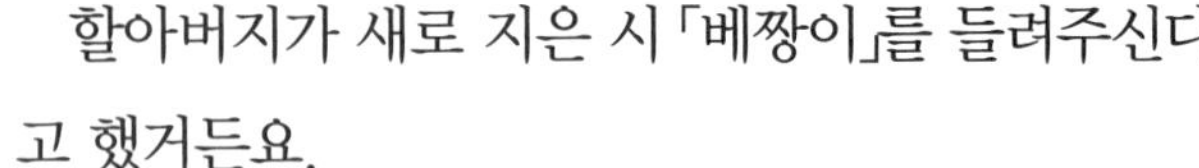

할아버지가 새로 지은 시 「베짱이」를 들려주신다고 했거든요.

중심 내용 다음 날 밤, 할아버지는 동네 아이들에게 새로 지은 시 「베짱이」를 들려주었다.

♥부풀어 물체가 늘어나면서 부피가 커져.
예 오븐에 넣은 반죽이 풍선처럼 부풀어 올랐습니다.

♥아담해 적당히 자그마해.

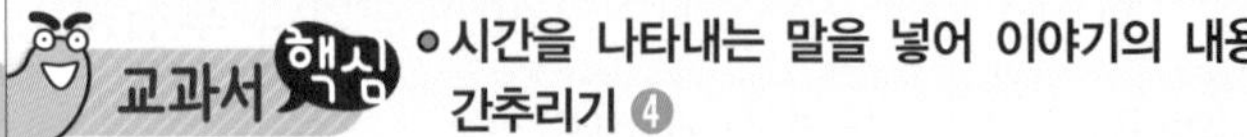

교과서 핵심 ● 시간을 나타내는 말을 넣어 이야기의 내용 간추리기 ❹

- 마법 열매를 먹은 뒤, 이야기 할아버지는 원래대로 커졌어요.
- 다음 날 밤, 이야기 할아버지는 동네 아이들에게 새로 지은 시 「베짱이」를 들려주었어요.

핵심

**13** ㉠과 같은 말이 나타내는 것은 무엇입니까? (　　)

① 결과　② 기분　③ 시간
④ 원인　⑤ 장소

교과서 문제

**14** 이야기의 장면을 나타낸 그림 카드를 보고, 이야기의 차례대로 번호를 쓰시오.

(1)

(2)

(3)
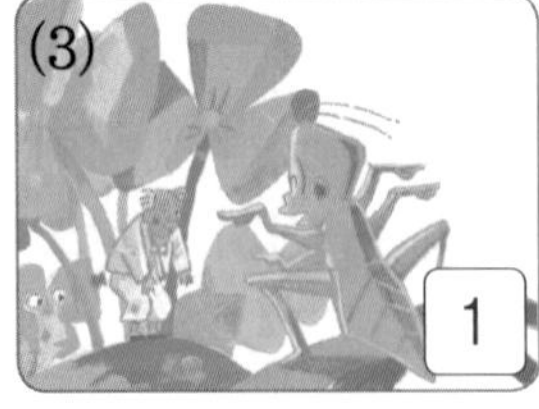


(4)

(5)

핵심　교과서 문제

**15** 시간을 나타내는 말을 넣어 이 이야기를 간추렸을 때, 빈칸에 알맞은 내용을 쓰시오.

마법 열매를 먹은 뒤, (1)＿＿＿＿＿＿＿＿

⬇

(2)＿＿＿＿＿＿＿＿, 이야기 할아버지는 동네 아이들에게 새로 지은 시 「베짱이」를 들려주었어요.

논술형　교과서 문제

**16** 할아버지가 동네 아이들에게 들려준 새로 지은 시 「베짱이」를 상상하여 쓰시오.

# 기본 《 일하는 방법에 따라 내용을 파악하며 글 읽기

정답과 해설 ● 33쪽



글의 특징을 생각하며 읽기

## 가 세 가닥 땋기

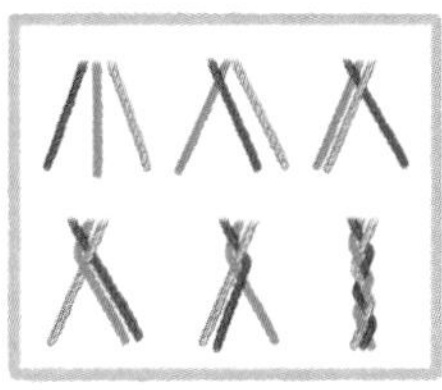

▲ 세 가닥 땋기

세 가닥 땋기는 머리를 땋을 때 많이 쓰는 방법입니다. ㉠먼저, 왼쪽 첫 번째 그림과 같이 실 세 가닥을 나란히 폅니다. 두 번째, 왼쪽 빨간색 실을 가운데 파란색 실 위로 올립니다. 그러면 왼쪽 실이 가운데로 오고, 가운데 실이 왼쪽으로 가게 됩니다. 세 번째, 오른쪽 노란색 실을 가운데로 온 실 위에 올립니다. 다시 처음처럼 왼쪽으로 간 실을 가운데로, 오른쪽으로 간 실을 가운데로 올립니다. 이 방법을 계속 반복하면 실이 땋아집니다. 주의할 점은 실을 땋는 동안 실이 풀어지지 않도록 실 세 가닥을 단단히 잡아야 한다는 점입니다.

중심 내용 세 가닥 땋기를 할 때는 실이 풀어지지 않도록 실 세 가닥을 단단히 잡아야 한다.

실 팔찌 만드는 차례를 생각하며 읽기

## 나 실 팔찌 만들기

❶ 여러 가지 색깔 실을 엮어 만든 팔찌를 실 팔찌라고 합니다. 실 팔찌는 팔목에 차다가 자연스럽게 닳아서 끊어지면 소원이 이루어진다는 이야기가 있어서 소원 팔찌라고도 합니다. 중국에서는 단오절에 실 팔찌를 손목에 차면 나쁜 기운을 막는다고 하고, 브라질에서는 축구 경기 전에 승리를 ♥기원하며 손목에 실 팔찌를 찬다고 합니다. 실 팔찌는 종류에 따라 다양한 모양이 있는데, 그중에서 가장 간단한 모양의 실 팔찌를 만들어 봅시다.

중심 내용 여러 가지 색깔 실을 엮어 만든 실 팔찌를 만들어 보자.

❷ 실 팔찌 만들기의 준비물은 매우 ㉡간단합니다. 서로 다른 색깔 털실 세 줄, 셀로판테이프만 있으면 됩니다. 실은 굵을수록 엮기 쉬우므로 굵은 실을 준비하고 길이는 손목 둘레의 서너 배 정도로 자릅니다.

중심 내용 먼저, 서로 다른 색깔 털실 세 줄, 셀로판테이프를 준비한다.

❸ 첫 번째, 서로 다른 색깔 실 세 가닥을 함께 잡고 매듭을 짓습니다. 실의 3~4센티미터를 남겨 두고 실 세 가닥을 한꺼번에 잡아 작은 원을 만듭니다. 그 뒤 짧은 쪽 실 세 가닥을 아까 만든 원 쪽으로 집어넣고 당기면 쉽게 매듭을 지을 수 있습니다.

▲ 실에 매듭을 짓는 모습

중심 내용 첫 번째, 서로 다른 색깔 실 세 가닥을 함께 잡고 매듭을 짓는다.

• **글의 종류:** 설명하는 글

• **글의 내용:** 가는 '세 가닥 땋기' 방법을, 나는 '실 팔찌 만들기' 방법을 차례대로 설명하였습니다.

♥기원하며 바라는 일이 이루어지기를 빌며.

핵심

**1** 글 가의 ㉠과 바꾸어 쓸 수 있는 차례를 나타내는 말을 글 나에서 찾아 세 글자로 쓰시오.

( )

**2** 글 나는 무엇을 알려 주는 글입니까? ( )

① 실 팔찌의 모양
② 실 팔찌의 종류
③ 매듭을 짓는 방법
④ 털실을 만드는 방법
⑤ 실 팔찌 만드는 방법

**3** 실 팔찌 만들기의 준비물을 두 가지 고르시오. ( , )

① 옷핀 ② 지우개
③ 접착제 ④ 셀로판테이프
⑤ 서로 다른 색깔 털실 세 줄

교과서 문제

**4** ㉡'간단하다'와 뜻이 비슷한 낱말은 무엇입니까? ( )

① 쉽다 ② 적다 ③ 많다
④ 화려하다 ⑤ 복잡하다

❹ 두 번째, 셀로판테이프로 매듭 위쪽을 책상에 붙입니다. 셀로판테이프는 실 팔찌를 만드는 동안 실이 움직이거나 꼬이지 않게 ♥고정하는 역할을 합니다.

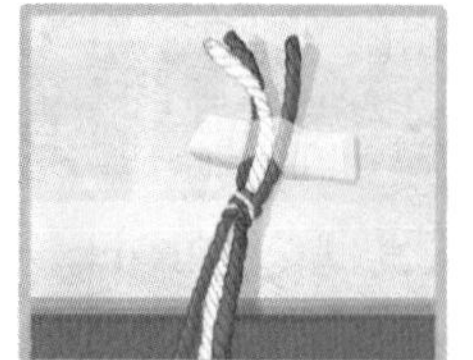
▲ 셀로판테이프를 붙인 모습

중심 내용 두 번째, 셀로판테이프로 매듭 위쪽을 책상에 붙인다.

❺ ㉠세 번째, 실 세 가닥을 잡고 세 가닥 땋기를 합니다. 이때 자신이 원하는 길이보다 길게 땋아야 합니다. 손목 둘레의 두세 배 정도 길이로 땋는 것이 좋습니다.

중심 내용 세 번째, 실 세 가닥을 잡고 세 가닥 땋기를 한다.

❻ ㉡네 번째, 땋은 실 끝 쪽에 매듭을 짓습니다. 매듭은 첫 번째 매듭을 지을 때 사용한 방법으로 지으며, 자신이 땋은 부분이 끝나는 곳보다 좀 더 앞쪽에 짓습니다. 매듭을 짓고 보면 줄이 짧아진 게 느껴질 겁니다. 원하는 길이보다 길게 땋아야 하는 까닭은 이렇게 줄이 짧아지기 때문입니다.

▲ 끝에 매듭을 지은 모습

중심 내용 네 번째, 땋은 실 끝 쪽에 매듭을 짓는다.

▲ 실 팔찌가 완성된 모습

❼ ㉢마지막으로, 양쪽 끝을 ㉣연결합니다. 양쪽 끝을 연결할 때에는 끝끼리 묶어도 좋고, 다른 실로 양쪽 매듭을 함께 이어 줘도 좋습니다. 어때요? 멋있는 실 팔찌가 만들어졌나요?

중심 내용 마지막으로, 양쪽 끝을 연결한다.

♥고정하는 한곳에 꼭 붙어 있거나 붙어 있게 하는.

**교과서 핵심** ∘글 ㉯의 중요한 내용을 차례대로 간추리기

| 먼저, 준비물을 준비한다. |
|---|
| ⬇ |
| 첫 번째, 서로 다른 색깔 실 세 가닥을 함께 잡고 매듭을 짓는다. |
| ⬇ |
| 두 번째, 셀로판테이프로 매듭 위쪽을 책상에 붙인다. |
| ⬇ |
| 세 번째, 실 세 가닥을 잡고 세 가닥 땋기를 한다. |
| ⬇ |
| 네 번째, 땋은 실 끝 쪽에 매듭을 짓는다. |
| ⬇ |
| 마지막으로, 양쪽 끝을 연결한다. |

**5** 셀로판테이프의 역할로 알맞은 것은 무엇입니까? ( )

① 실을 분리할 때 사용한다.
② 실 매듭이 풀리지 않게 한다.
③ 실 가닥을 길게 만드는 데 이용한다.
④ 세 가닥 땋기를 할 때 실 사이에 넣는다.
⑤ 실 팔찌를 만드는 동안 실이 움직이거나 꼬이지 않게 고정한다.

교과서 문제

**6** ㉠~㉢이 공통으로 나타내는 것은 무엇입니까? ( )

① 결과 ② 차례 ③ 시간
④ 원인 ⑤ 장소

교과서 문제

**7** ㉣과 뜻이 비슷한 낱말은 무엇입니까? ( )

① 끊다 ② 땋다 ③ 잇다
④ 짓다 ⑤ 붙이다

핵심 교과서 문제

**8** 글 ❺~❼의 중요한 내용을 차례대로 간추릴 때, 빈칸에 알맞은 내용을 쓰시오.

| 세 번째, 실 세 가닥을 잡고 세 가닥 땋기를 한다. |
|---|
| ⬇ |
| |
| ⬇ |
| 마지막으로, 양쪽 끝을 연결한다. |

감기약을 먹을 때 주의할 점을 생각하며 읽기

## 감기약을 먹는 방법

❶ 날이 추워지면 감기에 걸리는 사람이 많아집니다. 몸을 따뜻하게 하고 푹 쉬면 금방 낫는 경우도 있지만, 감기 때문에 많이 아플 때에는 감기약을 먹어야 합니다. 어떻게 감기약을 먹어야 좋을까요?

중심 내용 어떻게 감기약을 먹어야 좋을까?

❷ 먼저, 병원에서 의사와 충분하게 상담한 뒤 자신의 증세에 맞는 감기약을 처방받습니다. ㉠어른들이 먹는 감기약이나 언제 샀는지 모르는 감기약을 먹으면 오히려 더 큰 병에 걸릴 수도 있습니다. 어린이들이 감기약을 먹을 때에는 꼭 의사의 지시에 따릅니다.

처방: 병을 치료하기 위하여 증상에 따라 약을 짓는 방법

중심 내용 병원에서 의사와 상담한 뒤 증세에 맞는 감기약을 처방받는다.

❸ ㉡감기약은 끝까지 먹는 게 좋습니다. 감기약을 먹다가 몸이 나았다고 생각해 그만 먹으면 안 됩니다. 중간에 마음대로 감기약을 먹지 않으면 감기가 더 심해지거나 나중에 감기약을 먹어도 낫지 않을 수 있으므로, 의사가 처방한 날짜만큼 먹어야 합니다.

중심 내용 감기약은 끝까지 먹는 게 좋다.

❹ ㉢감기약을 먹을 때에는 물과 함께 먹어야 합니다. 우유나 녹차, 주스와 같은 다른 음료와 함께 먹어서는 안 됩니다. 또 물 이외에 밥이나 빵을 같이 먹어서도 안 됩니다.

중심 내용 감기약은 물과 함께 먹어야 한다.

❺ ㉣감기약을 먹는 시간을 놓쳤다고 다음에 두 배로 먹어서도 안 됩니다. 두 배로 먹는다고 감기약 효과가 두 배가 되지는 않습니다. 오히려 몸에 부담만 될 뿐입니다. 감기약은 정해진 양만큼만 먹어야 합니다.

중심 내용 감기약을 먹는 시간을 놓쳤다고 다음에 두 배로 먹으면 안 된다.

❻ ㉤감기약을 안전하고 효과적으로 먹는 것도 중요하지만, 감기에 걸리지 않게 예방하는 것도 중요합니다. 평소에 손을 깨끗이 씻고, 따뜻한 물을 많이 마시고, 몸을 따뜻하게 합시다.

중심 내용 감기에 걸리지 않게 예방하는 것도 중요하다.

- **글의 종류:** 설명하는 글
- **글의 특징:** '감기약을 먹는 방법'에 대하여 주의할 점을 중심으로 나타냈습니다.

**교과서 핵심** ●「감기약을 먹는 방법」 간추리기

- 병원에서 의사와 상담한 뒤 증세에 맞는 감기약을 처방받는다.
- 감기약은 끝까지 먹는 게 좋다.
- 감기약은 물과 함께 먹어야 한다.
- 감기약을 먹는 시간을 놓쳤다고 다음에 두 배로 먹으면 안 된다.

8 단원

**9** 이 글은 무엇에 대해 설명한 글인지 쓰시오.

• (　　　　　　　　)을/를 먹는 방법

핵심

**10** 이 글에 대하여 알맞지 <u>않게</u> 말한 친구는 누구인지 쓰시오.

승연: 일의 차례대로 설명하고 있어.
지호: 일하는 방법을 알려 주고 있어.
용호: 일을 할 때 주의할 점을 알려 주네.

(　　　　　　　　)

**11** 감기를 예방하는 방법으로 알맞지 <u>않은</u> 것을 <u>두 가지</u> 고르시오. (　　,　　)

① 손 깨끗이 씻기　② 의사와 상담하기
③ 약 꾸준히 먹기　④ 몸 따뜻하게 하기
⑤ 따뜻한 물 많이 마시기

교과서 문제

**12** ㉠~㉤ 중 각 문단의 중요한 내용을 표시한 것으로 알맞지 <u>않은</u> 것의 기호를 쓰시오.

(　　　　　　　　)

장소 변화에 주의하며 읽기

## 주말여행

❶ 우리 가족은 할머니 생신을 맞아 주말에 여행을 다녀왔다. 여행지는 전라북도 고창으로 예전에 텔레비전의 여행 방송에서 본 기억이 있어서, 가기 전부터 많이 설레었다.

중심 내용 우리 가족은 주말에 전라북도 고창으로 주말여행을 다녀왔다.

❷ 토요일 아침 일찍 출발해서, 맨 처음 도착한 고창 관광지는 고인돌 박물관이었다. 고인돌 박물관에서는 영화와 ♥유물들을 보면서 고인돌의 역사를 알 수 있었다. 박물관 일 층에서는 고인돌 영화를 봤고 이 층에서는 고인돌과 관련된 여러 유물을 봤다. 박물관을 다 둘러보고 나니 고인돌 박사가 된 것 같은 기분이었다.

중심 내용 고인돌 박물관에서는 고인돌의 역사를 알았다.

❸ 다음으로 간 곳은 동림 저수지 야생 동식물 보호 구역이었다. 동림 저수지는 겨울 철새가 많이 찾는 곳으로 우리 가족도 혹시 철새 떼의 춤을 볼 수 있을까 하는 기대로 방문해 보았다. 그곳에서 여러 가지 설명을 읽어 보았는데, 고창군 전 지역은 2013년부터 유네스코(UNESCO(국제연합 교육 과학 문화 기구)) 생물권 보존 지역으로 지정되어 환경을 해치는 행위를 해서는 안 된다는 안내도 있었다. 아주 많은 수의 철새는 아니었지만 간간이 물 위로 날아오르는 가창오리들을 구경할 수 있었다.

중심 내용 동림 저수지에서는 물 위로 날아오르는 가창오리들을 구경했다.

❹ 마지막으로 고창의 유명한 절인 선운사를 방문했다. 선운사는 삼국 시대 때부터 지어진 오래된 절이다. 오래된 절답게 웅장한(규모 따위가 거대하고 성대한) 건물과 많은 관광객이 있었다. 선운사에서 가장 인상 깊었던 것은 선운사 뒤편의 동백나무 숲이었다. 푸른 동백나무잎 위로 하얀 눈이 소복이 쌓여 아름다운 풍경을 만들어 내고 있었다. 내가 본 가장 아름다운 숲이었다.

중심 내용 선운사에서는 아름다운 동백나무 숲을 보았다.

❺ 고창에서 아주 오래전 역사인 고인돌에서 삼국 시대의 선운사, 앞으로 보호해야 할 철새 떼까지 한 번에 보고 나니 마치 시간을 거슬러 가는 기분이었다. 고창을 떠나는 마음은 아쉬웠지만, '다음에는 또 어떤 곳으로 여행을 갈까?'하는 기대를 품고 이번 주말여행을 마쳤다.

중심 내용 고창에서 고인돌, 선운사, 철새 떼를 보고 여행을 마쳤다.

- **글의 종류**: 여행을 기록한 글(기행문)
- **글의 내용**: 전라북도 고창으로 주말여행을 다녀와서 쓴 글로, 장소 변화에 따라 겪은 일을 나타냈습니다.

♥유물(遺 끼칠 유, 物 만물 물) 선대의 인류가 후대에 남긴 물건.

**교과서 핵심** ● 장소 변화에 따라 한 일 정리하기

| 장소 | 고인돌 박물관 | 동림 저수지 | 선운사 |
|---|---|---|---|
| 한 일 | 고인돌의 역사를 알았다. | 물 위로 날아오르는 가창오리들을 구경했다. | 아름다운 동백나무 숲을 보았다. |

교과서 문제

**1** 이 글은 무엇을 한 뒤에 쓴 글입니까? (　　)

① 독서 ② 실험 ③ 주말여행
④ 생일 잔치 ⑤ 영화 보기

교과서 문제

**2** '내'가 간 도시의 이름을 쓰시오.

(　　　　　　　　)

교과서 문제

**3** '나'는 어디에서 어디로 이동했는지 쓰시오.

- 고인돌 박물관 → (　　　　　　　　) → 선운사

핵심 교과서 문제

**4** 이 글을 간추리려면 어떤 부분에 주의하며 간추려야 합니까? (　　)

① 생각 변화 ② 장소 변화
③ 일하는 방법 ④ 주장과 근거
⑤ 원인과 결과

장소 변화를 생각하며 읽기

# 동물원에서

❶ 어제 과학 관찰 보고서를 쓰려고 동물원에 갔다. 내 보고서 주제는 '날개가 있는 동물'로, 동물원의 많은 동물 가운데에서도 날개가 있는 동물을 찾아 관찰하는 것이었다. 날씨가 추워서 ♥야외 관람관은 문을 닫은 곳이 많아서 주로 ♥실내 관람관에서 관찰했다.

중심 내용 과학 관찰 보고서를 쓰려고 동물원에 갔다.

❷ 동물원의 입구를 지나 가장 먼저 간 곳은 '곤충관'이었다. 곤충관에는 여러 지역의 곤충들이 전시되어 있었는데, 날개가 있는 동물로 나비와 벌, 메뚜기와 같은 곤충들이 있었다. 곤충관에서 가장 관심이 갔던 곤충은 톱사슴벌레이다. 톱사슴벌레는 몸 색깔이 갈색이고 톱날 모양의 큰턱이 있다. 원래 밤에 활동하는 곤충이지만 참나무 수액을 먹으려고 낮에도 돌아다니기 때문에, 먹이를 먹는 톱사슴벌레를 볼 수 있었다. 톱사슴벌레가 나뭇가지 꼭대기에 올라가서 날개를 펴고 날아가는 모습이 멋있었다.

중심 내용 곤충관에서 톱사슴벌레를 관찰하였다.

- **글의 종류**: 견학을 기록한 글
- **글의 내용**: '날개가 있는 동물'을 주제로 과학 관찰 보고서를 쓰기 위해 동물원을 다녀와서 장소 변화에 따라 글을 썼습니다.

♥야외(野 들 야, 外 밖 외) 집 밖이나 노천을 이르는 말.
♥실내(室 집 실, 內 안 내) 방이나 건물 따위의 안.

**교과서 핵심** ● 장소 변화에 따라 관찰한 것 정리하기 ①

| 장소 | 곤충관 |
| --- | --- |
| 관찰한 것 | 톱사슴벌레 |

교과서 문제

**5** '내'가 동물원에 간 까닭은 무엇입니까? (　　)

① 학교 현장 체험학습이어서
② 과학 관찰 보고서를 쓰려고
③ 평소 동물에 관심이 많아서
④ 동생이 동물원에 가자고 해서
⑤ 새로 온 동물이 있다는 소식을 들어서

**6** '내' 보고서의 주제는 무엇입니까? (　　)

① 동물의 먹이
② 여러 지역의 곤충
③ 날개가 있는 동물
④ 밤에 활동하는 동물
⑤ 추운 곳에 사는 동물

**7** 동물원 입구를 지나 가장 먼저 간 곳은 어디인지 쓰시오.

(　　　　　　　　)

**8** 곤충관에서 본 곤충이 아닌 것은 무엇입니까? (　　)

① 벌　② 나비　③ 메뚜기
④ 잠자리　⑤ 톱사슴벌레

**9** 톱사슴벌레를 관찰한 내용으로 알맞지 않은 것은 무엇입니까? (　　)

① 몸 색깔이 갈색이다.
② 참나무 수액을 먹는다.
③ 낮에는 돌아다니지 않는다.
④ 톱날 모양의 큰턱이 있다.
⑤ 원래 밤에 활동하는 곤충이다.

# 기본



❸ 곤충관 바로 옆은 '야행관'이었는데 주로 밤에 활동하는 동물들이 있는 곳이었다. 야행관에도 날개가 있는 동물들이 있었다. 바로 박쥐와 올빼미였다. 외국에서 산다는 과일박쥐도 인상 깊었지만, 내 눈길을 끈 것은 수리부엉이이다. 수리부엉이는 ♥천연기념물로 몸길이가 70센티미터나 될 정도로 큰 새이다. 날개를 접고 나뭇가지에 앉아 있는 것을 관찰했는데, 붉은 눈과 앞뒤로 자유롭게 움직이는 목이 신기했다. 가끔 날개를 펴고 앉은 자세를 고치기도 했는데, 날개를 퍼덕이는 모습에 큰 바람이 일 것 같았다. 이렇게 멋진 새가 멸종(생물의 한 종류가 아주 없어짐.) 위기 동물이라니, 자연을 보호해야겠다는 다짐을 했다.

중심 내용 야행관에서 수리부엉이를 관찰하였다.

❹ 야행관 다음으로 간 곳은 '열대 조류관'이었다. 열대 조류관은 따뜻한 지역(열대 지역)에 사는 새들이 사는 곳이었다. 열대 조류관은 아주 큰 실내 전시장으로, 천장이 높아서 머리 위로 화려한 색의 새들이 날아다니는 것을 볼 수 있었다. 앵무새는 책이나 텔레비전에서 본 적이 있었는데, 이렇게 많은 종류의 앵무새가 있는지는 몰랐다. 왕관앵무, 장미앵무, 회색앵무와 같이 색과 크기도 다양한 앵무새를 관찰할 수 있었다. 말을 할 수 있는 앵무새를 찾지 못한 것이 아쉬웠다.

중심 내용 열대 조류관에서는 다양한 앵무새를 관찰하였다.

❺ 마지막으로 간 곳은 야외에서도 황새를 볼 수 있는 '큰물새장'이었다. 황새 마을에서는 황새 외에도 두루미나 고니와 같이 물 근처에 사는 여러 새를 볼 수 있었다. 처음에는 깃털 색이 하얗고 까만 게 비슷해서 두루미와 황새를 구별하지 못했다. 설명을 읽고 나서야 키가 더 크고 머리가 붉은색이고 목과 다리가 까만색인 새가 두루미, 다리가 붉은색인 새가 황새라는 사실을 알게 되었다.

중심 내용 큰물새장에서 황새, 두루미, 고니를 관찰하였다.

♥천연기념물 자연 가운데 학술적 · 자연사적 · 지리학적으로 중요하거나 그것이 가진 희귀성 · 고유성 · 심미성 때문에 특별한 보호가 필요하여 법률로 규정한 개체 창조물이나 현상, 일정한 구역.
예 천연기념물은 자연의 보물입니다.

**교과서 핵심** ● 장소 변화에 따라 관찰한 것 정리하기 ②

| 장소 | 야행관 | 열대 조류관 | 큰물새장 |
|---|---|---|---|
| 관찰한 것 | 수리부엉이 | 다양한 앵무새들 | 황새, 두루미, 고니 |

**10** '내'가 '야행관'을 본 뒤, 자연을 보호해야겠다는 다짐을 한 까닭은 무엇인지 쓰시오.

(　　　　　　　　　　　　　　　　)

**11** 다음 사진에 알맞은 동물 이름을 선으로 이으시오.

(1)

(2)

㉠ 황새　　㉡ 두루미

핵심
**12** 이 글에서 관찰한 것을 다음과 같이 정리했을 때, 빈칸에 알맞은 내용을 쓰시오.

| 장소 | 관찰한 것 |
|---|---|
| 곤충관 | 톱사슴벌레 |
| 야행관 | 수리부엉이 |
| 열대 조류관 | (2) |
| (1) | 황새, 두루미, 고니 |

**13** 이 글은 무엇의 변화에 따라 썼는지 쓰시오.

• (　　　　　　　　　　) 변화

8 단원

시간 흐름과 장소 변화를 생각하며 읽기

## 즐거운 직업 체험

❶ 오래전부터 기다려 오던 직업 체험학습을 가는 날이다. ㉠학교에서 모두 함께 출발해 ㉡열 시에 ㉢직업 체험관에 도착했다. 도착하자마자 우리 반은 모둠별로 흩어졌다. 우리 모둠은 나, 민기, 혜정, 병주까지 네 명으로 모두 활발한 친구들이다.

중심 내용 열 시에 직업 체험관에 도착하여 모둠별로 흩어졌다.

❷ 우리 모둠은 가장 먼저 ㉣소품 설계관으로 출발했다. 소품 설계관은 작은 소품을 설계하고 직접 만들 수 있는 곳이다. 체험학습 계획을 세울 때 민기가 "집안 어른들께 선물로 드릴 만한 물건을 만들면 좋겠어."라고 의견을 냈기 때문에 소품 설계관을 첫 번째 체험활동 장소로 정했다. 민기는 어머니께 드릴 머리 끈을 만들고, 나는 할아버지께 드릴 손수건을 만들기로 했다. 내 손으로 만든 소품이 어딘가 부족해 보였지만 기분만은 진짜 디자이너가 된 것 같아 뿌듯했다.

중심 내용 가장 먼저 소품 설계관에 가서 할아버지께 드릴 손수건을 만들었다.

❸ 디자이너 체험을 끝내자 거의 열한 시가 되었다. 우리는 ♥제빵사 체험을 하려고 ㉤제빵 학원으로 갔다. 제빵 학원 앞에는 크게 '크림빵'이라고 적혀 있었다. 체험관 안으로 들어가자 체험관 선생님께서 밀가루를 나누어 주셨다. 체험관 선생님께서 알려 주시는 차례를 그대로 따라 해서 크림빵을 완성했다.

중심 내용 열한 시에 제빵 학원에 가서 크림빵을 만들었다.

- **글의 종류**: 견학을 기록한 글
- **글의 내용**: 학교에서 직업 체험관을 다녀와서 쓴 글로, 시간 흐름과 장소 변화에 따라 글을 썼습니다.

♥제빵사 빵을 만드는 일을 전문으로 하는 사람.
예 이모의 꿈은 세상에서 제일 맛있는 빵을 만드는 제빵사입니다.

**교과서 핵심** • 시간 흐름과 장소 변화에 따라 한 일 정리하기 ①

| 시간 | 장소 | 한 일 |
|---|---|---|
| | 학교 | 직업 체험학습 출발 |
| 열 시 | 직업 체험관 | 도착 |
| | 소품 설계관 | 할아버지께 드릴 손수건 만들기 |
| 열한 시 | 제빵 학원 | 크림빵 만들기 |

**1** 이 글은 어디를 다녀와서 쓴 글입니까? (　　)

① 빵집 ② 학교
③ 직업 체험관 ④ 할아버지 댁
⑤ 디자이너 공방

교과서 문제

**2** 가장 먼저 소품 설계관으로 가기로 정한 까닭은 무엇입니까? (　　)

① 기다리는 줄이 짧아서
② 민기의 꿈이 디자이너여서
③ 우리 모둠 친구들이 소품 만들기를 좋아해서
④ 집안 어른들께서 물건을 만들어 오면 좋겠다고 하셔서
⑤ 민기가 집안 어른들께 선물로 드릴 만한 물건을 만들면 좋겠다고 하여서

**3** 소품 설계관에서 '내'가 만든 것은 무엇인지 쓰시오.

(　　　　　　　　　　)

**4** 제빵 학원에 간 시간은 몇 시입니까? (　　)

① 아홉 시 ② 열 시 ③ 열한 시
④ 열두 시 ⑤ 한 시

핵심 역량

**5** ㉠~㉤ 중 글의 흐름을 알 수 있는 내용이 나머지와 다른 하나는 무엇인지 기호를 쓰시오.

(　　　　　　　　　　)

# 기본



❹ 제빵사 체험을 마치고 나오니 거의 열두 시가 되었다. 우리 모둠은 중앙 광장에서 아까 만든 크림빵과 각자 싸 온 점심을 먹으며 다른 모둠 친구들과 체험활동 이야기를 나누었다. 효지는 공항에서 한 비행기 조종사 체험이 가장 재미있었다고 했고, 준우는 문화재 ♥발굴 현장에서 문화재를 찾는 체험이 가장 재미있었다고 했다.

중심 내용 열두 시에 중앙 광장에서 점심을 먹었다.

❺ 점심시간이 끝난 오후 한 시, 소방서에서 병주가 가장 기대하던 소방관 체험으로 활동을 시작했다. 소방관 복장을 하고, 소방차를 타고 출동하고, 불이 난 곳에 물도 뿌렸다. 원래 소방관에는 관심이 없었는데, 체험해 보니 내 ♥적성에도 잘 맞고 보람도 있어서 미래에 소방관이 되어도 좋겠다고 생각했다.

중심 내용 오후 한 시, 소방관 체험을 하였다.

❻ 소방관 체험을 마치고 나서 시계를 보니 두 시가 조금 넘었다. 두 시 반까지 버스에 타기로 우리 반 선생님과 약속했기 때문에 아쉽지만 체험활동을 끝낼 수밖에 없었다.

돌아오는 버스 안에서 선생님께서 말씀하셨다.

"오늘 체험활동이 재미있었나요? 세상에는 직업 체험관에 있는 직업 외에도 수많은 직업이 있어요. 여러분이 앞으로 직업의 세계에 관심을 가지고 살펴본다면 여러분에게 딱 맞는 직업을 찾을 수 있을 거예요." / 선생님 말씀을 들으며 앞으로도 직업의 세계에 관심을 두어야겠다고 생각했다. 이번 체험은 내 미래를 진지하게(마음 쓰는 태도나 행동 따위가 참되고 착실하게) 생각해 볼 수 있는 좋은 경험이 되었다.

중심 내용 두 시가 넘어 체험활동을 끝내고 버스를 타고 돌아왔다.

♥발굴 땅속이나 큰 덩치의 흙, 돌 더미 따위에 묻혀 있는 것을 찾아서 파냄.

♥적성 어떤 일에 알맞은 성질이나 적응 능력. 또는 그와 같은 소질이나 성격.

예 선생님께서 적성에 맞는 직업을 찾으라고 하셨습니다.

**교과서 핵심** ● 시간 흐름과 장소 변화에 따라 한 일 정리하기 ②

| 시간 | 장소 | 한 일 |
|---|---|---|
| 열두 시 | 중앙 광장 | 점심 먹기 |
| 오후 한 시 | 소방서 | 소방관 체험 |
| 오후 두 시 반 | 버스 | 체험활동 마치고 버스 타기 |

교과서 문제

**6** '내'가 소방관이 되어도 좋겠다고 생각한 까닭을 두 가지 고르시오. ( , )

① 보람 있어서
② 복장이 멋있어서
③ 적성에 잘 맞아서
④ 소방관이 존경스러워서
⑤ 소방관 체험을 잘한다고 칭찬받아서

서술형 교과서 문제

**7** '내'가 직업 체험관을 다녀와서 생각한 것은 무엇인지 쓰시오.

______________________

______________________

**8** 이 글에서 '우리 모둠'이 방문한 곳으로 알맞은 것에 ○표를 하시오.

(1) 

( )

(2) 

( )

(3) 호텔 ( )

핵심

**9** 다음은 이 글의 내용을 정리한 것 중 일부분입니다. 빈칸에 알맞은 내용을 쓰시오.

| 시간 | 장소 | 한 일 |
|---|---|---|
| 열두 시 | (2) | 점심 먹기 |
| (1) | 소방서 | 소방관 체험 |

정답과 해설 ● 34쪽



◀ 괴산의 자랑거리를 생각하며 읽기

## ❶ 괴산 특산물, 한지

한지는 닥나무 껍질로 만든 우리 종이입니다. 괴산에서 만든 한지는 질기고 보관하기 좋아 외국으로 많이 수출한다고 합니다. 그럼 옛날 사람들은 한지를 어떻게 만들었을까요?

한지를 만드는 방법은 일 차례대로 정리할 수 있어.

## ❷ '괴산'이라는 이름은 어떻게 변해 왔을까요?

| ❶ 잉근내군 | | ❷ 괴양군 | | ❸ 괴주군 | | ❹ 괴산군 |
|---|---|---|---|---|---|---|
| 고구려 | ➡ | 신라 | ➡ | 고려 | ➡ | 조선 |

우리 지역의 지명 변화는 시간 차례대로 정리할 수 있어.

괴산 지역 이름은 시간에 따라 변해 왔습니다. 고구려 때에는 '잉근내군'이라고 불리다가, 신라 경덕왕 때 '괴양군'으로 바뀌었습니다. 그 뒤 고려 시대에는 '괴주'라고 불리다가, 조선 태종 때부터는 지금 이름인 '괴산'이라는 ♥지명으로 불렸습니다.

- **글의 종류**: 소개하는 글
- **글의 내용**: 충청북도 괴산군에 사는 친구가 괴산의 자랑거리를 소개하기 위해 쓴 글로, 괴산의 특산물인 한지, 지명 변화, 옛길을 소개하였습니다.

♥지명(地 땅 지, 名 이름 명) 마을이나 지방, 산천, 지역 따위의 이름.

**교과서 핵심**

**● 괴산을 소개한 방법**

❶ 괴산의 특산물인 한지 만드는 방법을 일 차례대로 설명함.

닥나무 자르기 → 닥나무 껍질 벗기기 → 껍질 삶기 → 껍질 씻기 → 껍질 두드리기 → 닥풀 풀기 → 발로 한지 뜨기 → 한지 말리기

❷ 괴산의 지명 변화를 시간 차례대로 설명함.

| 잉근내군 | 고구려 |
|---|---|
| ⬇ | |
| 괴양군 | 신라 |
| ⬇ | |
| 괴주군 | 고려 |
| ⬇ | |
| 괴산군 | 조선 |

**1** 글 ❶에서 소개한 괴산의 특산물을 쓰시오.

( )

**2** 글 ❶에서 한지를 만드는 방법은 어떤 글의 흐름으로 정리하였습니까? ( )

① 일 차례 ② 장소 변화
③ 질문과 대답 ④ 원인과 결과
⑤ 장점과 단점

**3** 글 ❷의 내용으로 보아 괴산 지역이 지금의 이름인 '괴산'으로 불리게 된 때는 언제입니까? ( )

① 고구려 ② 구석기
③ 고려 시대 ④ 조선 태종
⑤ 신라 경덕왕

핵심 역량

**4** 글 ❷는 괴산 지역의 지명 변화를 어떤 글의 흐름에 따라 정리하였는지 쓰시오.

• ( ) 차례

정답과 해설 ● 34쪽

## ❸ 산막이 옛길 안내

산막이 옛길은 길을 따라 장소 변화대로 정리할 수 있어.

괴산에는 사오랑 마을에서 산골 마을인 산막이 마을까지 연결되는 10리(약 4킬로미터)에 걸친 옛길이 있다. 이 옛길을 산책로로 만든 것이 지금의 산막이 옛길이다.

산막이 옛길은 주차장을 지나 오르막으로 시작한다. 오르막을 걷다 보면 차돌 바위 ♥나루를 지나 소나무 동산에 이를 수 있다. 소나무 동산엔 40년이 넘은 소나무들이 숲을 이룬다. 소나무 동산에서는 괴산호를 바라볼 수 있다. 소나무 동산을 지나 호수 전망대로 가려면 소나무 출렁다리를 건너 호랑이 모형이 관광객을 반겨 주는 호랑이 굴 앞을 지난다. 호수 전망대, ♥고공 전망대로 가는 길 내내 아름다운 풍경을 볼 수 있다. 그리고 산골 마을인 산막이 마을에 도착하면 산막이 옛길이 끝난다.

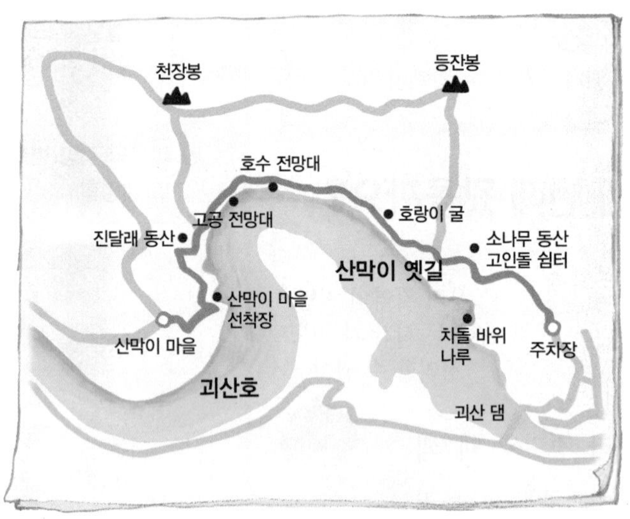


♥나루 강이나 내, 또는 좁은 바닷목에서 배가 건너다니는 일정한 곳.
예 할머니 댁에 가려면 나루에서 배를 타고 가야 합니다.

♥고공(高 높을 고, 空 빌 공) 높은 공중. 흔히 높이 1,500~2,000미터 위의 하늘을 이른다.

● 괴산을 소개한 방법

❸ 산막이 옛길은 길을 따라 장소 변화대로 설명함.

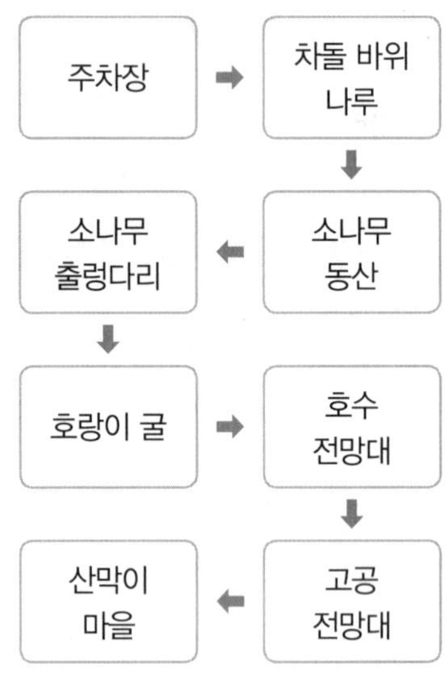


**5** 글 ❸에서 소개하고 있는 것은 무엇인지 쓰시오.

( )

**6** 산막이 옛길은 어느 마을에서 어느 마을까지 연결되는 길인지 쓰시오.

• ( ) 마을에서 ( ) 마을까지 연결된 길

**7** 괴산호를 바라볼 수 있는 곳은 어디입니까? ( )

① 호랑이 굴 ② 고공 전망대
③ 소나무 동산 ④ 차돌 바위 나루
⑤ 소나무 출렁다리

**8** 글 ❸에 대한 설명 중 알맞은 내용에는 ○표를, 알맞지 않은 내용에는 ×표를 하시오.

(1) 산막이 옛길에 대해 시간 차례대로 설명하였다. ( )

(2) 산막이 옛길의 지도를 같이 보여 줘서 더욱 이해하기가 쉽다. ( )

## 기본 • 157~159쪽 일하는 방법에 따라 내용 파악하기

● 일하는 방법에 따라 내용을 파악하는 방법 알기

같은 장소에서 일어난 사건은 모두 같은 시간에 생긴 일이야. ㉰

● 차례를 나타내는 말을 넣어 일하는 방법 정리하기

### 술래잡기하는 방법

첫 번째, 술래잡기할 공간과 술래를 정한다. ( ㉠ ), 술래가 숫자를 세는 동안 다른 친구들은 술래를 피한다. ( ㉡ ), 술래가 다른 친구들을 잡으러 간다. 마지막으로, 술래에게 잡힌 친구가 다음 술래가 된다.

[ ㉢ ]

❶ 세 번째, 바람을 뒤로하고 소화기 호스를 불이 난 곳으로 향하게 잡습니다.

❷ 두 번째, 소화기 안전핀을 뽑습니다. 이때 손잡이를 누르면 안전핀이 빠지지 않으니 손잡이를 누르지 않습니다.

❸ 끝으로, 손잡이를 꽉 잡고 불을 향해 빗자루로 쓸듯이 소화제를 뿌립니다.

❹ 먼저, 소화기의 손잡이를 잡고 불이 난 곳으로 가져갑니다.

**1** ㉮~㉰ 중 일하는 방법에 따라 내용을 파악하는 방법을 바르게 말한 친구의 기호를 쓰시오.

( )

**2** ㉠과 ㉡에 들어갈 알맞은 말을 보기 에서 찾아 쓰시오.

| 보기 |
|---|
| 오늘 밤, 두 번째<br>세 번째, 네 번째<br>다음 날, 처음에는<br>먼저, 끝으로 |

(1) ㉠: ( )
(2) ㉡: ( )

**3** ㉢에 들어갈 알맞은 제목은 무엇이겠습니까? ( )

① 화재 예방 방법
② 소화기 구입 방법
③ 소화기 보관 방법
④ 소화기 사용 방법
⑤ 화재 시 대피 방법

**4** ❶~❹를 흐름에 맞도록 차례를 정리해 번호를 쓰시오.

( ) → ( ) → ( ) → ( )

8 단원

**기본 • 163~164쪽** 글의 흐름에 따라 내용 간추려 쓰기

# 숨 쉬는 도시 쿠리치바

• 글: 안순혜 • 그림: 박혜선

㉮ 이튿날 아침, 환이는 아빠와 함께 쿠리치바시의 자전거 도로를 달렸습니다. 아빠의 등이 풍선을 집어넣은 것처럼 바람으로 펄럭입니다.
(펄럭입니다: 바람에 날리어 거볍고 빠르게 나부낍니다)

환이도 시원한 아침 바람을 몸에 가득 담고 신나게 달렸습니다.

"야호!"

환이가 소리쳤습니다.

키 큰 파라나 소나무도 환이를 반기는 듯 몸을 흔들었습니다.

"저기가 꽃의 거리야."

아빠와 환이는 자전거를 세워 놓고 보행자 광장인 '꽃의 거리'로 향했습니다. 자동차 소리는 전혀 들리지 않고 경쾌하게 걷는 사람들 모습만 보입니다.
(보행자: 걸어서 길거리를 왕래하는 사람)

머리를 길게 늘어뜨린 인디오 할아버지가 밝은 표정으로 바이올린을 켜고 있었습니다. 그 선율이 멀리까지 울려 퍼졌습니다.

㉯ "자동차 걱정 안 하고 걸으니까 기분이 정말 좋아요."

"영국의 밀턴킨스라는 도시에도 레드웨이라는 붉은 벽돌색 길이 있는데, 사람들만 다니는 보행자 전용 도로란다. 길이 잘 닦여 있으니까 사람들도 차를 타기보다 웬만한 거리는 걸어 다니지."

"우리나라도 빨리 그렇게 되었으면 좋겠어요."

아빠는 조금 심각한 얼굴로 고개를 끄덕였습니다.

㉰ 오후에 환이는 아빠를 따라 쿠리치바 시청에 갔습니다. 버스를 타고 시청까지 가는 길에는 잘 정돈된 나무들이 늘어서 있었습니다. 나무들은 노래하듯 밝은 모습이었지요. 어느 곳이든 자연이 숨 쉬고 있는 것 같아 환이는 몸까지 가벼워지는 느낌이었습니다.

차창 밖으로 본 쿠리치바는 새 건물보다는 오래된 건물이 많았습니다. 물론 말끔하게 다시 단장해서 낡고 지저분한 느낌은 조금도 없었어요.

**5** 환이와 아빠가 있는 도시의 이름은 무엇인지 쓰시오.

(　　　　　　　　　　)

**6** '꽃의 거리'와 '레드웨이'의 공통점은 무엇입니까? (　　)

① 쿠리치바시에 있다.
② 붉은 벽돌색 길이다.
③ 축제가 자주 벌어진다.
④ 보행자를 위한 곳이다.
⑤ 꽃이 많이 피어 있는 거리이다.

**7** 환이가 다음과 같은 일을 한 시간을 알 수 있는 말을 쓰시오.

| 시간 | 한 일 |
| --- | --- |
| | 자전거 도로를 달려서 '꽃의 거리'로 갔다. |

**8** 환이가 이동한 장소 변화에 맞게 빈칸에 알맞은 말을 쓰시오.

자전거 전용 도로
⬇
꽃의 거리
⬇
(　　　　　　)

라 "쿠리치바 사람들은 도시 자체를 창조적인 종합 예술 작품이라고 생각한단다. 그래서 오래된 건물을 부수기보다는 아름답고 쓸모 있는 건물로 되살리려고 애쓰지. 쿠리치바는 예술적 재활용을 좌우명으로 삼고 있어."

"재활용을 하면 쓰레기도 적어지잖아요." / "그렇지!"

환이는 문득 엄마랑 재활용 빨랫비누를 만들던 일이 떠올랐습니다.

멍하니 생각에 빠진 환이의 어깨를 툭 치며 아빠가 물었습니다.

"무슨 생각을 그렇게 하니?" / 환이는 얼른 말꼬리(한마디 말이나 한 차례 말의 맨 끝)를 돌렸습니다.

"그런데 아빠, 조금 전에 쿠리치바를 종합 예술로 본다니 그건 무슨 뜻이지요?"

"응, 도시를 예술 작품처럼 만들고 가꾸어 나간다는 거야."

"음악, 미술, 연극 모두 포함해서요?"

"그렇지, 쿠리치바시는 자연환경뿐 아니라 역사와 문화도 재활용하고 아름답게 가꾸는 도시란다."

드디어 시청 청사에 도착했습니다. 아빠가 볼일을 마칠 때까지 환이는 혼자서 청사 밖을 거닐었습니다. 말이 안 통해서 누구를 잡고 함께 놀자고 할 수는 없었지만 조금도 지루하지 않았습니다. 청사에는 멋진 조각상들이 있었고, 벽에는 아름다운 벽화가 그려져 있었거든요. 특히나 청사 정면에 죽 깔려 있는 벽화는 너무나 아름다웠습니다. 둥근 달을 중심으로 왼쪽에는 나무가, 오른쪽에는 등대가 그려져 있었습니다. 은빛 달빛이 나무와 등대를 포근하게 감싸 안은 듯 온화했어요(날씨가 맑고 따뜻하며 바람이 부드러웠어요).

마 환이와 아빠는 시청 앞 거리로 나왔습니다.

아빠는 내친김에 거리 이곳저곳에 있는 아름다운 벽화들을 구경시켜 주었습니다.

"와, 너무나 멋져요!"

"도시의 벽화는 사람들의 마음을 순화하고(불순한 것을 제거하여 순수하게 하고) 환경을 아름답게 만들어 준단다."

특히나 환이의 시선을 끌었던 것은 이구아수강과 그곳에 사는 동물들을 그린 벽화였어요. 붉은빛을 띤 이구아수강과 나무들, 이름 모를 온갖 동물, 모두가 마냥 신기하기만 했습니다.

"아빠, 쿠리치바를 예술의 도시라고 불러도 되겠어요."

환이는 거리의 예술 작품들을 한국에 그대로 옮기고 싶다는 생각을 했습니다.

**9** 쿠리치바의 좌우명은 무엇인지 글에서 찾아 쓰시오.

(                    )

**10** 각 장소에서 환이가 한 일을 알맞게 선으로 이으시오.

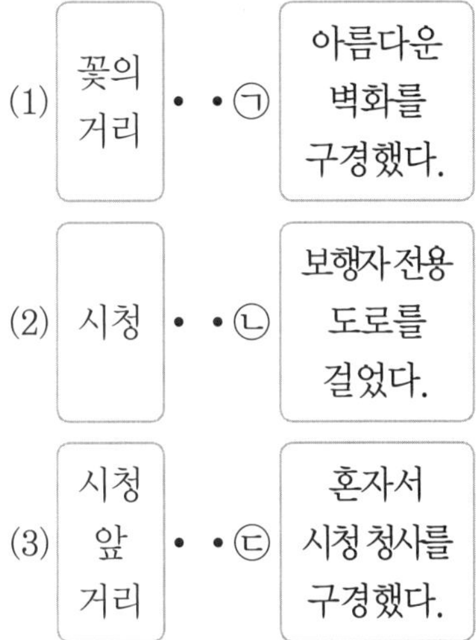


**11** 쿠리치바에 대한 내용으로 알맞은 것은 무엇입니까? (      )

① 예술가들만 살고 있는 도시이다.

② 영국의 밀턴킨스라는 곳에 있는 도시이다.

③ '꽃의 거리'는 자동차와 보행자가 함께 어우러지는 곳이다.

④ 오래된 건물을 부수고 아름답고 쓸모 있는 건물로 다시 짓는다.

⑤ 쿠리치바 사람들은 도시 자체를 예술적인 작품이라고 생각한다.

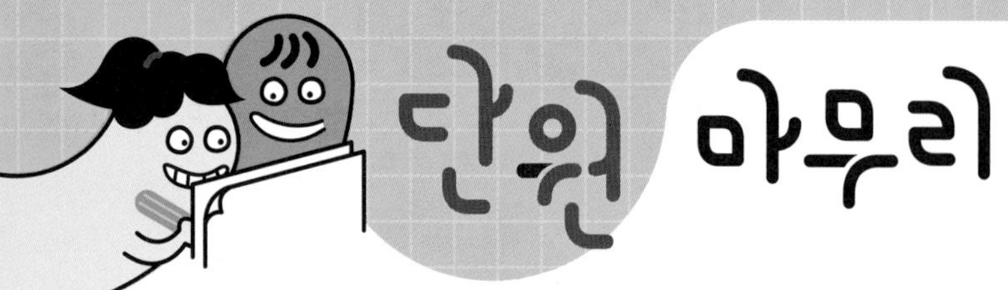

# 단원 마무리

**준비**

시간 흐름을 생각하며 이야기 읽기

예 「베짱베짱 베 짜는 베짱이」를 시간을 나타내는 말을 넣어 내용 간추리기

|  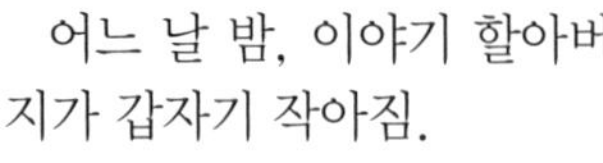 |  |  |
|---|---|---|
| 어느 날 밤, 이야기 할아버지가 갑자기 작아짐. | 이야기 할아버지가 마법 열매를 먹고 작아진 것을 안 뒤, 베짱이는 베틀로 베를 짬. | 베짱이가 베를 다 짠 뒤, 이야기 할아버지는 베짱이가 짠 베와 마법 열매를 바꾸러 쥐를 찾아감. |

|  |  |
|---|---|
| 마법 열매를 먹은 뒤, 이야기 할아버지는 원래대로 커짐. | 다음 날 밤, 이야기 할아버지는 동네 아이들에게 새로 지은 시 「베짱이」를 들려줌. |

➡ '어느 날 밤', '다음 날 밤'처럼 직접 ❶ ☐☐을/를 말하는 시간 표현 외에, '베짱이가 베를 다 짠 뒤', '마법 열매를 먹은 뒤'와 같이 시간을 짐작할 수 있게 해 주는 말이 있습니다.

**기본**

일하는 방법에 따라 내용을 파악하며 글 읽기

예 「실 팔찌 만들기」의 중요한 내용을 차례대로 간추리기

| 서로 다른 색깔 털실 세 줄, 셀로판테이프 |  | 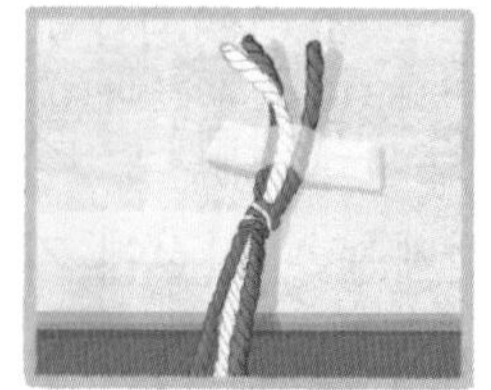 |
|---|---|---|
| ❷ ☐☐, 준비물을 준비한다. | 첫 번째, 서로 다른 색깔 실 세 가닥을 함께 잡고 매듭을 짓는다. | 두 번째, 셀로판테이프로 매듭 위쪽을 책상에 붙인다. |

|  |  |  |
|---|---|---|
| 세 번째, 실 세 가닥을 잡고 세 가닥 땋기를 한다. | 네 번째, 땋은 실 끝 쪽에 매듭을 짓는다. | 마지막으로, 양쪽 끝을 연결한다. |

**기본** ......

› 장소 변화에 따라 글의 내용 간추리기

예 「동물원에서」 '내'가 장소 변화에 따라 관찰한 것 간추리기

| 곤충관 | ❸ ☐☐☐ | 열대 조류관 | 큰물새장 |
|---|---|---|---|
| 톱사슴벌레는 몸 색깔이 갈색이고 톱날 모양의 큰턱이 있다. 먹이를 먹는 톱사슴벌레를 볼 수 있었다. ➡ | 수리부엉이는 몸길이가 70센티미터나 될 정도로 큰 새이다. 눈이 붉고 목이 앞뒤로 자유롭게 움직이며, 멸종 위기 동물이다. ➡ | 왕관앵무, 장미앵무, 회색앵무와 같이 색과 크기도 다양한 앵무새를 관찰했다. ➡ | 머리가 붉은색이고 목과 다리가 까만색인 새가 두루미, 다리가 붉은색인 새가 황새라는 사실을 알게 되었다. |

**기본** ......

› 글의 흐름에 따라 내용 간추려 쓰기

예 「즐거운 직업 체험」을 시간 흐름과 장소 변화에 따라 '내'가 한 일 정리하기

| 시간 | 장소 | 한 일 |
|---|---|---|
| | 학교 | 직업 체험학습 출발 |
| 열 시 | 직업 체험관 | 도착 |
| | ❹ ☐☐ 설계관 | 할아버지께 드릴 손수건 만들기 |
| 열한 시 | 제빵 학원 | 크림빵 만들기 |
| 열두 시 | 중앙 광장 | 점심 먹기 |
| 오후 한 시 | 소방서 | 소방관 체험 |
| 오후 두 시 반 | 버스 | 체험활동 마치고 버스 타기 |

# 단원 평가

• 단원 평가 더 풀기 >> 평가 교재 44~49쪽

**1~3** 글을 읽고, 물음에 답하시오.

> 할아버지가 베를 내주자, 쥐들은 할아버지에게 마법 열매를 주었습니다.
>
> 마루 밑에서 나온 할아버지는 열매를 입에 넣고 꿀꺽 삼켰습니다. 순간 할아버지 몸이 풍선처럼 부풀어 오르는 듯한 기분이 드는가 싶더니 본래 크기로 돌아왔습니다.
>
> 클로버밭은 작고 아담해 보였습니다. 화단 턱도 가볍게 오르내릴 수 있을 만큼 낮았고요. 모든 것이 평소와 다름없었습니다.
>
> 다음 날 밤, 이야기 할아버지 방으로 동네 아이들이 모여들었습니다.
>
> 할아버지가 새로 지은 시 「베짱이」를 들려주신다고 했거든요.

**1** 할아버지는 마법 열매를 어떻게 얻었습니까? ( )

① 클로버밭에 마법 열매가 열렸다.
② 쥐들이 마법 열매를 선물해 주었다.
③ 마루 밑에 마법 열매가 떨어져 있었다.
④ 동네 아이들이 마법 열매를 가져다주었다.
⑤ 쥐들에게 베를 내주자, 쥐들이 마법 열매를 주었다.

서술형

**2** 할아버지가 마법 열매를 먹자 어떤 일이 일어났는지 쓰시오.

중요

**3** 이 글의 한 장면을 다음과 같이 간추렸을 때, 빈칸에 들어갈 시간을 나타내는 말을 이 글에서 찾아 쓰시오.

> ( ), 이야기 할아버지는 동네 아이들에게 새로 지은 시 「베짱이」를 들려주었다.

**4~6** 글을 읽고, 물음에 답하시오.

> 실 팔찌 만들기의 준비물은 매우 ㉠간단합니다. 서로 다른 색깔 털실 세 줄, 셀로판테이프만 있으면 됩니다. 실은 굵을수록 엮기 쉬우므로 굵은 실을 준비하고 길이는 손목 둘레의 서너 배 정도로 자릅니다.
>
> 첫 번째, 서로 다른 색깔 실 세 가닥을 함께 잡고 매듭을 짓습니다. 실의 3~4센티미터를 남겨 두고 실 세 가닥을 한꺼번에 잡아 작은 원을 만듭니다. 그 뒤 짧은 쪽 실 세 가닥을 아까 만든 원 쪽으로 집어넣고 당기면 쉽게 매듭을 지을 수 있습니다.
>
> 두 번째, 셀로판테이프로 매듭 위쪽을 책상에 붙입니다. 셀로판테이프는 실 팔찌를 만드는 동안 실이 움직이거나 꼬이지 않게 고정하는 역할을 합니다.

**4** 실 팔찌 만들기의 준비물을 준비한 다음, 가장 먼저 할 일은 무엇입니까? ( )

① 세 가닥 땋기
② 양쪽 끝 연결하기
③ 실 끝 쪽에 고리 달기
④ 셀로판테이프로 매듭 위쪽을 책상에 붙이기
⑤ 서로 다른 색깔 실 세 가닥을 함께 잡고 매듭짓기

중요

**5** 이 글에서 차례를 나타내는 말 두 가지를 찾아 쓰시오.

( )

**6** ㉠과 뜻이 비슷한 낱말은 무엇인지 쓰시오.

( )

정답과 해설 ● 35쪽

**7~8** 글을 읽고, 물음에 답하시오.

> ㉠감기약을 먹을 때에는 물과 함께 먹어야 합니다. ㉡우유나 녹차, 주스와 같은 다른 음료와 함께 먹어서는 안 됩니다. ㉢또 물 이외에 밥이나 빵을 같이 먹어서도 안 됩니다.

**7** 감기약을 먹을 때 함께 먹어야 하는 것은 무엇입니까? (　　)

① 물　② 밥　③ 녹차
④ 우유　⑤ 주스

**8** 이 글의 내용을 간추릴 때, ㉠~㉢ 중 가장 중심이 되는 문장의 기호를 쓰시오.

(　　　　　　)

**9~10** 글을 읽고, 물음에 답하시오.

> 토요일 아침 일찍 출발해서, ㉠맨 처음 도착한 고창 관광지는 고인돌 박물관이었다. 고인돌 박물관에서는 영화와 유물들을 보면서 고인돌의 역사를 알 수 있었다. 박물관 일 층에서는 고인돌 영화를 봤고 이 층에서는 고인돌과 관련된 여러 유물을 봤다. 박물관을 다 둘러보고 나니 고인돌 박사가 된 것 같은 기분이었다.

중요

**9** 이 글에서 알 수 있는 시간과 장소를 나타내는 말을 쓰시오.

| | |
|---|---|
| 시간 | (1) |
| 장소 | (2) |

**10** 다음 중 ㉠과 바꾸어 쓸 수 있는 말은 무엇입니까? (　　)

① 끝으로　② 다음으로
③ 가장 먼저　④ 두 번째로
⑤ 마지막으로

**11~13** 글을 읽고, 물음에 답하시오.

> 곤충관 바로 옆은 '야행관'이었는데 주로 밤에 활동하는 동물들이 있는 곳이었다. 야행관에도 날개가 있는 동물들이 있었다. 바로 박쥐와 올빼미였다. 외국에서 산다는 과일박쥐도 인상깊었지만, 내 눈길을 끈 것은 수리부엉이이다. 수리부엉이는 천연기념물로 몸길이가 70센티미터나 될 정도로 큰 새이다. 날개를 접고 나뭇가지에 앉아 있는 것을 관찰했는데, 붉은 눈과 앞뒤로 자유롭게 움직이는 목이 신기했다. 가끔 날개를 펴고 앉은 자세를 고치기도 했는데, 날개를 퍼덕이는 모습에 큰 바람이 일 것 같았다. 이렇게 멋진 새가 멸종 위기 동물이라니, 자연을 보호해야겠다는 다짐을 했다.

중요

**11** 다음에서 설명하는 장소는 어디인지 쓰시오.

- 곤충관 바로 옆에 있다.
- 주로 밤에 활동하는 동물들이 있는 곳이다.
- 박쥐, 올빼미, 과일박쥐, 수리부엉이 등이 있다.

(　　　　　　)

**12** '내'가 관찰한 수리부엉이에 대한 설명으로 알맞지 않은 것은 무엇입니까? (　　)

① 천연기념물이다.
② 검은 눈을 가졌다.
③ 멸종 위기 동물이다.
④ 목이 자유롭게 움직인다.
⑤ 몸길이가 70센티미터나 되는 큰 새이다.

서술형

**13** 수리부엉이를 관찰한 뒤, '내'가 다짐한 것은 무엇인지 쓰시오.

8 단원

**14~16** 글을 읽고, 물음에 답하시오.

> 점심시간이 끝난 오후 한 시, 소방서에서 병주가 가장 기대하던 소방관 체험으로 활동을 시작했다. 소방관 복장을 하고, 소방차를 타고 출동하고, 불이 난 곳에 물도 뿌렸다. 원래 소방관에는 관심이 없었는데, 체험해 보니 내 적성에도 잘 맞고 보람도 있어서 미래에 소방관이 되어도 좋겠다고 생각했다.
>
> 소방관 체험을 마치고 나서 시계를 보니 두 시가 조금 넘었다. 두 시 반까지 버스에 타기로 우리 반 선생님과 약속했기 때문에 아쉽지만 체험 활동을 끝낼 수밖에 없었다.

**14** '내'가 소방관 체험에서 한 일이 아닌 것은 무엇입니까? (　　)

① 출동하기
② 소방차 타기
③ 응급 처치 하기
④ 소방관 복장 입기
⑤ 불이 난 곳에 물 뿌리기

**15** 체험 활동을 끝낸 까닭은 무엇입니까? (　　)

① 모든 체험을 다 해서
② 체험이 재미가 없어져서
③ 병주가 체험을 하다 다쳐서
④ 소방관 체험에서 옷이 다 젖어서
⑤ 버스에 타기로 선생님과 약속한 시간이 되어서

중요

**16** 이 글의 시간 흐름과 장소 변화에 따라 한 일을 선으로 이으시오.

| | | | | | | |
|---|---|---|---|---|---|---|
| (1) | 오후 한 시 | • | • ① | 버스 | • | • ㉠ 버스 타기 |
| (2) | 오후 두 시 반 | • | • ② | 소방서 | • | • ㉡ 소방관 체험 |

**17~20** 글을 읽고, 물음에 답하시오.

> 괴산 지역 이름은 시간에 따라 변해 왔습니다. 고구려 때에는 '잉근내군'이라고 불리다가, 신라 경덕왕 때 '괴양군'으로 바뀌었습니다. 그 뒤 고려 시대에는 '괴주'라고 불리다가, 조선 태종 때부터는 지금 이름인 '괴산'이라는 지명으로 불렸습니다.

**17** 이 글에서 소개하는 지역은 어디인지 쓰시오.

(　　　　　　　　　　)

**18** 이 글의 제목으로 가장 알맞은 것은 무엇이겠습니까? (　　)

① 괴산의 산막이 옛길
② 즐거운 괴산 여행을 하고
③ 괴산의 특산물, 한지를 아시나요?
④ 고구려 시대의 괴산의 모습을 살펴볼까요?
⑤ '괴산'이라는 이름은 어떻게 변해 왔을까요?

중요

**19** 이 글은 괴산이라는 지명 변화를 어떤 방법으로 정리하여 소개하였습니까? (　　)

① 일 차례대로 정리함.
② 시간 차례대로 정리함.
③ 장소 변화대로 정리함.
④ 원인과 결과를 자세하게 정리함.
⑤ 장점과 단점을 번갈아가며 정리함.

서술형

**20** 빈칸에 알맞은 괴산 지역의 이름을 쓰시오.

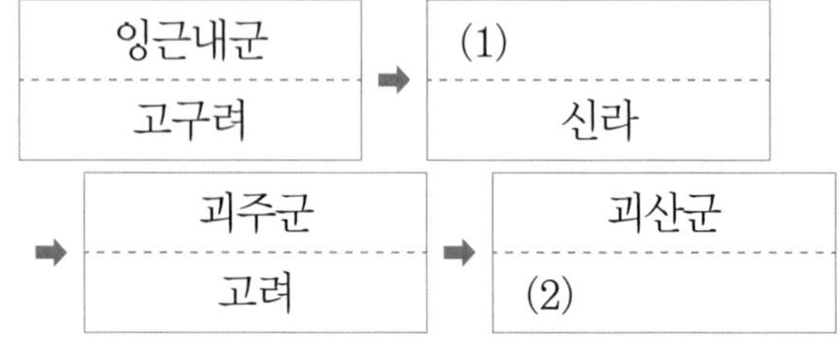

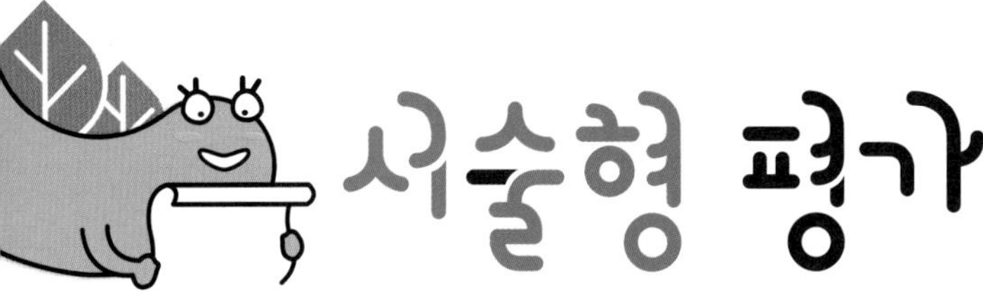


맞은 개수 개

정답과 해설 • 36쪽

8 단원

**1** 다음 글은 어떤 흐름에 주의하며 내용을 간추린 것인지 쓰시오.

- 첫 번째, 서로 다른 색깔 실 세 가닥을 함께 잡고 매듭을 짓는다.
- 두 번째, 셀로판테이프로 매듭 위쪽을 책상에 붙인다.
- 세 번째, 실 세 가닥을 잡고 세 가닥 땋기를 한다.
- 네 번째, 땋은 실 끝 쪽에 매듭을 짓는다.
- 마지막으로, 양쪽 끝을 연결한다.

**2** 다음 글을 장소 변화에 따라 간추려 쓰시오.

㉮ 토요일 아침 일찍 출발해서, 맨 처음 도착한 고창 관광지는 고인돌 박물관이었다. 고인돌 박물관에서는 영화와 유물들을 보면서 고인돌의 역사를 알 수 있었다.
㉯ 다음으로 간 곳은 동림 저수지 야생 동식물 보호 구역이었다. 동림 저수지는 겨울 철새가 많이 찾는 곳으로 우리 가족도 혹시 철새 떼의 춤을 볼 수 있을까 하는 기대로 방문해 보았다.
㉰ 아주 많은 수의 철새는 아니었지만 간간이 물 위로 날아오르는 가창오리들을 구경할 수 있었다.

| (1) 고인돌 박물관 | | (2) 동림 저수지 |
|---|---|---|
| | ➡ | |

**3** 다음 직업 체험관의 지도를 보고, 자신이 견학하고 싶은 장소와 하고 싶은 활동을 쓰시오.

**4** 다음 글은 어떤 글의 흐름으로 쓰였는지 쓰시오.

괴산 지역 이름은 시간에 따라 변해 왔습니다. 고구려 때에는 '잉근내군'이라고 불리다가, 신라 경덕왕 때 '괴양군'으로 바뀌었습니다. 그 뒤 고려 시대에는 '괴주'라고 불리다가, 조선 태종 때부터는 지금 이름인 '괴산'이라는 지명으로 불렸습니다.

( )

**5** 우리 지역의 자랑거리를 소개하는 글을 쓰려고 합니다. 다음 빈칸에 알맞은 내용을 쓰시오.

| 주제 정하기 | (1) |
|---|---|
| 조사 계획 세우기 | (2) |
| 조사한 내용 기록하기 | (3) |
| 글의 흐름 정하기 | (4) |

# 낱말 퀴즈

교과서 문장으로 확인하는 핵심 낱말 

● 다음 교과서 문장의 파란색 낱말 중에서 알맞은 것을 골라 인물들이 한 말을 완성하시오.

- 그럼 쥐를 찾아가서 부탁하면 되겠군. 지금 내 몸이라면 마루 밑에 들어갈 수 있으니!
- 마침내 베가 완성되었을 때, 할아버지는 감탄을 금치 못했습니다.
- 병원에서 의사와 충분하게 상담한 뒤 자신의 증세에 맞는 감기약을 처방받습니다.
- 감기약을 안전하고 효과적으로 먹는 것도 중요하지만, 감기에 걸리지 않게 예방하는 것도 중요합니다.

이 약만 먹으면 그 어떤 병도 다 ❶ ________ 할 수 있어.

❷ ________ 인데 저도 하나만 주세요.

그만둬! 약은 의사나 약사와 ❸ ________ 후 먹어야 해!

박사님 말이 사실이라면 정말 ❹ ________ 할 만한 일이에요.

정답 | ❶ 예방 ❷ 부탁 ❸ 상담 ❹ 감탄

# 작품 속 인물이 되어

## 무엇을 배울까요?

### 준비

- 글을 읽고 인물에 대해 이야기하기

### 기본

- 인물의 성격을 생각하며 극본을 소리 내어 읽기
- 알맞은 표정, 몸짓, 말투를 생각하며 극본 읽기
- 연극 준비하기

### 실천

- 우리 반 연극 발표회 하기

# 교과서 핵심

## 1 인물의 성격을 생각하며 극본을 소리 내어 읽기

① 인물의 말과 행동을 보고 인물의 성격을 짐작해 봅니다.
② 인물의 성격과 상황에 알맞은 말투를 상상하여 극본을 읽습니다.

예 「토끼의 재판」에서 인물의 성격에 알맞은 말투 상상하기

나그네가 문을 열자, 호랑이가 뛰쳐나와서 나그네를 잡아먹으려고 덤빈다.

나그네: 이게 무슨 짓이오? 약속을 지키지 않고…….

호랑이: 하하, 궤짝 속에서 한 약속을 궤짝 밖에 나와서도 지키라는 법이 어디 있어?

- 성격: 나그네는 남을 걱정하고 잘 돕는 성격이다.
- 말투: 당황스럽고 억울한 말투

- 성격: 호랑이는 고마움을 모르는 뻔뻔한 성격이다.
- 말투: 크고 당당한 목소리

## 2 알맞은 표정, 몸짓, 말투를 생각하며 극본 읽기

① 인물의 말과 행동을 통해 인물의 성격이나 마음을 짐작해 봅니다.
② 극본에서 인물의 표정, 몸짓, 말투를 알려 주는 부분을 찾아봅니다.
③ 인물의 성격이나 마음에 알맞은 표정, 몸짓, 말투를 상상하여 극본을 실감 나게 읽어 봅니다.

예 「토끼의 재판」에서 나그네에게 어울리는 표정, 몸짓, 말투 상상하기

| 상황 | 나그네의 성격이나 마음 | 상상한 표정, 몸짓, 말투 |
|---|---|---|
| | • 고맙다.<br>• 기쁘다. | 기쁜 표정으로 토끼를 쫓아가며 즐거운 말투 |

## 3 연극을 준비하여 연극 발표회 하기

| | |
|---|---|
| 공연 준비하기 | 공연할 장면 정하기, 소품 준비하기, 역할 정하기, 자신이 맡은 역할의 인물에게 어울리는 표정, 몸짓, 말투 상상하기 |
| 무대에서 움직일 방법 생각하기 | 인물이 설 곳과 소품을 둘 곳 생각하기, 인물이 입장할 곳과 퇴장할 곳 정하기, 정한 방법을 그림으로 나타내기 |
| 연극 연습하기 | 무대에 서 보기, 극본을 소리 내어 읽으며 연습하기, 친구와 함께 연습하기, 연극 전체 장면 연습하기 |
| 연극 발표회 하기 | • 자신이 맡은 역할 최종 점검 하기<br>• 연극 발표하기<br>• 친구들의 연극 발표를 예의를 지키며 관람하기 |

→ 연극을 볼 때 지켜야 할 예절
- 다른 친구들이 발표할 때 연습하지 않습니다.
- 발표를 끝낸 친구에게 박수를 보냅니다.
- 이야기를 하지 않고 집중해서 봅니다.

### 핵심 확인문제

정답과 해설 ● 37쪽

1 이야기 속 인물의 성격을 알 수 있는 것을 두 가지 쓰시오.
( )

2 인물에게 어울리는 말투를 상상하는 방법으로 알맞은 것에 ○표를 하시오.
(1) 인물의 생김새에 알맞은 말투를 상상한다. ( )
(2) 인물의 성격과 상황에 알맞은 말투를 상상한다. ( )

3 인물의 성격을 파악하고 알맞은 표정, 몸짓, 말투를 사용하면 극본을 ☐☐ 나게 읽을 수 있습니다.

4 다음은 연극을 준비하고 발표하는 과정 가운데 언제 할 일인지 ○표를 하시오.

공연할 장면과 각자 역할을 정한다.

(1) 공연 준비하기 ( )
(2) 연극 연습하기 ( )

5 친구들의 연극 발표를 관람할 때 무엇을 지켜야 하는지 쓰시오.
• ☐☐을/를 지킨다.

인물의 마음을 생각하며 읽기

## 대단한 줄다리기

• 글: 베벌리 나이두 • 옮김: 강미라 • 그림: 피에트 그로블러

❶ 옛날옛날, 산토끼 무툴라가 코로로 언덕의 굴 속에서 살고 있었어요. 어느 날 아침, 무툴라는 코가 따끔거려서 잠에서 깼어요. 무툴라는 코로로 언덕 아래로 깡충 뛰어갔어요.

그런데 갑자기 뭔가가 "우두둑, 뚝, 쿵!" 하고 부러지는 소리가 들렸어요. 코끼리 투루가 나타난 거예요.

"안녕, 투루."

투루는 질겅질겅(질긴 물건을 거칠게 자꾸 씹는 모양) 풀을 씹기만 할 뿐 아무 말도 하지 않았어요.

"안녕이라고 말했잖아, 투루!"

투루는 꼬리를 한 번 실룩 움직일 뿐 여전히 아무 말도 하지 않았어요.

"안녕이라고 말했잖아, 투루!"

무툴라는 이번에는 아주 크게 소리쳤어요.

㉠"그래서 어쩌라고? 이 꼬맹이야! 감히 아침 식사 하는 나를 귀찮게 해?"

"투루, 그렇게 ♥거만하게 굴 것까진 없잖아! 너는 몸집이 가장 크다고 네가 가장 힘이 센 줄 알지? 난 줄다리기를 하면 널 언제든 이길 수 있어!"

"네가? 너 같은 꼬맹이가? 흥, 푸우하하하!"

"내일 아침, 내가 밧줄을 가져올게. 그럼 내가 얼마나 힘이 센지 알게 될 거야!"

무툴라가 ♥자신만만하게 말했어요. 투루의 대답을 기다리지도 않고 무툴라는 물가로 깡충깡충 뛰어갔지요.

중심 내용 코끼리 투루가 산토끼 무툴라를 무시하자, 무툴라는 투루에게 줄다리기를 하자고 했다.

• **글의 종류**: 이야기
• **글의 특징**: 작고 영리한 산토끼 무툴라가 자신보다 힘세고 못된 코끼리 투루, 하마 쿠부를 골려 준다는 이야기로 각 인물의 마음과 성격이 잘 드러나 있습니다.

♥거만하게 잘난 체하며 남을 업신여기는 데가 있게.
♥자신만만하게 매우 자신이 있게.

**1** 무툴라가 사는 곳은 어디인지 쓰시오.

( )

**2** 투루는 어떤 동물입니까? ( )

① 사자 ② 하마 ③ 산토끼
④ 코끼리 ⑤ 코뿔소

**3** 무툴라가 투루에게 "안녕."이라고 말했을 때, 투루는 어떤 반응을 보였습니까? ( )

① 나무를 부러뜨렸다.
② "안녕." 하고 대답했다.
③ 아무 말도 하지 않았다.
④ 물가로 성큼성큼 걸어갔다.
⑤ 무툴라에게 밧줄을 내밀었다.

핵심 교과서 문제

**4** ㉠을 통해 알 수 있는 투루의 성격으로 알맞은 것은 무엇입니까? ( )

① 얌전하다. ② 게으르다.
③ 침착하다. ④ 잘난 체한다.
⑤ 상대방을 귀찮게 한다.

역량 교과서 문제

**5** 문제 4번에서 답한 투루의 성격으로 보아 ㉠은 어떤 표정, 몸짓, 말투로 읽는 것이 어울리겠습니까? ( )

① 당황하여 더듬거리며 말한다.
② 수줍게 고개를 숙인 채 말한다.
③ 힘없이 축 처진 어깨를 하고 말한다.
④ 걱정되는 목소리로 상대방의 어깨를 토닥인다.
⑤ 고개를 뒤로 젖히고 큰 목소리로 거들먹거린다.

## 준비

❷ 산토끼 무툴라는 눈을 반쯤 감고 물속에 잠겨 있는 하마 쿠부를 찾아냈어요.

"안녕, 쿠부."

쿠부는 무툴라를 쳐다보았지만 아무 말도 하지 않았어요.

"내가 안녕이라고 말했잖아, 쿠부."

쿠부는 눈을 감더니 아무 말 없이 물속으로 사라져 버렸어요. 쿠부의 머리가 다시 물 밖으로 나오자 무툴라는 아주 크게 소리쳤어요.

"쿠부, 내가 안녕이라고 말했잖아!"

"그래서 어쩌라고, 이 꼬맹이야! 감히 내 아침잠을 ♥방해하다니!"

㉠"쿠부, 그렇게 거만하게 굴 것까진 없잖아! 너는 몸집이 가장 크다고 네가 가장 힘이 센 줄 알지? 난 줄다리기를 하면 널 언제든 이길 수 있어!"

"㉡네가? 너 같은 꼬맹이가? 푸우하하하!"

"내일 아침, 내가 밧줄을 가져올게. 그럼 내가 얼마나 힘이 센지 알게 될 거야!"

무툴라가 자신만만하게 말했어요.

쿠부의 대답을 기다리지도 않고 무툴라는 깡충깡충 뛰어 그 자리를 떠났어요.

그날 내내 무툴라는 아주아주 길고 무지무지 튼튼한 밧줄을 열심히 만들었어요.

**중심 내용** 하마 쿠부도 무툴라를 무시하자, 무툴라는 쿠부에게도 줄다리기를 하자고 했다.

♥**방해**(妨 방해할 **방**, 害 해칠 **해**) 남의 일을 간섭하고 막아 해를 끼침. ㉠ 동생이 방해해서 공부를 못했다.

**교과서 핵심** ∘ **무툴라의 성격 알아보기**

| 말과 행동 | 성격 |
|---|---|
| • "그렇게 거만하게 굴 것까진 없잖아!"<br>• 투루와 쿠부에게 소리치는 행동 | 용기가 있다. |
| • "난 줄다리기를 하면 널 언제든 이길 수 있어!"<br>• "그럼 내가 얼마나 힘이 센지 알게 될 거야!" | 자신감이 있다. |

**6** 무툴라가 쿠부를 찾아갔을 때, 쿠부의 모습으로 알맞은 것은 무엇입니까? (    )

① 음식을 먹고 있었다.
② 투루와 놀고 있었다.
③ 줄다리기를 하고 있었다.
④ 다른 친구들과 인사를 하고 있었다.
⑤ 눈을 반쯤 감고 물속에 잠겨 있었다.

핵심

**7** ㉠을 통해 알 수 있는 무툴라의 성격으로 알맞은 것을 두 가지 고르시오. (    ,    )

① 게으르다. ② 어리석다.
③ 소심하다. ④ 용기가 있다.
⑤ 자신감이 있다.

교과서 문제

**8** ㉡의 말투를 표현한 것으로 알맞은 것은 무엇입니까? (    )

① 비웃으며 말한다.
② 무서워하며 말한다.
③ 불쌍해하며 말한다.
④ 깜짝 놀라며 말한다.
⑤ 안쓰러워하며 말한다.

**9** 무툴라가 쿠부를 만나고 와서 한 일은 무엇입니까? (    )

① 투루에게 인사를 하러 갔다.
② 길고 튼튼한 밧줄을 만들었다.
③ 힘이 나는 음식을 많이 먹었다.
④ 달리기 연습을 하기 위해 뛰었다.
⑤ 자신과 함께 줄다리기를 할 친구들을 찾아다녔다.

❸ 다음 날, ㉠해님이 오렌지색과 빨간색 햇살로 달님에게 길을 비키라는 ♥경고를 보내기도 전에 무툴라는 자리에서 일어났어요. 그리고 ㉡해님이 레농산 위로 고개를 내밀 때 무툴라는 벌써 코로로 언덕 아래로 깡충깡충 뛰어 내려왔지요. 길고 튼튼한 밧줄을 한쪽 어깨에 걸치고요.

코끼리 투루는 역시나 언덕에 있었어요!

"안녕, 투루! 내가 밧줄을 가져왔어."

"흥!"

무툴라는 가까이 가서 밧줄의 한쪽 끝을 투루에게 내밀었어요.

"이걸 잡아. 난 다른 쪽 끝을 잡고 저 너머로 달려갈게."

무툴라는 빽빽한 덤불숲을 가리켰어요.
(덤불숲: 덤불이 들어찬 수풀)

"당길 준비가 되면 이렇게 휘파람을 불게. 휘이이이익!"

**중심 내용** 무툴라는 밧줄의 한쪽 끝을 투루에게 잡으라고 했다.

❹ 그다음, 무툴라는 파리처럼 재빠르게 움직여 빽빽한 덤불숲 쪽으로 깡충깡충 뛰어갔어요. 하지만 무툴라는 덤불숲에서 멈추지 않았어요. 무툴라에게는 물웅덩이까지 닿을 수 있는 긴 밧줄이 있었어요.

하마 쿠부는 무툴라를 못 본 척하며 물속에 들어가 있었어요.

"안녕, 쿠부! 내가 밧줄을 가져왔어."

"푸우우!"

무툴라는 가까이 다가가서 밧줄의 한쪽 끝을 하마 쿠부에게 내밀었어요.

"이걸 잡아. 저 덤불숲이 보이지? 밧줄의 한쪽 끝을 저 뒤에다 두었어. 난 달려가서 그걸 잡을 거야. 내가 당길 준비가 되면 휘파람을 불게. 이렇게. 휘이이이익!"

무툴라는 쿠부가 밧줄을 꽉 물 때까지 숨죽이고 기다렸어요. 무툴라는 ♥영양처럼 재빨리 덤불숲으로 뛰어갔어요.

**중심 내용** 무툴라는 밧줄의 다른 한쪽 끝을 쿠부에게 잡으라고 했다.

♥경고 조심하거나 삼가도록 미리 주의를 줌. 또는 그 주의.

♥영양 솟과의 포유류 중 야생 염소, 산양 따위의 짐승을 통틀어 이르는 말.

**10** ㉠과 ㉡이 나타내는 때를 알맞게 선으로 이으시오.

(1) ㉠ •　　• ① 해가 뜨기 전

(2) ㉡ •　　• ② 해가 뜨기 시작할 때

**11** 투루와 쿠부가 있는 장소는 각각 어디인지 쓰시오.

(1) 투루가 있는 곳 : (　　　　　　)

(2) 쿠부가 있는 곳 : (　　　　　　)

**12** 무툴라는 투루와 쿠부에게 각각 줄을 당길 준비가 되면 어떻게 알려 준다고 했습니까? (　　)

① "시작!"이라고 외치겠다.
② '3, 2, 1'과 같이 숫자를 세겠다.
③ 푸우우! 바람 소리를 내겠다.
④ 휘이이이익! 휘파람을 불겠다.
⑤ 삐이이이익! 호루라기를 불겠다.

**13** 글 ❸~❹에서 알 수 있는 무툴라의 계획은 무엇이겠는지 쓰시오.

(　　　　　　　　　　　　)

# 준비



❺ 무툴라는 꼭꼭 숨자마자 숨을 깊이깊이 들어마신 다음 있는 힘껏 휘파람을 불었어요. "휘이이이익!" 그러자 양쪽 끝에서 투루와 쿠부가 밧줄을 잡아당기기 시작하는 소리가 들렸어요. 둘은 밧줄을 당기고 당기고 또 당겼어요. 먼저 코끼리 투루가 영차영차 끙끙 밧줄을 잡아당기자 하마 쿠부는 몸을 부르르 떨며 ♥버텼어요. 그다음엔 하마 쿠부가 영차영차 끙끙 밧줄을 잡아당기자 코끼리 투루가 몸을 부르르 떨며 버텼어요. 무툴라는 너무 재미있어서 깔깔 웃느라 배가 다 아팠어요.

줄다리기는 해가 뜰 때 시작되어 해가 질 때까지 계속되었어요. 투루와 쿠부는 둘 다 지고 싶지 않아서 줄다리기를 그만두지 않았어요. 하지만 해님이 달님에게 길을 양보하려는 순간(해가 질 때), 코끼리 투루는 더 이상 1초도 버틸 수 없었어요. 하마 쿠부 역시 이제 포기해야겠다고 느꼈지요. 그래서 둘은 동시에 밧줄을 놓았어요!

**중심 내용** 투루와 쿠부는 해가 뜰 때부터 질 때까지 힘을 다해 줄다리기를 하다가 동시에 포기했다.

❻ '이제 가야겠다. 가서 저녁을 먹어야지.'

어느새 달님이 레농산 위로 고개를 ♥빠끔히 내밀자 무툴라는 깡충깡충 뛰어갔어요. 그리고 마지막으로 한 번 더 크게 "휘이이이익!" 하고 휘파람을 불었답니다.

**중심 내용** 무툴라는 휘파람을 불며 저녁을 먹으러 갔다.

♥버텼어요 쓰러지지 않거나 밀리지 않으려고 팔, 다리 따위로 몸을 지탱했어요.
㉠ 바람에 몸이 뒤로 가려고 했지만 두 다리에 힘을 주고 간신히 버텼어요.

♥빠끔히 작은 구멍이나 틈 사이로 조금만 보이며.

**교과서 핵심** • 투루와 쿠부의 성격

| 말과 행동 | 성격 |
|---|---|
| 무툴라의 인사를 듣고 아무 말도 하지 않는 행동 | 다른 사람이 하는 말을 잘 듣지 않는다. |
| • "감히 아침 식사 하는 나를 귀찮게 해?"<br>• "감히 내 아침잠을 방해하다니!"<br>• 밧줄을 가져 온 무툴라를 보고도 못 본 척하는 행동 | 잘난 체한다. |
| 해가 질 때까지 줄다리기를 하는 행동 | 어리석다. |

**14** 줄다리기를 하고 있는 두 인물을 골라 ○표를 하시오.

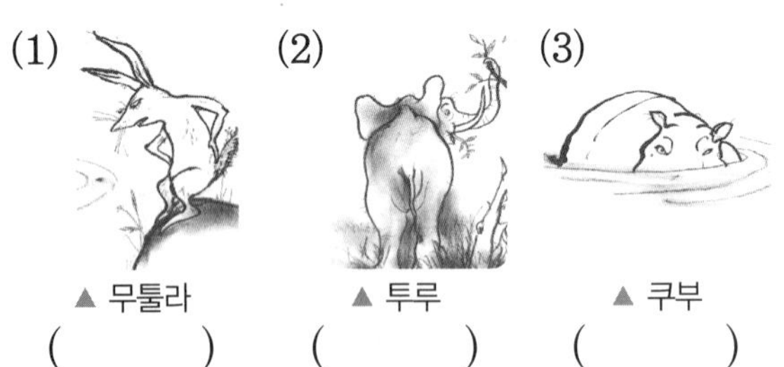

(1) ▲ 무툴라 (　　)　(2) ▲ 투루 (　　)　(3) ▲ 쿠부 (　　)

**15** 줄다리기의 결과는 어떠했습니까? (　　)

① 무승부였다.
② 투루가 이겼다.
③ 쿠부가 이겼다.
④ 줄다리기 밧줄이 끊어졌다.
⑤ 승부가 나지 않아 내일 다시 줄다리기를 하기로 했다.

**16** 글 ❻에서 알 수 있는 무툴라의 마음은 어떠합니까? (　　)

① 슬픈 마음　② 무서운 마음
③ 미안한 마음　④ 신나는 마음
⑤ 걱정하는 마음

**17** 이 글에 나오는 인물에 대하여 알맞게 말한 친구의 이름을 쓰시오.

지용: 꾀를 내어 투루와 쿠부에게 본때를 보여 준 무툴라는 똑똑해.
예진: 해가 질 때까지 줄다리기를 한 투루와 쿠부는 성실하고 끈기가 있어.

(　　　　)

## 인물의 성격을 생각하며 극본을 소리 내어 읽기

정답과 해설 ● 38쪽



앞으로 일어날 일을 상상하며 「토끼의 재판」 앞부분 읽기

### 토끼의 재판

방정환

- 때: 옛날 옛적, 호랑이 담배 피우던 때
- 곳: 산속
- 등장인물: 호랑이, 사냥꾼 1, 사냥꾼 2, 나그네, 소나무, 길, 토끼

❶ 막이 열리면 산속 외딴길에 나무가 한 그루 서 있다. 커다란 호랑이를 넣은 궤짝이 놓여 있고, 나무 밑에서 사냥꾼들이 땀을 씻으며 이야기를 하고 있다. 바람 부는 소리와 나무 흔들리는 소리가 들린다.

사냥꾼 1: 여보게, 목이 마른데 근처에 샘이 없을까?

사냥꾼 2: 나도 목이 마른데 같이 찾아볼까?

사냥꾼 1: 얼른 갔다 오세.

두 사람은 아래로 내려간다. 바람 부는 소리와 나무 흔들리는 소리가 들린다.

호랑이: 아! 뛰쳐나가고 싶어 못 견디겠다. 아이고, 배고파. (머리로 문짝을 ♥떼밀어 보고) 안 되겠는걸! 여기서 나가기만 하면 우선 저 사냥꾼을 잡아먹고, 사슴이나 토끼를 닥치는 대로 잡아먹어야지. (머리로 또 문을 밀어 보고) ㉠아무리 해도 안 되겠는걸. (그냥 쭈그리고 앉는다.)

**중심 내용** 사냥꾼들에게 잡혀 궤짝에 갇힌 호랑이는 사냥꾼들이 샘을 찾으러 간 사이에 궤짝을 나가려고 했지만 실패했다.

❷ 나그네가 지나간다.

호랑이: (반가운 목소리로) 나그네님!

나그네: 누가 나를 부르나? (사방을 둘러본다.)

호랑이: 나그네님, 저를 좀 구해 주십시오.

나그네: (궤짝을 들여다보고) 이크, 호랑이구려! 무슨 일이오?

- **글의 종류**: 극본
- **글의 특징**: 은혜를 모르고 자신을 구해 준 나그네를 잡아먹으려고 한 호랑이를 꾀 많은 토끼가 다시 함정에 빠뜨린다는 이야기의 연극 극본으로, 인물의 말과 행동에 인물의 성격이 잘 나타나 있습니다.

♥떼밀어 남의 몸이나 어떤 물체 따위를 힘을 주어 밀어.

**1** 이 글의 배경이 되는 장소는 어디입니까? (   )

① 동굴 ② 산속 ③ 동물원 ④ 바닷가 ⑤ 사냥꾼의 집

**2** 이 글에 나오지 않는 인물은 누구입니까? (   )

① 토끼 ② 사자 ③ 나그네 ④ 사냥꾼 ⑤ 소나무

**3** 호랑이가 갇혀 있는 곳은 어디입니까? (   )

① 덫 ② 궤짝 ③ 상자 ④ 우리 ⑤ 감옥

**4** 사냥꾼들이 호랑이를 두고 간 까닭은 무엇입니까? (   )

① 배가 고파서 밥을 먹기 위해
② 목이 말라서 샘을 찾기 위해
③ 날씨가 추워서 불을 피우기 위해
④ 다리가 아파서 쉴 곳을 찾기 위해
⑤ 호랑이가 무거워서 사람들을 데려오기 위해

**5** ㉠에 나타난 호랑이의 마음으로 알맞은 것은 무엇입니까? (   )

① 미안한 마음
② 행복한 마음
③ 원망하는 마음
④ 포기하는 마음
⑤ 자신만만한 마음

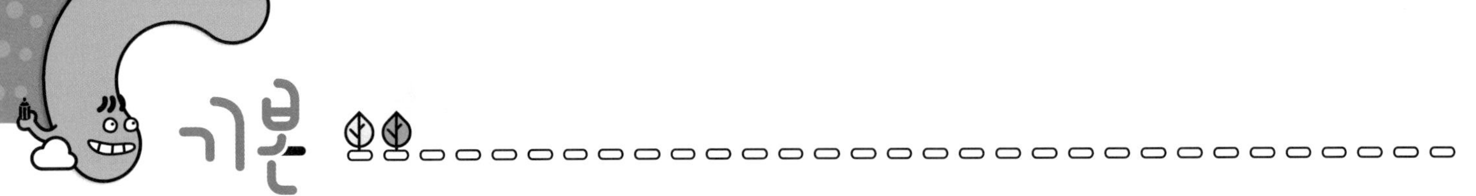


호랑이: ㉠나그네님, 제발 문고리를 따고 문짝을 좀 열어 주십시오.

나그네: 뭐요? 문을 열어 달라고? 열어 주면 뛰쳐나와서 나를 잡아먹을 것이 아니오?

호랑이: 아닙니다. 제가 ♥은혜를 모르고 그런 짓을 할 리가 있겠습니까? (앞발을 비비며 자꾸 절을 한다.)

나그네: ㉡허허, 알았소. 설마 거짓말이야 하겠소? 내가 이 궤짝 문을 열어 주리다. 그 대신 약속을 꼭 지키시오.

호랑이: 네, 얼른 좀 열어 주십시오. 배가 고파서 눈이 빠질 지경입니다.

지경: 경우, 형편, 정도의 뜻을 나타내는 말

**중심 내용** 나그네는 자신을 잡아먹지 않겠다고 약속한 호랑이를 궤짝에서 꺼내 주었다.

❸ 나그네가 문을 열자, 호랑이가 뛰쳐나와서 나그네를 잡아먹으려고 덤빈다.

나그네: 이게 무슨 짓이오? 약속을 지키지 않고…….

호랑이: ㉢하하, 궤짝 속에서 한 약속을 궤짝 밖에 나와서도 지키라는 법이 어디 있어?

나그네: 조금 전에 은혜를 모를 리가 있겠느냐고 하면서 ♥애걸복걸하지 않았소?

호랑이: 은혜 모르기는 사람이 더하지. 그러니까 사람은 보는 대로 잡아먹어도 괜찮아.

나그네: ㉣아니, 그런 법이 어디 있소? 우리, 누가 옳은지 한번 물어보세.

호랑이: 좋아, 소나무에게 물어보자.

**중심 내용** 호랑이가 약속을 어기고 나그네를 잡아먹으려고 하자, 나그네와 호랑이는 누가 옳은지 소나무에게 물어보기로 했다.

♥은혜 고맙게 베풀어 주는 신세나 혜택.
예 어머니의 은혜는 하늘보다도 넓고 바다보다도 깊다.

♥애걸복걸(哀 슬플 애, 乞 빌 걸, 伏 엎드릴 복, 乞 빌 걸) 소원 따위를 들어 달라고 애처롭게 사정하며 간절히 빎.

**교과서 핵심** ◦인물의 성격에 알맞은 말투를 상상하여 소리 내어 읽기

| 인물 | 성격 | 대사 | 말투 |
|---|---|---|---|
| 호랑이 | 고마움을 모르고 뻔뻔한 성격 | ㉠의 말 | 간절함. |
| | | ㉢의 말 | 크고 당당함. |
| 나그네 | 남을 걱정하고 잘 돕는 성격 | ㉡의 말 | 인자하고 너그러움. |
| | | ㉣의 말 | 당황하고 억울함. |

**6** ㉠~㉣에서 호랑이와 나그네의 말투가 어떻게 바뀌었을지 쓰시오.

| | 호랑이 | | 나그네 |
|---|---|---|---|
| ㉠ | 간절한 말투 | ㉡ | 인자하고 너그러운 말투 |
| | ⬇ | | ⬇ |
| ㉢ | (1) | ㉣ | (2) |

**7** 글 ❷에서 호랑이가 나그네와 한 약속을 쓰시오.

( )

핵심

**8** 글 ❷에서 알 수 있는 나그네의 성격은 어떠한지 짐작하여 쓰시오.

논술형

**9** 글 ❸에서 자신이 나그네라면 어떤 마음이 들었을지 쓰시오.

❹ 나그네: ㉠소나무님, 소나무님! 당신도 보셨으니까 사정을 아시지요? 호랑이가 옳습니까, 제가 옳습니까?

소나무: 물론 호랑이가 옳지. 왜냐하면 사람은 내가 맑은 공기를 마시게 해 주는데도 나를 마구 꺾고 ♥베어 버리기 때문이야. 호랑이야, 얼른 잡아먹어 버려라.

호랑이: ㉡자, 어때? 내가 옳지?

나그네: (머리를 긁으며) 길한테 한 번 더 물어보세. 길님, 길님! 다 보고 들으셨지요? 호랑이가 옳습니까, 제가 옳습니까?

길: 물론 호랑이가 옳지. 왜냐하면 사람들은 날마다 나를 밟고 다니면서도 고맙다는 말 한마디를 하지 않기 때문이야. 코나 흥흥 풀어 팽개치고, 침이나 탁탁 뱉잖아? 호랑이야, 얼른 잡아먹어 버려라.

호랑이가 입을 쩍 벌리고 나그네를 잡아먹으려고 한다.

나그네: (기운 없는 목소리로) 잠깐, 한 번 더 물어봐야지. ♥재판도 세 번은 해야 하지 않소?

호랑이: (자신만만하게) 그래? 그러면 이번이 마지막이다.

나그네: 이번에는 누구에게 물어보아야 하나? 마지막인데……. (♥풀이 죽은 모습으로 고개를 숙인다.)

중심 내용 소나무와 길은 호랑이가 나그네를 잡아먹어도 된다고 했다.

♥베어 날이 있는 연장 따위로 무엇을 끊거나 자르거나 갈라.

♥재판(裁 마를 재, 判 판가름할 판) 옳고 그름을 따져 판단함.

♥풀 세찬 기세나 활발한 기운.

**10** ㉠을 말할 때 나그네는 어떤 마음이 들었겠습니까? ( )

① 걱정하는 마음
② 돕고 싶은 마음
③ 신나고 행복한 마음
④ 자랑스럽고 우쭐한 마음
⑤ 간절하게 기대하는 마음

핵심

**11** ㉡을 읽을 때 알맞은 말투에 ○표를 하시오

(1) 뻔뻔하고 당당한 말투 ( )
(2) 따뜻하고 다정한 말투 ( )
(3) 부끄러워서 더듬거리는 말투 ( )

교과서 문제

**12** 글 ❶~❹의 내용을 다음과 같이 정리할 때, 빈칸에 알맞은 말을 쓰시오.

사냥꾼들은 잡은 호랑이를 궤짝에 넣어 두고 물을 마시러 감.

⬇

호랑이가 나그네에게 잡아먹지 않을 테니 구해 달라고 부탁함.

⬇

나그네가 호랑이를 궤짝에서 꺼내 주자 호랑이는 나그네를 잡아먹겠다고 위협함.

⬇

호랑이와 나그네가 (1)( )과/와 (2)( )에게 누가 옳은지 묻자 둘 다 호랑이가 옳다고 함.

# 기본 — 알맞은 표정, 몸짓, 말투를 생각하며 극본 읽기

정답과 해설 ● 38쪽

이어질 내용을 생각하며 「토끼의 재판」 뒷부분 읽기

❺ 하얀 토끼가 지나간다.

나그네: 토끼님, 토끼님! 재판 좀 해 주세요. 이 궤짝 속에 갇힌 호랑이를 살려 준 나하고, 살려 준 나를 잡아먹으려는 호랑이하고 누가 옳습니까?

토끼: (귀를 기울이고 한참 생각하다) 누가 누구를 살려 주었어요? 누가 누구를 잡아먹으려 해요? 아, 당신이 이 호랑이를 잡아먹으려고 해요?

나그네: 아니지요. 내가 호랑이를 잡아먹으려 하는 게 아니라, 이 호랑이가 궤짝에 갇혀 있었는데 내가 살려 주었어요.

토끼: 네, 알았습니다. 그러니까 이 호랑이하고 당신이 궤짝 속에 갇혀 있었다고요?

나그네: 아니지요. 호랑이가…….

호랑이: ㉠(답답하다는 듯이 화를 내며) 왜 이렇게 말귀(말이 뜻하는 내용)를 못 알아듣지? (궤짝 속으로 들어가며) 이 궤짝 속에 내가 이렇게 있었어. 내가 이렇게 갇혀 있었단 말이야. 알았지?

㉡토끼가 얼른 달려들어 문고리를 걸어 잠근다.

토끼: (웃으면서) 이제야 알았습니다. 설명하시지 않아도 잘 알겠습니다. 호랑이님이 어떻게 이 궤짝 속에 들어갔는지 잘 알았습니다. 그럼 저는 바빠서 이만 가 보겠습니다.

나그네: (토끼를 쫓아가며) 토끼님, 대단히 고맙습니다. 이 은혜를 어떻게 갚아야 할지…….

호랑이는 궤짝 속에 쭈그려 울부짖고, 사냥꾼들이 돌아와 궤짝을 메고(어깨에 걸치거나 올려놓고) 고개를 넘어간다. 즐거운 음악이 흐르며 막이 내린다(연극이 끝남.).

**중심 내용** 토끼는 나그네의 말을 못 알아듣는 척하여 호랑이가 스스로 궤짝에 들어가도록 했다.

**교과서 핵심** ● 인물에 어울리는 표정, 몸짓, 말투 상상하기

| 인물 | 말이나 행동 | 성격이나 마음 | 상상한 표정, 몸짓, 말투 |
|---|---|---|---|
| 호랑이 | "(답답하다는 듯이 화를 내며) 왜 이렇게 말귀를 못 알아듣지?" | • 답답하다.<br>• 화를 잘 낸다. | 답답한 표정으로 가슴을 치며 큰 소리로 |
| 토끼 | 토끼가 얼른 달려들어 문고리를 걸어 잠근다. | • 통쾌하다.<br>• 지혜롭다.<br>• 꾀가 많다. | 즐거운 표정으로 빠르게 움직이며 기쁜 말투로 |

**1** 핵심 ㉠에서 알 수 있는 호랑이의 마음으로 알맞은 것은 무엇입니까? (　　)

① 두렵다. ② 즐겁다. ③ 답답하다. ④ 통쾌하다. ⑤ 속상하다.

**2** 호랑이가 다시 궤짝 속으로 들어간 까닭은 무엇인지 쓰시오.

(　　　　　　　　　　　　　　　　)

교과서 문제

**3** ㉡의 상황에서 짐작할 수 있는 토끼의 성격으로 알맞은 것은 무엇입니까? (　　)

① 어리석다. ② 꾀가 많다. ③ 화를 잘 낸다. ④ 신경질적이다. ⑤ 잘난 체를 한다.

**4** 이와 같은 글을 실감 나게 읽는 방법으로 알맞지 않은 것의 번호를 쓰시오.

① 인물의 마음을 생각하며 읽는다.
② 인물의 성격보다는 주어진 상황을 중심으로 생각하며 읽는다.
③ 자신이 그 인물이라면 어떠한 표정, 몸짓, 말투를 사용할지 상상하며 읽는다.

(　　　　　　　　)

9 단원

**1** 다음 장면을 공연할 때, 필요한 소품으로 알맞지 않은 것은 무엇입니까? ( )

① 큰 상자 ② 토끼 머리띠
③ 사냥꾼의 옷 ④ 호랑이 머리띠
⑤ 사냥꾼의 활과 화살

**2** 연극에 필요한 소품을 준비하는 방법을 바르게 말한 친구는 누구인지 모두 쓰시오.

주형: 평소 사용하는 물건 중에 찾아서 준비하면 돼.
지민: 없는 소품은 그림으로 그리거나 있다고 생각하고 표현해도 돼.
윤지: 재활용품으로 만들면 허술해 보이니까 재료를 새로 사서 만드는 것이 좋아.

( )

핵심

**3** 「토끼의 재판」 연극 발표회를 하려고 합니다. 모둠 친구들과 연극을 준비하는 과정을 차례로 정리하여 기호를 쓰시오.

㉠ 역할 정하기
㉡ 발표회에 필요한 소품 준비하기
㉢ 맡은 역할의 인물에 대하여 생각하기

( ) → ( ) → ( )

**4** 연극 발표회를 준비할 때 무대와 관련하여 고려할 점으로 알맞지 않은 것은 무엇입니까? ( )

① 소품을 둘 곳
② 인물이 설 곳
③ 인물이 입장하는 곳
④ 인물이 퇴장하는 곳
⑤ 인물에 어울리는 표정

**5** 다음 장면으로 연극 연습을 할 때 밑줄 그은 부분에 어울리는 표정, 말투, 몸짓을 세 가지 고르시오. ( , , )

나그네: 조금 전에 은혜를 모를 리가 있겠느냐고 하면서 애걸복걸하지 않았소?
호랑이: 은혜 모르기는 사람이 더하지. 그러니까 사람은 보는 대로 잡아먹어도 괜찮아.
나그네: <u>아니, 그런 법이 어디 있소? 우리, 누가 옳은지 한번 물어보세.</u>

① 밝은 표정
② 속상한 표정
③ 억울한 말투
④ 답답해하는 몸짓
⑤ 자신만만한 말투

교과서 핵심

● 연극 발표회를 준비하는 과정

| | |
|---|---|
| 공연 준비하기 | 공연할 장면 정하기, 소품 준비하기, 역할 정하기, 자신이 맡은 역할의 인물에게 어울리는 표정, 몸짓, 말투 상상하기 |
| 무대에서 움직일 방법 생각하기 | 인물이 설 곳과 소품을 둘 곳 생각하기, 인물이 입장할 곳과 퇴장할 곳 정하기, 정한 방법을 그림으로 나타내기 |
| 연극 연습하기 | 무대에 서 보기, 극본을 소리 내어 읽으며 연습하기, 친구와 함께 연습하기, 연극 전체 장면 연습하기 |

# 실천

## 우리 반 연극 발표회 하기

정답과 해설 ● 39쪽

교과서 문제

**1** 연극을 볼 때 지켜야 할 예절로 알맞은 것은 무엇입니까? ( )

① 집중해서 본다.
② 이야기를 하면서 본다.
③ 발표를 하는 중에 박수를 보낸다.
④ 필요한 경우 중간에 돌아다녀도 된다.
⑤ 다른 친구들이 발표할 때에도 계속 연습한다.

논술형

**2** 연극을 볼 때 예절을 지켜야 하는 까닭은 무엇일지 쓰시오.

교과서 문제

**3** 연극 발표회를 하기 전에 자신이 맡은 역할을 최종 점검 한 내용으로 알맞지 않은 것은 무엇입니까? ( )

① 상대를 바라보면서 말과 행동을 해 본다.
② 대사를 분명한 발음으로 말하고 있는지 확인한다.
③ 인물의 표정, 몸짓, 말투를 좀 더 실감 나게 해 본다.
④ 대사를 최대한 큰 목소리로 말하고 있는지 확인한다.
⑤ 관람하는 친구들이 있다고 생각하고 무대에 서서 말한다.

**4** 연극 발표회에서 인물의 표정, 몸짓, 말투를 실감 나게 표현한 친구는 누구인지 쓰시오.

주호: 평소 내가 쓰는 말투로 표현했다.
정아: 인물의 마음이 잘 드러나는 표정과 몸짓으로 표현했다.

( )

핵심 역량

**5** 연극 발표회를 할 때 다음은 어떤 과정에서 해야 할 일인지 보기 에서 각각 알맞은 기호를 찾아 쓰시오.

보기
㉠ 준비할 때 ㉡ 관람할 때
㉢ 발표회를 할 때

| | |
|---|---|
| (1) ( ) | • 맡은 인물이 어떤 성격인지 생각한다.<br>• 친구가 어떻게 반응할지 생각하며 맡은 역할을 연습한다. |
| (2) ( ) | • 큰 소리로 말하고 진지하게 참여한다.<br>• 인물의 성격을 생각하며 알맞은 표정, 몸짓, 말투로 발표한다. |
| (3) ( ) | 예의를 지키며 연극을 관람한다. |

### 교과서 핵심

● 연극 발표회의 준비, 발표, 감상 과정에서 자신의 행동 돌아보기

**연극을 준비할 때**
• 역할을 정할 때 열심히 참여한다.
• 맡은 인물이 어떤 성격인지 생각한다.
• 친구가 어떻게 반응할지 생각하며 연습한다.

**연극 발표회를 할 때**
• 큰 소리로 말한다.
• 인물의 성격을 생각하며 알맞은 표정, 몸짓, 말투로 발표한다.
• 진지하게 참여한다.

**연극을 관람할 때**
• 집중해서 본다.
• 조용히하고 이야기하지 않는다.
• 발표를 끝낸 친구에게 박수를 보낸다.
• 다른 친구들이 발표할 때 연습하지 않는다.

## 기본 • 183~185쪽 인물의 성격을 생각하며 극본을 소리 내어 읽기

### 은혜 갚은 개구리

아내: (반가운 표정으로 마중을 나오며) 여보, 왜 이제야 오셨어요. 쌀은 어디 있어요?

농부: (미안한 표정으로) ㉠쌀은 가져오지 못했소. 미안하오. (바가지를 내밀며) 오다가 개구리가 불쌍해서 쌀과 바꾸었다오.

아내: (실망한 표정으로) ㉡이 바가지는 뭐예요? 당장 먹을 것도 없는데……. (한숨을 쉬며 바가지를 들고 부엌으로 간다.)

잠시 뒤, 아내가 부엌에서 바가지를 들고 헐레벌떡 뛰어나온다.

아내: (흥분하여) 여보, 여보! 이것 좀 보세요. 바가지에 쌀이 가득 들었어요!

농부: 뭐라고요? (바가지를 들여다보고 깜짝 놀라며) 아니, 이게 웬 쌀이오!

아내: (기뻐하며) 모르겠어요. 당신이 준 바가지로 물을 펐는데 뜨고 보니 쌀이 가득했어요.

농부: (이상한 일이라는 표정이었다가 깜짝 놀라며) 개구리 말이 사실인 모양이오.

아내: (궁금한 표정으로) 개구리라니요? 그게 무슨 말이에요?

농부: (신나는 음악이 나오면서 농부가 춤을 춘다.) 그게 말이오, 사실은 내가 쌀을 사 들고 오는데 어떤 사람이 함지박에 개구리를 잔뜩 넣어가지고 가지 않겠소? 그런데 갑자기 개구리가 우는데 마치 살려 달라고 하는 것 같아서 내가 쌀과 개구리를 바꾸었다오. 개구리들을 개울에 모두 풀어 주었더니 개구리 한 마리가 나에게 이 바가지를 주었다오.

아내: (농부와 함께 춤을 추며) 아이고, 여보! 개구리들이 우리에게 요술 바가지를 준 모양이네요.

농부: 하루에 한 번이라고 말도 했다오.

아내: 여보, 우리 이럴 게 아니라 이 귀한 선물을 다른 사람들과 함께 나누면 어때요?

농부: (어리둥절한 표정으로) 함께 나누다니요?

아내: 매일 바가지에서는 이렇게 쌀이 가득 나올 테니 이웃 사람들과 나누어 먹어요.

**1** 개구리가 농부에게 준 것은 무엇인지 쓰시오.

( )

**2** ㉠에 알맞은 농부의 말투는 무엇입니까? ( )

① 미안한 말투
② 즐거운 말투
③ 씩씩한 말투
④ 화가 난 말투
⑤ 희망적인 말투

**3** ㉡에서 아내의 마음으로 알맞은 것은 무엇입니까? ( )

① 기쁜 마음
② 고마운 마음
③ 설레는 마음
④ 실망한 마음
⑤ 기대되는 마음

**4** 이 글에서 아내의 성격은 어떠한지 쓰시오.

기본 • 186쪽

## 알맞은 표정, 몸짓, 말투를 생각하며 극본 읽기

### 눈

박웅현

옛날옛날, 눈은 자기가 최고라고 생각했어요.

세상 모두가 자기를 좋아한다고 믿었지요.

"모두 나와 함께 놀고 싶어 해! 내가 땅에 내려가기만 하면 모두 뛰어나와서 나를 반겨 주잖아?"

"내가 내려가기만 하면 세상이 훨씬 예뻐져! 아무리 더러운 것도 하얗게 덮어 주고, 나뭇가지마다 하얀 눈꽃도 피우고……. 하하하!"

눈은 세상에 내려오는 일이 너무나 신났어요.

그래서 늘 랄랄라 노래를 부르고 춤을 추며 내려왔답니다.

그러던 어느 날이었어요.

눈이 신나게 내려오고 있는데 어디선가 이런 말이 들렸어요.

"제발 눈이 멈췄으면 좋겠어!"

눈은 깜짝 놀랐어요.

"내가 싫다고? 도대체 누구지?"

주위를 둘러보니 땅속에서 막 나온 홍당무들이었어요.

눈은 노래를 부르다 말고 홍당무가 하는 말을 조용히 엿들었습니다.

"휴, 먼 곳에 살고 있는 토끼들에게 가야 하는데 눈이 너무 많이 오네. 발도 시리고 길도 보이질 않고……. 이제 눈이 그만 왔으면 좋겠어……."

눈은 믿을 수가 없었어요.

㉠'세상에, 어떻게 나를 싫어한단 말이야? 나만 보면 모두 신이 나서 즐거워하는데……. 나만 내리면 세상이 다 깨끗하고 예뻐지는데…….'

'아마 홍당무가 잘못 말한 걸 거야. 나를 좋아하면서 괜히 저렇게 말하는 거야!'

눈은 또다시 랄랄라 노래하며 춤추었지요.

얼마나 지났을까…….

누군가 말을 걸어왔어요.

그것은 달님이었지요.

"친구야, 미안하지만 잠깐 멈춰 주렴. 착한 토끼가 친구들에게 갖다줄 홍당무를 나르고 있단다. 눈이 너무 많이 오면 힘들잖니."

눈은 달님 얘기에 깜짝 놀랐습니다.

**5** 다음에서 설명하는 인물은 누구인지 쓰시오.

- 자기가 최고라고 생각한다.
- 세상 모두가 자기를 좋아한다고 믿는다.

(　　　　　　　)

**6** 다음 중 홍당무가 한 말은 무엇입니까? (　　)

① 눈이 그만 왔으면 좋겠다.
② 눈이 빨리 왔으면 좋겠다.
③ 눈이 많이 왔으면 좋겠다.
④ 눈과 친하게 지내고 싶다.
⑤ 토끼들이 오지 않으면 좋겠다.

**7** ㉠에 알맞은 눈의 표정과 몸짓을 찾아 ○표를 하시오.

(1)  (　　)

(2)  (　　)

"그럴 리가 없어요, 달님! 이 세상에 나를 싫어하는 건 없어요. ㉡이 세상에 나보다 예쁜 건 없단 말이에요!"

눈은 화가 나서 마구 소리쳤어요.

㉢"물론 모두 너를 좋아하지. 네가 예쁜 것도 사실이야. 하지만 친구야! 언제나 너만 좋고 예쁠 수는 없단다. 때로는 시원한 바람이 좋을 수도 있고, 때로는 촉촉한 비가 예쁠 수도 있거든. 그러니까 가끔은 가장 예쁜 자리를 남에게 양보할 줄도 알아야 해."

눈은 곰곰이 생각해 봤어요.

'달님 얘기가 맞아. 모두 나를 좋아하긴 하지만 바람이 더 좋을 때도 있고, 비가 더 예쁠 때도 있어……. 그래, 어느 누구보다 내가 예쁘고 모두가 나만 좋아한다고 생각하는 건 잘못이야!'

그때부터 눈은 노래를 부르지 않고 소리 없이 내렸어요. 혹시 자기 때문에 힘들어하는 친구들이 있을까 봐서, 또 노랫소리 때문에 잠 못 자는 친구들이 있을까 봐서요.

그래서 눈은 춤을 추며 내리다가도 산에 들에 조용히 내려앉는다고 해요.

더구나 밤에 내리는 눈은 아무도 모르게 조용히조용히 내려오지요.

**8** ㉡에 알맞은 눈의 표정을 골라 번호를 쓰시오.

①  ②  

( )

**9** ㉢에 알맞은 달의 말투를 쓰시오.

______________________

______________________

## 기초 다지기 낱말을 바르게 표기하기

**10** 다음 글에서 ㉠과 ㉡을 바르게 고쳐 쓰시오.

| 20○○년 12월 10일 수요일 | 날씨: 맑음 |
|---|---|

오늘은 학교에 지각했다. 늦잠을 잤기 때문이다. 아침에 일찍 ㉠일어날려고 했는데, 너무 피곤해서 늦게 일어났다. 준비물을 ㉡챙길라고 알림장을 확인했더니 알림장이 보이지 않았다. 알림장을 찾느라고 더 늦어졌다.

(1) ㉠ 일어날려고 → ( ) (2) ㉡ 챙길라고 → ( )

**11** 다음 중 바른 표기를 골라 ○표를 하시오.

(1) 밥을 ( 먹을려고 , 먹으려고 ) 냉장고에서 반찬을 꺼냈다.

(2) 내일 소풍을 ( 갈려고 , 가려고 ) 도시락을 준비했다.

준비

》글을 읽고 인물에 대해 이야기하기

예 「대단한 줄다리기」에 나오는 인물에 대해 알아보기

| 인물 | 말과 행동 | 성격 |
|---|---|---|
| 무툴라 | • "그렇게 거만하게 굴 것까진 없잖아!"<br>• 투루와 쿠부에게 크게 소리를 치는 행동 | ❶ □□ 이/가 있다. |
| | • "난 줄다리기를 하면 널 언제든 이길 수 있어!"<br>• "그럼 내가 얼마나 힘이 센지 알게 될 거야!" | 자신감이 있다. |
| | • 덤불숲에 숨어 투루와 쿠부가 줄다리기를 하게 만든 행동 | 꾀가 많다. |
| 투루, 쿠부 | • 무툴라의 인사를 듣고 아무 말도 하지 않는 행동 | 다른 사람이 하는 말을 잘 듣지 않는다. |
| | • "감히 아침 식사 하는 나를 귀찮게 해?"<br>• "감히 내 아침잠을 방해하다니!" | 잘난 체한다. |
| | • 해가 질 때까지 줄다리기를 하는 행동 | ❷ □□□□. |

기본

》인물의 성격을 생각하며 극본을 소리 내어 읽기

예 「토끼의 재판」 앞부분을 읽고 호랑이와 나그네의 말투를 상상하기

호랑이 — 고마움을 모르고 뻔뻔한 성격

- 나그네님, 제발 문고리를 따고 문짝을 좀 열어 주시오. ➡ 예 빠르고 급하며 간절한 말투로 말한다.
- 하하, 궤짝 속에서 한 약속을 궤짝 밖에 나와서도 지키라는 법이 어디 있어? ➡ 예 ❸ □□ 당당한 목소리로 말한다.

나그네 — 남을 걱정하고 잘 돕는 성격

- 허허, 알았소. 설마 거짓말이야 하겠소? 내가 이 궤짝 문을 열어 주리다. ➡ 예 너그럽고 인자한 목소리로 말한다.
- 아니, 그런 법이 어디 있소? 우리, 누가 옳은지 한번 물어보세. ➡ 예 ❹ □□□ 목소리와 억울한 말투로 말한다.

**기본**
》알맞은 표정, 몸짓, 말투를 생각하며 극본 읽기

예 「토끼의 재판」 뒷부분을 읽고 상황에 알맞은 표정, 몸짓, 말투를 상상하기

| 상황 | 호랑이의 성격이나 마음 | 극본에서 찾은 부분 |
|---|---|---|
|  | • 답답하다.<br>• ❺ ☐ 을/를 잘 낸다. | (답답하다는 듯이 화를 내며) 왜 이렇게 말귀를 못 알아듣지? |
| 상상한 표정, 몸짓, 말투 | 답답한 표정으로 가슴을 치며 큰 소리로 | |

| 상황 | 토끼의 성격이나 마음 | 극본에서 찾은 부분 |
|---|---|---|
|  | • 통쾌하다.<br>• 지혜롭다.<br>• ❻ ☐ 이/가 많다. | 토끼가 얼른 달려들어 문고리를 걸어 잠근다. |
| 상상한 표정, 몸짓, 말투 | 즐거운 표정으로 빠르게 움직이며 기쁜 말투로 | |

**기본**
》연극 준비하기

공연할 장면 정하고 소품 준비하기 ➡ ❼ ☐☐ 정하기 ➡ 자신이 맡은 역할의 인물에게 어울리는 표정, 몸짓, 말투 상상하기 ➡ 무대에서 인물이 설 곳과 소품을 둘 곳, 인물이 입장할 곳과 퇴장할 곳 정하기 ➡ 정한 방법을 그림으로 나타내고 무대에 서는 연습하기 ➡ 소리 내어 읽으며 연극 연습하기

**실천**
》우리 반 연극 발표회 하기

예 연극 발표회의 준비, 발표, 관람 과정에서 할 일

| | |
|---|---|
| 연극을 준비할 때 | • 역할을 정할 때 열심히 참여합니다.<br>• 맡은 인물이 어떤 ❽ ☐☐ 인지 생각합니다.<br>• 친구가 어떻게 반응할지 생각하며 연습합니다. |
| 연극 발표회를 할 때 | • 큰 소리로 말합니다.<br>• 인물의 성격을 생각하며 알맞은 표정, 몸짓, 말투로 발표합니다.<br>• 진지하게 참여합니다. |
| 연극을 관람할 때 | • 예의를 지키며 연극을 관람합니다. |

# 단원 평가

• 단원 평가 더 풀기 >> 평가 교재 50~55쪽

**1~6** 글을 읽고, 물음에 답하시오.

㉮ "안녕, 투루." / 투루는 질겅질겅 풀을 씹기만 할 뿐 아무 말도 하지 않았어요.

"안녕이라고 말했잖아. 투루!"

투루는 꼬리를 한 번 실룩 움직일 뿐 여전히 아무 말도 하지 않았어요.

"안녕이라고 말했잖아. 투루!"

무툴라는 이번에는 아주 크게 소리쳤어요.

"그래서 어쩌라고? 이 꼬맹이야! 감히 아침 식사 하는 나를 귀찮게 해?"

"투루, 그렇게 거만하게 굴 것까진 없잖아! 너는 몸집이 가장 크다고 네가 가장 힘이 센 줄 알지? 난 줄다리기를 하면 널 언제든 이길 수 있어!"

"네가? 너 같은 꼬맹이가? 흥, 푸우하하하!"

㉠"내일 아침, 내가 밧줄을 가져올게. 그럼 내가 얼마나 힘이 센지 알게 될 거야!"

㉯ "안녕, 쿠부." / 쿠부는 무툴라를 쳐다보았지만 아무 말도 하지 않았어요.

"내가 안녕이라고 말했잖아, 쿠부."

쿠부는 눈을 감더니 아무 말 없이 물속으로 사라져 버렸어요. 쿠부의 머리가 다시 물 밖으로 나오자 무툴라는 아주 크게 소리쳤어요.

"쿠부, 내가 안녕이라고 말했잖아!"

㉡"그래서 어쩌라고, 이 꼬맹이야! 감히 내 아침잠을 방해하다니!"

"쿠부, 그렇게 거만하게 굴 것까진 없잖아! 너는 몸집이 가장 크다고 네가 가장 힘이 센 줄 알지? 난 줄다리기를 하면 널 언제든 이길 수 있어!"

"네가? 너 같은 꼬맹이가? 푸우하하하!"

"내일 아침, 내가 밧줄을 가져올게. 그럼 내가 얼마나 힘이 센지 알게 될 거야!"

**1** 무툴라가 투루와 쿠부에게 건넨 인사말은 무엇입니까? ( )

① "안녕." ② "잘 잤니?"
③ "밥 먹었니?" ④ "잘 지냈니?"
⑤ "오랜만이야."

**2** 무툴라가 투루와 쿠부를 이길 수 있다고 한 것은 무엇입니까? ( )

① 달리기 ② 팔씨름
③ 줄다리기 ④ 밧줄 만들기
⑤ 음식 빨리 먹기

중요

**3** 이야기의 인물 중 다음 성격을 가진 인물은 누구인지 쓰시오.

• 자신보다 몸집이 큰 인물에게도 크게 소리칠 정도로 용기가 있다.
• 몸집이 작지만 힘이 세다고 말하는 모습이 자신만만하다.

( )

**4** 투루와 쿠부의 성격 중 비슷한 점을 두 가지 고르시오. ( , )

① 거만하다.
② 공정하다.
③ 정정당당하다.
④ 다른 사람을 무시한다.
⑤ 약속을 지키지 않는다.

**5** ㉠ 부분을 알맞게 표현한 것을 찾아 ○표를 하시오.

(1) 다른 사람을 무시하는 표정을 짓는다. ( )
(2) 무서운 표정으로 도망가는 몸짓을 한다. ( )
(3) 자신만만한 표정과 손을 허리에 얹는 몸짓을 한다. ( )

**6** ㉡에 알맞은 쿠부의 말투는 무엇입니까? ( )

① 속삭이며 ② 짜증내며
③ 자신 있게 ④ 무서워하며
⑤ 미안해하며

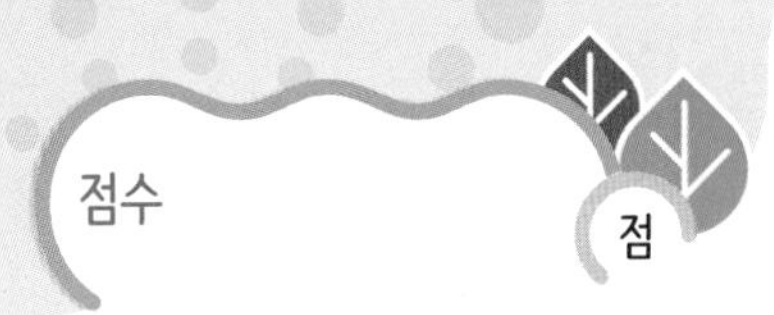




9 단원

**7~11** 글을 읽고, 물음에 답하시오.

> ㉮ 호랑이: 나그네님, 제발 문고리를 따고 문짝을 좀 열어 주십시오.
> 나그네: 뭐요? 문을 열어 달라고? 열어 주면 뛰쳐나와서 나를 잡아먹을 것이 아니오?
> 호랑이: 아닙니다. 제가 은혜를 모르고 그런 짓을 할 리가 있겠습니까? (앞발을 비비며 자꾸 절을 한다.)
> ㉯ 나그네가 문을 열자, 호랑이가 뛰쳐나와서 나그네를 잡아먹으려고 덤빈다.
>
> 나그네: ㉠이게 무슨 짓이오? 약속을 지키지 않고…….
> 호랑이: ㉡하하, 궤짝 속에서 한 약속을 궤짝 밖에 나와서도 지키라는 법이 어디 있어?
> 나그네: 조금 전에 은혜를 모를 리가 있겠느냐고 하면서 애걸복걸하지 않았소?
> 호랑이: 은혜 모르기는 사람이 더하지. 그러니까 사람은 보는 대로 잡아먹어도 괜찮아.
> 나그네: 아니, 그런 법이 어디 있소? 우리, 누가 옳은지 한번 물어보세.
> 호랑이: 좋아, 소나무에게 물어보자.
> 나그네: 소나무님, 소나무님! 당신도 보셨으니까 사정을 아시지요? 호랑이가 옳습니까, 제가 옳습니까?
> 소나무: 물론 호랑이가 옳지.

**7** 호랑이는 나그네에게 무엇을 약속했을지 쓰시오.

( )

서술형

**8** 이 글에서 알 수 있는 호랑이의 성격은 어떠한지 쓰시오.

______________________________

______________________________

**9** 다음 중 같은 의견을 가진 인물은 누구누구입니까? ( , )

① 토끼 ② 나그네 ③ 사냥꾼
④ 소나무 ⑤ 호랑이

**10** ㉠에서 나그네의 마음으로 알맞은 것을 두 가지 고르시오. ( , )

① 호랑이가 안쓰러웠을 것이다.
② 호랑이에게 고마웠을 것이다.
③ 말을 바꾸는 호랑이가 미웠을 것이다.
④ 호랑이를 구해 준 것을 후회했을 것이다.
⑤ 문을 열어 주어야 할지 고민스러웠을 것이다.

중요

**11** ㉡에 알맞은 호랑이의 말투를 쓰시오.

( )

**12~13** 글을 읽고, 물음에 답하시오.

> 아내: (반가운 표정으로 마중을 나오며) 여보, 왜 이제야 오셨어요. 쌀은 어디 있어요?
> 농부: ( ㉠ ) 쌀은 가져오지 못했소. 미안하오. (바가지를 내밀며) 오다가 개구리가 불쌍해서 쌀과 바꾸었다오.
> 아내: (실망한 표정으로) 이 바가지는 뭐예요? 당장 먹을 것도 없는데……. (한숨을 쉬며 바가지를 들고 부엌으로 간다.)

국어 활동

**12** 농부가 아내에게 쌀 대신 내민 것은 무엇인지 쓰시오.

( )

국어 활동

**13** ㉠에 들어갈 농부의 표정으로 알맞은 것은 무엇입니까? ( )

① 가여운 표정으로 ② 심심한 표정으로
③ 미안한 표정으로 ④ 반가운 표정으로
⑤ 즐거운 표정으로

# 단원 평가

**14~18** 글을 읽고, 물음에 답하시오.

나그네: 토끼님, 토끼님! 재판 좀 해 주세요. 이 궤짝 속에 갇힌 호랑이를 살려 준 나하고, 살려 준 나를 잡아먹으려는 호랑이하고 누가 옳습니까?

토끼: (귀를 기울이고 한참 생각하다) 누가 누구를 살려 주었어요? 누가 누구를 잡아먹으려고 해요? 아, 당신이 이 호랑이를 잡아먹으려고 해요?

나그네: 아니지요. 내가 호랑이를 잡아먹으려 하는 게 아니라, 이 호랑이가 궤짝에 갇혀 있었는데 내가 살려 주었어요.

토끼: 네, 알았습니다. 그러니까 이 호랑이하고 당신이 궤짝 속에 갇혀 있었다고요?

나그네: 아니지요. 호랑이가…….

호랑이: (답답하다는 듯이 화를 내며) ㉠왜 이렇게 말귀를 못 알아듣지? (궤짝 속으로 들어가며) 이 궤짝 속에 내가 이렇게 있었어. 내가 이렇게 갇혀 있었단 말이야. 알았지?

㉡토끼가 얼른 달려들어 문고리를 걸어 잠근다.

토끼: (웃으면서) 이제야 알았습니다. 설명하시지 않아도 잘 알겠습니다. 호랑이님이 어떻게 이 궤짝 속에 들어갔는지 잘 알았습니다. 그럼 저는 바빠서 이만 가 보겠습니다.

**14** 호랑이는 왜 답답해했습니까? (　　)

① 궤짝 속에 계속 갇혀 있어서
② 토끼가 문고리를 걸어 잠가서
③ 토끼가 설명을 잘하지 못해서
④ 나그네가 계속 거짓말을 해서
⑤ 토끼가 계속 나그네의 말을 이해하지 못해서

**15** 글의 내용으로 보아 토끼는 누가 옳다고 생각했겠습니까?

(　　　　　　　　　　)

**16** ㉠에서 알 수 있는 호랑이의 마음을 쓰시오.

(　　　　　　　　　　)

중요

**17** ㉡에 어울리는 몸짓은 무엇입니까? (　　)

① 천천히 걸어가듯이
② 궤짝의 문을 열듯이
③ 궤짝 속으로 들어가듯이
④ 손을 흔들며 인사하듯이
⑤ 재빨리 자물쇠를 잠그듯이

논술형

**18** 이 글의 일부분을 골라 실감 나게 표현 하는 방법을 생각하며 빈칸에 알맞은 내용을 각각 쓰시오.

| | |
|---|---|
| (1) 글에서 찾은 부분 | |
| (2) 알맞은 표정, 몸짓, 말투 | |

**19** 「토끼의 재판」 연극 발표회를 하려고 할 때, 가장 먼저 정해야 할 것은 무엇인지 쓰시오.

(　　　　　　　　　　)

**20** 연극 발표회를 보고 바르게 칭찬한 내용을 모두 골라 ○표를 하시오.

(1) 인물에게 어울리는 말투로 표현했다. (　　)
(2) 평소 자신의 성격이 잘 드러나게 발표했다. (　　)
(3) 인물의 마음이 잘 드러나는 표정과 몸짓으로 표현했다. (　　)

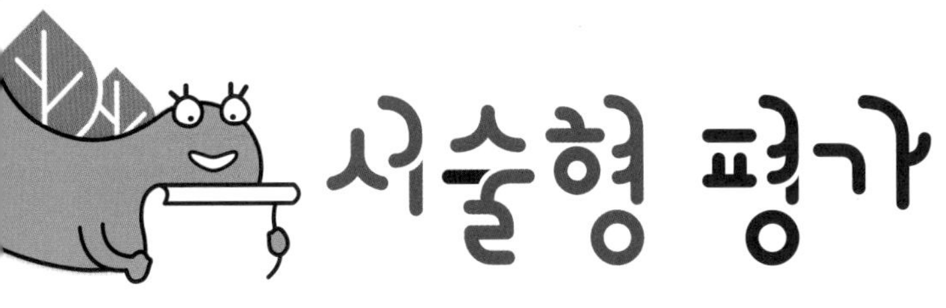

# 서술형 평가

맞은 개수 개

정답과 해설 ● 41쪽



**1~2** 글을 읽고, 물음에 답하시오.

"안녕이라고 말했잖아. 투루!"
무툴라는 이번에는 아주 크게 소리쳤어요.
㉠"그래서 어쩌라고? 이 꼬맹이야! 감히 아침 식사 하는 나를 귀찮게 해?"
"투루, 그렇게 거만하게 굴 것까진 없잖아! 너는 몸집이 가장 크다고 네가 가장 힘이 센 줄 알지? 난 줄다리기를 하면 널 언제든 이길 수 있어!"
"네가? 너 같은 꼬맹이가? 흥, 푸우하하하!"

**1** 투루의 성격은 어떠한지 쓰시오.

**2** 문제 1번에서 답한 투루의 성격을 생각하며 ㉠을 어떻게 읽으면 좋을지 쓰시오.

**3~5** 글을 읽고, 물음에 답하시오.

나그네가 지나간다.

호랑이: (반가운 목소리로) 나그네님!
나그네: 누가 나를 부르나? (사방을 둘러본다.)
호랑이: ㉠나그네님, 저를 좀 구해 주십시오.
나그네: (궤짝을 들여다보고) 이크, 호랑이구려! 무슨 일이오?
호랑이: 나그네님, 제발 문고리를 따고 문짝을 좀 열어 주십시오.
나그네: 뭐요? 문을 열어 달라고? 열어 주면 뛰쳐나와서 나를 잡아먹을 것이 아니오?
호랑이: 아닙니다. 제가 은혜를 모르고 그런 짓을 할 리가 있겠습니까? (앞발을 비비며 자꾸 절을 한다.)

**3** 호랑이가 나그네에게 부탁한 것은 무엇인지 쓰시오.

**4** ㉠의 말에 어울리는 말투를 쓰시오.

**5** 이 극본으로 연극을 준비할 때 필요한 소품을 두 가지 쓰시오.

**6** 연극을 볼 때에 지켜야 할 예절을 두 가지 쓰시오.

# 낱말 퀴즈

**교과서 문장으로 확인하는 핵심 낱말** 

● 다음 교과서 문장의 파란색 낱말 중에서 알맞은 것을 골라 인물들이 한 말을 완성하시오.

- "투루, 그렇게 거만하게 굴 것까진 없잖아!"
- 다음 날, 해님이 오렌지색과 빨간색 햇살로 달님에게 길을 비키라는 경고를 보내기도 전에 무툴라는 자리에서 일어났어요.
- 제가 은혜를 모르고 그런 짓을 할 리가 있겠습니까?
- 배가 고파서 눈이 빠질 지경입니다.

박사님이 만들어 주신 무인자동차 덕분에 학교에 무척 편하게 가네요. 이 ❶ __________ 는 잊지 않을게요.

차가 너무 편해서 잠이 올 ❷ __________ 이에요.

너무 ❸ __________ 행동하시니 보기 좋지 않아요.

으쓱

역시 난 천재야.

❹ __________ 합니다! 어서 길을 비켜 주세요.

**정답** | ❶ 은혜 ❷ 지경 ❸ 거만하게 ❹ 경고

## 국어

※『한끝 초등 국어』는 다음 저작물의 교과서 수록 부분을 재인용하여 만들었습니다.

| 단원 | 제재 이름 | 지은이 | 나온 곳 | 한끝 쪽수 |
|---|---|---|---|---|
| 1 | 「나도 말을 말하고 싶다」 | 한국교육방송공사 | 「EBS 다큐 프라임: 언어 발달의 수수께끼」 제3부, 한국교육방송공사, 2011. | 12쪽 |
| | 「장금이의 꿈」 | 희원 엔터테인먼트 | 「장금이의 꿈 1기」 제1화, (주)문화방송, 2005. | 13쪽 |
| | 「미미 언니 자두」 | 아툰즈 | 「안녕 자두야 4: 자두와 친구들」 제 11회, (주)SBS, 2018. | 15쪽 |
| | 「거인 부벨라와 지렁이 친구」 | 조 프리드먼 글, 지혜연 옮김, 샘 차일즈 그림 | 『거인 부벨라와 지렁이 친구』, 주니어RHK, 2016. | 10, 17쪽 |
| 2 | 「줄넘기」 (원제목: 「꼬마야 꼬마야, 줄넘기」) | 서해경 | 『들썩들썩 우리 놀이 한마당』, (주)현암사, 2012. | 35쪽 |
| | 한복 가족사진 | 배현주 | 『설빔, 남자아이 멋진 옷』, (주)사계절출판사, 2010. | 43쪽 |
| 4 | 「감기」 | 정유경 글, 조미자 그림 | 『까불고 싶은 날』, (주)창비, 2010. | 72쪽 |
| | 「지구도 대답해 주는구나」 | 박행신 | 『눈 코 귀 입 손!』, 위즈덤북, 2009. | 73쪽 |
| | 「진짜 투명 인간」 | 레미 쿠르종 글, 이정주 옮김 | 『진짜 투명 인간』, 씨드북, 2015. | 74쪽 |
| | 「천둥소리」 | 유강희 | 『지렁이 일기 예보』, (주)비룡소, 2013. | 80쪽 |
| 5 | 「나는야, 안전 멋쟁이」 | 보건복지부 | 학교안전정보센터 누리집 (http://www.schoolsafe.kr) | 101쪽 |
| 6 | 「꼴찌라도 괜찮아!」 | 유계영 글, 김중석 그림 | 『꼴찌라도 괜찮아!』, 휴이넘, 2010. | 118쪽 |
| | 「화해하기」 | 한국교육방송공사 | 「스쿨랜드 초등 생활 매너 백서: 화해하기」, 한국교육방송공사, 2017. | 122쪽 |
| 7 | 「온 세상 국기가 펄럭펄럭」 | 서정훈 글, 김성희 그림 | 『온 세상 국기가 펄럭펄럭』, 웅진주니어, 2010. | 136쪽 |
| 8 | 「베짱베짱 베 짜는 베짱이」 | 임혜령 글, 류재수 그림 | 『이야기 할아버지의 이상한 밤』, 한림출판사, 2012. | 153쪽 |
| | 5번 지도 | | 서울대공원 누리집 (http://grandpark.seoul.go.kr) | 161쪽 |
| 9 | 「대단한 줄다리기」 | 베벌리 나이두 글, 강미라 옮김, 피에트 그로블러 그림 | 『무툴라는 못 말려!』, 국민서관(주), 2008. | 179쪽 |
| | 「토끼의 재판」 | 방정환 | 『어린이』 제1권 제10호, 1923. | 183쪽 |

# 교과서에 실린 작품

저작자 및 출처의 표시

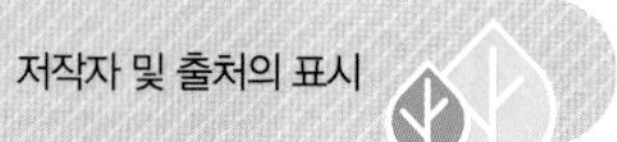

## 국어 활동

※『한끝 초등 국어』는 다음 저작물의 교과서 수록 부분을 재인용하여 만들었습니다.

| 단원 | 제재 이름 | 지은이 | 나온 곳 | 한끝 쪽수 |
|---|---|---|---|---|
| 1 | 「주인 찾기 대작전」 | 남동윤 | 『귀신 선생님과 진짜 아이들』, (주)사계절 출판사, 2014. | 25쪽 |
| 2 | 「과일, 알고 먹으면 더 좋아요」(원제목: 「우리는 어떤 과일을 먹을까요?」) | 윤구병 기획, 보리 글, 이태수 그림 | 『가자, 달팽이 과학관』, (주)도서출판보리, 2012. | 45쪽 |
| | 「축복을 전해 주는 참새」 | 고연희 | 『꽃과 새, 선비의 마음』, (주)보림출판사, 2004. | 46쪽 |
| | 「참새 무리」 | | 국립중앙박물관 | 46쪽 |
| 4 | 「별난 양반 이 선달 표류기」 | 김기정 | 『별난 양반 이 선달 표류기 1』, 웅진주니어, 2008. | 82쪽 |
| 6 | 1번 활동 | 알리키 브란덴베르크 글 · 그림, 정선심 옮김 | 『알리키 인성 교육 1: 감정』, 미래아이, 2002. | 125쪽 |
| 7 | 「산꼭대기에 열차가?」 | 김대조 글, 소윤경 그림 | 『아인슈타인 아저씨네 탐정 사무소』, 주니어김영사, 2015. | 141쪽 |
| 8 | 「숨 쉬는 도시 쿠리치바」(원제목: 「숨 쉬는 도시 꾸리찌바」) | 안순혜 글, 박혜선 그림 | 『숨 쉬는 도시 꾸리찌바』, 파란자전거, 2004. | 168쪽 |
| 9 | 「눈」 | 박웅현 | 『눈』, (주)베틀북, 2001. | 190쪽 |

한 권으로 끝내기!

**교과서 학습**부터 **평가 대비**까지 **한 권으로 끝**!

국어 공부의 진리입니다.

한끝과 함께 언제, 어디서든 즐겁게 공부해!

한끝으로 끝내고, 이제부터 활짝 웃는 거야!

15개정 교육과정

# 한솔 정답과

## 초등국어

## 3·2

visang

한끝

# 정답과 해설

3·2

초등 국어

# 정답과 해설 진도 교재

## 독서 단원 책을 읽고 생각을 나누어요

### 수행 평가 8쪽

1 (1) 예 『알면 재미있는 과학 실험』
(2) 예 책 차례를 보니 우리가 과학 시간에 배웠던 내용을 더 자세히 알 수 있을 것 같다.
2 • 읽은 날짜별로 인상 깊은 내용을 정리했다. 등
• 쪽수와 소제목을 기준으로 책을 나누어 읽고 인상 깊은 내용을 정리했다. 등
3 (1) 예 『파브르 곤충기』
(2) 예 매미가 우는 까닭 / 배추흰나비 애벌레가 알을 갉아 먹는 까닭 / 거미가 먹이를 공격하는 방법
(3) 예 매미 울음소리는 얼마나 시끄러울까? / 배추흰나비는 정말 배추만 먹을까? / 거미는 몇 년 동안 살 수 있을까?

## 1. 작품을 보고 느낌을 나누어요

### 핵심 확인 문제 10쪽

1 × 2 생각 3 줄거리
4 ○ 5 상황

### 준비 표정, 몸짓, 말투에 주의하며 말하면 좋은 점 알기 11~12쪽

1 (1) 가, 나 (2) 다, 라 2 ④ 3 ④
4 (1) 예 깜짝 놀라며 미안해하는 표정
(2) 예 친구의 발을 살피는 몸짓
(3) 예 걱정스러운 목소리와 진심으로 미안해하는 말투
5 ④ 6 (1) 나 (2) 다
7 ②, ③ 8 지훈

1 그림 가와 나는 고마운 마음을 표현해야 하는 상황이고, 그림 다와 라는 미안한 마음을 표현해야 하는 상황입니다.

**정답 친해지기** 그림 가~라의 상황

| | |
|---|---|
| 그림 가 | 남자아이가 뒤따라 들어오는 여자아이를 위해 문을 잡아 주고 있습니다. |
| 그림 나 | 여자아이가 상처를 치료해 주신 선생님께 인사하고 있습니다. |
| 그림 다 | 여자아이가 남자아이의 우유를 엎질러 당황하고 있습니다. |
| 그림 라 | 여자아이가 남자아이의 발을 밟았습니다. |

2 그림 나는 여자아이가 상처를 치료해 주신 선생님께 인사를 하는 상황입니다.

3 여자아이가 남자아이의 우유를 엎질러 당황하고 있으므로 여자아이는 남자아이에게 사과를 해야 합니다.

4 남자아이의 발을 밟은 여자아이가 미안한 마음을 표현할 때 어떤 표정과 몸짓, 말투를 하면 좋을지 생각해 봅니다.

**채점 기준** (1), (2), (3)에 모두 알맞은 내용을 썼으면 정답으로 합니다.

5 남자아이가 실수로 친구의 필통을 떨어뜨린 상황입니다.

6 그림 나에서는 풀이 죽은 표정으로 몸을 움츠리고 있고 그림 다에서는 빈정거리는 표정으로 고개를 쳐들고 있습니다.

7 미안하다고 말할 때에는 웃지 말고 진지하게 진심을 담아서 말해야 합니다. 또 장난치듯 하면 안 됩니다.

8 알맞은 표정, 몸짓, 말투로 말하면 듣는 사람에게 내 마음을 더 잘 전할 수 있고, 자신의 생각을 더 생생하게 전달할 수 있습니다.

### 기본 만화 영화를 보고 표정, 몸짓, 말투의 특징 알기 13~14쪽

1 나 2 ③ 3 ⑤
4 (1) ② ○ (2) ① ○ (3) ① ○
5 ⑤ 6 ⑤ 7 ⑤
8 (1) 예 눈물을 글썽이며
(2) 예 두 손에 힘을 꼭 쥐며

1 장면 ❸에는 친구들에게 인사를 하는 모습이 들어가는 것이 알맞습니다.

2 친구들에게 인사할 때 어울리는 말투를 찾아봅니다.

3 장금이는 수라간 상궁을 처음 보고 더 자세히 보기 위해 몸을 앞으로 기울이고 있습니다.

4 수라간에서 온 사람들에게 놀라움과 호기심을 느끼는 장면이므로 눈을 크게 뜨고 입을 벌리는 표정과 높고 빠른 목소리가 어울립니다.

5 장금이가 꾸중을 듣는 장면에 어울리는 말을 찾아봅니다.

6 장금이가 꾸중을 듣는 상황이므로 죄송한 마음이 들고 속상했을 것입니다. 장금이의 마음에 알맞은 표정을 떠올려 봅니다.

7 장금이의 말과 표정으로 보아 무척 기쁘다는 것을 알 수 있습니다.

8 생각시 선발 시험을 볼 수 있다는 소식을 듣고 기뻐하는 장금이의 마음을 실감 나게 표현하기 위해 어떤 표정을 짓고 몸짓을 하면 좋을지 생각해 봅니다.

**채점 기준** 장금이의 마음을 잘 나타내는 표정과 몸짓을 썼으면 정답으로 합니다.

## 기본 인물의 말과 행동을 살피며 만화 영화 감상하기 15~16쪽

1 예 학예회에서 친구들이 상을 타려고 경쟁하는 이야기인 것 같다.
2 ② 3 ③ 4 예 다
5 예 미미가 발에 멍이 들면서도 열심히 연습하는 부분에서 감동받았기 때문이다.
6 예 미미에게 무작정 화를 내지 않고 "무슨 일이 있니?"라고 물어보았을 것이다.
7 (1) ×

1 자두와 미미가 학예회에서 공연하는 장면, 친구들이 학예회 공연을 보는 장면에서 어떤 이야기일지 짐작해 봅니다.

2 미미는 사람들이 언니에게만 관심을 기울이는 것에 화가 나서 언니와 같이 다니고 싶지 않다고 했습니다.

3 자두는 미미가 자신보다 유명해지고 싶어서 몰래 발레를 배웠다는 말을 듣고 깜짝 놀랐습니다.

4 인물의 말과 표정, 몸짓, 말투를 살펴보며 재미있거나 감동받은 부분을 찾아봅니다.

5 문제 4번에서 답한 장면을 재미있거나 감동받은 부분으로 고른 까닭을 자세히 씁니다.

**채점 기준** 재미있거나 감동받은 장면이라고 생각한 까닭을 알맞게 썼으면 정답으로 합니다.

6 인물이 어떤 일을 겪는지 생각해 보고, 자신이라면 그 상황에서 어떻게 했을지 써 봅니다.

7 인물의 표정, 몸짓, 말투에 주의하며 만화 영화를 본다고 만화 영화를 더 빨리 볼 수 있는 것은 아닙니다.

**정답 친해지기** **인물의 표정, 몸짓, 말투에 주의하며 만화 영화를 보면 좋은 점**
- 만화 영화의 줄거리를 이해하는 데 도움이 됩니다.
- 인물의 표정, 몸짓, 말투에서 재미를 느낄 수 있습니다.

## 기본 인물에게 알맞은 표정, 몸짓, 말투를 생각하며 작품을 읽고 대화 나누기 17~23쪽

1 ② 2 크기 3 내일 네 시
4 예 쪼그리고 앉아서 놀란 표정으로 목소리를 높이며 말한다.
5 ③ 6 바나나케이크 7 정원사
8 ③ 9 진흙파이
10 (1) ○ 11 ③ 12 ⑤
13 (1) 예 덩실덩실 춤을 춤.
(2) 예 큰 소리로 외침.
14 지렁이 15 ①
16 만족스러운 표정
17 예 궁금하다는 듯이 말끝을 올리며
18 ① 19 ② 20 혼자
21 약초를 캐기 위해 등 22 ①
23 진희 24 친구가 되어 달라. 등
25 (3) ○ 26 성냥갑 상자
27 예시 답안 참고

1 부벨라가 거인이어서 모든 사람이 부벨라를 무서워했습니다.

2 모든 사람이 거인인 부벨라를 무서워했지만 지렁이는 부벨라를 무서워하지 않았습니다.

3 부벨라는 지렁이를 자신의 집으로 초대했고, 내일 네 시에 다시 만나기로 했습니다.

4 부벨라가 일을 겪는 상황에서 어떤 마음이 들었을지 생각해 보고 부벨라에게 어울리는 표정, 몸짓, 말투를 써 봅니다.

**채점 기준** 장면에서 부벨라에게 알맞은 표정, 몸짓, 말투를 썼으면 정답으로 합니다.

**보충 자료** **인물에게 알맞은 표정, 몸짓, 말투를 생각하며 작품 읽기**
- 인물의 표정, 몸짓, 말투를 상상하며 글을 읽습니다.
- 인물이 일을 겪는 상황에서 어떤 마음이 들었을지 생각합니다.
- 이야기 속 장면을 골라 알맞은 표정, 몸짓, 말투로 표현해 봅니다.

5 부벨라는 지렁이를 초대한 날 밤부터 그다음 날까지 집을 다 치운 다음 바나나케이크를 굽고 구멍이 하나밖에 나지 않은 청바지를 입었습니다.

6 부벨라는 자신이 좋아하는 바나나케이크를 구웠지만, 문득 지렁이가 바나나케이크를 싫어할지도 모른다는 생각이 들어 초조하고 당황스러웠습니다.

7 부벨라는 지렁이가 무엇을 먹고 사는지 정원사가 알고 있을지도 모른다고 생각했습니다.

8 정원사는 부벨라를 물끄러미 바라보기만 하고 어쩐지 아파 보인다고 했으므로 이 상황에 어울리는 말투는 '기운 없는 말투'입니다.

9 정원사가 부벨라에게 지렁이를 위해 추천해 준 요리는 진흙파이입니다.

10 기쁘고 고마운 마음을 나타내기 위해서는 미소를 짓거나 활짝 웃는 표정이 어울립니다.

11 정말 오랜만에 누군가가 부벨라에게 친절을 베풀어 주어서 부벨라는 무척 기뻤습니다.

12 부벨라가 손을 들어 정원사를 가리키자 손이 점점 간지러워지고 따뜻해지더니 갑자기 정원사가 허리를 꼿꼿하게 펴더니 똑바로 섰습니다.

13 ㉠은 정원사가 아픈 몸이 나은 것을 기뻐하면서 한 말이므로 덩실덩실 춤을 추면서 큰 소리로 외치는 것이 어울립니다.

**정답 친해지기**
인물이 일을 겪는 상황에서 어떤 마음이 들었을지 생각해 보고 인물에게 어울리는 표정, 몸짓, 말투를 생각해 봅니다.

14 부벨라는 집으로 돌아오면서 지렁이를 만난 순간부터 모든 것이 변한 것 같다고 생각했습니다.

15 부벨라는 정원사가 준 흙으로 아주 근사한 진흙파이를 만들었습니다.

16 부벨라가 정원을 열심히 손질해 두었기 때문에 지렁이는 정원을 둘러보며 만족스러운 표정을 지었습니다.

17 ㉠은 지렁이가 뚜껑이 덮인 그릇을 보고 무엇이 들었는지 궁금해하며 묻는 말입니다.

18 지렁이는 진흙파이를 보고 신이 나서 진흙파이 속으로 파고들어 갔습니다.

19 부벨라는 사실 파리 한 마리 해치지 못하는데 사람들이 자기를 무서워해서 속상하고 슬펐을 것입니다.

20 부벨라는 누구랑 사냐는 지렁이의 질문에 혼자 살고 있다고 했습니다.

21 부벨라는 부모님이 약초를 캐러 다부쉬타 정글로 가셨다고 했습니다.

22 지렁이는 수백 명이나 되는 친척들이 가까이에서 함께 살았기 때문에 홀로 지내는 부벨라가 안쓰러워 보였습니다.

23 지렁이가 진흙파이를 맛있게 먹으면서 한 말이므로 진희가 알맞게 표현했습니다.

**정답 친해지기** **이야기 속 장면에 알맞은 표정, 몸짓, 말투 알아보기** ㉔

| 인물의 말 | 알맞은 표정, 몸짓, 말투 |
|---|---|
| "정말 맛있어. 흙 맛이 이렇게 다양하고 좋은지 몰랐어." | 활짝 웃으며 음식을 파먹는 흉내를 내며 큰 소리로 말함. |

24 부벨라는 지렁이에게 친구가 되어 달라고 말했습니다.

25 친구가 되면 부벨라에게 좋은 점이 무엇이냐고 묻는 지렁이의 질문에 부벨라가 무엇이라고 답했는지 살펴봅니다.

26 부벨라는 지렁이에게 가죽 줄이 달려 있고 흙으로 채워진 성냥갑 상자를 선물했습니다.

27 이야기 속 장면 중 하나를 골라 인물의 표정과 몸짓이 잘 드러나게 그려 봅니다.

**예시 답안**

(1) 그림으로 표현하고 싶은 장면:
예 부벨라가 정원사를 낫게 해 주는 장면

(2) 그림으로 표현하기

## 실천 이야기 극장 만들기 24쪽

1 ④ 2 예 「흥부와 놀부」

3 예 박에서 금은보화가 나오자 흥부가 덩실덩실 춤을 추는 장면

4 놀라서 뛰어가며 5 ①, ③

1 '이야기 극장' 놀이를 하는 차례를 떠올려 봅니다.

**정답 친해지기** '이야기 극장' 놀이를 하기

- '이야기 극장' 놀이로 표현하고 싶은 작품 고르기
- 어떤 장면을 표현할지 정하기
- 이야기에 나오는 인물을 생각해 보고 어떤 역할을 할지 정하기
- 인물의 표정, 몸짓, 말투를 생각하며 주고받는 말 쓰기
- '이야기 극장' 놀이를 하기

2 재미있었거나 기억에 남는 이야기를 떠올려 봅니다.

3 문제 2번에서 답한 이야기에서 어떤 장면을 표현할지 정하여 봅니다.

**채점 기준** '이야기 극장' 놀이로 표현할 장면을 정하여 썼으면 정답으로 합니다.

4 상황에 잘 어울리는 표정, 몸짓, 말투 등을 생각해 봅니다.

5 상황에 어울리는 표정과 말투로 말하는지, 자연스러운 몸짓으로 뜻을 분명하게 전달하는지 살펴봅니다.

진도 교재

## 국어 활동 25~26쪽

1 ①

2 (1) 예 활짝 웃는다.
(2) 예 폴짝폴짝 뛴다.
(3) 예 높고 큰 목소리로 말한다.

3 ②

4 돈 주인을 찾아 주라고 했다. 등

5 ②, ④

6 예 진지한 표정과 태도로 무엇 때문에 얼마나 미안한지 또박또박 말한다.

7 (1) ○ 8 (1) ㉡ (2) ㉣ 9 비치

1 여자아이는 길에 떨어진 돈을 발견하고 신이 났습니다.

2 돈을 주워서 신나는 상황에 어울리는 표정, 몸짓, 말투를 써 봅니다.

3 여자아이의 표정과 몸짓, 말을 살펴보면 여자아이의 마음을 짐작할 수 있습니다.

4 만 원 속 세종대왕은 여자아이에게 얼른 주인을 찾아 주라고 했습니다.

5 같은 말을 해도 표정, 몸짓, 말투에 따라 뜻이 제대로 전달되지 않을 수도 있습니다.

6 사과를 할 때에는 진심으로 미안한 마음을 담아 사과해야 합니다.

7 현장 체험학습 장소가 마음에 들 때에는 손을 번쩍 들며 신나는 표정과 큰 목소리로 말하는 것이 어울립니다.

**오답 피하기**
(2): 현장 체험학습 장소가 마음에 들지 않을 때의 반응입니다.

8 '높이'는 받침 'ㅍ'이 모음 'ㅣ'를 만났으므로 [피]로 이어서 발음하고, '무릎에'는 받침 'ㅍ'이 모음 'ㅔ'를 만났으므로 [페]로 이어서 발음해야 합니다.

9 앞말의 받침 'ㅊ'이 모음 'ㅣ'를 만났으므로 [치]로 발음됩니다.

## 단원 마무리 27쪽

❶ 생생하게 ❷ 기쁨 ❸ 떨리는
❹ 춤

## 단원 평가 28~30쪽

**1** (1) ㉡ (2) ㉠ **2** ㉮ **3** 예 미안해
**4** ②, ③, ④ **5** ① **6** (1) ○
**7** ⑤ **8** 예 높고 빠른 목소리로
**9** 돈(만 원) **10** ①, ②, ④
**11** 화가 난다. 등
**12** 자두보다 더 유명해지고 싶어서 등
**13** 예 깜짝 놀란 표정으로 몸을 앞으로 기울이며 큰 목소리로 말한다.
**14** 지렁이 **15** ③ **16** 놀란
**17** 정원사 **18** ②
**19** 예 활짝 웃으며 덩실덩실 춤을 추면서 큰 소리로 외친다.
**20** 예 「의좋은 형제」

**1** 그림 ㉮는 여자아이가 상처를 치료해 주신 선생님께 인사하는 상황이고, 그림 ㉯는 여자아이가 남자아이의 발을 밟은 상황입니다.

**2** 그림 ㉮처럼 고마운 마음을 전할 때에는 웃으면서 고마워하는 마음이 잘 느껴지게 말하는 것이 어울립니다.

> **오답 피하기**
> 그림 ㉯: 미안한 마음을 표현해야 하는 상황에 알맞은 미안해하는 표정과 진심이 담긴 말투가 어울립니다.

**3** 실수로 친구의 필통을 떨어뜨렸으므로 미안하다는 말을 해야 합니다.

**4** 미안하다고 말할 때에는 진지한 표정을 지으며 진심을 담아서 사과해야 합니다.

> **정답 친해지기** **미안하다고 말할 때 알맞은 표정, 몸짓, 말투**
> - 웃지 말고 진지하게 말합니다.
> - 진심을 담아서 말해야 합니다.
> - 장난치듯 하면 안 됩니다.

**5** 장금이는 활짝 웃으며 친구들에게 인사를 하고 있습니다.

**6** 장면 ㉮는 동이가 놓친 채소를 장금이가 뛰어올라 받아 내자 친구들이 장금이에게 멋지다고 말하는 장면이고, 장면 ㉯는 장금이가 친구들에게 인사하는 장면이므로 높고 활기찬 목소리로 말하는 것이 어울립니다.

**7** 장금이는 처음으로 수라간 상궁을 보고 놀라움과 호기심을 느끼고 있습니다.

**8** 장금이의 마음을 생각하며 어울리는 말투를 써 봅니다.

**9** 여자아이는 만 원짜리 돈을 주웠습니다.

**10** 여자아이의 신이 난 마음을 잘 드러내는 방법을 찾습니다.

**11** 미미의 말과 표정, 몸짓 등을 살펴봅니다.

**12** 미미는 자두보다 더 유명해지고 싶어서 몰래 발레를 배웠습니다.

**13** 자두의 마음이 어떨지 생각해 보고 자두에게 어울리는 표정, 몸짓, 말투를 써 봅니다.

> **채점 기준** 장면 ㉯에 어울리는 자두의 표정, 몸짓, 말투를 썼으면 정답으로 합니다.

> **보충 자료** **인물에게 어울리는 표정, 몸짓, 말투 예**

| 장면 ㉮의 미미 | 화가 난 표정을 지으며 높고 큰 목소리로 팔을 흔들며 말합니다. |
|---|---|

**14** ㉠은 부벨라의 발 근처 땅속에서 고개만 내밀고 말하고 있는 지렁이를 가리킵니다.

**15** 부벨라는 자신을 무서워하지 않는 지렁이와 친구가 되고 싶어서 자신의 집으로 초대했습니다.

**16** 모든 사람이 부벨라를 보고 무서워했는데 지렁이가 무서워하지 않아서 놀랐을 것입니다.

**17** 부벨라는 정원사에게 걱정거리를 털어놓았습니다.

**18** 부벨라는 정원사에게 지렁이가 무얼 먹고 사는지, 무슨 음식을 좋아하는지 모르겠다고 했습니다.

**19** 아프지 않게 된 정원사의 마음은 기쁘고 행복할 것입니다. 이 마음에 어울리는 표정, 몸짓, 말투를 씁니다.

> **채점 기준** "이제 하나도 아프지가 않아."에 어울리는 표정, 몸짓, 말투를 썼으면 정답으로 합니다.

**20** 어떤 작품으로 '이야기 극장' 놀이를 하고 싶은지 써 봅니다.

## 서술형 평가 31쪽

1 (1) 예 문을 잡아 주어서 고마워.
(2) 예 내가 실수로 팔을 쳐서 우유를 쏟았구나. 정말 미안해.
2 (1) 예 웃는 표정으로 손을 흔들며 다정하게 말한다.
(2) 예 미안한 표정으로 손을 모으며 진지한 목소리로 말한다.
3 예 궁으로 가게 되어 무척 기쁘다.
4 (1) 예 눈물을 글썽이며
(2) 예 가늘고 떨리는 목소리로
5 (1) 예 맛있는 음식을 먹어서 기쁘고 행복함.
(2) 예 크고 높은 목소리로

**1** 그림 가는 남자아이가 뒤따라 들어오는 여자아이를 위해 문을 잡아 주는 상황이고, 그림 나는 여자아이가 남자아이의 우유를 엎질러 당황하는 상황입니다.

**채점 기준** (1)과 (2)에 모두 상황에 알맞은 말을 썼으면 정답으로 합니다.

**2** 그림 가는 고마운 마음을 전해야 하는 상황이고 그림 나는 미안한 마음을 전해야 하는 상황입니다. 그림 가와 나의 상황에 알맞은 표정, 몸짓, 말투를 생각해 봅니다.

**채점 기준** (1)과 (2)에 모두 알맞은 표정, 몸짓, 말투를 썼으면 정답으로 합니다.

**3** 장금이의 말과 표정을 살펴보면 궁으로 가게 되어 무척 기뻐한다는 것을 알 수 있습니다.

**채점 기준** 장금이의 마음과 그 까닭을 알맞게 썼으면 정답으로 합니다.

**4** 눈물을 글썽이며 기뻐하고 있는 모습에 알맞은 표정과 말투를 생각해 봅니다.

**채점 기준** 장금이의 말에 알맞은 표정과 말투를 썼으면 정답으로 합니다.

**5** ㉠은 맛있는 진흙파이를 먹으면서 행복해하는 지렁이의 마음이 드러난 말입니다.

**채점 기준** (1)에 알맞은 마음을 쓰고 (2)에 알맞은 말투를 썼으면 정답으로 합니다.

# 2. 중심 생각을 찾아요

진도 교재

## 핵심 확인 문제 34쪽

1 ○ 2 중심 생각 3 중심 문장
4 제목 5 ○

## 준비 아는 내용이나 겪은 일과 관련지어 글을 이해하면 좋은 점 알기 35~36쪽

1 예 윷놀이, 달팽이 놀이
2 예 지난 주말에 가족과 함께 공원에서 줄넘기를 했다.
3 ③ 4 (1) ○ (3) ○ (4) ○
5 다리
6 두 사람이 겨루는 모습이 닭이 싸우는 것과 비슷하다고 해서 지어진 이름이다. 등
7 ①, ②, ⑤ 8 은미

**1** 연날리기, 씨름 등 자신이 알고 있는 전통 놀이를 떠올려 봅니다.

**2** 언제 줄넘기를 했는지, 줄넘기는 어떻게 하는 놀이인지 등을 생각하며 자신의 경험을 써 봅니다.

**3** 줄넘기에 대한 글이므로 줄넘기를 한 경험과 관련지어 읽으면 글의 내용을 더 잘 이해할 수 있습니다.

**4** 노래에 맞추어 놀이를 하는 것은 긴 줄 넘기입니다.

**5** 닭싸움 놀이는 한쪽 다리를 들어 올려 두 손으로 잡고, 다른 다리로 균형을 잡아 깨금발로 뛰면서 상대를 밀어 넘어뜨리는 놀이입니다.

**6** '닭싸움'은 두 사람이 겨루는 모습이 닭이 싸우는 것과 비슷하다고 해서 지어진 이름입니다.

**채점 기준** '닭싸움'이라는 이름이 어떻게 지어졌는지 알맞게 썼으면 정답으로 합니다.

**7** 두 번째 문단에 닭싸움 놀이의 다른 이름이 나타나 있습니다.

**정답 친해지기** 닭싸움 놀이의 다른 이름
- 외발 싸움, 깨금발 싸움: 한 발로 서서 하므로 지어진 이름
- 무릎 싸움: 무릎을 부딪쳐 싸운다고 해서 지어진 이름

**8** 아는 내용이나 겪은 일과 관련지어 글을 읽으면 글 내용에 흥미를 느낄 수도 있습니다.

## 기본 아는 내용이나 겪은 일과 관련지어 글 읽기 37~38쪽

1 ㉡, ㉥, ㉦
2 예 과학 실험을 하다가 자리를 비우지 않는다.
3 ①, ②, ⑤ 4 과학 실험 안전 수칙
5 선생님 6 ⑤
7 (1) 선생님 (2) 장난 (3) 책상
8 예 과학 실험 안전 수칙이 많다는 것을 알았다.

**1** 과학실에서는 절대로 뛰거나 장난치지 않고, 과학실 안에서는 음식을 먹으면 안 됩니다. 또한 화학 물질 냄새를 직접 맡거나 맛을 보면 안 되고 실험 후에는 주변 정리를 하고 사용한 약품은 정해진 폐수 통에 버립니다.

**2** 그림을 보고 과학 실험을 할 때 지켜야 할 점을 떠올려 봅니다.

**3** 과학 실험을 하면서 호기심이 생기고 평소에 품었던 궁금증을 해결하며 실험을 통해 탐구 능력을 키우기도 한다고 했습니다.

**4** 과학 실험을 할 때 안전사고가 발생하는 경우가 있으므로 안전하게 과학 실험을 하려면 과학 실험 안전 수칙을 확인하고 실천해야 한다고 했습니다.

**5** 글 ❷에서 알 수 있습니다.

**6** 글 ❸에서 과학실에는 깨지기 쉽거나 위험한 실험 기구가 많기 때문에 장난을 치면 사람이 다치거나 화재가 발생할 수 있다고 했습니다.

**7** 글에 나온 과학 실험 안전 수칙 첫째, 둘째, 셋째의 내용을 정리해 봅니다.

**8** 이 글을 읽고 알고 있는 내용과 다른 내용을 비교해 새롭게 안 내용을 정리해 봅니다.

> **채점 기준** 글을 읽고 새롭게 안 내용을 알맞게 썼으면 정답으로 합니다.

## 기본 글을 읽고 중심 생각을 찾는 방법 알기 39~40쪽

1 예 갯벌을 잘 보존하면 우리에게 어떤 좋은 점이 있는지 알려 주려는 것 같다.
2 (1) 썰물 (2) 바닷가 3 ②
4 ❸
5 (1) 갯벌은 육지에서 나오는 오염 물질을 분해해 좋은 환경을 만든다. 등
(2) 갯벌은 기후를 조절하고 홍수를 줄여 주는 역할을 한다. 등
6 ①, ④, ⑤ 7 (3) ○
8 예 갯벌의 종류를 더 알고 싶다.

**1** 글쓴이는 글 전체 내용을 가장 잘 전할 수 있는 내용을 제목으로 정하기 때문에 제목을 보면 무엇을 쓴 글인지 미리 알 수 있습니다.

> **채점 기준** 제목을 보고 글쓴이의 생각을 알맞게 짐작하여 썼으면 정답으로 합니다.

**2** 문단 ❶에 갯벌은 어떤 곳인지 나타나 있습니다.

**3** 갯벌에는 게, 조개, 갯지렁이, 불가사리, 물고기 같은 여러 가지 생명체가 삽니다.

**4** 제시된 내용은 문단 ❸의 중심 문장을 정리한 것입니다.

**5** 각 문단을 대표하는 문장을 찾아 정리해 봅니다.

**6** 문단의 중심 문장, 글의 제목, 글에 있는 사진이나 그림을 통해 중심 생각을 찾을 수 있습니다.

**7** 글쓴이가 글 전체에서 말하고 싶은 생각은 무엇인지 찾아봅니다.

**8** 글을 읽고 더 알고 싶은 내용이 무엇인지 생각해 봅니다.

> **채점 기준** 글을 읽고 더 알고 싶은 내용을 알맞게 썼으면 정답으로 합니다.

## 기본 글을 읽고 중심 생각 찾기 41~42쪽

1 토박이말 2 ②, ④, ⑤
3 (1) 물 (2) 더위 4 중심 문장
5 (1) ❻ (2) ❺ (3) ❹ 6 겨울
7 우리말과 우리글을 사랑하는 마음으로 날씨를 나타내는 토박이말을 많이 사용하자. 등
8 (1) ㉡ (2) ㉢ (3) ㉠

1 토박이말을 설명한 것입니다.

2 '무더위', '불볕더위'는 여름과 관련 있는 낱말입니다.

3 '무더위'는 '물+더위'로 물기를 잔뜩 머금은 끈끈한 더위를, '불볕더위'는 '불볕+더위'로 볕이 불덩이처럼 뜨거운 더위를 뜻합니다.

4 ㉠은 문단 ❶, ㉡은 문단 ❷, ㉢은 문단 ❸의 중심 문장입니다.

5 각 문단의 중심 문장을 찾아봅니다.

6 '가랑눈', '진눈깨비', '함박눈', '도둑눈'은 겨울 날씨를 나타내는 토박이말입니다.

7 글의 제목, 문단의 중심 문장 등을 살펴보고 중심 생각을 파악하여 봅니다.

> **채점 기준** 이 글의 중심 생각을 한 문장으로 정리하여 알맞게 썼으면 정답으로 합니다.

8 반대말은 서로 정반대되는 뜻을 담고 있는 한 쌍의 낱말입니다.

## 실천 알고 싶은 내용이 담긴 글을 읽고 간추려 발표하기 43~44쪽

1 가은
2 옛날에는 한복을 입었는데 오늘날에는 양복을 입는다는 것을 말하고 있다. 등
3 ②, ⑤ 4 (1) 신분 (2) 직업
5 ④ 6 ①
7 예 옛날 사람들은 신분, 성별에 따라 옷치림이 엄격했지만 요즘에는 이런 구분이 많이 없어지고 있다.
8 풍족하다, 어마어마하다, 무진장하다

1 「옷차림이 바뀌었어요」라는 제목을 보고 글의 내용을 바르게 짐작한 사람은 가은입니다.

2 글에 있는 사진이나 그림을 보면 내용을 쉽게 이해할 수 있습니다.

3 ②는 옛날 여자 양반들의 옷차림, ⑤는 옛날 남자 양반들의 옷차림입니다.

4 문단 ❷의 첫 번째 문장이 중심 문장입니다.

5 속바지는 여자가 입었던 옷입니다.

6 옛날에는 자연에서 얻은 실로 짠 옷감으로 옷을 만들었지만 오늘날에는 합성 섬유로 옷을 만드는 경우가 많습니다.

7 글을 읽고 중심 생각을 찾는 방법을 떠올려 봅니다.

> **채점 기준** 글의 중심 생각을 알맞게 간추려 썼으면 정답으로 합니다.

> **정답 친해지기** **글을 읽고 중심 생각을 찾는 방법**
> - 문단의 중심 문장을 찾아보고 중심 생각을 간추립니다.
> - 글의 제목을 보고 무엇에 대해 쓴 글인지 생각합니다.
> - 글에 있는 사진이나 그림을 보고 글쓴이의 중심 생각을 찾습니다.

8 '많다'는 '수효나 분량, 정도 따위가 일정한 기준을 넘다.'는 뜻으로, 비슷한 말은 '풍족하다', '무진장하다', '어마어마하다'입니다.

## 국어 활동 45~46쪽

1 ③, ④ 2 포도 3 ㉡
4 예 사과를 많이 먹으면 살갗도 부드러워지고 잇몸도 튼튼해진다는 것을 알았다.
5 ② 6 ③
7 (1) 춰다니 (2) 줘

1 사과에 종이봉투를 씌워 두면 벌레도 막을 수 있고, 사과 맛도 좋아집니다.

2 포도는 잼이나 젤리를 만들거나, 말려서 건포도를 만들기도 합니다.

3 포도는 처음에는 푸르다가 검게 익고, 기침이 많이 나거나 가래가 생겼을 때 복숭아씨를 갈아 먹습니다.

4 글에 나온 내용 중 새롭게 안 내용을 써 봅니다.

5 ①은 문단 ㉮, ③은 문단 ㉰의 중심 문장입니다.

6 '펴다'와 뜻이 서로 반대되는 낱말은 '접다'입니다.

7 '추었다니', '알려 주어'를 준말로 표현할 때에는 '춰다니', '알려 줘'로 쓰는 것이 바른 표기입니다.

## 단원 마무리 47쪽

❶ 선생님 ❷ 계절 ❸ 제목
❹ 토박이말

## 단원 평가 48~50쪽

1 ④ 2 (1) × (2) × (3) ○
3 가현 4 ⑤
5 예 닭싸움 놀이를 하는 방법을 알았다.
6 ④ 7 진우 8 위험한
9 ㉢
10 예 과학실에서는 장난을 치지 말고 진지한 자세로 실험해야 한다.
11 ㉣ 12 ①, ④, ⑤
13 (1) 중심 문장 (2) 제목 (3) 그림
14 ③ 15 ③
16 예 올해 겨울에는 함박눈이 많이 내렸으면 좋겠다.
17 (1) ○ 18 한복 19 ①, ④, ⑤
20 옷차림

**1** 글의 맨 마지막 부분에 긴 줄 넘기는 노래에 맞추어 놀이를 하는 특징이 있다고 했습니다.

**2** 혼자서 줄넘기를 할 때에는 여러 놀이 방법이 있고, 고정된 줄을 뛰어넘는 줄넘기는 발목 높이에서 시작합니다.

**3** 줄넘기에 대한 글이므로 줄넘기를 한 경험을 말한 사람을 찾습니다.

**4** '닭싸움'은 두 사람이 겨루는 모습이 닭이 싸우는 것과 비슷하다고 해서 지어진 이름이라고 했습니다.

**5** 글을 읽고 새롭게 안 내용이 무엇인지 써 봅니다.

**6** 아는 내용이나 겪은 일과 관련지어 읽는다고 해서 글을 끝까지 읽지 않아도 되는 것은 아닙니다.

**정답 친해지기** **아는 내용이나 겪은 일과 관련지어 글을 읽으면 좋은 점**
- 내용을 기억하기 쉽습니다.
- 글 내용을 더 쉽게 이해할 수 있습니다.
- 글 내용에 더 흥미를 느끼게 됩니다.
- 글을 읽으면서 그 모습을 잘 상상할 수 있습니다.

**7** 과학 실험을 할 때 화학 물질 냄새를 직접 맡아서는 안 됩니다.

**8** 과학실에는 깨지기 쉽거나 위험한 실험 기구가 많기 때문에 절대 장난을 치면 안 됩니다.

**9** 과학실에서는 절대 장난을 치면 안 된다는 내용으로 정리해야 합니다.

**10** 알고 있는 내용이나 경험을 떠올리며 글을 읽어 봅니다.

**채점 기준** 글을 읽고 자신이 알고 있는 내용을 알맞게 썼으면 정답으로 합니다.

**11** 이 글의 중심 문장은 ㉣입니다.

**보충 자료** **중심 문장과 뒷받침 문장**

| 중심 문장 | 한 문단의 전체 내용을 대표하는 문장 |
|---|---|
| 뒷받침 문장 | 중심 문장을 보충하거나 자세히 설명하는 문장 |

**12** 글쓴이는 글 전체 내용을 가장 잘 전할 수 있는 내용을 제목으로 정하기 때문에 글의 제목을 보면 무엇을 쓴 글인지 미리 알 수 있습니다.

**13** 문단의 중심 문장, 글의 제목, 글에 있는 사진이나 그림을 통해 중심 생각을 찾을 수 있습니다.

**14** 도둑눈은 밤에 사람들이 모르게 내린 눈으로, 사람들 몰래 왔다는 뜻을 담은 말입니다.

**오답 피하기**
① 가랑눈: 조금씩 잘게 부서져서 내리는 눈
② 함박눈: 굵고 탐스럽게 내리는 눈
④ 싸라기눈: 빗방울이 갑자기 찬 바람을 만나 얼어 떨어지는 쌀알 같은 눈
⑤ 진눈깨비: 비가 섞여 내리는 눈

**15** 문단의 중심 문장을 정리하여 보고, 중심 생각을 잘 드러내는 제목을 찾아봅니다.

**16** 글에서 겨울과 관련 있는 토박이말을 찾고 그 낱말을 사용해 문장을 만들어 봅니다.

**채점 기준** 겨울과 관련 있는 토박이말을 골라 그 낱말의 뜻에 어울리는 문장을 만들어 썼으면 정답으로 합니다.

**17** '펴다'와 뜻이 서로 반대되는 낱말은 '접다'입니다.

**18** 사람들은 옛날에 우리나라 고유한 옷인 한복을 입었습니다.

**19** 글의 마지막 부분에서 사람들이 입는 옷차림이 옛날과 오늘날에 어떻게 다른지 신분과 성별, 옷감 종류에 따라 나누어 알아보자고 했습니다.

**20** 제목을 보면 글쓴이의 생각을 짐작할 수 있습니다.

## 서술형 평가 51쪽

1 (1) 예 지난번 체육 시간에 번갈아 뛰기, 뒤로 뛰기 줄넘기를 했다.
(2) 예 혼자서 외발 뛰기와 뒤로 뛰기, 번갈아 뛰기를 하며 줄을 넘는다.
2 실험하다가 만약 실험 기구가 넘어지면 깨진 기구의 조각이나 기구 속 화학 약품이 튀어 다칠 수가 있기 때문이다. 등
3 예 • 과학실에서는 시약병을 함부로 들고 다니지 않는다.
• 실험 기구를 조심히 다룬다.
4 우리말에 본디부터 있던 말이나 그것에 더해 새로 만들어진 말로 순우리말, 고유어라고도 한다. 등
5 (1) 계절별로 날씨와 관련이 있는 토박이말을 알아보자. 등
(2) 봄 날씨를 나타내는 토박이말에는 '꽃샘추위', '꽃샘바람', '소소리바람' 같은 말이 있다. 등

1 줄넘기를 했던 경험을 떠올려 써 봅니다.

**채점 기준** 줄넘기한 경험을 떠올려 (1)과 (2)에 모두 알맞게 썼으면 정답으로 합니다.

2 실험하다가 실험 기구가 넘어지면 깨진 기구의 조각이나 기구 속 화학 약품이 튈 수 있기 때문에 실험할 때 책상에 바짝 다가가지 않아야 합니다.

**채점 기준** 글의 내용을 바르게 파악하여, 실험할 때 책상에 바짝 다가가지 않아야 하는 까닭을 알맞게 썼으면 정답으로 합니다.

3 글을 읽고 자신만의 과학 실험 안전 수칙을 만들어 봅니다.

**채점 기준** 자신만의 과학 실험 안전 수칙을 만들어 썼으면 정답으로 합니다.

4 첫 문단에 나타난 토박이말에 대한 내용을 정리하여 씁니다.

**채점 기준** 토박이말이 무엇인지 알맞게 정리하여 썼으면 정답으로 합니다.

5 이 글에서는 각 문단의 첫 문장이 중심 문장입니다.

**채점 기준** 각 문단의 중심 문장을 모두 바르게 찾아 썼으면 정답으로 합니다.

# 3. 자신의 경험을 글로 써요

진도 교재

## 핵심 확인 문제 54쪽

1 언제 2 × 3 고쳐쓰기
4 수 5 ○

## 준비 기억에 남는 일에 대해 이야기 나누기 55쪽

1 ③ 2 수민
3 (1) 예 할머니와 송편을 만든 일
(2) 예 내 손으로 떡을 만들 수 있다는 게 신기하면서도 재미있었기 때문이다.
4 ③, ④

1 눈썰매장에서 썰매를 탄 일은 이 그림에 나타나 있는 일이 아닙니다.

2 수민만 자신의 경험을 말했고 강희는 자신이 되고 싶은 것을, 민주는 앞으로의 계획을 말했습니다.

3 자신이 겪은 여러 가지 일 가운데 기억에 남는 일과 그 까닭을 씁니다.

4 기억에 남는 일을 정리하면 자신이 한 일을 되돌아볼 수 있고 그 일을 글로 쓸 수 있습니다.

## 기본 자신의 경험에서 인상 깊은 일을 글로 쓰는 방법 알기 56~57쪽

1 (1) ④ (2) ① (3) ② (4) ③
2 (1) 예 학교에서 공부한 일
(2) 예 동생이 아팠던 일
3 예 친구와 재미있게 놀았던
4 지난밤에 동생 주혁이가 아팠다. 등
5 (1) 예 가족과 동물원으로 나들이를 간 일
(2) 예 가까이에서 동물들을 보고, 가족과 행복한 시간을 보내서 즐거웠다.
6 (2) ×

1 서연이는 아침에 학교에 갈 준비를 했고, 학교에서 공부했으며 친구와 놀이터에서 놀다가 집에 돌아와 책을 읽었습니다.

**2** 서연이가 겪은 일을 살펴보고 자신이 겪은 일과 비교했을 때 비슷한 일과 다른 일을 떠올려 씁니다.

**3** 서연이가 하루 동안 겪은 일 가운데에서 자신이 서연이라면 글로 쓰고 싶은 일이 무엇인지 골라 씁니다.

**4** 밤에 동생 주혁이가 아파서 아빠는 병원에 갈 채비를 하셨고, 서연이는 동생의 이마에 물수건을 얹어 주었습니다.

**5** 자신이 겪은 일 가운데 가장 인상 깊은 일을 떠올려 보고, 그때 어떤 생각이나 느낌이 들었는지 씁니다.

> **채점 기준** 자신의 경험에서 가장 인상 깊은 일과 그때의 생각이나 느낌을 알맞게 썼으면 정답으로 합니다.

**6** '두'는 수를 나타내는 말이고 '번째'는 하나의 낱말로서 단위를 나타내는 말이므로 '두 번째네.'라고 띄어 써야 합니다.

## 기본 인상 깊은 일로 글 쓰기 58쪽

| | | |
|---|---|---|
| **1** ③, ⑤ | **2** ㉢ | **3** ①, ③, ⑤ |
| **4** ⑤ | | |

**1** ①, ④는 가을에, ②는 여름에 있었던 일입니다.

**2** ㉠은 무슨 일이 있었는지를 쓴 것이고, ㉡은 그 일을 겪었을 때의 마음을 쓴 것입니다.

**3** 상상한 일이 아닌 실제 자신이 겪은 일을 사실대로 써야 합니다. 또한 비용이 얼마나 들었는지는 쓰지 않아도 됩니다.

**4** 제목은 글에서 자신이 가장 하고 싶은 말이나 표현하고 싶은 마음을 생각해서 정해야 합니다.

## 기본 자신이 쓴 글을 고쳐 쓰기 59쪽

| | |
|---|---|
| **1** ㉢, ㉡, ㉠ | **2** ①, ④ |
| **3** (1) × | **4** 기영, 수민 |

**1** 완성한 글을 친구와 바꾸어 읽고 자신이 점검한 내용과 친구의 의견을 모아 고쳐 씁니다.

**2** 이 글은 있었던 일이 구체적이지 않고, 그때 어떤 생각이나 느낌이 들었는지 나타나 있지 않습니다.

**3** '이/가'와 같은 말은 앞말에 붙여 써야 하므로 '감들이∨주렁주렁'이라고 띄어 쓰는 것이 바른 표현입니다.

**4** 글을 고쳐 쓸 때 재미있는 표현을 너무 많이 쓰면 전하고자 하는 내용이 효과적으로 전달되지 않을 수 있습니다.

## 실천 우리 반 소식지 만들기 60쪽

| | |
|---|---|
| **1** ② | **2** 투표 |
| **3** 예시 답안 참고 | |

**1** 지금까지 우리 반에서 있었던 일을 소식지에 담아야 하므로 가족과 함께한 경험은 알맞지 않습니다.

**2** 우리 반 소식지를 만들 때 지금까지 있었던 일과 관련된 사진을 모으거나 그림을 그린 뒤에는 기억에 남는 일 다섯 가지를 투표로 정합니다.

**3** 자신이 맡은 사건을 글과 그림으로 표현할 때에는 언제, 어디에서, 누구와, 어떤 일이 있었는지 구체적으로 표현하고 그 일에 대한 생각이나 느낌을 나타내도 좋습니다.

**예시 답안**

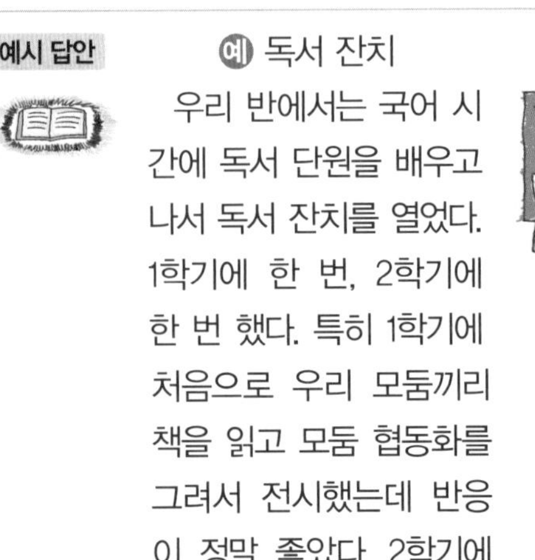

예 독서 잔치

우리 반에서는 국어 시간에 독서 단원을 배우고 나서 독서 잔치를 열었다. 1학기에 한 번, 2학기에 한 번 했다. 특히 1학기에 처음으로 우리 모둠끼리 책을 읽고 모둠 협동화를 그려서 전시했는데 반응이 정말 좋았다. 2학기에도 우리 모둠이 재미있는 독서 활동을 많이 했으면 좋겠다.

## 국어 활동 61쪽

1 (1) ㉡ (2) ㉠ (3) ㉣ (4) ㉢ (5) ㉤
2 (2) ○
3 (1) 비빔냉면은 매콤하고,∨물냉면은 시원하다.
(2) 예쁜 신 한∨켤레

1 인상 깊은 일로 쓴 글에서 각 내용에 알맞은 설명을 보기 에서 찾아 기호를 씁니다.

2 그림 ㉮는 '아기가 오리를 보았다.'라고, 그림 ㉰는 '예쁜 손수건으로 닦아.'라고 써야 올바릅니다.

3 쉼표(,) 뒤에 오는 말은 띄어 써야 하고, 수를 나타내는 말과 단위를 나타내는 말 사이도 띄어 써야 합니다.

## 단원 마무리 62~63쪽

❶ 느낌 ❷ 인상 ❸ 걱정
❹ 두∨번째네 ❺ 기억 ❻ 점검표
❼ 자세히

## 단원 평가 64~66쪽

1 (1) ② (2) ③ (3) ① 2 ㉡
3 (1) 예 5월 (2) 예 학교 운동장
(3) 예 친구들과 공 굴리기, 장애물 달리기와 같은 운동을 했다.
(4) 예 친구들과 함께 여러 가지 운동을 해서 즐거웠다.
4 ① 5 ④
6 예 동생이 아팠던 일을 글로 쓰고 싶다.
7 ④, ⑤ 8 ⑤
9 지난밤에 동생 주혁이가 아팠다. 등
10 ② 11 하늘이∨맑고∨푸르다.
12 (2) ○ 13 (4) ×
14 (1) 내용 (2) 표현 15 (2) ○
16 (1) ○ (2) × (3) ×
17 마침표(.)나 쉼표(,) 뒤에 오는 말은 띄어 쓴다. 등
18 국립중앙과학관으로 현장 체험학습을 갔다. 등
19 예 모둠 농장을 가꾼 일
20 ⑤

1 그림 ㉮는 수영을 한 일, 그림 ㉯는 피자를 만든 일, 그림 ㉰는 축구를 한 일을 그린 것입니다.

2 그림 ㉱는 갯벌 체험을 한 일을 그린 그림이므로 이 일을 겪은 친구는 ㉡의 생각을 하는 것이 알맞습니다.

3 언제, 어디에서, 어떤 일이 있었고, 그때의 생각이나 느낌은 어떠했는지 정리하여 써 봅니다.

**채점 기준** 자신이 겪은 일 가운데에서 기억에 남는 일을 각 항목에 맞게 표에 정리했으면 정답으로 합니다.

**정답 친해지기 기억에 남는 일을 정리하는 방법**
- 기억에 남는 일을 떠올리고 언제, 어디에서, 누구와 어떤 일이 있었는지 정리해 봅니다.
- 그때의 생각이나 느낌을 써 봅니다.
- 자신의 행동을 되돌아보는 내용을 표현해 봅니다.

4 기억에 남는 일을 정리하는 것과 말을 잘하게 되는 것은 관련이 없습니다.

5 동생 주혁이와 다툰 일은 그림에 나타나 있지 않습니다.

6 서연이가 겪은 일 가운데에서 특별히 기억에 남는 일이 무엇일지 생각하여 씁니다.

7 평소에 일어난 일이나 평소와 달리 특별하게 생긴 일, 자신의 생각이나 느낌이 달라진 일을 골라 글로 쓰는 것이 좋습니다.

8 '나'는 동생 주혁이가 앓는 소리에 잠에서 깼습니다.

9 '나'는 지난밤에 동생 주혁이가 열이 많이 나서 부모님께서 동생을 돌보시는 것을 보았습니다.

10 이 글의 마지막 부분에 '나'의 마음이 잘 드러나 있습니다. 동생이 아픈 모습을 본 '나'는 마음이 아프고 동생이 얼른 낫기를 바라고 있습니다.

11 낱말과 낱말 사이는 띄어 쓰되, '이/가, 을/를, 은/는, 의'와 같은 말은 앞말에 붙여 쓴다는 점을 알고 알맞은 곳에 ∨표를 합니다.

12 봄과 여름에 있었던 일을 그린 것으로 보아 계절별로 어떤 일이 있었는지 떠올린 것입니다.

13 생각이나 느낌을 정리할 때에는 '가족과 함께 보내는 시간이 즐거웠다.'와 같이 그 일을 겪었을 때의 마음을 쓰는 것이 알맞습니다.

14 고쳐쓰기를 하면 자신이 쓴 글을 내용과 표현 면에서 점검할 수 있습니다.

**15** 물을 달라고 하는 상황을 나타낸 그림이므로 (2)와 같이 띄어 써야 합니다. (1)과 같이 띄어 쓰면 채소인 '나물'을 달라는 뜻이 됩니다.

**16** (2)는 '친구들을'이라고 붙여 써야 하고, (3)은 '붉게 물든다.'라고 띄어 써야 합니다.

**17** 이 글의 ☐ 부분은 마침표(.)와 쉼표(,) 뒤에 오는 말을 붙여 썼습니다.

> **채점 기준** 마침표(.)나 쉼표(,) 뒤에 오는 말은 띄어 쓴다는 내용을 썼으면 정답으로 합니다.

**18** 글쓴이는 국립중앙과학관으로 현장 체험학습을 갔다고 했습니다.

**19** 지금까지 우리 반에서 있었던 일을 떠올려 보고 가장 기억에 남는 일을 골라 씁니다.

**20** 모둠별 소식지를 만들 때 모둠 친구들이 기억에 남는 일 다섯 가지를 하나씩 맡아서 골고루 넣어야 하므로, 원하는 사건이 겹치면 양보해서 조정해야 합니다.

## 서술형 평가 67쪽

**1** (1) 예 친구에게 생일 선물을 받은 일
(2) 예 생일이 학기 초여서 반 친구들과 서먹서먹할 때였는데 친구가 먼저 다가와 생일 선물을 주어서 기뻤고, 앞으로 내가 먼저 다가가서 친하게 지내야겠다는 마음이 들었다.

**2** 예 동생이 아픈 것은 평소에 자주 겪는 일이 아니기 때문이다.

**3** 평소에 일어나는 일이나 평소와 다른 특별한 일 또는 자신의 생각이나 느낌이 달라진 일을 골라 정한다. 등

**4** (1) 책을 읽으면 지식이 쌓인다.
(2) 우정은 예쁘게 가꿀수록 좋다.
(3) 우리 여섯 명은 친한 친구 사이다.

**5** (1) 예 친구들과 피구를 한 일
(2) 예 가족과 함께 수박을 먹은 일
(3) 예 과수원에서 감을 따 본 일
(4) 예 눈썰매장에 가서 썰매를 탄 일

**1** 그림의 남자아이는 어른께 선물을 받고 있습니다. 남자아이처럼 다른 사람에게 선물을 받은 경험을 떠올려 보고, 그때 어떤 마음이 들었는지를 씁니다.

> **채점 기준** 남자아이가 어른께 선물을 받고 있는 그림의 상황과 비슷한 자신의 경험과 그때의 마음을 떠올려 알맞게 썼으면 정답으로 합니다.

**2** 글로 쓸 인상 깊은 일을 찾는 방법을 생각하여 '내'가 이 일을 글로 쓴 까닭을 짐작하여 씁니다.

> **채점 기준** '내'가 동생이 아팠던 일을 글로 쓴 까닭을 알맞게 짐작하여 썼으면 정답으로 합니다.

> **정답 친해지기** **'내'가 동생이 아팠던 일을 글로 쓰기로 정한 까닭**
> - 동생이 아픈 것은 평소에 자주 겪는 일이 아니기 때문이다.
> - 아픈 동생에게 미안하고 안쓰러운 마음이 들었던 것이 인상 깊었기 때문이다.
> - 동생을 걱정하는 마음이 기억에 남았기 때문이다.
> - 앞으로 동생을 잘 챙겨야겠다는 마음이 들었기 때문이다.

**3** 평소에 일어나는 일을 자세하게 쓰거나 특별하게 생긴 일 또는 자신의 생각이나 느낌이 달라진 일을 글로 쓰는 것이 좋습니다.

> **채점 기준** 인상 깊은 일을 글로 쓸 때 무엇을 쓸지 정하는 방법을 알맞게 썼으면 정답으로 합니다.

**4** 띄어쓰기 방법을 생각하며 각 문장을 바르게 띄어 씁니다.

> **채점 기준** (1)~(3)의 각 문장을 모두 바르게 띄어 썼으면 정답으로 합니다.

> **보충 자료** **띄어쓰기 방법**
> - 낱말과 낱말 사이는 띄어 쓰되, '이/가, 을/를, 은/는, 의'와 같은 말은 앞말에 붙여 쓴다.
> - 마침표(.)나 쉼표(,) 뒤에 오는 말은 띄어 쓴다.
> - 수를 나타내는 말과 단위를 나타내는 말 사이는 띄어 쓴다.

**5** 자신이 일 년 동안 경험한 일 가운데에서 봄, 여름, 가을, 겨울에 겪었던 기억에 남는 일을 떠올려 각각 알맞게 씁니다.

> **채점 기준** 각 계절에 경험한 인상 깊은 일을 알맞게 떠올려 썼으면 정답으로 합니다.

# 4. 감동을 나타내요

## 핵심 확인 문제 70쪽

1 감각적 표현　2 푹신푹신, 보들보들
3 (3) ×　4 편지　5 ○

## 준비 감각적 표현을 사용해 느낌 나타내기 71쪽

1 감각적 표현　2 ④
3 (1) 동글동글 (2) 매끈매끈
4 예 축구공을 뻥 찼습니다.
5 ㉠, ㉣　6 ①

**1** 눈으로 보고, 귀로 듣고, 입으로 맛보고, 코로 냄새 맡고, 손으로 만지면서 알게 된 대상의 느낌을 생생하게 표현한 것을 감각적 표현이라고 합니다.

**2** 곰 인형에는 '푹신푹신', '보들보들' 등의 표현이 어울립니다.

**3** 사과의 모양이나 사과를 손으로 만졌을 때의 느낌을 떠올려 보고, 대상에 어울리는 감각적 표현을 찾습니다.

**오답 피하기**
(1) '펄럭펄럭'은 바람에 잇따라 빠르고 힘차게 나부끼는 소리 또는 그 모양을 흉내 내는 말입니다.
(2) '꼬불꼬불'은 이리로 저리로 고부라지는 모양을 흉내 내는 말입니다.

**4** 축구를 하는 모습을 보고 축구공을 찰 때 나는 소리, 축구공의 모양이나 축구공을 손으로 만졌을 때의 느낌 등을 감각적 표현을 넣어 표현할 수 있습니다.

**정답 친해지기 축구하는 모습에 어울리는 감각적 표현**
- 뻥
- 데굴데굴
- 왁자지껄
- 요리조리

**5** 귤을 표현할 때 '까끌까끌하다, 뾰족뾰족하다'와 같은 말은 어울리지 않습니다.

**정답 친해지기 귤을 감각적으로 표현하기 예**
- 모양이 공처럼 둥그스름하다.
- 만지면 말랑말랑한 느낌이다.
- 맛이 새콤달콤하다.

**6** ①은 감각적으로 표현한 것이 아니라 있는 그대로의 모습을 쓴 것입니다.

## 기본 시를 읽고 여러 가지 감각적 표현 말하기 72쪽

1 ④　2 ③
3 감기약을 먹고 몸이 무거워졌기 때문이다. 등
4 ①, ④

**1** 이 시의 말하는 이는 감기에 걸려서 열이 나는 등 힘들어하고 있습니다.

**2** '내' 몸에 '불덩이, 몹시 추운 사람, 거북이, 잠꾸러기'가 들어왔다고 했습니다.

**3** 감기약을 먹고 몸이 무거워져서 움직임이 느려졌기 때문에 거북이가 들어왔다고 표현한 것입니다.

**4** 감각적 표현을 사용하면 시가 더 재미있어지고, 느낌이 생생하게 살아납니다.

**보충 자료 「감기」에 나타난 감각적 표현**
- 불덩이가 들어왔다.
- 몹시 추운 사람도 들어왔다.
- 거북이도 들어오고
- 잠꾸러기도 들어왔다.
- 뜨끈뜨끈, 오들오들, 느릿느릿, 까무룩

## 기본 시를 읽고 재미나 감동 나누기 73쪽

1 ④　2 ④　3 굼질굼질
4 (1) ○　5 태우

**1** 이 시의 말하는 이는 강가 고운 모래밭에 있습니다.

**2** 이 시의 말하는 이는 강가 모래밭에서 발가락을 옴지락거려서 두더지처럼 파고들었다고 했습니다.

**3** 모래가 움직이는 모습을 지구가 천천히 움직이는 모습이라고 생각하여 '굼질굼질' 움직였다고 감각적으로 표현했습니다.

**4** 이 시의 말하는 이가 발가락으로 모래 속을 파고들자 모래가 움직였고, 이것을 지구가 움직이는 것으로 생각해서 지구가 대답해 준다(㉠)고 표현한 것입니다.

**5** 이 시의 말하는 이는 자신의 작은 신호에도 지구가 대답해 준다고 했으므로, 우리가 하는 작은 행동에도 자연이 대답해 준다고 생각하는 것이 알맞습니다.

## 기본 이야기를 읽고 생각이나 느낌 표현하기 74~79쪽

**1** 투명 인간의 이야기 **2** ②
**3** 피아노 조율사
**4** ③ **5** ⑤
**6** 정확한 음을 자동으로 연주하는 피아노
**7** ⑤
**8** 비(b) 플랫 건반이 이상한 문제 등
**9** ①, ⑤
**10** 블링크 아저씨는 다른 사람보다 촉각, 후각, 미각, 청각이 발달했다. 등
**11** 에밀을 볼 수 없기 때문에 등
**12** ④
**13** 블링크 아저씨에게 색깔을 가르쳐 주는 일 등
**14** (1) 푸른색 (2) 붉은색 (3) 흰색 (4) 초록색
**15** 예 귤껍질 냄새 **16** ⑤
**17** 에밀은 아저씨에게 색깔을 설명해 주고, 블링크 아저씨는 색깔을 떠올리고 자신의 느낌을 악기로 연주했다. 등
**18** ④ **19** (감자를 갈 때 쓰는) 강판
**20** ⑤ **21** ②
**22** 블링크 아저씨 **23** ②
**24** (1) 예 인물에게 편지 쓰기
(2) 예 에밀 엄마에게 에밀이 피아노 치는 것을 즐길 수 있도록 해 달라고 바라는 점을 쓰고 싶다.

**1** 에밀은 단짝인 폴에게 투명 인간이 된 남자의 이야기를 신나게 해 주었습니다.

**2** 엄마는 피아노 선생님이기 때문에 자신의 제자 중에서 에밀이 피아노를 제일 잘 치기를 원했지만 에밀은 그렇지 못했습니다.

**3** 블링크 아저씨는 피아노 조율사라고 자신을 소개했습니다.

**4** 엄마가 에밀의 피아노 음이 맞지 않는다고 생각하여 피아노 조율사인 블링크 아저씨를 집으로 부른 것입니다.

**5** 시각 장애인인 블링크 아저씨를 돕기 위해서 한 행동입니다.

**6** 에밀은 식당에서 정확한 음을 자동으로 연주하는, 마치 투명 인간이 치는 듯한 피아노를 보았습니다.

**7** 에밀이 직접 치지 않아도 피아노가 정확한 음을 자동으로 연주하면 자신의 피아노 실력이 늘어난 것처럼 보일 것이기 때문입니다.

**8** 에밀은 피아노 음이 맞지 않아서 피아노 조율을 부탁하려고 블링크 아저씨 집에 찾아갔습니다.

**채점 기준** 비(b) 플랫 건반이 이상한 문제 또는 피아노 음이 맞지 않는 문제와 같이 썼으면 정답으로 합니다.

**9** 블링크 아저씨는 비록 눈으로 보지는 못하지만 에밀네 집 냄새와 에밀의 바지가 구겨지는 소리, 그 밖에 설명하기 애매한 것들로 집에 온 사람이 에밀이라는 것을 알았습니다.

**10** 블링크 아저씨는 앞을 보지 못하는 대신 다른 감각들이 아주 발달되어 있다고 했습니다.

**채점 기준** 블링크 아저씨가 어릴 적부터 촉각, 후각, 미각, 청각이 발달했다고 썼으면 정답으로 합니다.

**11** 투명 인간이 눈에 보이지 않듯이, 블링크 아저씨는 눈으로 에밀을 볼 수 없기 때문에 에밀을 투명 인간이라고 한 것입니다.

**12** 아저씨도 아름다운 색깔들을 보면 좋을 텐데 그렇지 못하는 상황이어서 에밀은 슬픈 마음이 들었습니다.

**13** 에밀은 블링크 아저씨에게 색깔을 가르쳐 주기로 결심하고 색깔을 떠올리는 것을 찾아봤습니다.

**14** (1)은 푸른색, (2)는 붉은색, (3)은 흰색, (4)는 초록색을 떠올린 것입니다.

**15** 에밀이 색깔을 피부의 느낌이나 맛으로 설명한 것처럼 주황색을 감각적으로 표현해 봅니다.

**보충 자료** **자신이 에밀이라면 블링크 아저씨에게 색깔을 어떻게 가르쳐 주고 싶은지 쓰기** 예

| | |
|---|---|
| 갈색 | 거칠고 딱딱한 나무 기둥을 만지는 느낌 |
| 푸른색 | 한여름 바다에서 물장구치는 소리 |
| 주황색 | 귤껍질 냄새 |

**16** 에밀이 블링크 아저씨에게 색깔을 알려 드리려고 한 것처럼 아저씨도 색깔에 대한 느낌을 악기로 연주하여 표현했습니다.

**17** 에밀과 블링크 아저씨는 색깔을 각자의 방법으로 표현했습니다.

18 에밀은 아저씨가 진짜 색깔을 볼 수 없는 걸 안타까워했습니다.

19 에밀은 작은 점으로 된 글씨가 오톨도톨 나 있는 점자책을 만지며 감자를 갈 때 쓰는 강판을 만지는 것 같다고 생각했습니다.

20 에밀은 블링크 아저씨에게 세상 모든 색을 들려주고 싶어서 피아노 연습을 많이 했습니다.

21 에밀은 책에서 본 투명 인간처럼 얼굴을 붕대로 칭칭 감은 사람이 집에 있어서 놀랐습니다.

22 에밀이 본 진짜 투명 인간은 수술을 받고 얼굴에 붕대를 감은 블링크 아저씨였습니다.

23 블링크 아저씨는 외국에서 다른 사람에게서 안구를 기증받아 수술을 받고 돌아왔습니다.

24 이야기를 읽고 생각이나 느낌을 표현하는 방법 중 하나를 고르고, 어떤 내용을 담을지 생각하여 씁니다.

**채점 기준** 이야기를 읽고 생각이나 느낌을 표현하는 방법과 그 내용을 알맞게 썼으면 정답으로 합니다.

## 실천 느낌을 살려 시 쓰기 80쪽

1 하늘에 사는 아이들이 운동장으로 뛰쳐나가는 소리 등
2 (3) ○ 3 ⑤ 4 ⑤
5 예 손만 대도 / 두근두근 / 설레는 선물.

1 '우르르 쿵쾅' 하는 천둥소리를 하늘에 사는 아이들이 체육 시간에 운동장으로 뛰쳐나가는 소리와 같다고 표현했습니다.

2 천둥소리를 흉내 내는 말을 사용하여 ㉠과 같이 표현한 것입니다.

**정답 친해지기** **「천둥소리」의 표현 방법**
- 말하고 싶은 내용을 짧은 글에 담아서 전달했습니다.
- 천둥소리를 하늘 나라 아이들이 운동장으로 뛰쳐나가는 소리처럼 표현했습니다.
- '우르르 쿵쾅'처럼 소리를 흉내 내는 말을 사용했습니다.

3 ⑤에는 소리나 모양을 흉내 내는 말이 사용되지 않았습니다.

**오답 피하기**
① 사람이나 물체가 바람을 일으킬 만큼 잇따라 매우 빠르게 움직일 때 나는 소리 또는 그 모양을 흉내 내는 말인 '씽씽'을 사용했습니다.
② 열매 따위가 많이 달려 있는 모양을 흉내 내는 말인 '주렁주렁'을 사용했습니다.
③ 어린아이가 곤히 잠들어 조용하게 자꾸 숨 쉬는 소리를 흉내 내는 말인 '새근새근'을 사용했습니다.
④ 작은 빛이 잠깐 잇따라 나타났다가 사라지는 모양을 흉내 내는 말인 '반짝반짝'을 사용했습니다.

4 뾰족뾰족한 가시가 있어서 따가운 밤송이의 촉감과 닮은 대상을 찾아봅니다.

5 대상에 대한 느낌을 짧은 글로 써서 노래 부르는 느낌이 들도록 표현합니다.

**채점 기준** 주어진 대상과 느낌에 맞게 짧은 글로 노래하듯이 표현했으면 정답으로 합니다.

## 국어 활동 81~84쪽

1 (2) × 2 뽕나무 등 3 ②, ⑤
4 (1) ○ 5 ⑤ 6 ①
7 (1) 예 여러 가닥이 자꾸 어지럽게 늘어져 흔들리는 모양
(2) 예 물결 따위가 보드랍게 자꾸 굽이쳐 움직이는 모양
8 ⑤ 9 신통하다. 등
10 물개 (떼) 11 ⑤
12 ①, ③, ② 13 만날
14 (1) 이쁘다 (2) 마을 (3) 삐지다

1 「나무 타령」은 나무의 이름을 감각적 표현으로 재미있게 나타낸 노래로, '솔솔'과 같은 모양을 흉내 내는 말이 사용되었습니다.

2 방귀를 뀐다는 것과 관련되는 나무의 이름을 떠올려봅니다.

3 초승달은 '낫, 머리빗, 꼬까신'이 되겠다고 했습니다.

4 초승달의 실제 모습은 눈썹 모양입니다.

5 배에 탄 사람들은 밤새 높은 파도와 무서운 바람에 시달렸지만 다행히 크게 다친 사람은 없었습니다.

6 선달은 바닷물이 뭍을 삼킨 것을 보고 땅이 둥글다는 사실을 알게 되었습니다.

7 모양을 흉내 내는 말인 '너덜너덜', '남실남실'의 뜻을 짐작하여 써 봅니다.

**보충 자료** '너덜너덜', '남실남실'과 뜻이 비슷한 낱말

| 너덜너덜 | 예 너털너털 |
|---|---|
| 남실남실 | 예 넘실넘실, 늠실늠실 |

8 선달은 책에서 읽은 대로 바닷물을 가마솥에 끓여 나오는 김을 식혀 받아서 먹을 물을 만들었습니다.

9 선달이 먹을 물을 만들 수 있다고 했을 때에는 모두 그를 의심했지만 선달이 먹을 물을 만들어 내자 기뻐하며 그를 신통방통하게 생각했습니다.

10 사람들은 배 옆을 헤엄치는 수십 마리 물개 떼를 발견했습니다.

11 물개가 배를 따르는 것은 살겠다는 점괘로, 물개를 죽이면 천벌을 받을 것이라고 했습니다.

12 배가 높은 파도를 만나 떠돌게 되어 마실 물이 없게 되자 선달이 물을 마련했고, 이후 물개가 이끄는 배를 타고 뭍에 도착했습니다.

13 예전에는 '만날'만 표준어였으나 사람들이 '맨날'을 많이 쓰자 두 낱말 모두 표준어로 인정해 주었습니다.

14 새로 추가된 표준어를 익혀 복수표준어에는 어떤 것이 있는지 알아둡니다.

## 단원 마무리 85쪽

❶ 감기 ❷ 굼질굼질 ❸ 색깔
❹ 투명 인간 ❺ 만화

## 단원 평가 86~88쪽

1 (2) ○ 2 ④
3 예 공처럼 둥그스름한 귤 4 감기
5 ③ 6 ④
7 예 '뜨끈뜨끈', '오들오들'이라는 말이 들어가니까 감기에 걸린 모습이 생생하게 느껴진다.
8 예 따가운 가시를 만지는 느낌이 든다.
9 (1) ×
10 발가락으로 모래밭에 파고드는 것 등
11 (1) ○ (3) ○
12 아저씨는 태어날 때부터 앞을 보지 못했다. 등
13 아무것도 없는 것 14 ③
15 블링크 아저씨 16 ⑤
17 예 한여름 바다에서 물장구치는 소리 / 차가운 눈을 만졌을 때의 느낌
18 (2) × 19 예 조약돌 / 얼음
20 (1) ③ (2) ② (3) ①

1 곰 인형의 털의 모양과 어울리는 표현은 '보들보들'입니다. '아삭아삭'과 '거칠거칠'은 곰 인형의 모양이나 만졌을 때의 느낌과 어울리지 않습니다.

2 사과의 동그란 모양을 나타내기에 알맞은 표현은 '동글동글'입니다.

**오답 피하기**
① '뻥'은 공 따위를 아주 세게 차는 소리 또는 그 모양을 흉내 내는 말입니다.
② '일렁일렁'은 크고 긴 물건 따위가 자꾸 이리저리로 크게 흔들리는 모양을 흉내 내는 말입니다.
③ '푹신푹신'은 여럿이 다 또는 매우 푸근하게 부드럽고 탄력이 있는 느낌을 나타내는 말입니다.
⑤ '왁자지껄'은 여럿이 정신이 어지럽도록 시끄럽게 떠들고 지껄이는 소리 또는 그 모양을 흉내 내는 말입니다.

3 흉내 내는 말을 사용하거나 다른 대상에 빗대어 대상을 감각적으로 표현해 봅니다.

4 말하는 이는 감기 때문에 열이 나고 추워서 힘들어하고 있습니다.

5 감기에 걸려 몸에서 열이 나는 상태를 '불덩이가 들어왔다'라고 표현한 것입니다.

6 약을 먹고 졸린 상태를 '까무룩, / 잠꾸러기도 들어왔다.'라고 표현했습니다.

7 감각적 표현에 주의하며 시를 읽고 시에 대한 생각이 나 느낌을 자유롭게 씁니다.

**채점 기준** 시에 사용된 감각적 표현을 읽고 어떤 생각이나 느낌이 들었는지 썼으면 정답으로 합니다.

8 감각적 표현의 느낌을 살려 노랫말을 읽고 어떤 느낌이 드는지 씁니다.

9 (1)은 대상을 보거나 듣거나 만지는 것처럼 느끼게 하는 감각적 표현이라고 보기 어렵습니다.

10 말하는 이가 말한 작은 신호는 발가락으로 모래 속을 파고드는 것을 뜻합니다.

11 아저씨는 눈이 보이지 않지만 에밀네 집 냄새와 에밀의 바지 구겨지는 소리를 통해 에밀이 온 것을 알았습니다.

12 아저씨는 태어날 때부터 앞을 보지 못하는 대신 다른 감각들이 발달되었다고 했습니다.

13 뭐가 보이냐는 에밀의 물음에 아저씨는 아무것도 없는 게 보인다고 대답했습니다.

14 이야기 내용을 그대로 옮기는 것을 자신의 생각이나 느낌을 나타내는 것이라고 볼 수 없습니다. 그 밖에 인물 책갈피를 만들어 표현할 수도 있습니다.

15 '나'는 블링크 아저씨에게 색깔을 설명해 주려고 색깔을 떠올리는 것을 찾아봤습니다.

16 가장 푸른색인 것은 옆집 수영장에서 헤엄치는 것이라고 했습니다.

17 자신이라면 푸른색을 어떻게 표현하고 싶은지 감각적 표현으로 써 봅니다.

**채점 기준** 푸른색을 감각적 표현으로 알맞게 나타냈으면 정답으로 합니다.

18 천둥소리를 체육 시간에 아이들이 운동장으로 뛰쳐나가는 소리와 같다고 표현한 시입니다. 체육 시간에 있었던 일을 시로 쓴 것이 아닙니다.

19 다른 대상에 빗대어 표현할 때에는 두 대상의 모양, 색깔, 소리, 냄새 따위에서 닮은 점을 찾습니다.

20 대상을 감각적으로 표현할 때에는 소리나 모양을 흉내 내는 말을 사용하거나 다른 대상에 빗대어 표현할 수 있습니다.

## 서술형 평가 89쪽

1 예 감기에 걸려 몸이 오들오들 떨리기 때문이다.
2 예 넣고 읽을 때 더 재미있고, 느낌이 생생하게 살아난다.
3 예 발가락을 구부려서 두더지 발톱처럼 만들어 모래밭으로 파고드는 모습
4 예 추석날 밤에 할머니 댁에서 들은 풀벌레 소리가 지구가 숨 쉬는 소리 같았다.
5 예 아주 매운 고추를 먹고 난 뒤의 느낌
6 예 블링크 아저씨가 피아노로 색깔을 표현하는 장면이 감동 깊었다.

1 감기에 걸려 몸이 춥고 떨리는 상태를 몹시 추운 사람이 몸에 들어왔다고 표현했습니다.

**채점 기준** 감기에 걸려 몸이 춥고 떨리기 때문이라고 썼으면 정답으로 합니다.

2 감각적 표현을 넣으면 시가 더 재미있고 느낌이 생생해집니다.

**채점 기준** 두 낱말을 넣고 읽을 때의 느낌을 알맞게 썼으면 정답으로 합니다.

3 발가락으로 모래밭을 파고든 모습을 두더지처럼 파고들었다고 표현한 것입니다.

**채점 기준** 발가락으로 모래밭을 파고드는 모습이라고 썼으면 정답으로 합니다.

4 말하는 이는 자신의 행동에 지구가 반응한다고 생각하고 있습니다. 이처럼 지구가 살아 있다고 생각한 경험을 떠올려 써 봅니다.

**채점 기준** 지구가 살아 있다고 생각한 자신의 경험을 떠올려 알맞게 썼으면 정답으로 합니다.

5 에밀이 붉은색을 맛으로 설명한 것처럼 자신이라면 어떻게 붉은색을 표현할지 생각해 봅니다.

**채점 기준** 붉은색을 어떻게 표현할 수 있을지 생각하여 알맞게 나타냈으면 정답으로 합니다.

6 글을 읽고 가장 감동 깊었거나 인상 깊은 부분을 찾아 그 부분에 대한 자신의 생각을 씁니다.

**채점 기준** 글에서 재미있거나 감동받은 부분을 중심으로 생각이나 느낌을 알맞게 썼으면 정답으로 합니다.

# 5. 바르게 대화해요

**핵심 확인 문제** 92쪽

1 목적 2 높임 표현 3 하지 않습니다
4 (1) × 5 ○

**준비 대화할 때 고려해야 할 점 떠올리기** 93~94쪽

1 ②
2 진수의 말을 더 듣지 않고 전화를 끊었다. 등
3 문구점에서 시끄럽게 얘기하는 친구들이 있어서 등
4 ④
5 (1) 친구 (2) 선생님
6 (1) ㉠ (2) ㉡
7 대화 상대가 다르기 때문이다. / 듣는 사람이 친구인 경우와 선생님인 경우로 다르기 때문이다. 등
8 ①, ③, ⑤

1 진수와 엄마는 전화가 아니라 직접 보면서 대화하고 있습니다.

2 진수는 수정이가 자신의 말을 더 듣지도 않고 끊어서 당황스러울 것입니다.

3 진수가 문구점에서 풀 값을 물어보는데 시끄럽게 얘기하는 친구들 때문에 문구점 주인아저씨가 제대로 듣지 못하여 진수에게 다시 한번 말해 달라고 하는 상황입니다.

4 여자아이가 진수에게 가위를 빌려 달라고 부탁하는데 진수가 가위를 빌려주지 않으려고 하는 상황입니다.

5 대화 ㉮에서는 친구가 진영이의 그림을 칭찬하고 있고, 대화 ㉯에서는 선생님께서 진영이의 착한 행동을 칭찬하고 있습니다.

**정답 친해지기** 대화 ㉮와 ㉯에서 진영이의 대화 상대

6 같은 고마움을 나타내는 말이지만 친구에게는 높임 표현을 사용하지 않고, 선생님께는 높임 표현을 사용해서 말해야 합니다.

7 듣는 사람이 누구인가에 따라 형태가 다르게 말을 해야 합니다.

> **채점 기준** 대화 상대가 친구와 선생님으로 다르기 때문이라는 내용을 썼으면 정답으로 합니다.

8 다른 사람과 대화할 때에는 상대가 누구인지, 대화하는 목적이 무엇인지, 어떤 대화 상황인지, 상대의 기분은 어떠한지 생각하며 말해야 합니다.

> **정답 친해지기**
> ②: 상대의 말을 들으면서 대화합니다.
> ④: 상대가 웃어른일 때에는 높임 표현을 사용합니다.

**기본 대상에 따라 알맞은 높임 표현을 사용해 말하기** 95~97쪽

1 할머니 2 ② 3 높임 표현
4 ④ 5 나왔습니다 6 ⑤
7 ② 8 드시고 계세요. 등
9 (1) ① (2) ②
10 예 친구와 대화하는 상황과 웃어른과 대화하는 상황이라는 점이 다르기 때문이다. / 웃어른께는 높임 표현을 사용해야 하기 때문이다.
11 이 책이 재미있습니다. 등 12 우진

1 대화 ❶은 할머니께서 과일을 사 오셔서 승민이가 고맙다고 말씀드리는 상황이고, 대화 ❷는 할머니께서 승민이에게 학교생활에 대해 물으셔서 승민이가 대답하는 상황입니다.

2 승민이는 할머니께 상황과 관련 있는 이야기를 하고 있습니다.

3 승민이는 할머니께 알맞은 높임 표현을 사용해 말씀드리고 있습니다.

4 공손하게 대화를 하고 있는 승민이가 대견하실 것입니다.

5 '나오셨습니다'라고 하면 사물인 사과주스를 높이는 것이 됩니다.

6 사과주스와 같은 사물은 높여서 표현하지 않습니다.

7 어머니와 승민이가 할아버지께서 뭐 하시는지에 대해 대화하는 상황입니다.

8 할아버지와 어머니가 웃어른이므로 높임 표현을 사용해야 합니다.

9 친구와 대화할 때에는 높임 표현을 사용하지 않고, 웃어른과 대화할 때에는 높임 표현을 사용합니다.

10 친구와 웃어른께는 대화할 때 사용하는 표현이 다릅니다.

> **채점 기준** 웃어른께는 높임 표현을 써야 하고 친구에게는 높임 표현을 사용하지 않아야 하기 때문이라는 내용을 썼으면 정답으로 합니다.

11 ㉢은 친구에게 쓰는 표현입니다. 웃어른께는 높임 표현을 사용해야 합니다.

12 대화를 나눌 때에는 상대가 하는 말을 집중해서 들어야 합니다.

## 기본 전화할 때의 바른 대화 예절 알기 98~100쪽

**1** ⑤ **2** ⑤ **3** (1) ○ (3) ○
**4** ②, ④
**5** 전화를 건 수진이가 예원이 언니를 예원이로 잘못 알고 이야기하고 있다. 등
**6** ⑤
**7** 지수가 계속 자신이 할 말만 했기 때문이다. 등
**8** (1) ② (2) ① **9** ⑤
**10** 예 네, 전해 드릴게요. 할머니, 혹시 더 하실 말씀 있으세요?
**11** (1) 작은 (2) 큰 **12** ⑤

1 전화를 건 지원이가 자신이 누구인지 밝히지 않아 민지는 전화를 건 사람이 누구인지 몰랐습니다.

2 지원이는 물통을 들고 학교 앞 문구점에서 미술 준비물로 산 것이라고 말했지만, 전화 대화에서는 상황을 볼 수가 없기 때문에 민지가 지원이가 한 말을 알아듣지 못했습니다.

3 대화 ㉮에서 지원이는 전화를 건 자신이 누구인지 밝히고, 대화 ㉯에서는 상황을 구체적으로 말해야 합니다.

**정답 친해지기** 대화 ㉮와 ㉯에 나타난 문제점

➡ 전화를 건 지원이가 자신이 누구인지를 밝히지 않아 민지가 전화를 건 사람이 누구인지 몰랐습니다.

➡ 지원이는 물통을 들고 학교 앞 문구점에서 미술 준비물로 산 것이라고 말했지만, 전화 통화에서는 상황을 볼 수가 없기 때문에 지원이가 무엇을 말하는지 민지가 몰랐습니다.

4 친구나 동생에게는 높임 표현을 사용하지 않아도 되고, 전화를 받는 사람과 건 사람이 말을 주고받아야 합니다. 직접 만나지 않아도 멀리 있는 사람에게 소식을 전할 수 있습니다.

5 수진이는 전화를 걸어 자신이 누구인지 밝히지 않고 상대가 누구인지도 확인하지 않아 실수를 하였습니다.

> **채점 기준** 수진이가 전화 예절을 지키지 않고 전화 통화를 하고 있다는 내용을 썼으면 정답으로 합니다.

6 수진이는 전화를 받은 예원이 언니를 예원이라고 생각하고 있습니다.

7 지수가 정아의 말을 들으려 하지 않고 자신이 할 말만 했기 때문에 정아는 자신의 생각을 말할 수가 없었습니다.

8 대화 ㉮, ㉯에서 전화로 대화를 할 때 잘못한 점을 생각하여 어떻게 말해야 할지 선으로 잇습니다.

9 할머니께서는 하실 말씀이 아직 더 남아 있는데 유진이가 갑자기 전화를 끊어서 당황하셨습니다.

10 대답을 한 후 전화를 바로 끊지 않고 더 하실 말씀이 있는지 여쭤봅니다.

11 지하철과 같은 공공장소에서는 작은 목소리로 말해야 합니다.

12 전화 대화를 할 때에 상대가 하는 말을 끝까지 들어야 합니다.

## 기본 상황에 어울리는 표정, 몸짓, 말투로 대화하기 101~102쪽

1 (1) ○　2 ⑤　3 ⑤
4 속상해하는 말투 등　5 ②, ③
6 ㉣　7 놀라면서 당황했을 것이다. 등
8 ③

1 강이는 비 오는 날 밝은 노란색 옷을 입었습니다.

2 강이는 검은색 옷을 입고 싶어했지만 엄마가 비가 오는 날에는 밝은색 옷을 입는 게 좋다고 하셔서 밝은 노란색 옷을 입었습니다.

3 훈이가 노란색 옷을 입은 강이를 유치원생 같다고 놀려서 강이는 속이 상했습니다.

4 강이의 상황으로 보아 불만스러운 말투, 속상해하는 말투 등이 어울립니다.

5 엄마는 강이에게 비 오는 날 우산으로 앞을 가리지 않아야 하고, 땅을 쳐다보고 걷지 말기를 당부하셨습니다.

6 훈이는 앞을 보지 않고 횡단보도로 뛰어가다가 교통사고가 날 뻔했습니다.

7 친구가 차가 오는지 보지도 않고 뛰어가다가 사고가 날 뻔한 것을 봤으니 강이는 크게 놀라고 당황했을 것입니다.

8 귀찮은 듯 느린 몸짓이 아니라 다급하게 친구를 말리려는 몸짓이 어울립니다.

## 실천 언어 예절에 맞게 역할놀이하기 103쪽

1 ③　2 (1) 할아버지 (2) 남동생
3 ❷
4 예 상황에 어울리는 표정, 몸짓, 말투로 대화해야 한다. / 대상에 따라 알맞은 높임 표현을 사용해 대화해야 한다. / 언어 예절을 지키며 대화해야 한다.

1 우리 주위 사람들이 좋아하는 음식을 조사해 오라고 하셨습니다.

2 미나는 할아버지와 남동생이 좋아하는 음식을 각각 조사하였습니다.

3 미나는 할아버지께는 높임 표현을 사용하였고, 남동생에게는 높임 표현을 사용하지 않으며 대화하고 있습니다.

4 언어 예절을 지키고 상황에 어울리는 표정, 몸짓, 말투로 대화해야 합니다.

**채점 기준** 제시된 답 중에서 한 가지 이상 썼으면 정답으로 합니다.

## 국어 활동 104~105쪽

1 자신이 누구인지 밝히고 상대가 누구인지 확인해야 한다.
2 상황　3 (1) ② (2) ②　4 작은
5 ㉠　6 (1) ① (2) ② (3) ③
7 (1) 답따파다 (2) 끈차마자
8 (1) 야칸 (2) 섭써파다

1 전화를 할 때에는 은미가 기준이에게 자신이 누구인지 먼저 밝혀야 합니다.

2 대화 ❷에서 ㉡을 말한 여자아이는 숙제를 하고 있는 상대의 상황을 헤아리며 대화를 하였습니다.

3 대화 ㉮에서는 높임 표현을 사용한 것을 골라야 하고, 대화 ㉯에서는 자신이 누구인지 먼저 밝힌 것을 골라야 합니다.

4 공공장소에서는 작은 목소리로 말해야 합니다.

5 ㉡과 같은 말을 들으면 친구에게 섭섭하고 짜증날 것입니다.

6 인물이 어떤 상황인지, 그때 마음은 어떠할지 생각합니다.

7 'ㅂ', 'ㅈ'이 'ㅎ'과 만나면 [ㅍ], [ㅊ]으로 발음됩니다.

8 'ㄱ', 'ㅂ'이 'ㅎ'과 만나면 [ㅋ], [ㅍ]으로 발음됩니다.

## 단원 마무리

106~107쪽

❶ 기분 ❷ 사물 ❸ 웃어른
❹ 갔어 ❺ 자신 ❻ 공공장소
❼ 표정

## 단원 평가

108~110쪽

1 ⑤ 2 기분 등
3 할머니와 승민이가 학교생활을 주제로 대화하는 상황 등
4 ②, ⑤ 5 나왔습니다
6 드시고 계세요
7 할아버지와 어머니가 웃어른이므로 높임 표현을 사용해야 하기 때문이다. 등
8 (1) ① (2) ② 9 ⑤ 10 지원
11 ⑤ 12 ⑤
13 ㉔ 정아야, 미안해! 내 생각만 말했구나. 네 생각은 어때?
14 ⑤ 15 ㉢
16 회사에 갔어요. 등 17 (2) ×
18 ⑤ 19 높임 표현 20 윤영

1 여자아이가 진수에게 가위를 빌리려고 하는데 진수가 여자아이에게 가위를 빌려주지 않으려는 상황입니다.

2 진수는 여자아이의 기분을 생각하면서 거절하는 말을 해야 합니다.

3 할머니께서 승민이에게 학교생활은 어떤지 물어보셔서 승민이가 대답을 하고 있습니다.

4 승민이는 높임 표현을 사용하여 공손한 태도로 대화하고 있습니다.

5 사과주스는 사물이므로 높임 표현을 사용할 필요가 없습니다.

6 웃어른께는 높임 표현을 사용해야 합니다.

7 웃어른께는 '먹다'가 아니라 '드시다'라는 높임 표현을 사용해야 합니다.

**채점 기준** 할아버지와 어머니께서는 웃어른이기 때문에 높임 표현을 사용해야 한다는 내용을 썼으면 정답으로 합니다.

8 친구와는 높임 표현을 사용하지 않고, 웃어른과는 높임 표현을 사용해 대화해야 합니다.

9 친구와 대화하는 상황과 웃어른과 대화하는 상황이라는 점이 다릅니다.

10 지원이는 전화를 걸고 자신이 누구인지 밝히지 않아 전화를 받은 민지가 궁금해하였습니다.

11 전화를 걸면 자신이 누구인지 먼저 밝히고 상대가 누구인지 확인해야 합니다.

12 지수는 상대의 말을 들으려고 하지 않고 자기 할 말만 하였습니다.

13 전화 대화를 할 때에 자기 할 말만 하지 말고 상대방의 말도 들어야 합니다.

**채점 기준** 상대의 말을 들으려고 하는 말을 썼으면 정답으로 합니다.

14 상대의 말을 끝까지 들어야 합니다.

15 지하철과 같은 공공장소에서는 작은 목소리로 말해야 합니다.

16 웃어른과 대화하는 상황이므로 알맞은 높임 표현을 사용해야 합니다.

17 다급한 말투가 어울리는 상황입니다.

18 친구를 실수로 쳤으니 미안해하는 마음을 나타낼 수 있는 목소리로 말하는 것이 어울립니다.

19 누구와 어떤 상황에서 말하는지 생각해야 합니다.

20 표정도 신경 쓰며 대화해야 합니다.

## 서술형 평가 111쪽

1 예 엄마와 대화할 때 높임 표현을 사용하지 않아서 꾸중을 들은 적이 있다.
2 공손한 태도로 할머니의 눈을 바라보며 대화하고 있다. / 할머니의 말씀을 잘 들으며 대화하고 있다. 등
3 나왔습니다, 사과주스가 사물이라 높임 표현을 사용할 수 없기 때문이다. 등
4 전화로는 상황을 볼 수 없기 때문에 정확하고 구체적으로 표현해야 한다. 등
5 "미나야, 웃어른과 대화할 때에는 높임 표현을 써야 해. '할아버지, 가장 좋아하시는 음식이 뭐예요?'라고 여쭈어보면 좋을 것 같아."

**1** 어머니와 같은 웃어른과 대화할 때에 높임 표현을 사용하지 않았거나 그런 상황을 본 경험을 떠올립니다.

> **채점 기준** 웃어른께 높임 표현을 사용하지 않은 경험을 떠올려 썼으면 정답으로 합니다.

**2** 승민이는 바른 태도로 웃어른과 대화를 하고 있습니다.

> **채점 기준** 공손한 태도로 대화를 하고 있다는 내용을 썼으면 정답으로 합니다.

**3** 사과주스는 사물이므로 높임 표현을 사용하지 않습니다. '나오셨습니다'는 높임 표현입니다.

> **채점 기준** '나왔습니다'로 반드시 고쳐 써야 하고, 그 까닭에는 사과주스가 사물이라 높임 표현을 쓸 수 없다는 내용을 썼으면 정답으로 합니다.

**4** 지원이는 물통을 들고 학교 앞 문구점에서 미술 준비물로 산 것이라고 말했지만, 전화 통화에서는 상황을 볼 수가 없기 때문에 지원이가 무엇을 말하는지 민지는 몰랐습니다.

> **채점 기준** 전화 대화를 할 때에는 정확하고 구체적으로 표현해야 한다는 내용을 썼으면 정답으로 합니다.

**5** 미나가 할아버지께 가장 좋아하시는 음식이 무엇이냐고 여쭈어보는 상황입니다.

> **채점 기준** 제시된 답과 같이 웃어른께는 높임 표현을 사용해서 말해야 한다는 내용을 썼으면 정답으로 합니다.

# 6. 마음을 담아 글을 써요

## 핵심 확인 문제 114쪽

1 인물의 나이 2 감정 3 ×
4 (2) ○ (3) ○ (4) ○

## 준비 다른 사람에게 마음을 전해 본 경험 떠올리기 115쪽

1 (1) ② (2) ③ (3) ① (4) ④ 2 행복하다
3 ①, ④ 4 예 괜찮니? / 다친 데는 없니?

**1** 그림 가~라는 우리 주변에서 마음을 전해야 하는 상황입니다.

**2** 가족과 맛있는 음식을 만들어 먹는 상황에서는 행복한 마음이 들 것입니다.

**3** 마음을 전할 때에는 상대의 기분을 생각하며 진심으로 말하는 것이 중요합니다.

**4** 달리기를 하다가 넘어진 친구에게는 걱정하며 위로하는 말이 어울립니다.

> **채점 기준** 친구를 걱정하는 마음과 위로하는 마음이 드러나게 썼으면 정답으로 합니다.

## 기본 이야기를 듣고 인물의 마음이 어떻게 변했는지 정리하기 116~117쪽

1 ④ 2 속상한 마음 등
3 우리 지역의 자랑거리 4 ②, ④
5 리코더 연주 방법 6 ⑤
7
아침 사회 시간 음악 시간 방과 후
8 (1) 예 체육 시간 (2) 예 피구를 하다가 공에 맞음.
(3) 예 화난 마음, 속상한 마음

**1** 규리는 아침에 더 자고 싶었지만 엄마가 깨워서 억지로 일어났습니다.

2 더 자고 싶은데 억지로 일어나느라 속상하고 화나는 마음일 것입니다.

3 1교시 사회 시간은 우리 지역의 자랑거리를 조사해서 발표하는 시간으로, 규리가 규리네 모둠의 발표자였습니다.

4 규리는 자신이 발표를 하면서 실수를 할까 봐 걱정스럽고 불안했습니다.

5 규리는 3교시 음악 시간 내내 민호의 리코더 선생님이 되었습니다.

6 규리는 민호에게 리코더 연주를 가르쳐 주며 자랑스러웠고, 강아지를 쓰다듬으며 행복한 마음을 느꼈습니다.

7 규리가 겪은 일의 차례에 알맞게 그때의 마음을 표시하면 규리의 마음 변화를 알 수 있습니다.

**정답 친해지기** **규리의 마음 변화**
글 ❶: 속상한 마음
➡ 글 ❷: 걱정스러운 마음, 불안한 마음
➡ 글 ❸: 자랑스러운 마음
➡ 글 ❹: 행복한 마음

8 언제 어떤 일이 일어났는지 돌아보고 그때 어떤 마음이 들었는지 씁니다.

**기본** **이야기 속 인물의 마음을 헤아리며 글 읽기** 118~121쪽

**1** (운동회의) 박 터뜨리기
**2** 당황했을 것이다. 등 **3** ①
**4** ② **5** 이어달리기 **6** (3) ○
**7** ⑤ **8** 거북이(나기찬) **9** 이호
**10** ③
**11** 기찬이가 이기고 있다고 착각하였다. 등
**12** ⑤ **13** ① **14** ㉡
**15** ⑤
**16** 예 친구들의 착각이나 야유, 응원을 신경 쓰지 않고 묵묵히 이호가 올 때까지 이어달리기를 끝까지 하는 기찬이의 모습이 멋지다고 생각했다는 말을 하고 싶다.

1 친구들은 책가방을 향하여 얌체공을 던지며 박 터뜨리기 연습을 하였습니다.

2 기찬이는 친구들에게 사과를 하려고 했지만 할 말이 생각나지 않아 사과를 하지 못 해서 당황했을 것입니다.

3 기찬이는 운동에 자신이 없었기 때문에 운동회가 싫었습니다.

4 기찬이는 친구들이 놀려서 속상하고 외로울 것입니다.

5 기찬이는 '이어달리기'라고 쓰인 쪽지를 뽑았습니다.

6 달리기를 못하는 기찬이는 점수가 가장 높은 이어달리기를 하게 되어 마음이 무거웠을 것입니다.

7 이호는 운동회에서 달리기를 해야 하는데 전날 떡을 너무 많이 먹어서인지 배 속이 안 좋아서 안절부절못하고 있습니다.

8 친구들은 기찬이를 '거북이 나기찬'이라고 부르며 달리기에서 질 것을 걱정하고 있습니다.

9 이어달리기에서 기찬이 다음 선수는 이호였습니다.

10 이호는 배가 아픈 것을 더 이상 참지 못하고 화장실로 달려갔습니다.

11 점점 뒤처져서 백군의 마지막 선수와 달리고 있는 기찬이를 보고 친구들은 기찬이가 이기고 있다고 착각하였습니다.

12 친구들이 자신을 응원하자 기찬이는 있는 힘을 다해 달렸습니다.

13 이호가 화장실에 가는 바람에 기찬이가 계속 달렸고, 결국 기찬이네 반이 속한 청군은 한 바퀴나 차이 나게 지고 말았습니다.

14 이호는 이어달리기는 자신만 믿으라고 큰소리를 쳤는데 화장실을 가느라 달리기를 하지 못해 미안하고 부끄러웠을 것입니다.

15 경기에서 비록 졌지만 최선을 다해서 결과와 상관없이 뿌듯할 것입니다.

16 기찬이가 한 일을 보고 하고 싶은 말이나 기찬이에게 묻고 싶은 말을 씁니다.

**채점 기준** 기찬이의 입장에서 생각해 보고 인물에게 해 주고 싶은 말을 썼으면 정답으로 합니다.

## 기본 읽을 사람을 생각하며 마음을 전하는 글 쓰기 122~123쪽

1 ④ 2 ④
3 주은이가 말로는 사과한다고 했지만, 표정이나 분위기, 말한 내용이나 행동이 사과하는 것처럼 느껴지지 않았기 때문이다. 등
4 예 사과하는 쪽지를 쓸 것이다.
5 ④ 6 준식
7 (1) ○ (2) ○ (3) ○

1 주은이가 원호와 딱지치기를 하다가 마음대로 되지 않자 원호에게 예의 없는 말과 행동을 하였습니다.

2 주은이가 진심으로 사과하는 느낌이 들지 않아 화가 날 것입니다.

3 진심을 담아 사과하는 느낌이 들지 않았기 때문에 사과를 받지 않은 것입니다.

> **채점 기준** 주은이의 표정이나 분위기, 말한 내용이나 행동이 사과하는 것처럼 느껴지지 않았기 때문이라는 내용을 썼으면 정답으로 합니다.

4 미안해하는 진심을 전하기 위해 할 수 있는 행동을 떠올려 씁니다.

5 편지에 '너 화났냐?'와 같은 식으로 쓰면 곤란하다고 하였습니다.

6 진심을 담아 전하는 것이 중요하지 길게 쓰는 것은 중요하지 않습니다.

7 주은이는 쪽지를 받을 사람이 잘못한 일이 아니라 자신이 잘못해서 사과할 일을 썼습니다.

## 실천 다른 사람에게 마음을 전하는 글 쓰기 124쪽

1 10월 넷째 주 2 ②
3 예 지난주에 다툰 친구에게 미안하다는 말을 전하고 싶다.
4 ㉠, ㉡, ㉢

1 10월 넷째 주에 '마음을 전하는 우리 반'이라는 이름으로 각 반에서 행사를 한다고 하였습니다.

2 친구들뿐만 아니라 주위 사람들에게 고마운 마음, 존경하는 마음, 미안한 마음 따위를 전하는 행사입니다.

3 마음을 전하고 싶은 사람과 있었던 일을 떠올린 뒤 어떤 말을 하고 싶은지 씁니다.

> **채점 기준** 각자 자신의 경험을 떠올려 썼으면 정답으로 합니다.

4 어른께 쓸 때에 높임 표현에 맞게 써야 합니다.

## 국어 활동 125~126쪽

1 ② 2 ㉡ 3 (2) ○ (3) ○
4 예 많이 우는 걸 보니 많이 속상한가 보구나.
5 ㉠ 6 (1) 있었는데 (2) 숨겼대
7 ㉣

1 '야호, 신난다!'나 텀블링을 하는 행동으로 보아 생일 초대장을 받고 행복한 마음인 것을 알 수 있습니다.

2 대화 내용으로 보아, 여자아이가 오랫동안 길렀던 찌돌이가 죽어서 슬퍼하고 있다는 것을 알 수 있습니다.

3 인물의 생김새는 인물의 마음과 관련이 없습니다.

4 다른 사람의 마음이 상하지 않게 하면서 자신의 마음도 전할 수 있는 말을 생각해 봅니다.

5 ㉠은 다른 사람의 마음을 생각하며 말한 것이 아닙니다.

6 '있었는데', '숨겼대'로 써야 합니다.

**정답 친해지기** '-(는)대'와 '-(는)데'

| | |
|---|---|
| -(는)대 | 다른 사람에게 들은 말을 전할 때 씁니다. |
| -(는)데 | 말하는 사람이 예전에 겪었던 일을 말할 때 씁니다. |

7 '길인데', '않았대', '가져왔는데'가 바른 표기입니다.

## 단원 마무리 127쪽

❶ 미안한 ❷ 신난다 ❸ 걱정
❹ 뿌듯한 ❺ 바라는 점

## 단원 평가 128~130쪽

**1** (1) 약속 시간에 늦어서 뛰어가는 상황이다. 등
(2) 아픈 친구를 걱정하는 상황이다. 등
**2** ③ **3** ①
**4** 예 빨리 나아야 해. **5** ②
**6** 우리 지역의 자랑거리를 발표했다.
**7** (1) ○ (3) ○ **8** ①, ②
**9** 제비뽑기로 뽑기로 하였다. **10** ⑤
**11** 달리기를 잘하지 못해서 마음이 무거웠을 것이다. 등 **12** 화장실 **13** ⑤
**14** 어리둥절했을 것이다. / 열심히 달리고 싶었을 것이다. 등
**15** ⑤ **16** 진아
**17** 예 네가 물통을 건드리는 바람에 그림을 망쳐서 내가 많이 속상해.
**18** 예쁜 종이에 마음을 담아 손 편지를 써서 전달하기
**19** 예 교실에서 모둠별 발표 때문에 친구와 싸운 적이 있는데 내 말만 하고 가 버려서 친구에게 미안한 적이 있다. 앞으로는 다른 사람의 말은 듣지 않고 내 말만 하는 행동을 고치려고 노력해야겠다는 말을 그 친구에게 전하고 싶다.
**20** ①

**1** 주변에서 마음을 전해야 하는 상황 중 어떤 상황인지 생각해 봅니다.

> **채점 기준** (1)에는 약속 시간에 늦은 상황이라는 내용을 쓰고, (2)에는 아픈 친구에게 병문안을 간 상황이라는 내용과 비슷한 내용을 썼으면 정답으로 합니다.

**2** 약속 시간에 늦었기 때문에 기다리고 있는 친구에게 미안한 마음을 전해야 합니다.

**3** 미안한 마음이 느껴지는 말을 골라 봅니다.

**4** 아픈 친구의 마음을 헤아려서 진심으로 걱정하는 말이 어울립니다.

**5** 더 자고 싶은데 억지로 일어나서 속상한 마음이 들 것입니다.

**6** 규리는 사회 시간에 모둠의 대표로 발표를 하였습니다.

**7** 규리는 발표를 하면서 실수할까 봐 걱정하고 불안해하고 있습니다.

**8** 인물의 말과 행동으로 보아, 행복한 마음임을 알 수 있습니다.

**9** 누구나 한 경기씩 나갈 수 있도록 제비뽑기로 선수를 뽑기로 하였습니다.

**10** 친구들은 이어달리기가 가장 점수가 높은데 달리기를 잘하지 못하는 기찬이가 하게 되어 질 게 뻔하다고 생각했습니다.

**11** 기찬이는 달리기를 잘하지 못하는데 점수가 큰 이어달리기를 하게 되어 부담스럽고 마음이 무거웠을 것입니다.

**12** 이호는 배가 아파서 도저히 참지 못하고 자신이 달릴 차례에 화장실에 갔습니다.

**13** 친구들은 기찬이가 이기고 있다고 착각하고 기찬이를 응원했습니다.

**14** 친구들이 갑자기 응원하는 것에 어리둥절했을 것이고, 자신을 응원하고 있으니 열심히 하고 싶다는 생각도 들었을 것입니다.

**15** 사과를 하고 있지만 사과하는 것처럼 느껴지는 표정이나 행동이 아닙니다.

> **정답 친해지기** **사과하는 말을 할 때 주의할 점**
> 친구에게 전하고 싶은 마음이 장난스럽게 보이지 않아야 합니다. 사과하는 마음이 드러나는 표정, 몸짓, 말투를 생각하며 말합니다.

**16** 상대의 마음을 생각하며 자신의 감정을 솔직하게 써야 합니다.

**17** 다른 사람이 기분 나쁘지 않게 자신의 마음을 전하는 표현을 떠올려 봅니다.

**18** 10월 넷째 주에 '마음을 전하는 우리 반'이라는 이름으로 각 반에서 행사를 하는데 이 글의 마지막 부분에서 예쁜 종이에 마음을 담아 손 편지를 써서 전달하자는 의견이 많았다고 하였습니다.

**19** 미안한 마음, 고마운 마음, 좋아하는 마음, 존경하는 마음 등 주위 사람에게 표현하고 싶은 마음을 떠올려 봅니다.

> **채점 기준** 자신의 경험을 떠올려 마음을 전하고 싶은 사람과 하고 싶은 말을 썼으면 정답으로 합니다.

**20** ①은 다른 사람의 마음을 고려하지 않고 말하였습니다.

## 서술형 평가 131쪽

1 예 전학을 가는 친구에게 보고 싶을 거라고 말했다. / 어려운 수학 문제가 잘 풀려서 짝에게 기분이 좋다고 말했다.
2 수업이 끝나고 집에 가는 길에 수호네 강아지를 만나 하얀 털을 쓰다듬어 주었다. 등
3 예 이모가 맛있는 케이크를 사 가지고 놀러 오셔서 행복했다.
4 운동에 자신이 없었기 때문이다. 등
5 속상하고 외로웠을 것이다. 등
6 장난처럼 말하듯이 쓰지 않는다. / 정성껏 바른 글씨로 진심을 담아서 써야 한다. 등

**1** 다른 사람에게 자신의 마음을 전해 본 경험을 떠올려 봅니다.

**채점 기준** 자신의 경험을 알맞게 떠올려 썼으면 정답으로 합니다.

**2** 수호네 강아지를 만나 털을 쓰다듬어 준 일이 나타나 있습니다.

**채점 기준** 수업이 끝나고 집으로 가는 길에 친구네(수호네) 강아지를 만나 털을 쓰다듬어 주었다는 내용을 썼으면 정답으로 합니다.

**3** 이 글에는 수호네 강아지를 만나 행복했던 글쓴이의 마음이 나타나 있습니다.

**채점 기준** 행복한 마음이 들었던 경험을 떠올려 썼으면 정답으로 합니다.

**4** 운동에 자신이 없으니 운동회가 기대되지 않을 것입니다.

**채점 기준** 운동에 자신이 없었기 때문이라는 내용을 썼으면 정답으로 합니다.

**5** 기찬이는 친구들이 자신을 놀려서 속상하고 외로웠을 것입니다.

**채점 기준** 속상하고 기분이 좋지 않았을 것이라는 내용과 비슷한 내용을 썼으면 정답으로 합니다.

**6** 진심을 담아 솔직하게 씁니다.

**채점 기준** 제시된 답 중 한 가지 이상을 썼으면 정답으로 합니다.

# 7. 글을 읽고 소개해요

## 핵심 확인 문제 134쪽

1 지식　2 ○
3 노랫말을 바꾸어 소개하기　4 까닭
5 책을 읽은 뒤에 든 생각이나 느낌

## 준비 글을 읽고 다른 사람에게 소개한 경험 나누기 135쪽

1 ④　2 ①, ③　3 ③
4 예 우주에 대한 책을 읽고 친구들에게 소개했다.

**1** 이 글에서 소개한 놀이는 첫 부분에 나와 있듯이 '앉아서 하는 피구'입니다.

**2** 이 글에서 소개한 '앉아서 하는 피구' 놀이는 공을 굴리는 사람이나 피하는 사람 모두 앉은 자세로 해야 하고, 교실 바닥을 닦을 필요는 없습니다. 글에서 소개하는 내용을 잘 파악해야 합니다.

**3** 공을 튀기거나 던져서 맞히면 맞은 사람은 밖으로 나가지 않습니다. 공을 바닥에 굴려서 맞혀야 맞은 사람이 밖으로 나갑니다.

**정답 친해지기** 이 글에서 소개한 놀이

| | |
|---|---|
| 놀이 이름 | 앉아서 하는 피구 |
| 준비할 내용 | 교실에 있는 책상을 모두 뒤로 밀어 가로로 긴 네모 모양으로 피구장을 만들고 학급 친구 전체를 두 편으로 나눈다. |
| 규칙 | • 공을 굴리는 사람이나 피하는 사람 모두 앉은 자세로 해야 한다.<br>• 앉은 자세에서 무릎을 한쪽이라도 펴서 일어나는 자세가 되면 누구든 피구장 밖으로 나가야 한다.<br>• 상대를 맞힐 때에는 공을 바닥에 굴려서 맞혀야 한다.<br>• 굴린 공이 아무도 맞히지 못하고 벽에 닿으면, 수비하던 친구가 공을 잡아 공격할 기회를 얻는다. |

**4** 글을 읽고 다른 사람에게 소개한 경험을 떠올려 어떤 글을 소개했는지, 누구에게 소개했는지, 무슨 내용을 소개했는지 등을 씁니다.

**채점 기준** 자신이 읽은 글과 관련된 내용을 다른 사람에게 소개한 경험을 썼으면 정답으로 합니다.

## 기본 여러 가지 방법으로 책 소개하기 136~138쪽

1 예 국기는 그 나라를 나타내는 깃발이기 때문이다.
2 ㉠ 3 ③ 4 (1) ○
5 ① 6 ③, ④ 7 ④
8 ⑤ 9 ⑤
10 (1) 나라 (2) 국민
11 예 우리나라의 국기인 태극기에 대해 몰랐던 것이 많아 부끄러운 생각이 들었다.
12 ②

1 나라를 대표하는 선수들이 국기를 들고 입장하는 까닭은 국기가 그 나라를 나타내는 깃발이기 때문입니다.

2 이 글에 캐나다 사람들이 붉은색을 좋아한다는 내용은 나와 있지 않습니다.

3 캐나다 국기에는 빨간 단풍잎을 그려 넣었습니다.

4 책 표지를 보여 주며 책 제목인 『온 세상 국기가 펄럭펄럭』을 말하고 있습니다.

5 멕시코 국기는 독수리가 선인장 위에 앉으면 그곳에 도시를 세우라는 신의 계시를 받아 나라를 세운 전설이 담겨 있지만, 별이 그려져 있지는 않습니다.

6 멕시코 국기에는 독수리가 독사를 물고 선인장 위에 앉아 있는 모습이 그려져 있습니다.

7 미국 국기의 열세 개의 줄은 미국이 처음 나라를 세울 때 주가 열세 개 있었음을 기념하는 것입니다.

8 미국 국기의 별이 늘어난 까닭은 미국 땅이 점점 커져 주가 늘어났기 때문입니다.

9 우리나라 사람들의 평화를 사랑하는 마음은 태극기의 흰색에 담겨 있고, 태극 문양은 조화로운 우주를 뜻합니다.

10 나라를 빛내는 순간, 나라를 대표하는 자리에 국기가 함께하는 까닭은 국기가 그 나라이자 국민이기 때문입니다.

11 여러 나라 국기에 담긴 뜻에 대한 내용인 이 글을 읽고 자신의 생각이나 느낌을 씁니다.

**채점 기준** 캐나다 국기, 멕시코 국기, 미국 국기, 태극기에 대한 설명을 읽고 자신이 생각하거나 느낀 점을 썼으면 정답으로 합니다.

12 그림의 친구는 책갈피를 만들어 책을 소개하고 있습니다.

## 기본 독서 감상문에 대해 알기 139쪽

1 독서 감상문 2 ⑤ 3 수진

1 책을 읽은 뒤에 책을 읽게 된 까닭, 책 내용, 인상 깊은 부분, 책을 읽은 뒤에 든 생각이나 느낌 따위를 쓴 글을 '독서 감상문'이라고 합니다.

2 바위나리와 아기별은 아기별이 하늘에서 내려와 친구가 된 것입니다.

3 수진이가 말한 것은 책 내용에 대한 것입니다.

## 실천 독서 감상문으로 우리 반 꾸미기 140쪽

1 ⑤ 2 ⑤
3 예 「팥죽할머니와 호랑이」
4 (1) 예 동생에게 읽어 줄 책을 고르다가 읽게 되었다.
(2) 예 팥죽을 잘 쑤는 할머니가 알밤, 자라, 송곳, 멍석, 지게의 도움 덕분에 호랑이에게 잡아먹히지 않게 되었다.
(3) 예 호랑이를 물리쳐서 정말 통쾌했다. 어렵고 힘든 일이어도 서로 힘을 합치면 이겨 낼 수 있다고 생각하였다.

1 이 그림에서는 독서 감상문을 나뭇잎 모양에 써서 책 나무 환경판을 만들어 교실을 꾸몄습니다.

2 친구가 쓴 독서 감상문을 읽는다고 해서 책의 모든 내용을 알 수 있는 것은 아닙니다.

3 자신이 읽은 책 중에서 독서 감상문으로 쓰고 싶은 책의 제목을 씁니다.

4 문제 3번에서 답한 책을 읽게 된 까닭, 책 내용, 책을 읽은 뒤에 든 생각이나 느낌을 정리하여 씁니다.

**채점 기준** 문제 3번에서 답한 책에 대하여 읽게 된 까닭, 책 내용, 책을 읽은 뒤에 든 생각이나 느낌을 썼으면 정답으로 합니다.

## 국어 활동 141~143쪽

1 ⑤　2 ④　3 ①
4 「산꼭대기에 열차가?」　5 아인슈타인
6 예 산 밑에서 아주 큰 크레인으로 열차를 산꼭대기에 옮긴다. / 날개를 펼치면 비행기처럼 날 수 있는 열차이다.
7 이 세상의 빛과 시간　8 ①, ⑤
9 예 지금은 불가능한 일일지라도 상상을 통해 현실로 만들어 내는 거라는 아인슈타인 아저씨의 말이 인상 깊었다.
10 (1) ③ (2) ① (3) ②　11 ⓜ
12 (1) 올게요 (2) 할게요　13 ⑤

1 번개가 치는 날, 정체를 알 수 없는 거대하고 검은 물체를 본 영롱이의 마음으로 반가움은 알맞지 않습니다.

2 영롱이가 어젯밤에 본 것은 열차였습니다.

3 영롱이가 만난 사람은 희끗한 머리카락이 아무렇게나 헝클어지고 콧수염이 윗입술을 살짝 가린 아저씨였고, 무릎까지 내려오는 흰색 가운을 입고 있었습니다.

4 빈칸에 이 책의 제목을 씁니다.

5 이 책에 나온 탐정 사무소의 주인이자, 어떤 일이든 해결해 줄 수 있는 명탐정은 아인슈타인입니다.

6 열차가 기찻길 없이 산꼭대기까지 올 수 있는 방법을 상상하여 씁니다.

7 아인슈타인 아저씨는 이 세상의 빛과 시간이 무엇인지 알고 싶어 합니다.

8 아인슈타인 아저씨는 상상과 열정적인 호기심이 세상을 바꾼다고 하였습니다.

9 이 글에서 가장 인상 깊은 장면을 씁니다.

10 ❶은 책을 읽게 된 까닭, ❷는 책 내용, ❸은 인상 깊은 부분입니다.

11 책을 읽은 뒤에 타악기를 하나 만들어 보고 싶다고 한 생각이 가장 잘 나타난 부분은 ⓜ입니다.

12 어떤 행동에 대한 약속이나 의지를 나타낼 때 쓰이는 '-ㄹ게'는 [께]로 소리 나더라도 '게'로 적는 것이 바른 표기입니다.

13 ①은 '올게', ②는 '먹을게요', ③은 '칠게', ④는 '않을게요'로 고쳐 써야 합니다.

## 단원 마무리 144~145쪽

❶ 규칙　❷ 까닭　❸ 느낌
❹ 인상

## 단원 평가 146~148쪽

1 앉아서 하는 피구　2 ④, ⑤
3 ②　4 ㉣　5 ⑤
6 빨간 단풍잎
7 예 캐나다에서 많이 자라는 설탕단풍 나무의 잎이 국기에 그려져 있기 때문이다.
8 ①　9 전설　10 (3) ○
11 ④　12 ④　13 ④
14 ④
15 태극기의 무늬가 조금씩 달랐다가 1949년에 지금의 모습으로 정해진 것을 알게 되었다. 등
16 ⑤　17 ①
18 예 친구가 없어 외로워하는 친구에게 먼저 다가가서 친구가 되어 주는 친구이다.
19 (1) ㉡ (2) ㉠
20 ㉠, ㉡, ㉣, ㉢

1 이 글에서 소개하고 있는 것은 '앉아서 하는 피구'입니다.

2 이 글에서 놀이의 단점과 놀이의 다른 이름은 소개하지 않았습니다.

3 앉아서 하는 피구에서는 공을 굴려서 상대를 맞혀야 합니다.

4 글을 읽고 친구들에게 소개하면 자신이 관심 있는 분야를 더 다양하게 생각할 수 있습니다.

5 캐나다처럼 추운 날씨에는 설탕단풍 나무가 잘 자란다고 하였습니다.

6 캐나다 사람들은 국기에 빨간 단풍잎을 그려 넣었다고 했습니다.

7 캐나다 국기에는 캐나다에 많이 자라는 설탕단풍 나무의 잎이 그려져 있습니다.

**채점 기준** 캐나다에 많이 자라는 설탕단풍 나무의 잎이 그려져 있다는 내용을 썼으면 정답으로 합니다.

8 책 보여 주며 말하기는 책에 대한 소개를 하는 것이므로 책을 산 장소를 소개할 필요는 없습니다.

9 독사를 물고 날아가는 독수리가 선인장 위에 앉으면 그곳에 도시를 세우라는 신의 계시를 받고 나라를 세웠다는 전설이 담겨 있습니다.

10 멕시코 국기에는 독사를 물고 있는 독수리가 선인장 위에 앉아 있는 그림이 그려져 있습니다.

**오답 피하기**
(1) 초기의 미국 국기
(2) 캐나다 국기

11 그림에서는 책 보물 상자를 만들어 소개하는 방법으로 책을 소개하고 있습니다.

12 무늬가 조금씩 달랐던 태극기는 1949년에 지금의 태극기 모습으로 정해졌습니다.

13 태극기의 태극 문양은 조화로운 우주를 뜻합니다.

14 태극기의 네 모서리에 있는 사괘는 하늘, 땅, 물, 불을 나타냅니다.

15 이 글을 읽고 자신이 새롭게 안 내용을 정리하여 씁니다.

**채점 기준** 태극기에 관련된 내용을 읽고 새롭게 알게 된 내용을 썼으면 정답으로 합니다.

16 글쓴이는 '앞표지에 있는 바위나리와 아기별 그림이 무척 예뻐서 내용이 궁금했기 때문이다.'라고 하였습니다.

17 글 ㉯는 독서 감상문의 특징 중 책 내용입니다.

18 아기별과 같은 친구는 친구가 없어 외로워하는 친구에게 먼저 다가가서 친구가 되어 주는 친구입니다.

**채점 기준** 외로운 친구에게 다가가 친구가 되어 주는 친구라는 내용을 썼으면 정답으로 합니다.

19 가방에 어울리는 까닭은 '친구들과 놀다가 가방을 두고 와서 놀랐다.'는 것이고, 우산에 어울리는 까닭은 '비가 올 때 우산을 써도 옷이 젖은 기억이 있다.'입니다.

20 독서 감상문으로 책 나무를 만들기 위해서는 독서 감상문을 쓸 책을 생각하고, 독서 감상문에 쓸 내용을 이야기하고, 나뭇잎 모양 종이에 독서 감상문을 쓴 뒤, 책 나무로 만들어야 합니다.

## 서술형 평가 149쪽

1 새로운 사실을 알려 줄 수 있다. / 읽은 글의 내용을 잘 정리할 수 있다. / 자신이 관심 있는 분야를 더 다양하게 생각할 수 있다. / 소개하면서 친구와 많은 이야기를 나눌 수 있다. / 다른 사람에게 새로운 지식을 알려 줄 수 있다. 등
2 국기는 그 나라이자 국민이기 때문이다. 등
3 책을 보여 주며 책의 내용을 소개할 것이다. / 노랫말을 책을 소개하는 내용으로 바꾸어 부를 것이다. 등
4 책을 읽게 된 까닭, 책 내용, 인상 깊은 부분이 나타나 있다. 등
5 (1) 아픈 사람을 돌보다. 등
(2) 다쳤거나 앓고 있는 환자나 노약자를 보살피고 돌보다. 등

1 책을 읽고 다른 사람에게 소개하면 책에 대해 더 잘 알 수 있습니다.

**채점 기준** 책을 읽고 다른 사람에게 소개하면 좋은 점을 알맞게 썼으면 정답으로 합니다.

2 이 글에서 국기는 그 나라이자 국민이기 때문에 영광스러운 순간이나 기념할 만한 순간에 함께 있다고 하였습니다.

**채점 기준** '국기는 그 나라이자 국민이기 때문이다.'라는 내용을 썼으면 정답으로 합니다.

3 책을 읽고 친구들에게 어떤 식으로 소개하고 싶은지 생각하여 씁니다.

**채점 기준** 책을 소개할 수 있는 방법을 알맞게 썼으면 정답으로 합니다.

4 글 ㉮는 책을 읽게 된 까닭, 글 ㉯는 책 내용, 글 ㉰는 인상 깊은 부분입니다.

**채점 기준** 책을 읽게 된 까닭, 책 내용, 인상 깊은 부분 세 가지를 모두 썼으면 정답으로 합니다.

5 ㉠'간호하던'이 있는 문장을 보면 아기별이 병이 든 바위나리를 돌보았다는 내용을 떠올릴 수 있습니다.

**채점 기준** (1)에 '돌보다'라는 내용을, (2)에 국어사전에서 찾은 뜻을 썼으면 정답으로 합니다.

# 8. 글의 흐름을 생각해요

**핵심 확인 문제** 152쪽

1 ○ 2 결과 3 차례
4 장소 5 주제

**준비 시간 흐름을 생각하며 이야기 읽기** 153~156쪽

1 ③ 2 '커졌다 작아졌다' 마법 열매
3 ⑤ 4 ㉡ 5 ④
6 여름에 개미가 열심히 일하는 동안 베짱이는 놀기만 했다.
7 ④ 8 ㉡, ㉠, ㉢, ㉣
9 ① 10 ③ 11 ③
12 지우 13 ③
14 (1) 3 (2) 2 (4) 4 (5) 5
15 (1) 예 이야기 할아버지는 원래대로 커졌어요.
(2) 다음 날 밤
16 예

베짱이
풀잎 위에 베를 놓고
별빛 뽑아 날을 날고
꽃빛 모아 씨를 삼아
베짱이가 베를 짠다.
베짱베짱 베짱베짱
밤새도록 쉬지 않고
베 짜느라 부산하다.

**1** 베짱이는 할아버지가 어린이들을 위한 동시와 이야기를 쓰고 있으므로 이야기 할아버지라고 불렀을 것입니다.

**2** 할아버지는 '커졌다 작아졌다' 마법 열매를 먹어서 작아진 것입니다.

**3** 할아버지의 말을 들은 베짱이는 흉악한 쥐들이 할아버지를 잡아먹을까 봐 서둘러 쥐를 찾아가려는 할아버지를 덥석 잡았습니다.

**4** '그날 밤'이 직접 시간을 말하는 표현입니다. ㉢'마당'은 장소를 나타내고, ㉠, ㉣, ㉤은 시간을 말하는 표현과 거리가 멉니다.

**5** 베짱이가 할아버지에게 자신이 짠 베를 주면서 베를 가지고 쥐를 찾아가서 마법 열매와 바꾸라고 하였습니다.

**6** 베짱이의 말에서 이야기의 내용을 짐작할 수 있습니다. 베짱이는 게으른 곤충 취급을 당해서 속상하다고 했습니다.

**채점 기준** 베짱이가 놀기만 하는 곤충이라는 이야기의 내용을 썼으면 정답으로 합니다.

**7** 「개미와 베짱이」 이야기 때문에 게으른 곤충 취급을 당한 베짱이는 많이 속상했습니다.

**보충 자료 「개미와 베짱이」 줄거리**
「개미와 베짱이」는 이솝 우화 중 하나로, 한여름에도 개미는 쉬지 않고 일하고 베짱이는 바이올린을 켜며 노래만 부르며 놀았습니다. 열심히 일만 하는 개미를 베짱이는 한심하게 생각했고, 개미는 베짱이에게 겨울이 되면 음식을 구할 수 없기 때문에 미리 모아 두어야 한다고 하였습니다.
눈이 내리는 겨울이 되자 개미는 따뜻한 집에서 맛있는 음식을 배부르게 먹었고, 음식을 모아 두지 않은 베짱이는 개미에게 찾아와 반성을 하고 개미에게 음식을 얻어먹었습니다.

**8** 마법 열매를 먹고 작아진 할아버지가 마법 열매를 구하기 위해 쥐를 찾아가겠다고 하자, 베짱이는 베를 짜서 쥐를 찾아가는 할아버지에게 드렸고, 할아버지는 베짱이의 부탁대로 베짱이를 위한 글을 써 주기로 하였습니다.

**9** 베짱이가 베를 짜서 할아버지에게 주어서 할아버지는 베짱이가 고마울 것입니다.

**10** 쥐들은 할아버지가 자기 크기만큼 작아져서 깜짝 놀랐습니다.

**11** 할아버지와 쥐들이 서로 바꾼 것은 베짱이가 짠 베와 '커졌다 작아졌다' 마법 열매입니다.

**12** '베짱이가 베를 다 짠 뒤'와 같은 말은 직접 시간이 들어가지 않지만 시간을 짐작할 수 있게 해 주는 말이기 때문에 시간을 나타내는 말입니다.

**정답 친해지기 시간을 나타내는 말**
'다음 날 밤', '오늘 낮'과 같이 직접 시간을 말하는 시간 표현 외에도 '수업 시작종이 친 뒤', '식사하기 전', '숙제를 마치자마자'와 같이 직접 시간이 들어가지 않아도 시간을 짐작할 수 있게 해 주는 말이 있습니다.

**13** '다음 날 밤'은 시간을 나타내는 말입니다.

14 할아버지가 작아진 뒤, 베짱이가 베를 짜고 할아버지가 그 베로 마법 열매를 받은 뒤 다시 커져서 아이들에게 이야기를 들려주는 것으로 끝맺습니다.

**정답 친해지기** 「베짱베짱 베 짜는 베짱이」의 내용 간추리기

어느 날 밤, 이야기 할아버지가 갑자기 작아졌어요.

이야기 할아버지가 마법 열매를 먹고 작아진 것을 안 뒤, 베짱이는 베틀로 베를 짰어요.

베짱이가 베를 다 짠 뒤, 이야기 할아버지는 베짱이가 짠 베와 마법 열매를 바꾸러 쥐를 찾아갔어요.

마법 열매를 먹은 뒤, 이야기 할아버지는 원래대로 커졌어요.

다음 날 밤, 이야기 할아버지는 동네 아이들에게 새로 지은 시 「베짱이」를 들려주었어요.

15 마법 열매를 먹은 뒤, 이야기 할아버지는 원래대로 커졌습니다.

16 솜씨 좋고 부지런한 베짱이를 주제로 시를 씁니다.

**채점 기준** 베짱이가 부지런하고 베를 잘 짠다는 내용의 시를 썼으면 정답으로 합니다.

## 기본 일하는 방법에 따라 내용을 파악하며 글 읽기 157~159쪽

1 첫 번째 2 ⑤ 3 ④, ⑤
4 ① 5 ⑤ 6 ②
7 ③
8 네 번째, 땋은 실 끝 쪽에 매듭을 짓는다.
9 감기약 10 승연 11 ②, ③
12 ㉠

1 차례를 나타내는 말인 '먼저'는 '첫 번째'와 바꾸어 쓸 수 있습니다.

2 ㉯의 글은 실 팔찌 만드는 방법을 알려 줍니다.

3 실 팔찌 만들기의 준비물은 서로 다른 색깔 털실 세 줄, 셀로판테이프입니다.

4 '간단하다'는 '단순하고 간략하다'의 뜻으로 '쉽다'와 그 뜻이 비슷합니다.

5 셀로판테이프는 실 팔찌를 만드는 동안 실이 움직이거나 꼬이지 않게 고정하는 역할을 합니다.

6 ㉠~㉢은 모두 차례를 나타내는 말입니다.

7 ㉣'연결하다'와 뜻이 비슷한 낱말은 '잇다'입니다.

**오답 피하기**
① 끊다: 실, 줄, 끈 따위의 이어진 것을 잘라 따로 떨어지게 하다.
② 땋다: 머리털이나 실 따위를 둘 이상의 가닥으로 갈라서 어긋나게 엮어 한 가닥으로 하다.
④ 짓다: 재료를 들여 밥, 옷, 집 따위를 만들다.
⑤ 붙이다: 맞닿아 떨어지지 아니하게 하다.

8 빈칸에 알맞은 내용은 ❻ 문단의 중심 내용인 '땋은 실 끝 쪽에 매듭을 짓습니다.'입니다.

9 이 글은 감기약을 먹는 방법에 대하여 쓴 글입니다.

10 이 글은 감기약을 먹는 방법에 대하여 주의할 점을 중심으로 알려 주는 글로, 차례는 정해져 있지 않습니다.

11 의사와 상담한다고 예방되는 것은 아니며, 감기약을 꾸준히 먹는 것은 감기에 걸렸을 때 하는 행동입니다.

12 ㉠보다는 ㉠의 앞 문장이 중요한 내용입니다.

## 기본 장소 변화에 따라 글의 내용 간추리기 160~162쪽

1 ③ 2 (전라북도) 고창 3 동림 저수지
4 ② 5 ② 6 ③
7 곤충관 8 ④ 9 ③
10 수리부엉이처럼 멋진 새가 멸종 위기 동물이라고 하여서
11 (1) ㉡ (2) ㉠
12 (1) 큰물새장 (2) 예 다양한 앵무새들
13 장소

1 이 글은 주말여행을 하고 나서 쓴 글입니다.

2 '내'가 간 도시는 전라북도 고창입니다.

3 '내'가 방문한 곳은 고인돌 박물관, 동림 저수지, 선운사입니다.

4 이 글은 여행한 장소 변화에 따라 쓴 글로, 장소 변화에 주의하며 간추려야 합니다.

5 '나'는 과학 관찰 보고서를 쓰기 위해 동물원에 갔습니다.

6 '내' 보고서의 주제는 '날개가 있는 동물'로, 동물원의 많은 동물 가운데에서도 날개가 있는 동물을 찾아 관찰하는 것이었습니다.

7 '내'가 동물원 입구를 지나 가장 먼저 간 곳은 '곤충관'입니다.

8 '나'는 곤충관에서 나비와 벌, 메뚜기, 톱사슴벌레를 봤습니다.

9 톱사슴벌레는 원래 밤에 활동하는 곤충이지만 참나무 수액을 먹으려고 낮에도 돌아다닙니다.

10 '나'는 야행관에서 본 수리부엉이가 멸종 위기 동물이라는 것을 알고 자연을 보호해야겠다는 다짐을 했습니다.

11 머리가 붉은색이고 목과 다리가 까만색인 새가 두루미, 다리가 붉은색인 새가 황새입니다.

12 열대 조류관에서는 왕관앵무, 장미앵무, 회색앵무와 같이 다양한 앵무새를 관찰하였고, 황새, 두루미, 고니를 관찰한 곳은 '큰물새장'입니다.

13 '곤충관 → 야행관 → 열대 조류관 → 큰물새장' 등 장소 변화에 따라 쓴 글입니다.

### 기본 글의 흐름에 따라 내용 간추려 쓰기 163~164쪽

1 ③ 2 ⑤
3 (할아버지께 드릴) 손수건 4 ③
5 ㉡ 6 ①, ③
7 예 앞으로도 직업의 세계에 관심을 두어야겠다는 생각을 했다.
8 (1) ○ 9 (1) 오후 한 시 (2) 중앙 광장

1 이 글은 직업 체험관을 다녀와서 쓴 글입니다.

2 민기가 "집안 어른들께 선물로 드릴 만한 물건을 만들면 좋겠어."라고 의견을 냈기 때문에 소품 설계관을 첫 번째 체험학습 장소로 정했습니다.

3 '나'는 소품 설계관에서 할아버지께 드릴 손수건을 만들었습니다.

4 디자이너 체험을 끝내고 제빵 학원으로 간 시간은 열한 시입니다.

5 ㉠, ㉢, ㉣, ㉤에서는 장소 변화를 알 수 있고, ㉡에서는 시간 흐름을 알 수 있습니다.

6 내 적성에도 잘 맞고 보람도 있어서 미래에 소방관이 되어도 좋겠다고 생각했습니다.

7 직업 체험관을 다녀와서 앞으로도 직업의 세계에 관심을 두어야겠다고 생각했습니다.

> **채점 기준** 앞으로 직업의 세계에 관심을 두어야겠다는 생각을 썼으면 정답으로 합니다.

8 '우리 모둠'은 '소품 설계관 → 제빵 학원 → 중앙 광장 → 소방서'의 차례대로 이동하였습니다.

9 열두 시에는 중앙 광장에서 점심을 먹었고, 오후 한 시에는 소방서에서 소방관 체험을 하였습니다.

### 실천 우리 지역을 소개하는 글 쓰기 165~166쪽

1 한지 2 ① 3 ④
4 시간 5 산막이 옛길
6 사오랑, 산막이 7 ③ 8 (1) × (2) ○

1 이 글에서 소개한 괴산의 특산물은 한지입니다.

2 이 글에서는 한지를 만드는 방법을 일 차례대로 정리하였습니다.

3 괴산 지역이 지금의 이름인 '괴산'으로 불리게 된 때는 조선 태종 때부터입니다.

4 괴산 지역 지명 변화를 시간 차례대로 정리했습니다.

5 이 글은 괴산의 산막이 옛길을 소개하고 있습니다.

6 산막이 옛길은 사오랑 마을에서 산막이 마을까지 연결되는 길입니다.

7 40년이 넘은 소나무들이 숲을 이룬 소나무 동산에서 괴산호를 바라볼 수 있습니다.

8 이 글은 산막이 옛길에 대해 장소 변화대로 설명하였습니다.

## 국어 활동 167~169쪽

1 ㉮ 2 (1) 두 번째 (2) 세 번째
3 ④ 4 ㉱, ㉯, ㉮, ㉰
5 쿠리치바(시) 6 ④ 7 이튿날 아침
8 쿠리치바 시청 9 예술적 재활용
10 (1) ㉡ (2) ㉢ (3) ㉠ 11 ⑤

1 일하는 방법에 따라 내용을 파악하는 방법은 차례를 나타내는 말과 차례와 관련된 중요한 내용을 파악하는 것입니다.

2 차례를 나타내는 말 중 ㉠에는 두 번째, ㉢에는 세 번째가 알맞은 말입니다.

3 이 글에서는 소화기 사용 방법을 차례를 나타내는 말을 사용하여 설명하고 있으므로, 그와 관련된 제목이 들어가야 합니다.

4 차례를 나타내는 말 '먼저, 두 번째, 세 번째, 끝으로'의 차례대로 글을 정리합니다.

5 환이와 아빠가 있는 도시는 쿠리치바시입니다.

6 '꽃의 거리'와 '레드웨이'의 공통점은 보행자를 위한 곳이라는 점입니다.

7 이튿날 아침, 환이는 자전거 도로를 달려서 '꽃의 거리'로 갔습니다.

8 환이가 이동한 장소는 '자전거 전용 도로 → 꽃의 거리 → 쿠리치바 시청'입니다.

9 쿠리치바는 예술적 재활용을 좌우명으로 삼고 있는 도시입니다.

10 꽃의 거리에서는 보행자 전용 도로를 걸었고, 시청에서는 혼자서 시청 청사를 구경했으며, 시청 앞 거리에서는 아름다운 벽화를 구경했습니다.

11 쿠리치바에 대한 내용을 글의 내용과 비교하며 알맞은 것을 찾아봅니다.

## 단원 마무리 170~171쪽

❶ 시간 ❷ 먼저 ❸ 야행관
❹ 소품

## 단원 평가 172~174쪽

1 ⑤
2 할아버지가 원래 크기로 돌아왔다. 등
3 다음 날 밤 4 ⑤
5 첫 번째, 두 번째
6 쉽다 등 7 ① 8 ㉠
9 (1) 토요일 아침 (2) 고인돌 박물관
10 ③ 11 야행관 12 ②
13 예 자연을 보호해야겠다. 14 ③
15 ⑤ 16 (1) ②, ㉡ (2) ①, ㉠
17 괴산 18 ⑤ 19 ②
20 (1) 괴양군 (2) 조선

1 할아버지는 쥐들에게 베를 주고, 마법 열매를 받았습니다.

2 할아버지가 마법 열매를 먹은 뒤, 원래 크기로 돌아왔습니다.

**채점 기준** 할아버지가 원래 크기로 돌아왔다는 내용을 썼으면 정답으로 합니다.

3 이야기의 마지막 장면으로, 빈칸에 알맞은 시간을 나타내는 말은 '다음 날 밤'입니다.

4 실 팔찌를 만들기 위해 가장 먼저 할 일은 '서로 다른 색깔 실 세 가닥을 함께 잡고 매듭짓기'입니다.

5 이 글에서 차례를 나타내는 말은 '첫 번째', '두 번째'입니다.

6 '간단하다'와 뜻이 비슷한 낱말은 '쉽다'입니다.

7 감기약을 먹을 때에는 물과 함께 먹어야 한다고 하였습니다.

8 이 글에서 가장 중심이 되는 문장은 '감기약을 먹을 때에는 물과 함께 먹어야 합니다.'인 ㉠입니다.

9 이 글에서 알 수 있는 시간은 '토요일 아침'이고, 장소는 '고인돌 박물관'입니다. 이 글은 글쓴이가 주말여행을 다녀와서 쓴 글입니다.

10 '맨 처음'과 비슷한 뜻을 가지고 있어 바꾸어 쓸 수 있는 말은 '가장 먼저'입니다. 시간을 나타내는 말에 주의하며 읽습니다.

11 '야행관'에 대한 설명입니다. 이 글은 글쓴이가 야행관을 관찰하고 쓴 글입니다.

**보충 자료** 이 글의 내용 정리하기

| 장소 | 야행관 |
|---|---|
| 관찰한 것 | 수리부엉이는 몸 길이가 70센티미터인 큰 새이다. 눈이 붉고 목이 앞뒤로 자유롭게 움직이며, 멸종 위기의 동물이다. |

12 수리부엉이는 붉은 눈을 가졌습니다.

13 '나'는 멸종 위기 동물인 수리부엉이를 관찰한 뒤, 자연을 보호해야겠다는 다짐을 했습니다. 글쓴이의 다짐이 나타난 부분을 찾아봅니다.

**채점 기준** 자연을 보호해야겠다고 다짐한 내용을 썼으면 정답으로 합니다.

14 병주가 가장 기대하던 소방관 체험에서는 소방관 복장을 하고, 소방차를 타고 출동하고, 불이 난 곳에 물도 뿌렸습니다.

15 글쓴이의 모둠에서 소방관 체험을 마친 시간이 두 시가 조금 넘었습니다. 글쓴이는 두 시 반까지 버스에 타기로 선생님과 약속했기 때문에 아쉽지만 체험활동을 끝냈습니다.

16 오후 한 시에는 소방서에서 소방관 체험을 하였고, 오후 두 시 반에는 체험활동을 끝내고 버스에 탔습니다.

17 이 글에서는 '괴산' 지역의 지명 변화를 시간 차례대로 소개하고 있습니다.

18 이 글은 괴산 지역 지명 변화에 대한 내용이므로, 이 글의 제목으로 가장 알맞은 것은 「'괴산'이라는 이름은 어떻게 변해 왔을까?」입니다.

19 이 글에서는 괴산 지역 지명에 대하여 시간 차례대로 정리하여 소개했습니다.

20 괴산 지역의 이름은 '잉근내군 → 괴양군 → 괴주군 → 괴산군'으로 변해 왔습니다.

**채점 기준** (1)에 '괴양군', (2)에 '조선'을 썼으면 정답으로 합니다.

## 서술형 평가 175쪽

1 일 차례에 주의하며 간추렸다. 등
2 (1) 고인돌의 역사를 알았다. 등
(2) 물 위로 날아오르는 가창오리들을 구경했다. 등
3 예 은행에서 예금한 돈이 어떻게 보관되는지 알고 싶다. / 방송국에서 아나운서가 되어 뉴스를 전하고 싶다.
4 시간 차례대로 쓰였다. 등
5 (1) 예 상주의 특산물, 곶감
(2) 예 인터넷 찾아보기
(3) 예 • 상주 곶감은 전국 곶감 생산량의 60%
• 곶감 생산 과정
① 감나무에서 잘 익은 감 따기
② 껍질 벗기기
③ 꼭지 매달기
④ 50일 정도 건조시키기
⑤ 포장하기
(4) 예 곶감 생산 과정을 일의 차례대로 설명하기

1 일 차례에 주의하며 간추렸습니다.

**채점 기준** 일 차례에 주의하며 간추렸다는 내용을 썼으면 정답으로 합니다.

2 장소에 따라 각각의 장소에서 겪은 일을 정리합니다.

**채점 기준** (1)에 고인돌의 역사를 알았다는 내용을, (2)에 물 위로 날아오르는 가창오리들을 구경했다는 내용을 썼으면 정답으로 합니다.

3 직업 체험관에서 자신이 견학하고 싶은 장소와 하고 싶은 활동을 씁니다.

**채점 기준** 직업 체험관을 고르고 그 직업 체험관에서 할 수 있는 내용을 알맞게 썼으면 정답으로 합니다.

4 이 글은 지명 변화를 소개하는 글로, 시간 차례대로 쓰였습니다.

**채점 기준** 시간 차례대로 쓰였다는 내용을 썼으면 정답으로 합니다.

5 우리 지역의 자랑거리를 정하여 조사한 뒤, 적절한 설명 방법을 정하여 소개하기 위한 준비를 합니다.

**채점 기준** 우리 지역의 자랑거리를 소개할 내용을 각각의 방법에 맞게 썼으면 정답으로 합니다.

# 9. 작품 속 인물이 되어

## 핵심 확인 문제 178쪽

1 (인물의) 말, 행동
2 (2) ○
3 실감
4 (1) ○
5 예의

## 준비 글을 읽고 인물에 대해 이야기하기 179~182쪽

1 코로로 언덕의 굴속
2 ④
3 ③
4 ④
5 ⑤
6 ⑤
7 ④, ⑤
8 ①
9 ②
10 (1) ① (2) ②
11 (1) 언덕 (2) 물속
12 ④
13 투루와 쿠부가 줄다리기를 하게 한다. 등
14 (2) ○ (3) ○
15 ①
16 ④
17 지용

**1** 무툴라는 코로로 언덕의 굴속에서 살고 있습니다.

**2** 투루는 코끼리입니다.

**3** 투루는 무툴라의 인사에 아무 말도 하지 않았습니다.

**4** 무툴라의 인사에 대답도 하지 않고 함부로 말하는 것으로 보아 투루는 잘난 체하는 성격입니다.

**정답 친해지기** 투루의 말과 행동에서 알 수 있는 인물의 성격

| 말과 행동 | 투루의 성격 |
|---|---|
| 무툴라가 한 인사를 듣고 대답을 하지 않는 행동 | 다른 사람이 하는 말을 잘 듣지 않는다. |
| "감히 아침 식사 하는 나를 귀찮게 해?" | 잘난 체한다. |

**5** 투루의 거만한 성격이 잘 드러나게 말하려면 고개를 뒤로 젖히고 큰 소리로 거들먹거리는 것이 어울립니다.

**6** 무툴라가 쿠부를 찾아갔을 때 쿠부는 눈을 반쯤 감고 물속에 잠겨 있었습니다.

**7** 자신보다 훨씬 몸집이 큰 쿠부에게 ㉠과 같이 말하는 것으로 보아 무툴라는 용기가 있고 자신감 있는 성격입니다.

**8** ㉡은 쿠부가 무툴라의 말에 잘난 체하며 한 말이므로, 가소롭다는 듯이 비웃는 말투가 어울립니다.

**9** 무툴라는 자신을 무시하는 투루와 쿠부에게 줄다리기를 하자고 제안했고, 그날 내내 줄다리기에 필요한 길고 튼튼한 밧줄을 만들었습니다.

**10** ㉠은 해가 뜨기 전을 나타내고, ㉡은 해가 뜨기 시작할 때를 나타냅니다.

**11** 코끼리 투루는 언덕에 있고, 하마 쿠부는 물속에 들어가 있었습니다.

**12** 무툴라는 줄을 당길 준비가 되면 "휘이이이익!" 하고 휘파람을 불겠다고 했습니다.

**보충 자료** 무툴라의 말을 읽는 방법 ㉠

| | |
|---|---|
| 무툴라의 말 | "당길 준비가 되면 이렇게 휘파람을 불게. 휘이이이익!" |
| 읽는 방법 | 투루와 쿠부를 골탕 먹이려는 것을 숨기고 있는 상황이므로 웃음이 나오려는 것을 억지로 참고 읽는다. |

**13** 무툴라는 투루와 쿠부에게 각각 밧줄의 한쪽 끝을 주고 자신은 덤불숲에 숨었습니다. 자신을 무시한 두 동물끼리 힘을 겨루게 만들어 골탕 먹이려는 계획입니다.

**14** 밧줄의 한쪽 끝은 코끼리 투루가 잡고 있고, 다른 한쪽 끝은 하마 쿠부가 잡고 있습니다.

**15** 투루와 쿠부는 줄다리기를 하다가 동시에 포기하고 밧줄을 놓았습니다.

**16** 무툴라는 투루와 쿠부를 골탕 먹여서 신나는 마음이었을 것입니다.

**17** 무툴라에게 속고 있는 줄도 모르고 해가 질 때까지 줄다리기를 한 투루와 쿠부는 어리석다고 할 수 있습니다.

**정답 친해지기** 인물의 행동으로 성격 알아보기

| | 행동 | | 성격 |
|---|---|---|---|
| 무툴라 | 덤불숲에 숨어 투루와 쿠부가 줄다리기를 하게 만든 행동 | → | 꾀가 많다. |
| 투루와 쿠부 | 해가 질 때까지 줄다리기를 하는 행동 | → | 어리석다. |

## 기본 인물의 성격을 생각하며 극본을 소리 내어 읽기 183~185쪽

1 ② 2 ② 3 ②
4 ② 5 ④
6 (1) 예 크고 당당한 말투
(2) 예 당황하고 억울한 말투
7 나그네를 잡아먹지 않겠다. 등
8 예 나그네는 남을 걱정하고 잘 돕는 성격이다. / 부탁을 잘 거절하지 못한다. / 다른 사람을 잘 믿는다.
9 예 호랑이를 구해 준 것이 후회스럽고, 말을 바꾸는 호랑이가 미웠을 것이다.
10 ⑤ 11 (1) ○
12 (1) 소나무 (2) 길

**1** 이 글의 배경이 되는 장소는 '산속'입니다.

**2** 이 글의 등장인물은 '호랑이, 사냥꾼 1, 사냥꾼 2, 나그네, 소나무, 길, 토끼'입니다.

**3** 호랑이는 사냥꾼들에게 잡혀 궤짝에 갇혀 있습니다.

**4** 사냥꾼들은 목이 말라서 샘을 찾기 위해 호랑이를 두고 산 아래로 내려갔습니다.

**5** 호랑이는 궤짝에서 나가려고 했지만 실패하고, 바닥에 쭈그리고 앉았으므로 포기하는 마음일 것입니다.

**6** 호랑이와 나그네의 성격에 알맞은 말투를 상상하여 각각 어떻게 바뀌었을지 씁니다.

**보충 자료** 상황에 따른 호랑이의 말투 변화

| 상황 | 말투 |
|---|---|
| 궤짝에 갇혀서 지나가는 나그네를 부르는 상황 | 빠르고 급한 말투 |
| ⬇ | |
| 나그네에게 구해 달라고 사정하는 상황 | 간절한 말투 |
| ⬇ | |
| 궤짝 밖으로 나와서 나그네를 잡아먹겠다고 위협하는 상황 | 크고 당당한 말투 |

**7** 나그네는 호랑이가 자신을 잡아먹지 않겠다는 약속을 믿고 궤짝 문을 열어 주었습니다.

**8** 호랑이가 거짓말을 하지 않을 것이라 믿고 궤짝 문을 열어 주는 행동에서 나그네의 성격을 알 수 있습니다.

**9** 호랑이를 구해 주었는데 보답을 받기는커녕 잡아먹히게 된 나그네의 기분을 짐작하여 씁니다.

> **채점 기준** 나그네의 입장에서 어떤 마음이 들었을지 알맞게 썼으면 정답으로 합니다.

**10** 나그네는 소나무가 자신이 옳다는 대답을 해 주기를 간절히 바라는 마음으로 물었을 것입니다.

**11** 소나무는 호랑이가 옳다고 했으므로 ㉡은 호랑이가 기세등등하여 뻔뻔한 말투로 말하는 것이 어울립니다.

**12** 호랑이와 나그네 중 누가 옳은지 소나무와 길에게 물었고, 둘 모두 호랑이가 옳다고 했습니다.

## 기본 알맞은 표정, 몸짓, 말투를 생각하며 극본 읽기 186쪽

1 ③
2 토끼를 이해시키기 위해서이다. 등
3 ② 4 ②

**1** 토끼가 계속 나그네의 말을 이해하지 못하자 호랑이는 답답해했습니다.

**2** 호랑이는 상황을 이해하지 못하는 토끼를 이해시키기 위해 제발로 궤짝 속으로 들어갔습니다.

**3** 꾀를 내어 호랑이를 궤짝에 스스로 들어가게 한 것으로 보아 토끼는 꾀가 많은 성격임을 알 수 있습니다.

**보충 자료** 다음 상황에서 토끼의 마음과 성격 짐작하기

| | |
|---|---|
| 상황 | 호랑이가 다시 궤짝 속으로 들어간 뒤 토끼가 문고리를 재빨리 잠그는 상황 |
| 마음 | • 자신의 꾀로 호랑이를 벌주어 통쾌할 것이다.<br>• 호랑이가 궤짝에서 다시 나오면 자신도 잡아먹힐 수 있으니 행동을 빨리해야겠다는 마음이었을 것이다. |
| 성격 | 지혜롭고 꾀가 많다. |

**4** 주어진 상황도 중요하지만 인물이 어떤 성격인지를 함께 고려해야 인물에 어울리는 표정, 몸짓, 말투를 상상할 수 있습니다.

진도 교재

## 기본 연극 준비하기 187쪽

1 ②　2 주형, 지민
3 ㉡, ㉠, ㉢　4 ⑤　5 ②, ③, ④

1 이 장면은 사냥꾼들이 호랑이를 궤짝에 넣어 두고 자리를 비우는 장면으로, 호랑이와 사냥꾼들을 표현할 수 있는 소품과 궤짝처럼 보이는 물건이 필요합니다.

2 연극에 필요한 소품은 그림으로 간단히 그리거나 평소 사용하는 물건 또는 재활용품으로 간단히 준비할 수 있습니다.

3 모둠 친구들과 연극을 준비할 때, 공연할 장면과 소품을 준비하고 각자의 역할을 정한 뒤 자신이 맡은 역할의 인물에 대해 생각합니다.

4 연극 발표회를 준비할 때 무대와 관련하여 고려할 점에는 소품을 둘 곳, 인물이 설 곳, 인물이 입장하고 퇴장하는 곳 등이 있습니다.

5 밑줄 그은 나그네의 말에는 속상한 표정, 억울한 말투, 답답해하는 몸짓이 어울립니다.

## 실천 우리 반 연극 발표회 하기 188쪽

1 ①
2 예 연극을 볼 때 예절을 지키며 진지한 자세로 보아야 무대에서 연극하는 친구들이 힘이 날 것이다.
3 ④　4 정아
5 (1) ㉠ (2) ㉢ (3) ㉡

1 친구들의 발표를 볼 때에는 진지한 자세로 집중해서 봐야 합니다.

2 연극하는 친구들에게 힘을 주고, 연극을 보는 다른 친구들에게 방해가 되지 않기 위해 예절을 지키며 연극을 관람해야 합니다.

**채점 기준** 무대에서 연극하는 친구들이 힘이 날 것이라는 내용을 썼으면 정답으로 합니다.

3 인물의 대사는 무조건 큰 목소리로 말하는 것이 아니라 알맞은 목소리 크기로 말해야 합니다.

4 자신이 맡은 인물에게 어울리는 표정, 몸짓, 말투로 표현해야 합니다.

5 연극을 준비할 때에는 맡은 인물의 성격과 친구의 반응을 생각하며 자신이 맡은 역할을 연습합니다. 연극 발표회를 할 때에는 진지한 자세로 알맞은 표정, 몸짓, 말투로 발표합니다. 연극을 관람할 때에는 예의를 지키며 봅니다.

## 국어 활동 189~191쪽

1 바가지　2 ①　3 ④
4 예 인정이 많다. / 다른 사람을 잘 돕는다.
5 눈　6 ①　7 (2) ○
8 ②
9 예 눈을 타이르듯이 차분한 말투로 말한다.
10 (1) 일어나려고 (2) 챙기려고
11 (1) 먹으려고 (2) 가려고

1 개구리는 농부에게 바가지를 주었습니다.

2 극본에서 ( ) 안의 내용을 보면 말투를 짐작할 수 있습니다.

3 농부가 쌀 대신 바가지를 가져와서 농부의 아내는 실망했을 것입니다.

4 자신이 얻은 것을 다른 사람들과 나누려는 것으로 보아, 농부의 아내는 인정이 많고 다른 사람을 잘 돕는 성격입니다.

5 '눈'은 자기가 최고라고 생각하고, 세상 모두가 자기를 좋아한다고 믿었습니다.

6 홍당무는 먼 곳에 살고 있는 토끼들에게 가야 하는데 눈이 너무 많이 와서 눈이 그만 왔으면 좋겠다고 했습니다.

7 ㉠에는 믿을 수 없다는 표정과 몸짓이 어울립니다.

8 화가 나서 마구 소리치는 표정이 어울립니다.

**오답 피하기** 인물의 말에 알맞은 표정

| 인물의 말 | 인물의 표정 |
|---|---|
| "내가 내려가기만 하면 세상이 훨씬 예뻐져!" | |

9 ㉢에서 달은 눈을 타이르듯이 차분하게 말하는 것이 어울립니다.

10 어떤 행동을 할 목적을 드러낼 때는 '-(으)려고'가 바른 표기이므로, (1)'일어나려고', (2)'챙기려고'로 고쳐 씁니다.

11 (1)'먹으려고', (2)'가려고'가 바른 표기입니다.

## 단원 마무리 192~193쪽

| | | |
|---|---|---|
| ❶ 용기 | ❷ 어리석다 | ❸ 크고 |
| ❹ 당황한 | ❺ 화 | ❻ 꾀 |
| ❼ 역할 | ❽ 성격 | |

## 단원 평가 194~196쪽

**1** ① **2** ③ **3** 무툴라
**4** ①, ④ **5** (3) ○ **6** ②
**7** 나그네를 잡아먹지 않겠다. 등
**8** 예 약속을 지키지 않고도 당당한 것으로 보아 호랑이는 뻔뻔한 성격이다.
**9** ④, ⑤ **10** ③, ④
**11** 크고 당당한 목소리로 말하는 것이 어울린다. 등
**12** 바가지 **13** ③ **14** ⑤
**15** 나그네 **16** 답답하다. 등 **17** ⑤
**18** (1) 예 이제야 알았습니다.
(2) 예 기쁜 말투로 웃으면서
**19** 공연할 장면을 정한다. 등
**20** (1) ○ (3) ○

1 무툴라는 투루와 쿠부에게 "안녕." 하고 인사말을 건넸습니다.

2 무툴라는 투루와 쿠부에게 줄다리기를 하면 언제든 이길 수 있다고 했습니다.

3 용기가 있고 자신만만한 성격을 가진 인물은 무툴라입니다.

4 투루와 쿠부는 거만하고 다른 사람을 무시한다는 점에서 성격이 비슷합니다.

5 ㉠은 자신감 넘치게 표현하는 것이 어울립니다.

6 쿠부는 아침잠을 방해했다는 이유로 무툴라에게 짜증을 내고 있습니다.

7 문을 열어 주면 뛰쳐나와서 나를 잡아먹을 것이 아니냐는 나그네에게 호랑이가 한 말을 살펴봅니다.

8 자신을 구해 준 나그네를 잡아먹으려고 하는 모습, 약속을 지키지 않고도 당당한 모습을 통해 알 수 있는 호랑이의 성격을 씁니다.

> **채점 기준** 호랑이의 말과 행동을 통해 성격을 알맞게 파악하여 썼으면 정답으로 합니다.

9 호랑이와 소나무는 모두 호랑이가 옳다고 했습니다.

10 호랑이가 약속을 지키지 않고 나그네를 잡아먹으려고 해서 나그네는 호랑이가 밉고 호랑이를 구해 준 것을 후회했을 것입니다.

11 호랑이의 성격을 생각하며 ㉡에 알맞은 호랑이의 말투를 상상해 봅니다.

12 농부는 아내에게 쌀 대신 바구니를 내밀었습니다.

13 농부는 쌀을 가져오지 못해 미안한 마음일 것이므로 미안한 표정이 알맞습니다.

14 호랑이는 토끼가 계속 나그네의 말을 이해하지 못하자 답답해했습니다.

15 토끼는 나그네가 옳다고 생각하여 꾀를 내어 나그네를 도와주었습니다.

16 ㉠을 통해 호랑이가 답답해하고 있으며 화를 잘 낸다는 것을 알 수 있습니다.

17 호랑이가 궤짝에 들어가자 토끼가 재빨리 문을 잠그는 상황이므로 재빨리 자물쇠를 잠그는 듯한 몸짓이 어울립니다.

18 글에서 일부분을 골라 인물의 말과 행동을 통해 성격을 짐작하고 주변에서 인물과 성격이 비슷한 사람이 어떤 표정, 몸짓, 말투를 하는지 생각해 봅니다.

> **채점 기준** (1)에 글에서 찾은 부분을, (2)에 (1)에서 찾은 부분에 알맞은 표정, 몸짓, 말투를 썼으면 정답으로 합니다.

**19** 연극 발표회를 할 때 가장 먼저 공연할 장면을 정합니다.

**20** 연극 발표회를 할 때 평소 자신의 성격이 드러나게 발표하는 것이 아니라 자신이 맡은 역할의 성격이 잘 드러나게 발표해야 합니다.

## 서술형 평가

197쪽

**1** 예 잘난 체한다.
**2** 예 고개를 뒤로 젖히고 큰 목소리로 거들먹거리며 읽는다.
**3** 궤짝의 문고리를 따고 문짝을 열어 달라고 부탁했다. 등
**4** 예 간절한 말투
**5** 궤짝, 동물 의상 등
**6** 예 발표를 끝낸 친구에게 박수를 보낸다. / 이야기를 하지 않는다. / 집중해서 본다.

**1** 투루의 말과 행동을 살펴봅니다.

**채점 기준** 투루의 성격을 알맞게 썼으면 정답으로 합니다.

**2** 투루의 말에 어울리는 표정, 몸짓, 말투를 생각해 봅니다.

**채점 기준** 잘난 체하는 투루의 성격에 알맞게 읽는 방법을 썼으면 정답으로 합니다.

**3** 궤짝에 갇힌 호랑이는 지나가는 나그네에게 문짝을 열어 달라고 부탁했습니다.

**채점 기준** 궤짝의 문고리를 따고 문짝을 열어 달라고 부탁했다는 내용을 썼으면 정답으로 합니다.

**4** 호랑이는 나그네에게 살려 달라고 사정하고 있으므로 간절한 말투로 읽는 것이 어울립니다.

**채점 기준** ㉠의 말에 어울리는 말투를 썼으면 정답으로 합니다.

**5** 호랑이가 궤짝에 갇혀 있으므로 궤짝과 동물 의상 등이 필요합니다.

**채점 기준** 극본의 내용에 알맞은 소품을 두 가지 이상 썼으면 정답으로 합니다.

**6** 다른 친구들이 발표할 때에 연습하지 않고 발표를 끝낸 친구들에게 박수를 보냅니다. 또 이야기를 하지 않고 집중해서 봅니다.

**채점 기준** 연극을 볼 때 지켜야 할 예절을 두 가지 이상 썼으면 정답으로 합니다.

진도 교재

# 정답과 해설 평가 교재

## 1. 작품을 보고 느낌을 나누어요

### 단원 평가 1회 2~3쪽

1 여자아이가 남자아이의 발을 밟았다. 등
2 ⑤ 3 ③
4 높고 빠른 목소리로 등 5 ②
6 ⑤ 7 다정하게 웃고 있다. 등
8 ⑤
9 예 쪼그리고 앉아서 놀란 표정으로 목소리를 높임.
10 ⑤

1 복도에서 여자아이가 실수로 남자아이의 발을 밟은 상황입니다.

2 여자아이는 남자아이의 발을 밟았으므로 진심을 담아 사과를 해야 합니다.

**보충 자료** 미안하다고 말할 때 어울리는 표정, 몸짓, 말투
- 웃지 말고 진지하게 말해야 합니다.
- 진심을 담아서 말해야 합니다.
- 장난치듯 하면 안 됩니다.

3 처음 수라간 상궁을 보고 놀라움과 호기심을 느끼고 있으므로 눈을 크게 뜨고 입을 벌리는 표정이 어울립니다.

4 놀라움과 호기심을 느낄 때 어떤 말투가 어울릴지 생각하여 봅니다.

5 여자 아이는 돈을 발견하고 무척 기뻐하고 있습니다.

**보충 자료** 여자아이에게 알맞은 표정, 말투

| 표정 | 활짝 웃으며 |
|---|---|
| 말투 | 높고 큰 목소리로 |

6 미미가 한 말과 미미의 마음을 생각해 봅니다.

7 화해를 한 미미와 자두는 웃으면서 서로 큰 것을 먹으라며 챙겨 주고 있습니다.

8 어차피 세상 모든 것이 자신보다 크기 때문에 자신보다 큰 것들에게 말을 붙이지 않고 지낼 수는 없어서입니다.

9 거인 부벨라가 지렁이와 말을 하는 것이므로 쪼그려 앉은 자세가 어울리고, 지렁이가 자신을 무서워하지 않는 것에 놀란 말투로 말할 수 있습니다.

**채점 기준** 부벨라가 말하는 장면에 알맞은 표정, 몸짓, 말투를 썼으면 정답으로 합니다.

10 아우가 볏단을 옮겨 놓은 것을 보고 놀란 마음을 표현하기에 알맞은 표정, 몸짓, 말투를 떠올려 봅니다.

### 단원 평가 2회 4~5쪽

1 예 고맙습니다. 2 ②
3 ⑤ 4 ④
5 팔짱을 끼며 시무룩한 표정과 말투로 등
6 예 울지 않고 "내 이름을 불러 줘."라고 말했을 거야.
7 ⑤ 8 ①, ③ 9 ⑤
10 상황에 어울리는 표정과 말투로 말한다. 등

1 상처를 치료해 주신 선생님께 할 말을 생각해 봅니다.

2 미안하다고 말할 때에는 웃지 말고 진지하게 말해야 합니다.

3 인물의 말과 표정으로 보아, 매우 기뻐하고 있다는 것을 짐작할 수 있습니다.

4 눈물을 글썽이며 말하고 있으므로 가늘고 떨리는 목소리가 어울립니다.

5 과일 가게 아주머니와 엄마가 과일 이야기보다 언니 이야기를 더 많이 하자 미미가 심술이 나서 말하는 장면입니다.

6 사람들이 자신의 이름으로 부르지 않고 '누구 동생'이라고 부른다면 어떤 느낌이 들지 떠올려 보고 그런 상황에서 어떻게 행동할지 생각하여 씁니다.

**채점 기준** 인물이 처한 상황을 파악한 후 자신이라면 어떻게 했을지 상황에 알맞게 썼으면 정답으로 합니다.

7 정원사가 아픈 허리를 꼿꼿하게 펴더니 똑바로 섰습니다.

8 더 이상 아프지 않다고 기뻐하는 장면이니 활짝 웃으며 덩실덩실 춤을 추면서 큰 목소리로 외치는 것이 어울립니다.

9 여자아이는 미안하다고는 했지만 표정, 몸짓, 말투가 미안해하는 느낌이 들지 않습니다.

10 상황에 어울리는 표정과 말투로 말하고 자연스러운 몸짓으로 뜻을 분명하게 전달해야 합니다.

## 서술형 평가 6쪽

1 예 활짝 웃으면서 "고마워."라고 말한다.
2 예 활짝 웃으며 손을 흔들면서 밝고 명랑한 목소리로
3 만화 영화의 줄거리를 이해하는 데 도움이 된다. 등 / 인물의 표정, 몸짓, 말투에서 재미를 느낄 수 있다. 등
4 어디든지 데리고 다닐 것이라고 했다. 등
5 예 기분 좋고 만족스러운 표정, 음식을 맛있게 먹는 몸짓, 행복하고 기쁜 말투로

1 문을 잡아 주는 친구에게 어떤 말을 할지, 그때 어울리는 표정은 무엇인지 씁니다.

| 채점 기준 | 점수 |
|---|---|
| 그림을 보고 여자아이의 상황에 알맞은 말과 표정을 쓴 경우 | 6점 |

2 친구들과 인사 하는 장면에 어울리는 표정, 몸짓, 말투를 생각해 봅니다.

| 채점 기준 | 점수 |
|---|---|
| 장금이의 말에 어울리는 표정, 몸짓, 말투를 모두 알맞게 쓴 경우 | 6점 |
| 장금이의 말에 어울리는 표정, 몸짓, 말투를 일부만 알맞게 쓴 경우 | 3점 |

3 인물의 표정, 몸짓, 말투에 주의하며 만화 영화를 보면 줄거리를 이해하는 데 도움이 되고 인물의 표정, 몸짓, 말투에서 재미를 느낄 수 있습니다.

| 채점 기준 | 점수 |
|---|---|
| 인물의 표정, 몸짓, 말투에 주의하며 만화 영화를 보면 좋은 점을 두 가지 모두 알맞게 쓴 경우 | 6점 |
| 인물의 표정, 몸짓, 말투에 주의하며 만화 영화를 보면 좋은 점을 한 가지만 알맞게 쓴 경우 | 3점 |

4 부벨라는 지렁이가 친구가 되어 준다면 어디든지 데리고 다닐 것이라고 했습니다.

| 채점 기준 | 점수 |
|---|---|
| 부벨라가 한 말을 바탕으로 쓴 경우 | 6점 |

5 지렁이는 맛있는 진흙파이를 먹으면서 기뻐하고 있습니다.

| 채점 기준 | 점수 |
|---|---|
| 지렁이의 마음을 생각하며 지렁이의 말에 어울리는 표정, 몸짓, 말투를 쓴 경우 | 6점 |
| 지렁이의 표정, 몸짓, 말투를 썼으나 일부만 맞게 쓴 경우 | 3점 |

## 수행 평가 7쪽

1 예 장금이의 강아지 때문에 국수를 쏟아 수라간에서 온 사람에게 꾸중을 듣고 있다.
2 예 죄송할 것이다. / 속상할 것이다.
3 (1) 예 죄송하다는 표정으로
(2) 예 고개와 허리를 숙이고 땅을 쳐다보며
(3) 예 낮고 작은 목소리로

1 장금이의 강아지 때문에 국수를 쏟아 장금이가 꾸중을 듣는 장면입니다.

| 채점 기준 | 점수 |
|---|---|
| 만화의 장면을 보고 장금이가 처한 상황을 알맞게 쓴 경우 | 10점 |
| 장금이가 처한 상황을 썼으나 내용이 다소 부족한 경우 | 5점 |

2 장금이의 표정, 몸짓, 말을 통해 장금이의 마음을 알 수 있습니다.

| 채점 기준 | 점수 |
|---|---|
| 장면 다에 어울리는 장금이의 마음을 쓴 경우 | 10점 |

3 죄송한 마음을 잘 나타낼 수 있는 표정, 몸짓, 말투를 생각해 봅니다.

| 채점 기준 | 점수 |
|---|---|
| (1)~(3)에 모두 알맞은 답을 쓴 경우 | 10점 |
| (1)~(3) 중 두 가지만 알맞은 답을 쓴 경우 | 5점 |
| (1)~(3) 중 한 가지만 알맞은 답을 쓴 경우 | 2점 |

# 2. 중심 생각을 찾아요

## 단원 평가 1회 8~9쪽

1 줄넘기　2 ④
3 선생님께서 계시지 않을 때에는 과학 실험을 하지 않습니다. 등
4 ⑤　5 ③　6 ①
7 (1) 갯벌은 다양한 생물이 살 수 있는 장소입니다. 등
(2) 어민들은 갯벌에서 수산물을 키우고 거두어 돈을 법니다. 등
8 ㉢　9 무더위　10 ①

**1** 줄넘기에 대해 설명하고 있는 글입니다.

**2** 줄넘기는 지금도 하고 있고 아이들도 합니다. 줄넘기를 언제부터 했는지 알 수 없지만 오래된 놀이임을 짐작할 수 있습니다.

**3** 과학실에서 지켜야 할 안전 수칙에 대해 설명하고 있는 글입니다.

**4** 선생님의 말씀에 따라 실험 기구나 화학 약품을 다루어야 사고가 나는 것을 예방할 수 있습니다.

**5** 복숭아는 쉽게 짓물러서 오래 두고 먹을 수 없어서 설탕을 넣고 졸여서 통조림이나 잼으로 만들어 먹기도 합니다.

**6** 어민들이 갯벌에서 양식을 하는 것이 농민들이 밭이나 논에서 농작물을 키워 파는 것과 비슷하다고 했습니다.

**7** 각 문단에서 문단 전체 내용을 대표하는 문장을 찾습니다.

채점 기준 문단 ❶과 ❷의 중심 문장을 모두 알맞게 썼으면 정답으로 합니다.

보충 자료 중심 문장과 뒷받침 문장

| 중심 문장 | 문단의 전체 내용을 대표하는 문장 |
|---|---|
| 뒷받침 문장 | 중심 문장을 보충하거나 자세히 설명하는 문장 |

**8** 문단의 내용을 대표하는 문장을 찾습니다.

**9** '무더위'는 여름 날씨를 나타내는 토박이말입니다.

**10** '덥다'와 서로 뜻이 반대인 낱말은 '춥다'입니다.

정답 친해지기 반대말
서로 정반대되는 뜻을 담고 있는 한 쌍의 낱말

## 단원 평가 2회 10~11쪽

1 닭　2 진수　3 ②
4 예 과학실에서는 실험 기구를 조심해서 다룬다.
5 ㉠
6 소중한 갯벌을 잘 보존해야겠습니다. 등
7 ⑤　8 다르다　9 ④
10 옛날에는 신분에 따라 옷차림이 달랐지만 오늘날에는 직업이나 유행에 따라 다른 경우가 많다. 등

**1** '닭싸움'이라는 이름은 닭이 싸우는 것과 비슷하다고 해서 지어진 이름입니다.

**2** 아는 내용이나 겪은 일과 관련지어 읽으면 그 모습을 잘 상상할 수 있습니다.

정답 친해지기 아는 내용이나 겪은 일과 관련지어 글을 읽으면 좋은 점
- 내용을 기억하기 쉽습니다.
- 글 내용을 더 쉽게 이해할 수 있습니다.
- 글 내용에 더 흥미를 느끼게 됩니다.
- 글을 읽으면서 그 모습을 상상할 수 있습니다.

**3** 과학실에서 장난을 치면 위험하다는 내용이 나와 있습니다.

**4** 자신이 알고 있는 내용과 새롭게 안 내용을 생각하며 글을 읽고 자신만의 과학 실험 안전 수칙을 만들어 봅니다.

채점 기준 앞으로 자신이 지킬 과학 실험 안전 수칙을 글의 내용과 어울리게 썼으면 정답으로 합니다.

**5** 이 글에서 문단의 전체 내용을 대표하는 중심 문장은 ㉠입니다.

**6** 소중한 갯벌을 보존하자는 것이 글쓴이가 하고 싶은 말입니다.

보충 자료 중심 생각을 찾는 방법
- 문단의 중심 문장을 찾아보고 중심 생각을 간추립니다.
- 글의 제목을 보고 무엇에 대해 쓴 글인지 생각합니다.
- 글에 있는 사진이나 그림을 보고 글쓴이의 중심 생각을 찾습니다.

7 비가 섞여 내리는 눈을 '진눈깨비'라고 합니다.

> **보충 자료** **토박이말**
> 우리말에 본디부터 있던 말이나 그것에 더해 새로 만들어진 말입니다. 다른 말로 순우리말, 고유어라고도 합니다.

8 '같다'와 서로 뜻이 반대인 낱말은 '다르다'입니다.

9 '펴다'와 뜻이 반대되는 말은 '접다'입니다.

10 첫 번째 문장이 중심 문장입니다.

## 서술형 평가 12쪽

1 예 지난번 체육 시간에 번갈아 뛰기, 뒤로 뛰기 줄넘기를 했다.
2 예 실험할 때 책상에 바짝 다가가지 않는다는 것을 알았다.
3 갯벌은 기후를 조절하고 홍수를 줄여 주는 역할을 합니다. 등
4 예 갯벌을 보존해야 하는 까닭을 강조하기 위해 쓴 글이다.
5 예 여름은 너무 더웠다. 겨울은 너무 추웠다. / 나와 언니는 성별이 같다. 나와 언니는 성격이 다르다.
6 예 옛날에는 자연에서 얻은 실로 짠 옷감으로 옷을 만들었지만 오늘날에는 합성 섬유로 옷을 만드는 경우가 많다.

1 줄넘기를 해 본 경험을 떠올려 씁니다.

| 채점 기준 | 점수 |
|---|---|
| 줄넘기한 경험을 쓴 경우 | 5점 |

2 글을 읽고 새롭게 안 내용이 무엇인지 씁니다.

| 채점 기준 | 점수 |
|---|---|
| 글의 내용을 생각하며 새롭게 안 내용을 알맞게 쓴 경우 | 5점 |

3 첫 번째 문장이 문단을 대표하는 중심 문장입니다.

| 채점 기준 | 점수 |
|---|---|
| 중심 문장을 알맞게 정리하여 쓴 경우 | 5점 |

4 갯벌을 보존하자는 내용을 전하려는 것을 짐작할 수 있습니다.

| 채점 기준 | 점수 |
|---|---|
| 제목을 보고 알 수 있는 글쓴이의 생각을 알맞게 쓴 경우 | 5점 |

5 보기 에서 서로 뜻이 반대인 낱말은 '같다 ↔ 다르다', '덥다 ↔ 춥다'입니다.

| 채점 기준 | 점수 |
|---|---|
| 보기 에서 서로 뜻이 반대인 낱말을 골라 문장을 알맞게 만든 경우 | 5점 |
| 보기 에서 서로 뜻이 반대인 낱말을 골라 문장을 만들어 썼으나 낱말의 뜻에 어울리는 문장을 만들지 못한 경우 | 2점 |

6 중심 문장을 생각하며 간추려 봅니다.

| 채점 기준 | 점수 |
|---|---|
| 문단의 내용을 알맞게 간추려 쓴 경우 | 5점 |

## 수행 평가 13쪽

1 갯벌 속에 사는 작은 생물이 육지에서 나오는 오염 물질 분해가 잘 이루어지게 한다. 등
2 (1) 갯벌은 육지에서 나오는 오염 물질을 분해해 좋은 환경을 만듭니다. 등
(2) 갯벌은 기후를 조절하고 홍수를 줄여 주는 역할을 합니다. 등
3 예 갯벌이 주는 좋은 점을 알고 갯벌을 잘 보존해야 한다. / 갯벌을 보존해야 하는 까닭을 알고 소중한 갯벌을 보존해야 한다.

1 갯벌은 겉으로는 그냥 진흙탕처럼 보이지만 작은 생물이 살고, 이 생물들은 오염 물질 분해가 잘 이루어지게 돕습니다.

| 채점 기준 | 점수 |
|---|---|
| 글에서 갯벌이 어떻게 좋은 환경을 만드는지 찾아 정리하여 쓴 경우 | 10점 |

2 문단 전체 내용을 대표하는 문장을 각각 찾아봅니다.

| 채점 기준 | 점수 |
|---|---|
| 문단 ➊과 ➋의 중심 문장을 모두 알맞게 쓴 경우 | 10점 |
| 문단 ➊과 ➋의 중심 문장을 하나만 알맞게 쓴 경우 | 5점 |

3 문단의 중심 문장을 찾아보고 중심 생각을 간추리거나 글의 제목을 보고 무엇을 쓴 글인지 생각해 봅니다.

| 채점 기준 | 점수 |
|---|---|
| 글의 중심 생각을 한 문장으로 알맞게 쓴 경우 | 10점 |
| 글의 중심 생각을 정리하여 썼으나 내용이 다소 부족한 경우 | 5점 |

평가 교재

# 3. 자신의 경험을 글로 써요

## 단원 평가 1회 14~15쪽

1 (1) 예 가족과 놀이 공원에 놀러 간 일
(2) 예 가족과 함께 보내는 시간이 좋았기 때문이다.
2 ⑤ 3 ① 4 ③, ⑤
5 (1) 이번 가을에만 두 번째네.
(2) 주혁이가 눈물이 그렁그렁한 얼굴로 말했다.
6 ③ 7 ③ 8 (1) ○ (3) ○
9 (1) ① (2) ④ 10 ②

1 자신이 겪은 일을 여러 가지로 떠올려 보고, 그 중 기억에 남는 일과 그 일을 고른 까닭을 씁니다.

2 자신이 겪은 일과 친구가 겪은 일을 비교하기 위해 기억에 남는 일을 정리하는 것은 아닙니다.

3 '나'는 동생이 아팠던 일을 글로 썼습니다.

4 동생이 아픈 것은 평소에 자주 겪는 일이 아니고, 동생을 걱정하는 마음이 들었던 것이 인상 깊었기 때문에 이 일을 골라 글로 쓴 것입니다.

5 (1) 수를 나타내는 말과 단위를 나타내는 말 사이는 띄어 씁니다. (2) 낱말과 낱말 사이는 띄어 쓰되, '이/가, 을/를, 은/는, 의'와 같은 말은 앞말에 붙여 씁니다.

6 낱말과 낱말 사이는 띄어 쓰되, '이/가, 을/를, 은/는, 의'와 같은 말은 앞말에 붙여 씁니다.

7 자신이 경험한 일 가운데에서 특별히 기억에 남는 일을 써야 합니다.

8 고쳐쓰기를 한다고 모르는 낱말의 뜻을 짐작할 수 있는 것은 아닙니다.

9 (1)은 '물'을 달라고 요청하는 상황이므로 '물 좀 줘.'가 알맞습니다. (2)는 해가 진 뒤의 밤이 아닌 '밤나무'를 심자는 상황이므로 '오늘 밤나무를 심자.'가 알맞습니다.

**오답 피하기**
② 채소인 '나물'을 달라는 뜻이 됩니다.
③ 여자아이가 상상하는 '밤나무'가 아닌 해가 져서 깜깜한 밤에 나무를 심자는 뜻이 됩니다.

10 우리 반 소식지는 반 친구들이 만들고 보는 것이므로 어려운 표현보다는 쉽고 재미있는 표현을 사용했는지 살펴보는 것이 알맞습니다.

## 단원 평가 2회 16~17쪽

1 예 말할 내용이 바로 떠오르지 않는다.
2 (1) 어디 (2) 생각 3 ㉢
4 ③
5 (1) 쉼표(,) 뒤에 오는 말을 붙여 썼다. 등
(2) •㉠: "아이고, 배야." / •㉡: "누나, 나 아파."
6 ② 7 영미, 혜주 8 ⑤
9 ① 10 ①, ⑤

1 이밖에도 말할 내용이 정리가 되지 않는다는 어려움이 있습니다.

2 경험한 일로 글을 쓸 때에는 언제, 어디에서, 누구와 있었던 일인지, 자신의 생각이나 느낌은 어땠는지 정리합니다.

3 동생이 아팠던 일을 글로 쓴다면 동생이 아파한 과정보다는 그때 들었던 자신의 생각이나 느낌을 쓰는 것이 알맞습니다.

4 '나'는 아픈 동생이 걱정되어 마음이 아팠고, 동생이 빨리 낫기를 바라고 있습니다.

5 쉼표(,) 뒤에 오는 말은 띄어 씁니다.

**채점 기준** 쉼표(,) 뒤에 오는 말을 붙여 쓴 것이 잘못한 점이라고 쓰고, ㉠, ㉡에서 각각 쉼표(,) 뒤에 오는 말을 띄어 썼으면 정답으로 합니다.

6 낱말과 낱말 사이는 띄어 쓰되, '이/가, 을/를, 은/는, 의'와 같은 말은 앞말에 붙여 씁니다.

**오답 피하기**
① 하늘이∨맑고∨푸르다.
③ 책을∨읽으면∨지식이∨쌓인다.
④ 우정은∨예쁘게∨가꿀수록∨좋다.
⑤ 나는∨한∨가지∨아이스크림을∨골랐다.

7 제목은 글에서 자신이 가장 하고 싶은 말이 무엇인지, 어떤 마음을 표현하고 싶은지 생각해서 정해야 합니다.

8 이 글에는 글쓴이의 생각이나 느낌은 나타나 있지 않습니다.

9 글을 무조건 길게 쓴다고 좋은 것은 아닙니다.

10 우리 반 소식지를 만드는 것이므로 반 친구들과 함께 경험한 일을 써야 합니다.

## 서술형 평가 18쪽

1 예 친구와 놀이터에서 재미있게 놀았던 일
2 예 동생 주혁이가 아팠다.
3 예 수를 나타내는 말과 단위를 나타내는 말 사이는 띄어 쓰기 때문이다.
4 예 전하고자 하는 뜻을 정확히 전할 수 있다. / 글을 읽는 사람이 편하게 읽을 수 있다.
5 예 과수원에서 사과를 땄을 때 어떤 생각이나 느낌이 들었는지 쓴다.

**1** 하루 동안 겪은 일 가운데에서 인상적인 일을 골라 글로 쓸 수 있습니다.

| 채점 기준 | 점수 |
|---|---|
| 자신이 하루 동안 겪은 일 가운데에서 글로 쓰고 싶은 일을 알맞게 쓴 경우 | 6점 |

**2** '나'는 자신이 경험한 일 가운데에서 동생이 아팠던 일을 골라 이 글을 썼습니다.

| 채점 기준 | 점수 |
|---|---|
| 동생이 아팠다는 내용을 쓴 경우 | 6점 |

**3** 수를 나타내는 말과 단위를 나타내는 말 사이는 띄어 쓰므로, '두 번째'와 같이 띄어 씁니다.

| 채점 기준 | 점수 |
|---|---|
| '두 번째'라고 띄어 쓰는 까닭을 알맞게 쓴 경우 | 6점 |

**4** 띄어쓰기를 바르게 하면 뜻을 정확히 전할 수 있고, 읽는 사람도 편하게 읽을 수 있습니다.

| 채점 기준 | 점수 |
|---|---|
| 띄어쓰기를 바르게 했을 때의 좋은 점을 알맞게 쓴 경우 | 6점 |

**5** 이 글에는 무슨 일이 있었는지는 구체적으로 나타나 있지만, 그때의 생각이나 느낌이 나타나 있지 않습니다. 따라서 '사과를 직접 따 본 것은 처음이라 신기하고 재미있었다.'와 같은 내용을 넣어서 고치는 것이 좋습니다.

| 채점 기준 | 점수 |
|---|---|
| 인상 깊은 일로 쓴 글을 점검하는 기준을 떠올려 내용과 표현 면에서 부족한 점을 찾아 알맞게 쓴 경우 | 6점 |

**보충 자료 자신이 쓴 글을 고쳐 쓸 때 확인할 점**
- 경험한 일을 자세히 썼는지 확인합니다.
- 띄어쓰기를 바르게 했는지 확인합니다.

## 수행 평가 19쪽

1 (1) 예 지난 여름 방학 때 (2) 예 한라산에서
(3) 예 가족들과
(4) 예 한라산 정상까지 등산을 했다.
(5) 예 다리가 아프고 힘들었지만 기분이 좋았다.
(6) 예 힘든 일을 참고 해냈다는 느낌이 들어서 마음이 뿌듯했다.
2 예시 답안 참고

**1** 자신이 경험한 일 가운데에서 인상 깊은 일을 떠올리고 구체적으로 정리하여 표에 씁니다.

| 채점 기준 | 점수 |
|---|---|
| (1)~(6)의 내용을 모두 알맞게 쓴 경우 | 10점 |

**2** 문제 1번에서 답한 내용을 바탕으로 인상 깊은 일을 글로 씁니다.

**예시 답안** 예 걸어서 한라산 정상까지

지난 여름 방학 때 우리 가족은 제주도로 여행을 갔다. 이번 여행은 온 가족이 한라산 정상까지 오르는 것이 목표였다. 어머니께서 한라산은 남한에서 가장 높은 산이라고 하셨다. 그렇게 높은 산을 내가 올라갈 수 있을지 걱정이었다. 그렇지만 가족이 함께 하는 것이어서 용기를 냈다.

산에 오르는 날 아침, 우리는 가방에 물과 간단한 음식을 챙긴 뒤 숙소에서 나왔다. 한라산 입구에 도착하여 정상을 향해 오르는데 걱정했던 것보다 산길이 많이 가파르지 않아서 걷기가 괜찮았다. 힘들면 쉬어 가고, 힘이 나면 열심히 걸어 올라갔다. 그렇게 우리 가족은 서로 밀어 주고 끌어 주며 정상을 향해 힘을 내어 걸어갔다.

드디어 한라산 정상의 백록담에 도착했다. 커다란 화산 분화구가 신기하고도 아름다웠다. 우리 가족은 백록담을 배경으로 사진을 찍고 상쾌한 바람을 맞으며 한참 동안 쉬었다. 이렇게 높은 산을 내 두 다리로 걸어서 올랐다는 사실이 뿌듯했다. 힘든 일도 참고 견디면 꼭 성공할 수 있겠다는 자신감도 생겼다. 한라산 등반은 나에게 참 좋은 경험이었다.

| 채점 기준 | 점수 |
|---|---|
| 문제 1번에서 정리한 내용을 바탕으로 완성도 있게 한 편의 글을 쓴 경우 | 20점 |

# 4. 감동을 나타내요

## 단원 평가 1회 20~21쪽

1 ④ 2 ② 3 모양
4 예 팩 토라져 고개를 돌린 앵두나무의 모습이 떠오른다. / 따끔따끔한 가시를 만지는 느낌이 든다.
5 ⑤ 6 투명 인간 7 ⑤
8 ⑤
9 예 투명 인간은 눈에 보이지 않는데, 아저씨에게는 에밀이 눈에 보이지 않기 때문이다.
10 예 씽씽 / 쌩쌩

**1** 사과의 모양이나 맛, 만졌을 때의 느낌 등을 떠올렸을 때 '꼬불꼬불'은 어울리지 않습니다.

**2** 감기약을 먹고 몸이 무거워진 것을 거북이가 들어왔다고 표현했습니다.

**3** '느릿느릿'은 동작이 빠르지 못하고 매우 느린 모양을, '까무룩'은 정신이 갑자기 흐려지는 모양을 흉내 내는 말입니다.

**4** 감각적 표현을 생각하며 노랫말을 소리 내어 읽어 보고 어떤 장면이 떠오르는지, 어떤 느낌이 드는지 씁니다.

**5** 이 시의 말하는 이는 발가락이 모래밭을 파고들어서 모래가 움직인 것을 지구가 움직여서 대답한 것이라고 생각했습니다.

**6** 에밀은 투명 인간 책을 읽으며 투명 인간처럼 되고 싶다고 생각했습니다.

**7** 피아노 음이 맞지 않자 피아노 조율사인 블링크 아저씨가 에밀네 집에 찾아왔습니다.

**8** 아저씨는 태어날 때부터 앞을 보지 못했지만 대신 다른 감각들이 아주 발달되어 있어서 에밀이 온 것을 알 수 있었습니다.

**9** 눈이 보이지 않는 아저씨에게는 모든 사람들이 투명 인간과도 같을 것입니다.

> **채점 기준** 아저씨에게 에밀이 투명 인간과 같은 이유를 알맞게 썼으면 정답으로 합니다.

**10** 자전거가 달리는 모습을 어떤 소리나 모양을 흉내 내는 말로 표현할 수 있을지 생각해 봅니다.

## 단원 평가 2회 22~23쪽

1 (1) ○ 2 ④ 3 낫, 머리빗
4 ③
5 발가락 옴지락거려 / 두더지처럼 파고들었다. 등
6 ①, ④
7 예 이야기 속 인물을 한 명 정하여 편지를 쓴다.
8 ⑤ 9 블링크 아저씨
10 하늘 나라 아이들이 운동장으로 뛰쳐나가는 소리 등

**1** 제시된 감각적 표현은 곰 인형을 표현하기에 어울리는 말들입니다.

> **오답 피하기**
> (2) '사과'에 어울리는 감각적 표현에는 '동글동글, 와삭, 아삭아삭' 등이 있습니다.
> (3) '귤'에 어울리는 감각적 표현에는 '말랑말랑, 새콤달콤' 등이 있습니다.

**2** 감기에 걸려 몸이 떨리는 것을 '몹시 추운 사람이 들어왔다.'라고 표현했습니다.

**3** 초승달은 풀 베는 아저씨 낫과 어여쁜 언니 머리빗이 되겠다고 했습니다.

**4** 이 시의 말하는 이는 강가 고운 모래밭에 발을 대 보고 있습니다.

**5** 이밖에 지구가 굼질굼질 움직인다고 한 것도 감각적 표현입니다.

**6** '나'와 아저씨는 각자 자기 방식으로 색깔과 그에 대한 느낌을 상대방에게 알려 주는 놀이를 했습니다.

**7** 이밖에 이야기를 소개하는 책 표지나 인물 책갈피 만들기, 노랫말로 감동 표현하기, 이야기를 읽고 떠오른 생각을 네 컷 만화로 그리기 등의 방법이 있습니다.

**8** 에밀은 블링크 아저씨를 위해 피아노 연습을 열심히 했고, 그 결과 피아노 실력이 늘었습니다.

**9** '내'가 본, 얼굴을 붕대로 칭칭 감은 투명 인간은 블링크 아저씨였습니다.

**10** 천둥소리를 하늘에 사는 아이들이 운동장으로 뛰쳐나가는 소리와 같다고 표현했습니다.

> **채점 기준** 하늘에 사는 아이들이 운동장으로 뛰쳐나가는 소리라고 썼으면 정답으로 합니다.

## 서술형 평가 24쪽

1 예 공처럼 둥그스름한 귤 / 맛이 새콤달콤한 귤
2 느릿느릿, / 거북이도 들어오고
3 예 넣고 읽을 때 더 재미있고 느낌이 생생하게 살아난다.
4 예 블링크 아저씨에게 색깔을 알려 드리려고
5 예 한여름 바다에서 물장구치는 소리 / 차가운 눈을 만졌을 때의 느낌
6 예 고슴도치처럼 따가운 밤송이

**1** 귤의 모양, 색깔, 맛, 냄새 등을 떠올리고 감각적으로 표현해 봅니다.

| 채점 기준 | 점수 |
| --- | --- |
| 귤을 떠올린 느낌을 감각적 표현을 넣어 알맞게 쓴 경우 | 5점 |

**2** 이 시의 말하는 이는 감기약을 먹고 몸이 무거워진 상태를 '(내 몸에) 거북이가 들어왔다'고 표현했습니다.

| 채점 기준 | 점수 |
| --- | --- |
| '느릿느릿, / 거북이도 들어오고' 부분을 찾아 바르게 쓴 경우 | 5점 |

**3** 감각적 표현을 사용하면 시가 더 재미있고, 생생한 느낌이 듭니다.

| 채점 기준 | 점수 |
| --- | --- |
| 감각적 표현을 넣고 읽을 때 더 재미있고 생생한 느낌이 든다고 쓴 경우 | 5점 |

**4** '나'는 블링크 아저씨에게 색깔을 알려 드리려고 색깔을 떠올리는 것을 찾아보았습니다.

| 채점 기준 | 점수 |
| --- | --- |
| '블링크 아저씨에게 색깔을 설명해 주려고 / 가르쳐 주려고'와 같이 쓴 경우 | 5점 |

**5** 색깔을 떠올리면 생각나는 맛이나 피부의 느낌, 냄새, 소리 등을 떠올려 보고 이를 감각적으로 표현해 봅니다.

| 채점 기준 | 점수 |
| --- | --- |
| 푸른색을 떠올리고 그 느낌에 어울리는 감각적 표현을 넣어 쓴 경우 | 5점 |

**6** 밤송이에 대한 느낌을 빗대어 표현하기에 어울리는 대상에는 '고슴도치, 바늘' 등이 있습니다.

| 채점 기준 | 점수 |
| --- | --- |
| 밤송이와 모양, 색깔, 소리, 냄새 따위에서 닮은 대상을 찾아 빗대어 표현한 경우 | 5점 |

## 수행 평가 25쪽

1 예 감기에 걸려 열이 나고 추운 상태이다. / 감기약을 먹어서 잠이 오고 몸이 무거운 상태이다.
2 (1) 예 '느릿느릿, / 거북이도 들어오고 / 까무룩, / 잠꾸러기도 들어왔다.'
(2) 예 감기약을 먹고 난 뒤에 몸이 무거워진 느낌과 잠이 오는 상태를 실감 나게 표현하기 위해서이다.
3 예 '불덩이가 들어왔다.'라는 표현이 열이 나는 몸 상태를 재미있게 나타내 준다. / '까무룩'이라는 표현이 감기약을 먹고 졸린 상태를 잘 나타내 준다. / 감기에 걸려 추운 상태를 '몹시 추운 사람도 들어왔다.'라고 표현한 것이 창의적이다.

**1** 이 시의 말하는 이는 감기에 걸려 열이 나고 추운 가운데, 감기약을 먹어서 잠이 오고 몸이 무거워진 상태입니다.

| 채점 기준 | 점수 |
| --- | --- |
| 말하는 이가 감기에 걸려 어떤 상태인지 구체적으로 쓴 경우 | 10점 |

**보충 자료** **'내' 몸에 불덩이가 들어왔다고 말한 까닭**

감기에 걸려 열이 많이 나는 상태를 불덩이가 들어왔다고 표현한 것입니다.

↓

"내 몸에 / 불덩이가 들어왔다."라고 감각적으로 표현하여 감기를 새롭게 느낄 수 있게 합니다.

**2** ㉠ 부분은 감기약을 먹은 뒤의 몸 상태를 재미있고 생생하게 표현한 부분입니다.

| 채점 기준 | 점수 |
| --- | --- |
| ㉠ 부분에서 감각적 표현을 찾아 바르게 쓰고, 그렇게 표현한 까닭을 알맞게 짐작하여 쓴 경우 | 10점 |
| ㉠ 부분에서 감각적 표현을 찾아 바르게 썼으나, 그렇게 표현한 까닭은 다소 부족하게 쓴 경우 | 5점 |

**3** 시에 나타난 감각적 표현을 읽고 어떤 생각이나 느낌이 들었는지 씁니다.

| 채점 기준 | 점수 |
| --- | --- |
| 시에 사용된 감각적 표현에 대한 자신의 생각이나 느낌을 알맞게 쓴 경우 | 10점 |
| 시에 사용된 감각적 표현에 대한 자신의 생각이나 느낌은 썼으나 다소 부족한 경우 | 5점 |

# 5. 바르게 대화해요

## 단원 평가 1회 26~27쪽

1 (1) ② (2) ① 2 ④
3 드시고 계세요 4 ⑤
5 ㉠, ㉡, ㉣
6 공공장소에서는 작은 목소리로 말해야 하는데 남자아이가 큰 목소리로 통화했기 때문이다. 등
7 ㉮ 8 ① 9 ④
10 ⑤

1 진수는 대화 ㉮에서 엄마께 높임 표현을 사용하지 않고 말하고 있고, 대화 ㉯에서는 가위를 빌려 달라는 친구의 부탁을 거절하고 있습니다.

2 다른 사람과 대화를 할 때에는 자신의 기분만 생각해서는 안 되고 상대의 기분을 생각하면서 말해야 합니다.

3 할아버지와 어머니는 웃어른이므로 높임 표현을 사용해서 말해야 합니다.

4 전화를 건 지원이가 자신이 누구인지를 밝히지 않았기 때문에 민지는 전화를 건 사람이 누구인지 알 수 없었습니다.

5 전화로 대화할 때에는 자신이 누구인지 반드시 밝혀야 합니다.

6 그림은 공공장소에서 큰 목소리로 통화를 하는 상황을 보여 주고 있습니다.

> **채점 기준** 공공장소에서 큰 목소리로 통화를 하고 있다는 내용을 썼으면 정답으로 합니다.

7 대화 ㉮는 대화 상대가 할머니이므로 높임 표현을 사용해야 하고, 대화 ㉯는 자신이 누구인지 먼저 밝힌 다음 하고 싶은 말을 해야 합니다.

8 훈이가 유치원생 같다고 놀렸기 때문에 강이는 속상한 표정을 짓는 것이 어울립니다.

9 운전자 아저씨에게 공손히 인사하는 것은 사고가 날 뻔하여 깜짝 놀란 상황에서 훈이가 할 수 있는 몸짓으로 어울리지 않습니다.

10 전화 대화 상황에서는 상대가 하는 말을 집중해서 들어야 합니다.

## 단원 평가 2회 28~29쪽

1 수정이가 준비물만 알려 준 뒤에 진수의 말을 더 듣지 않고 전화를 끊었기 때문이다. 등
2 ① 3 (1) ② (2) ①
4 책을 사러 서점에 갔습니다. 등
5 구체적 6 ⑤ 7 ③
8 ④ 9 (1) ○ 10 ㉯

1 그림에서 수정이는 진수의 말이 끝나기도 전에 전화를 끊어 버렸습니다.

> **채점 기준** 수정이가 진수의 말을 끝까지 듣지 않고 전화를 끊었기 때문이라는 내용을 썼으면 정답으로 합니다.

2 대화 상대가 친구인 경우와 선생님인 경우로 다르기 때문에 같은 고마운 마음을 나타내는 말이어도 다른 형태로 말해야 합니다.

3 대화 ㉮에서는 친구와 승민이가 대화를 하고 있고, 대화 ㉯에서는 선생님과 승민이가 대화를 하고 있습니다.

4 선생님께 말하는 상황이므로 높임 표현을 써서 말해야 합니다.

5 지원이는 물통을 들고 말하고 있지만 민지는 상황을 볼 수 없기 때문에 지원이가 말하는 미술 준비물이 무엇인지 이해하지 못했습니다.

> **정답 친해지기** **민지가 지원이의 말을 알아듣지 못한 까닭**
> 지원이는 물통을 들고 학교 앞 문구점에서 미술 준비물로 산 것이라고 말했지만, 전화 대화에서는 상황을 볼 수가 없기 때문에 민지가 지원이의 말을 알아듣지 못했습니다.

6 할머니께서는 세 시까지 공항에 데리러 오라는 말을 해야 하는데 유진이가 갑자기 전화를 끊어 버려서 당황하셨습니다.

7 전화로 대화할 때에는 상대가 하는 말을 끝까지 듣고 상대의 상황을 헤아려야 합니다.

8 친구가 사고가 날 수도 있는 다급한 상황이므로 타이르는 말투로 말하는 것은 어울리지 않습니다.

9 아들이 학교에서 발표를 잘해서 칭찬받았다는 내용을 듣고 어머니는 기뻤을 것입니다.

10 웃어른과 대화할 때에는 높임 표현을 써야 합니다.

## 서술형 평가 30쪽

1 예 엄마, 어제보다 많이 좋아졌어요. 내일은 학교에 갈 거예요.
2 예 공손한 태도로 대화하고 있다. / 할머니의 눈을 바라보며 대화하고 있다. / 할머니의 말씀을 잘 들으며 대화하고 있다. / 높임 표현을 사용해 말하고 있다.
3 전화를 건 사람이 자신이 누구인지를 밝혀야 한다. 등
4 상대의 상황을 헤아리고 상대의 말을 귀 기울여 듣는다. 등
5 (1) 예 놀라면서 당황하는 표정
(2) 예 친구를 말리려고 뛰어가며 잡으려는 몸짓
(3) 예 "안 돼!"라고 외치며 다급한 말투

1 대화할 때에는 대상에 따라 알맞은 표현을 사용해야 하므로, 엄마께는 높임 표현을 사용하는 것으로 고쳐 씁니다.

| 채점 기준 | 점수 |
|---|---|
| 높임 표현을 사용하여 진수의 말을 고쳐 쓴 경우 | 6점 |

2 승민이는 할머니께 높임 표현을 사용해 공손한 태도로 말하고 있습니다.

| 채점 기준 | 점수 |
|---|---|
| 제시된 답 중 한 가지 이상을 쓴 경우 | 6점 |

3 전화를 건 지원이가 자신이 누구인지 밝히지 않아 민지는 전화를 건 사람이 누구인지 몰랐습니다.

| 채점 기준 | 점수 |
|---|---|
| 전화를 건 사람이 누구인지를 밝혀야 한다는 내용을 쓴 경우 | 6점 |

4 정아의 말을 들으려 하지 않고 계속 자기 말만 하는 지수에게 필요한 전화 예절은 무엇일지 씁니다.

| 채점 기준 | 점수 |
|---|---|
| 상대의 상황을 헤아리고 상대의 말을 귀 기울여 들어야 한다는 내용을 쓴 경우 | 6점 |

**정답 친해지기 지수의 대화 살펴보기**

| | |
|---|---|
| 지수가 잘못한 점 | 전화를 받은 사람의 상황은 헤아리지 않고 계속 자신이 할 말만 했습니다. |
| 잘못된 부분을 바르게 고쳐서 말하기 | 상대의 상황을 헤아리고 상대의 말을 귀 기울여 들어야 합니다.<br>➡ "정아야, 미안해! 내 생각만 말했구나. 네 생각은 어때?" |

5 주어진 장면에서 인물의 마음이 어떨지 생각해 보고, 인물의 마음에 알맞은 표정, 몸짓, 말투를 써 봅니다.

| 채점 기준 | 점수 |
|---|---|
| (1)~(3)에 놀란 마음에 어울리는 표정, 몸짓, 말투를 모두 바르게 쓴 경우 | 6점 |
| (1)~(3) 중 두 가지를 바르게 쓴 경우 | 4점 |
| (1)~(3) 중 한 가지를 바르게 쓴 경우 | 2점 |

## 수행 평가 31쪽

1 (고맙습니다), 할머니께서 웃어른이므로 높임 표현을 사용해야 하기 때문이다. 등
2 (1) 예 사과주스는 사물이기 때문에 높임 표현을 사용할 수 없다.
(2) 나왔습니다. 등
3 이 책이 재미있습니다. 등

1 할머니께서 웃어른이므로 '고맙습니다'와 같은 높임 표현을 사용해 말해야 합니다.

| 채점 기준 | 점수 |
|---|---|
| 승민이가 할 말로 '고맙습니다'에 ○표를 하고, 할머니께서 웃어른이므로 높임 표현을 사용해야 한다는 내용을 쓴 경우 | 10점 |
| 승민이가 할 말과 그 표현을 고른 까닭 중 한 가지만 바르게 쓴 경우 | 5점 |

2 사물에 높임 표현을 사용하는 것은 올바른 언어 예절이 아닙니다.

| 채점 기준 | 점수 |
|---|---|
| (1)에는 사과주스가 사물이기 때문에 높임 표현을 쓸 수 없다는 내용을 썼고, (2)에는 '사과주스 나왔습니다.'와 같은 표현을 쓴 경우 | 10점 |
| (1)과 (2) 중에서 한 가지만 바르게 쓴 경우 | 5점 |

3 대화를 할 때에 상대가 누구인지를 고려해서 알맞은 높임 표현을 사용해야 합니다.

| 채점 기준 | 점수 |
|---|---|
| 높임 표현을 사용하여 '이 책이 재미있다'는 내용을 알려 주는 말을 쓴 경우 | 10점 |

**정답 친해지기 대화 가와 나 살펴보기**

| 대화 | 대화 상대 | 사용해야 하는 표현 |
|---|---|---|
| 가 | 친구 | 높임 표현을 사용하지 않습니다. |
| 나 | 선생님 | 높임 표현을 사용해서 말해야 합니다. |

평가 교재

# 6. 마음을 담아 글을 써요

## 단원 평가 1회 32~33쪽

1 ④ 2 ㉠
3 ㉢, ㉠, ㉡, ㉣
4 (1) ② (2) ③ (3) ④ (4) ①
5 행복한 마음 등 6 ⑤
7 ③, ⑤ 8 ⑤
9 주은이가 말로는 사과한다고 했지만 표정이나 분위기, 말한 내용이나 행동이 사과하는 것처럼 느껴지지 않았기 때문이다. 등
10 (1) ○

**1** 약속 시간에 늦어서 뛰어가는 상황에서는 친구에게 미안한 마음을 느낄 수 있습니다.

**2** 약속 시간에 늦은 미안한 마음을 전할 수 있는 말을 찾습니다.

**3** 그림 ❶~❹에 알맞게 규리가 한 일이나 겪은 일을 차례대로 나열해 봅니다.

**4** 규리가 한 일이나 겪은 일에서 규리의 마음이 어땠을지 생각해 봅니다.

**5** 생일 초대장을 받고 행복해하는 장면입니다.

> **정답 친해지기**
> "야호, 신난다!"라는 인물의 말과 폴짝 뛰는 인물의 행동으로 보아, 생일 초대장을 받고 행복해하는 것을 알 수 있습니다.

**6** 기찬이는 운동에 자신이 없는데 운동회가 다가오자 심술이 났습니다.

**7** 기찬이는 운동을 잘 못해서 속상하고, 친구들에게 사과할 말이 떠오르지 않아 당황했을 것입니다.

**8** 주은이가 원호에게 예의 없는 말과 행동을 하자 원호가 화를 냈습니다.

**9** 주어진 장면에서 주은이가 하는 말과 표정 등을 볼 때, 사과를 받는 원호의 마음이 어떨지 생각해 봅니다.

> **채점 기준** 주은이가 말할 때의 표정이나 분위기, 말한 내용, 행동 등이 사과하는 것처럼 느껴지지 않았기 때문이라는 내용을 썼으면 정답으로 합니다.

**10** 마음을 전하는 글을 쓸 때에는 상대에게 하고 싶은 말을 부드럽게 써야 합니다.

## 단원 평가 2회 34~35쪽

1 (1) 고맙습니다. 등 (2) 빨리 나아야 해. 등
2 (2) ○ (3) ○
3 (1) 걱정스러운 마음 등 (2) 자랑스러운 마음 등
4 ①, ③
5 기찬이는 달리기를 잘하지 못해서 마음이 무거웠을 것이다. 등
6 ② 7 ㉠, ㉢, ㉣ 8 ④
9 (1) ㉣ (2) ㉠ 10 선미

**1** (1)은 이웃집 아주머니께서 주시는 음식을 고마운 마음으로 받는 상황이고, (2)는 아픈 친구를 걱정하는 상황입니다.

**2** 하고 싶은 말이 있어도 상대의 기분을 생각하여 말해야 하고, 특히 화가 났을 때에는 하고 싶은 말을 잠깐 멈추는 것이 좋습니다.

**3** 그림 ㉮에서 규리는 발표할 때 실수할까 봐 걱정스러운 마음이 들었을 것이고, 그림 ㉯에서는 짝에게 리코더 연주 방법을 가르쳐 주었으므로 자랑스러운 마음이 들었을 것입니다.

**4** 기찬이는 '이어달리기'가 쓰인 쪽지를 뽑았고, 운동회 날 이를 악물고 뛰었습니다.

**5** 기찬이는 제비뽑기에서 '이어달리기'가 쓰인 쪽지를 뽑고 울상이 되었으므로, 달리기를 잘하지 못하는 기찬이는 마음이 무거웠을 것입니다.

> **채점 기준** 마음이 무거웠을 것이라는 내용이 들어가게 썼으면 정답으로 합니다.

**6** 기찬이는 친구들이 자신을 응원하지 않았고 열심히 뛰어도 뒤처지기만 하여서 속상한 마음이 들었을 것입니다.

**7** 주은이는 원호에게 사과하는 쪽지를 쓰는 것이므로 원호를 다른 친구와 비교하는 내용을 쓰는 것은 옳지 않습니다.

**8** 친구에게 전하고 싶은 마음을 장난처럼 나타내지 않아야 합니다.

**9** 같은 내용이지만 다른 사람의 마음을 헤아리며 자신의 마음을 전한 표현을 찾습니다.

**10** 친구들과 주위 사람들에게 고마운 마음이나 존경하는 마음, 미안한 마음을 전한 친구는 선미입니다.

## 서술형 평가 36쪽

**1** 예 괜찮니? / 다친 데는 없니? / 넘어져서 아프겠다. / 많이 아프면 내가 가방을 들어 줄게.

**2** (1) 더 자고 싶은데 억지로 일어나서 속상했을 것이다. 등

(2) 수호네 강아지를 만나 하얀 털을 쓰다듬어 주면서 행복했을 것이다. 등

**3** 예 글 가, 규리야, 나도 아침에 더 자고 싶은데 억지로 일어나면 짜증나고 속상한데, 너도 그랬구나.

**4** (1) 예 흥분되고 기쁜 마음

(2) 예 어리둥절한 마음, 최선을 다하고 싶은 마음

**5** 예 어떤 일을 사과하고 싶은지 쓴다. / 자신의 감정을 솔직하게 쓴다.

**1** 달리기를 하다 넘어진 친구에게 해 줄 수 있는 말을 써 봅니다.

| 채점 기준 | 점수 |
|---|---|
| 넘어져서 아픈 친구를 진심으로 걱정하는 말을 쓴 경우 | 6점 |

**2** 글을 읽고 규리가 한 일이나 겪은 일을 쓰고, 그때 규리의 마음이 어땠을지 생각해서 써 봅니다.

| 채점 기준 | 점수 |
|---|---|
| (1)에는 억지로 일어났다는 내용과 속상한 마음이 들었을 것이라는 내용을 썼고, (2)에는 강아지 털을 쓰다듬었다는 내용과 행복한 마음이 들었을 것이라는 내용을 쓴 경우 | 6점 |
| (1)과 (2) 중 한 가지를 바르게 쓴 경우 | 3점 |

**정답 친해지기** 글 가와 나의 규리의 마음

글 가: 속상한 마음 | 글 나: 행복한 마음

**3** 규리와 비슷한 경험을 떠올리고 그때의 마음을 써 봅니다.

| 채점 기준 | 점수 |
|---|---|
| 글 가와 나 중 한 가지를 골라 비슷한 경험을 떠올려 쓴 경우 | 6점 |

**4** 기찬이가 이기고 있는 줄 착각하여 열심히 응원하는 친구들의 마음을 헤아려 보고, 갑자기 친구들의 응원을 받게 된 기찬이는 어떤 마음이 들었을지 생각해서 써 봅니다.

| 채점 기준 | 점수 |
|---|---|
| (1)에는 흥분되고 기쁜 마음과 비슷한 마음을 썼고, (2)에는 어리둥절하지만 최선을 다하고 싶다는 마음을 쓴 경우 | 6점 |
| (1)과 (2) 중 한 가지를 바르게 쓴 경우 | 3점 |

**5** 사과하는 쪽지에는 어떤 내용들을 써야 할지 생각해 봅니다.

| 채점 기준 | 점수 |
|---|---|
| '어떤 일이 있었는지 쓴다.', '자신의 감정을 솔직하게 쓴다.', '앞으로 바라는 점이 무엇인지 쓴다.' 중에서 한 가지를 썼으면 정답으로 합니다. | 6점 |

## 수행 평가 37쪽

**1** (1) 예 주은이가 예의 없는 말과 행동을 해서 화가 많이 났을 것이다.

(2) 예 자신이 원호에게 잘못한 것 같아 미안했을 것이다.

**2** 예 원호야, 안녕. 나 주은이야.

교실에서 활동할 때 네게 예의 없이 행동하고서는 제대로 사과하지 못했어. 그리고 사과할 때 툭툭 치면서 말해서 많이 기분 나빴지?

미안한 마음에 네게 미안하다는 말을 하려고 했는데, 쑥스러운 마음이 많이 들어서 그런 행동을 했나 봐. 미안해.

예의 있게 행동하고 용기를 내서 제대로 사과할게. 앞으로 친하게 지내자.

**1** 각 장면에 나타난 인물들의 마음을 파악하여 씁니다.

| 채점 기준 | 점수 |
|---|---|
| (1)에는 화가 난 마음과 비슷한 마음을 썼고, (2)에는 미안한 마음과 비슷한 마음을 쓴 경우 | 10점 |
| (1)과 (2) 중 한 가지를 바르게 쓴 경우 | 5점 |

**2** 원호의 마음을 헤아리며 주은이의 마음을 전하는 내용을 씁니다.

| 채점 기준 | 점수 |
|---|---|
| 어떤 일이 있었고, 자신의 감정은 어떠하며 앞으로 바라는 점은 무엇인지 잘 드러나게 쓴 경우 | 20점 |
| 사과하는 쪽지에 들어갈 내용 중에서 빠진 내용이 있는 경우 | 10점 |

# 7. 글을 읽고 소개해요

## 단원 평가 1회 38~39쪽

1 앉아서 하는 피구 2 ③
3 예 캐나다에서 많이 자라는 설탕단풍 나무의 잎이 국기에 그려져 있기 때문이다.
4 경훈 5 ③ 6 (1) ② (2) ①
7 독서 감상문 8 까닭 9 ④
10 ③

**1** 이 글은 '앉아서 하는 피구' 놀이에 대하여 소개하는 글입니다.

**2** 굴린 공이 벽에 닿기 전에 잡으면 공에 맞은 것과 똑같이 밖으로 나가야 합니다. 굴린 공이 아무도 맞히지 못하고 벽에 닿아야지 수비하던 친구가 공격할 기회를 얻습니다.

**정답 친해지기** 글을 읽고 친구에게 소개하면 좋은 점
- 친구에게 새로운 지식을 알려 줄 수 있습니다.
- 새로운 사실을 알려 줄 수 있습니다.
- 소개하면서 친구와 많은 이야기를 나눌 수 있습니다.
- 읽은 글의 내용을 잘 정리할 수 있습니다.
- 자신이 관심 있는 분야를 더 다양하게 생각할 수 있습니다.

**3** 캐나다 국기에 캐나다에서 많이 자라는 설탕단풍 나무의 단풍잎을 그려 넣었기 때문에 자연을 담은 것이라고 한 것입니다.

**채점 기준** 캐나다 국기에 캐나다의 자연을 그렸기 때문이라는 내용을 썼으면 정답으로 합니다.

**4** 이 글에서는 캐나다 국기에 대해 설명하고 있는데 경훈이는 캐나다 사람들이 만들어 먹는 메이플시럽에 대해 말하고 있습니다.

**5** 책을 읽고 감동 받은 부분을 그림으로 그려 소개하려면 다른 친구들도 쉽게 알아볼 수 있게 표현하여야 합니다.

**6** 각각의 그림에 알맞은 영롱이의 경험을 생각해 선으로 이어 봅니다.

**7** 책을 읽은 뒤에 책을 읽게 된 까닭, 책 내용, 인상 깊은 부분, 책을 읽은 뒤에 든 생각이나 느낌 등을 쓴 글을 '독서 감상문'이라고 합니다.

**8** ㉠에는 책을 읽게 된 까닭이 나타나 있습니다.

**9** 『바위나리와 아기별』이라는 책을 읽었다는 내용은, 읽은 책의 제목을 소개하는 부분입니다.

**10** 독서 감상문을 쓸 때에는 중요한 내용이나 사건을 골라 씁니다.

## 단원 평가 2회 40~41쪽

1 ㉠, ㉡, ㉣ 2 (2) × 3 1949년
4 (1) ③ (2) ① (3) ②
5 책에서 가장 인상 깊은 부분
6 ②, ⑤ 7 ④
8 예 나뭇잎 모양으로 책 나무 환경판을 만들어 꾸밀 것이다.
9 (1) ③ (2) ① (3) ② (4) ④
10 (1) ○ (2) ○

**1** 이 글에서는 놀이 이름과 준비할 내용, 놀이 규칙을 소개하고 있습니다.

**2** 글을 읽고 친구에게 소개한다고 친구의 좋지 않은 습관을 알 수는 없습니다.

**3** 1949년에 지금의 태극기 모습으로 정해졌다고 하였습니다.

**4** 태극기에 담긴 의미에 맞게 선으로 이어 봅니다.

**5** 책에서 가장 인상 깊은 부분에 대해 친구들 앞에서 소개하고 있습니다.

**보충 자료** '책 보여 주며 말하기'로 책을 소개하는 방법
- 책 표지를 보여 주며 제목을 말하고 책 앞표지나 뒤표지에 있는 글과 그림을 소개합니다.
- 책 내용 가운데에서 친구들에게 소개하고 싶은 부분을 말합니다.
- 가장 인상 깊은 부분과 그 까닭을 말합니다.

**6** 이 글에는 인상 깊은 부분과 책을 읽은 뒤에 든 생각이나 느낌이 나와 있습니다.

**7** ④는 책 내용을 이야기한 부분입니다.

**8** 독서 감상문으로 교실을 꾸미는 방법을 생각합니다.

**채점 기준** 독서 감상문으로 교실을 꾸밀 수 있는 방법을 알맞게 썼으면 정답으로 합니다.

9 글 ㉮~㉱의 내용에 맞는 독서 감상문의 특징을 선으로 이어 봅니다.

10 책 제목, 책을 읽게 된 까닭, 책 내용, 인상 깊은 부분, 생각이나 느낌 등을 쓰면 됩니다.

## 서술형 평가 42쪽

1 (1) 앉아서 하는 피구
(2) 교실에 있는 책상을 모두 뒤로 밀어 가로로 긴 네모 모양으로 피구장을 만들고 학급 친구 전체를 두 편으로 나눈다. 등
(3) 공을 굴리는 사람이나 피하는 사람 모두 앉은 자세로 해야 한다. 앉은 자세에서 무릎을 한쪽이라도 펴서 일어나는 자세가 되면 누구든 피구장 밖으로 나간다. 등

2 예 스무고개 놀이, 한 사람이 낱말을 하나 생각하고 있으면 친구들이 질문을 해서 그 낱말이 무엇인지 알아맞히는 놀이로, 질문은 스무 개까지만 할 수 있다.

3 예 소개하면서 친구와 많은 이야기를 나눌 수 있다. / 새로운 사실을 알려 줄 수 있다. / 읽은 글의 내용을 잘 정리할 수 있다.

4 (1) 예 『온 세상 국기가 펄럭펄럭』이라는 책의 제목을 소개하고 있다.
(2) 예 책의 내용을 소개하고 있다.
(3) 예 인상 깊은 부분을 소개하고 있다.
(4) 예 인상 깊은 부분에 대한 까닭을 말하고 있다.

5 예 글 ㉮는 책을 읽게 된 까닭이고, 글 ㉯는 인상 깊은 부분이다.

1 글에서 소개하는 놀이의 이름과 준비할 내용, 규칙을 정리하여 써 봅니다.

| 채점 기준 | 점수 |
|---|---|
| (1)에 놀이 이름, (2)에 준비할 내용, (3)에 놀이 규칙을 알맞게 쓴 경우 | 6점 |
| (1)~(3) 중 두 가지만 알맞게 쓴 경우 | 3점 |

2 자신이 잘 알고 있는 놀이의 이름과 규칙 등을 써 봅니다.

| 채점 기준 | 점수 |
|---|---|
| 자신이 알고 있는 놀이와 그 놀이 방법을 알맞게 쓴 경우 | 6점 |

3 글을 읽고 친구에게 소개하면 좋은 점을 써 봅니다.

| 채점 기준 | 점수 |
|---|---|
| '친구에게 새로운 지식을 알려 줄 수 있다.', '새로운 사실을 알려 줄 수 있다.', '소개하면서 친구와 더 많은 이야기를 나눌 수 있다.' 등 글을 읽고 친구에게 소개하면 좋은 점을 알맞게 쓴 경우 | 6점 |

4 소개하고 있는 내용을 정리해 봅니다.

| 채점 기준 | 점수 |
|---|---|
| (1)에 책 제목, (2)에 책 내용, (3)에 인상 깊은 부분, (4)에 인상 깊은 부분에 대한 까닭을 알맞게 쓴 경우 | 6점 |
| (1)~(4) 중 두 가지 이상 알맞게 쓴 경우 | 3점 |

5 글 ㉮에는 책을 읽게 된 까닭이, 글 ㉯에는 인상 깊은 부분이 나와 있습니다.

| 채점 기준 | 점수 |
|---|---|
| 글 ㉮는 책을 읽게 된 까닭, 글 ㉯는 인상 깊은 부분이라는 독서 감상문의 특징을 쓴 경우 | 6점 |

## 수행 평가 43쪽

1 『바위나리와 아기별』

2 (1) ② (2) ① (3) ④ (4) ③

3 예 학교에서 『가방 들어 주는 아이』라는 책을 읽었다. 이 책은 친구들을 배려하는 마음을 느껴 보라는 뜻으로 선생님께서 추천해 주신 것이다.

영택이는 다리가 불편해서 목발을 짚고 다니는 아이이다. 석우는 우연히 영택이의 가방을 들어 주는 일을 맡게 된다. 그런데 매일 영택이의 가방을 들어 주는 일이 무척 힘들고 하기 싫을 때도 있었다. 그렇지만 석우는 영택이와 차츰 친해지면서 기쁜 마음으로 영택이의 가방을 들어 주는 친구가 되었다.

이 책의 마지막 부분에 새 학년에 올라가 서로 다른 반이 된 영택이와 석우의 이야기가 나온다. 반이 달라도 등굣길에 영택이의 집으로 가서 가방을 들어 주는 석우가 가장 기억에 남는다. 왜냐하면 친구를 아껴 주는 마음이 느껴졌기 때문이다.

이 책을 읽고 친구들 사이에 서로 아껴 주며 도와주는 일이 얼마나 좋은 일인지 깨달았다. 나도 영택이처럼 몸이 불편한 친구에게 먼저 다가가서 도와줄 것이다. 그리고 영택이와 석우처럼 서로 아껴 주는 친구가 나에게도 있었으면 좋겠다.

1 글쓴이는『바위나리와 아기별』이라는 책을 읽었습니다.

| 채점 기준 | 점수 |
|---|---|
| 『바위나리와 아기별』이라는 책 제목을 쓴 경우 | 10점 |

2 독서 감상문을 쓸 때에는 책을 읽게 된 까닭, 책 내용, 인상 깊은 부분, 책을 읽은 뒤에 든 생각이나 느낌을 씁니다.

| 채점 기준 | 점수 |
|---|---|
| (1)을 읽게 된 까닭, (2)를 책 내용, (3)을 인상 깊은 부분, (4)를 생각이나 느낌에 알맞게 선을 이은 경우 | 10점 |
| (1)~(4) 중 두 가지 이상 알맞게 이은 경우 | 5점 |

3 읽은 책 중에서 한 권을 골라 책을 읽게 된 까닭, 책 내용, 인상 깊은 부분, 생각이나 느낌 등을 정리해 씁니다.

| 채점 기준 | 점수 |
|---|---|
| '책을 읽게 된 까닭', '책 내용', '인상 깊은 부분', '책을 읽고 든 생각이나 느낌' 등을 넣어 독서 감상문을 쓴 경우 | 10점 |

# 8. 글의 흐름을 생각해요

## 단원 평가 1회 44~45쪽

1 '커졌다 작아졌다' 마법 열매를 먹어서
2 그날 밤
3 ②
4 (1) 두 번째 등 (2) 세 번째 등
5 예슬
6 ②
7 ㉢, ㉡, ㉠
8 ①, ④
9 (1) 예 방송국
(2) 예 아나운서가 되어 뉴스를 전하고 싶다.
10 ③

1 베짱이는 할아버지가 '커졌다 작아졌다' 마법 열매를 먹어서 몸이 작게 줄어든 것이라고 말해 주었습니다.

2 '그날 밤'이 시간을 나타내는 말입니다.

3 제시된 글에서는 장소 변화를 알 수 없습니다.

4 '첫 번째' 다음에는 일 차례를 나타내는 '두 번째', '세 번째'가 나와야 합니다.

5 일하는 방법에 따라 내용을 파악하는 방법으로 바른 것을 찾습니다.

6 이 글은 여행한 장소 변화에 따라 쓴 글이므로, 장소 변화에 주의하며 간추려야 합니다.

7 글쓴이는 '고인돌 박물관 → 동림 저수지 → 선운사'로 장소를 이동하였습니다.

8 글쓴이는 소방관 체험을 해 보니 적성에도 잘 맞고 보람도 있어서 미래에 소방관이 되어도 좋겠다고 생각했습니다.

9 글쓴이처럼 직업 체험관에 견학을 가게 된다면 어떤 체험과 활동을 하고 싶은지 써 봅니다.

**채점 기준** (1)에 자신이 체험하고 싶은 곳을 쓰고, (2)에 (1)에서 답한 장소에 어울리는 활동을 썼으면 정답으로 합니다.

10 한지 만드는 방법은 일 차례가 중요하므로 일 차례대로 설명해야 합니다.

## 단원 평가 2회 46~47쪽

1 (1) 2 (2) 3 (3) 1 (4) 4
2 예 베짱이가 베를 얼마나 잘 짜는지를 시로 표현하였을 것 같다.
3 감기약
4 선미
5 (2) ○
6 ③
7 ③
8 ②
9 이튿날 아침
10 ②

1 '베짱이가 베를 짜는 장면 → 할아버지가 베를 들고 쥐를 찾아가는 장면 → 할아버지가 본래 크기로 돌아오는 장면 → 할아버지가 아이들에게 이야기를 들려주는 장면'의 차례입니다.

2 이 글에서 베짱이가 어떤 인물이었는지 생각하여, 할아버지가 쓴 시의 내용을 짐작해 봅니다.

**채점 기준** 베짱이가 베를 잘 짠다는 내용으로 시를 썼을 것이라는 내용을 썼으면 정답으로 합니다.

3 이 글에서는 감기약을 먹는 방법에 대해 설명하고 있습니다.

4 이 글은 차례가 정해져 있지 않은 글이므로, 차례를 지켜서 내용을 간추리지 않아도 됩니다.

5 이 글은 동물원에서 간 곳을 장소 변화에 따라 쓴 글입니다.

6 장소 변화에 따라 쓸 수 있는 내용으로 알맞은 것은 '주말에 다녀온 곳'입니다.

7 글쓴이는 선생님 말씀을 들으며 앞으로도 직업의 세계에 관심을 두어야겠다고 생각했습니다.

8 시간을 나타내는 말을 찾아봅니다.

9 '이튿날 아침'은 시간을 알 수 있는 표현입니다.

10 이 글은 괴산 지역 이름이 '고구려 → 신라 → 고려 → 조선'과 같이 시간에 따라 달라졌음을 소개하고 있습니다.

## 서술형 평가 48쪽

1 (1) ㉰, ㉱, ㉮, ㉯, ㉲
(2) 예 '첫 번째', '두 번째'와 같이 차례를 나타내는 말에 따라 정리하였다.
2 예 차례를 나타내는 말과 차례와 관련된 중요한 내용을 파악하여 간추린다.
3 예 장소 변화에 따라 간추려야 한다.
4 (1) 열한 시
(2) 크림빵과 각자 싸 온 점심을 먹으며 다른 모둠 친구들과 이야기를 나누었다.
5 예 가족 여행을 간 경험

1 일 차례를 나타내는 말을 사용하여 정리해 봅니다.

| 채점 기준 | 점수 |
|---|---|
| (1)에 글의 차례를 나타내는 문단의 기호를 알맞게 쓰고, (2)에 차례를 나타내는 말에 따라 정리하였다는 내용을 쓴 경우 | 6점 |
| (1), (2) 중 한 가지만 알맞게 쓴 경우 | 3점 |

2 물건을 만드는 차례를 알려 주는 글이므로 차례를 나타내는 말과 차례와 관련된 중요한 내용을 간추려야 합니다.

| 채점 기준 | 점수 |
|---|---|
| 차례를 나타내는 말을 찾아 차례와 관련된 중요한 내용을 파악하여 간추려 써야 한다는 내용을 쓴 경우 | 6점 |

3 장소 변화에 따라 사건이 달라지는 글은 어떤 장소에서 어떤 일이 일어났는지를 중심으로 내용을 간추리는 것이 좋습니다.

| 채점 기준 | 점수 |
|---|---|
| 장소 변화에 따라 각 장소에서 겪은 일을 중심으로 간추려야 한다는 내용을 쓴 경우 | 6점 |

4 시간 흐름과 장소 변화를 파악하여 글의 내용을 간추려 봅니다.

| 채점 기준 | 점수 |
|---|---|
| (1)에 열한 시, (2)에 크림빵과 점심을 먹으며 친구들과 이야기를 했다는 내용을 쓴 경우 | 6점 |
| (1), (2) 중 한 가지만 알맞게 쓴 경우 | 3점 |

5 시간 흐름과 장소 변화가 드러나게 쓸 수 있는 경험을 생각해서 씁니다.

| 채점 기준 | 점수 |
|---|---|
| 시간 흐름과 장소 변화에 따라 쓸 수 있는 경험을 쓴 경우 | 6점 |

## 수행 평가 49쪽

1 고인돌 박물관, 동림 저수지
2 (1) 고인돌 박물관
(2) 예 고인돌의 역사를 알았다.
(3) 동림 저수지
(4) 예 물 위로 날아오르는 가창오리들을 구경했다.
3 예 첫 번째로 간 곳은 고인돌 박물관으로, 고인돌의 역사와 유물을 알 수 있었다. 두 번째로 간 곳은 동림 저수지로, 물 위로 날아오르는 가창오리들을 구경할 수 있었다.

1 이 글은 글쓴이가 간 장소 변화에 따라 내용이 구성되어 있습니다.

| 채점 기준 | 점수 |
|---|---|
| 첫 번째 빈칸에 '고인돌 박물관', 두 번째 빈칸에 '동림 저수지'를 쓴 경우 | 10점 |

2 고인돌 박물관과 동림 저수지에서 글쓴이가 한 일을 찾아서 씁니다.

| 채점 기준 | 점수 |
|---|---|
| (1)에 고인돌 박물관을, (2)에 고인돌의 역사를 알았다는 내용을, (3)에 동림 저수지를, (4)에 가창오리를 구경했다는 내용을 쓴 경우 | 10점 |
| (1)~(4) 중 두 가지 이상 알맞게 쓴 경우 | 5점 |

3 글쓴이가 간 장소의 차례에 따라 한 일을 중심으로 내용을 간추려 씁니다.

| 채점 기준 | 점수 |
|---|---|
| 고인돌 박물관에서 한 일과 동림 저수지에서 한 일을 알맞게 간추려 쓴 경우 | 10점 |

# 9. 작품 속 인물이 되어

## 단원 평가 1회 50~51쪽

1 ③ 2 ⑤ 3 ㉡
4 ① 5 밝고 희망적인 말투 등
6 ④ 7 ③, ⑤ 8 서은, 연석
9 ③
10 예 발표를 끝낸 친구에게 박수를 보낸다. / 집중해서 본다. / 조용히 해야 한다.

1 무툴라는 "안녕."이라고 여러 번 말했는데도 아무런 대답을 하지 않는 투루에게 마지막에는 크게 소리를 쳤습니다.

2 투루는 무툴라를 무시하면서 거만하게 굴고 있으므로 활짝 웃으며 반가워하는 목소리로 말하는 것은 알맞지 않습니다.

3 호랑이가 나그네에게 궤짝을 열어 달라고 부탁하는 상황이므로, 부드럽고 간절한 말투로 말하는 것이 어울립니다.

4 나그네는 자신이 구해 준 호랑이에게 잡아먹힐 위기에 처해 당황스럽고 억울한 상황입니다. 뻔뻔한 말투는 호랑이에게 어울립니다.

5 개구리들은 농부 덕분에 살 수 있게 되었으므로 밝고 희망적인 말투가 어울립니다.

6 토끼가 말뜻을 못 알아듣자 화를 내며 직접 궤짝으로 들어간 것으로 보아 호랑이는 화를 잘 내는 성격임을 알 수 있습니다.

7 토끼는 자신의 계획대로 호랑이가 다시 궤짝 속에 갇혔고, 죄 없는 나그네도 구해서 가던 길을 간 것입니다.

8 토끼는 자신의 계획대로 문제를 해결하여 기쁜 상황이므로 마지막 행동에서는 통쾌한 기분이 드러나게 표현하는 것이 알맞습니다.

9 없는 소품은 그림으로 그리거나 있다고 생각하고 표현해도 됩니다.

10 친구들의 연극 발표를 관람할 때에는 어떤 자세로 보아야 할지 생각하여 씁니다.

**채점 기준** 이밖에 '다른 친구들이 발표할 때 연습하지 않는다.' 등과 같이 썼으면 정답으로 합니다.

## 단원 평가 2회 52~53쪽

1 ④ 2 (1) ② (2) ③ 3 호랑이
4 ① 5 ② 6 ④
7 예 괴로운 표정과 쭈그려 울부짖는 듯한 몸짓
8 (3) ○ 9 지호 10 ③

1 쿠부는 무툴라를 무시하면서 거만하게 굴고 있습니다. 따라서 잘난 체하는 성격이라 할 수 있습니다.

2 ㉠은 자신감 있는 말투로, ㉡은 가소롭다는 듯이 비웃는 말투로 말하는 것이 어울립니다.

**정답 친해지기 인물의 성격 알아보기**

| | 인물의 말 | | 성격 |
|---|---|---|---|
| 무툴라 | • "쿠부, 그렇게 거만하게 굴 것까지 없잖아!"<br>• "난 줄다리기를 하면 널 언제든 이길 수 있어!" | → | 용기가 있다. / 자신감 있다. |
| 쿠부 | • "감히 내 아침잠을 방해하다니!"<br>• "네가? 너 같은 꼬맹이가?" | → | 잘난 체한다. |

3 소나무는 호랑이가 옳다고 하며 호랑이에게 나그네를 얼른 잡아먹어 버리라고 했습니다.

4 나그네는 호랑이에게 잡아먹히지 않기 위해 소나무에게 옳고 그름을 가려 달라고 요청하는 상황이므로 간절한 말투가 어울립니다.

5 토끼가 나그네의 설명을 이해하지 못하고 자꾸 엉뚱한 소리를 하자 호랑이가 답답해했습니다.

6 고마운 표정과 즐거운 말투는 글의 마지막 부분에 나오는 나그네의 말에 어울립니다.

7 토끼의 꾀에 넘어가 다시 궤짝 속에 갇힌 호랑이는 괴로운 마음이 들었을 것입니다.

**채점 기준** 궤짝 속에 다시 갇힌 호랑이의 괴로운 마음에 어울리는 표정과 몸짓을 썼으면 정답으로 합니다.

8 '눈'은 눈이 그만 왔으면 좋겠다는 홍당무가 한 말을 듣고 놀라고 있습니다. 따라서 믿을 수 없다는 표정과 몸짓이 어울립니다.

9 한 사람이 여러 가지 역할을 맡거나 한 가지 역할을 여러 명이 나누어 맡을 수도 있습니다.

10 대사를 다 외우지 못했다면 극본을 보고 실감 나게 읽어도 됩니다.

## 서술형 평가 54쪽

**1** (1) 예 속상하다. (2) 예 화가 난다.
(3) 예 자신감 있다.

**2** (1) 예 거만하다. / 잘난 체한다.
(2) 예 고개를 뒤로 젖히고 큰 목소리로 거들먹거리며 말한다. / 무틀라를 보며 가소롭다는 듯이 비웃는다.

**3** 예 나그네는 남을 걱정하고 잘 돕는 성격이므로 친절한 말투로 인자하게 웃으며 말한다.

**4** (1) 예 화를 잘 낸다.
(2) 예 답답하다는 표정으로 가슴을 치며 큰 소리로 말한다.

**5** 예 나그네. 호랑이가 잡아먹으려고 할 때 억울한 마음이 잘 드러나는 표정을 짓고, 다급한 말투로 말할 것이다.

**1** 무틀라는 투루가 인사를 받지 않을 때에는 속상해했지만, 투루가 거만하게 이야기하자 화가 나서 자신감 있게 줄다리기를 하자고 제안했습니다.

| 채점 기준 | 점수 |
|---|---|
| 각 상황에 알맞은 무틀라의 마음을 쓴 경우 | 6점 |

**2** 투루의 성격을 표현할 수 있는 표정, 몸짓, 말투를 생각해 봅니다.

| 채점 기준 | 점수 |
|---|---|
| (1)에는 거만하고 잘난 체한다는 성격을, (2)에는 그에 어울리는 표정, 몸짓, 말투를 알맞게 쓴 경우 | 6점 |

**3** 나그네가 자신에게 위협이 될 수 있는 호랑이를 도와주는 것으로 보아 남을 잘 돕는 성격임을 알 수 있습니다.

| 채점 기준 | 점수 |
|---|---|
| 나그네의 성격과 호랑이를 도와주는 상황에 알맞은 나그네의 말투를 쓴 경우 | 6점 |

**4** 호랑이의 말과 행동을 보고 성격을 짐작하여 그에 알맞은 표정, 몸짓, 말투를 상상하여 써 봅니다.

| 채점 기준 | 점수 |
|---|---|
| (1)에는 화를 잘 낸다는 내용을, (2)에는 호랑이의 성격에 어울리는 표정, 몸짓, 말투를 알맞게 쓴 경우 | 6점 |

**5** 「토끼의 재판」에 나오는 인물들 중 연기해 보고 싶은 인물을 선택하여, 어떻게 표현하고 싶은지 써 봅니다.

| 채점 기준 | 점수 |
|---|---|
| 자신이 맡고 싶은 역할과 인물의 표현 방법을 알맞게 쓴 경우 | 6점 |

## 수행 평가 55쪽

**1** (1) 예 궤짝 속에 갇혀서 나그네에게 문을 열어 달라고 부탁하는 상황
(2) 예 궤짝 밖으로 나와 나그네를 잡아먹으려고 하는 상황

**2** (1) 예 앞발을 비비며 절을 하면서 간절한 말투로 말한다. / 친절한 말투로 고개를 숙이며 정중하게 부탁하는 몸짓을 한다.
(2) 예 무서운 표정으로 큰 소리를 치며 달려든다. / 가소롭다는 듯이 비웃는 표정으로 팔을 높이 들고 나그네를 잡아먹으려고 덤빈다.

**3** 예 자신을 구해 준 나그네를 잡아먹으려고 한 것으로 보아 호랑이는 고마움을 모르고 뻔뻔한 성격이다.

**1** 호랑이는 글 가에서는 궤짝 속에 갇혀 나그네에게 문을 열어 달라고 부탁하고 있고, 글 나에서는 궤짝 밖으로 나와 자신을 구해 준 나그네를 잡아먹으려고 하고 있습니다.

| 채점 기준 | 점수 |
|---|---|
| 글 가와 나에서 호랑이가 처한 상황을 모두 알맞게 쓴 경우 | 10점 |
| 글 가와 나에서 호랑이가 처한 상황을 하나만 알맞게 쓴 경우 | 5점 |

**2** 글 가와 나의 각 상황에 알맞은 호랑이의 표정, 몸짓, 말투를 상상해 봅니다. 궤짝 속에서 지나가는 나그네에게 살려 달라고 사정할 때의 상황과 자유의 몸이 되어 나그네를 위협하는 상황에 어울리는 표정, 몸짓, 말투를 비교하여 떠올려 봅니다.

| 채점 기준 | 점수 |
|---|---|
| 호랑이가 처한 상황을 생각하여 글 가와 나에 알맞은 호랑이의 표정, 몸짓, 말투를 쓴 경우 | 10점 |
| 호랑이가 처한 상황을 생각하여 글 가와 나에 호랑이의 표정, 몸짓, 말투를 썼으나 다소 부족하게 쓴 경우 | 5점 |

**3** 호랑이는 "궤짝 속에서 한 약속을 궤짝 밖에 나와서도 지키라는 법이 어디 있어?"라고 말하며 나그네와의 약속을 지키지 않고도 당당한 태도를 보이고 있습니다.

| 채점 기준 | 점수 |
|---|---|
| 호랑이가 고마움을 모르고 뻔뻔한 성격이라고 알맞게 쓴 경우 | 10점 |

## 중간 평가 56~58쪽

1 ①　2 가늘고 떨리는 목소리로 등
3 ②
4 자신의 덩치가 훨씬 크기 때문이다. 등
5 ①, ⑤　6 과학실　7 장난
8 ①
9 갯벌은 육지에서 나오는 오염 물질을 분해해 좋은 환경을 만듭니다. 등
10 (1) ○　11 ④　12 ②
13 "아이고, 배야."
14 (3) ○
15 예 과수원에서 감을 따 본 일
16 ②　17 ⑤　18 잠꾸러기
19 (1) ④ (2) ② (3) ① (4) ③
20 예 '내'가 블링크 아저씨에게 색깔을 알려 드리려고 노력한 장면이 감동 깊었다.

1 궁으로 가게 되어 기뻐하며 눈물을 글썽이는 표정이 어울립니다.

2 기뻐서 눈물을 글썽이면서 말할 때에 알맞은 말투를 생각해 봅니다.

3 인물의 말과 표정 등으로 보아 놀랐다는 것을 알 수 있습니다.

4 자신의 덩치가 지렁이보다 훨씬 크기 때문에 지렁이가 자신을 무서워할 것이라고 생각했습니다.

5 인물이 처한 상황과 마음을 알아봅니다.

6 과학실에서 지켜야 할 안전 수칙에 대해 설명하고 있습니다.

7 과학실에서 장난을 치면 위험하다고 설명하고 있습니다.

8 갯벌은 육지에서 나오는 오염 물질을 분해합니다.

9 문단의 전체 내용을 대표하는 문장을 찾아봅니다.

**채점 기준** 이 글의 중심 문장을 알맞게 정리해 썼으면 정답으로 합니다.

10 제목과 중심 문장을 바탕으로 글쓴이의 생각을 알아봅니다.

11 ①은 '언제', ②는 '무엇을', ③은 '어디에서', ⑤는 '생각이나 느낌'에 해당합니다.

12 동생이 아팠던 일을 쓴 글입니다.

13 마침표(.)나 쉼표(,) 뒤에 오는 말은 띄어 씁니다.

14 수를 나타내는 말과 단위를 나타내는 말 사이는 띄어 씁니다.

15 일 년 동안 겪은 일 중 가장 기억에 남는 일을 떠올려 씁니다.

16 축구를 하는 모습에 '와삭'은 어울리지 않습니다.

17 감기약을 먹고 나니 몸에 '거북이, 잠꾸러기' 같은 것들이 들어와서 '내' 몸이 아주 무거워졌다고 했습니다.

18 감기약을 먹고 몹시 졸린 상태를 잠꾸러기가 들어왔다고 표현했습니다.

19 (1)-④, (2)-②, (3)-①, (4)-③에 맞게 색깔을 떠올렸습니다.

20 블링크 아저씨를 위한 '나'의 행동, '내'가 색깔을 떠올리는 방법 등 인상 깊은 부분을 씁니다.

**채점 기준** 글을 읽고 어떤 부분이 가장 재미있거나 감동적이었는지 알맞게 썼으면 정답으로 합니다.

## 중간 이후 기말 평가 59~61쪽

1 ③, ⑤　2 높임 표현　3 ②
4 예원이 언니　5 ⑤
6 수호네 강아지의 하얀 털을 쓰다듬어 주었다. 등
7 ③　8 ①　9 이어달리기
10 ⑤　11 ⑤
12 노랫말을 책을 소개하는 내용으로 바꾸어 부른다. 등
13 『바위나리와 아기별』　14 (3) ○
15 ③　16 (1) ○
17 고인돌 박물관, 동림 저수지
18 예 고인돌의 역사를 알았다.
19 뻔뻔하고 고마움을 모른다. 등　20 ①

1 상대가 웃어른이면 알맞은 높임 표현을 사용해야 하고, 상대의 말을 잘 듣고 상대의 기분을 생각하며 말해야 합니다.

2 승민이는 할머니께 높임 표현을 사용하여 말하고 있습니다.

3 승민이는 바른 태도로 대화하고 있습니다.

4 예원이에게 전화를 건 것이지만 전화를 받은 사람은 예원이의 언니입니다.

5 자신이 누구인지를 밝혀야 하고, 전화를 받은 사람이 누구인지도 확인해야 합니다.

6 수호네 강아지의 하얀 털을 쓰다듬어 준 일이 나타나 있습니다.

**채점 기준** 수호네 강아지의 하얀 털을 쓰다듬어 주었다는 내용을 썼으면 정답으로 합니다.

7 '나'는 강아지 덕분에 오늘 하루가 행복하게 마무리되었다고 하였습니다.

8 여자아이는 자신이 키우던 찌돌이가 죽어 매우 슬퍼하고 있습니다.

9 기찬이는 제비뽑기에서 '이어달리기'가 쓰인 쪽지를 뽑았습니다.

10 기찬이가 울상이 된 것과 친구들의 반응으로 기찬이의 마음을 짐작할 수 있습니다.

11 국기에는 그 나라의 자연이 담겨 있다고 했습니다.

12 '책 보여 주며 말하기', '노랫말을 바꾸어 소개하기', '새롭게 안 내용을 그림으로 보여 주며 소개하기', '책갈피를 만들어 소개하기', '책 보물 상자를 만들어 소개하기' 가운데에서 소개하고 싶은 방법을 씁니다.

13 학교에서 『바위나리와 아기별』을 읽고 쓴 독서 감상문입니다.

14 책을 어떻게 읽게 되었는지 까닭이 나타나 있습니다.

15 감기약은 물하고만 먹어야 하며, 먹는 시간을 놓쳤다고 다음에 두 배로 먹으면 안 됩니다.

16 감기약을 먹을 때 주의할 점을 알려 주고 있고, 차례는 정해져 있지 않습니다.

17 처음에 고인돌 박물관에 갔고, 다음으로 동림 저수지로 이동했습니다.

18 장소 변화에 따라 글쓴이가 한 일을 정리해 봅니다.

**채점 기준** 글쓴이가 고인돌의 역사를 알았다는 내용을 썼으면 정답으로 합니다.

**보충 자료 '내'가 한 일을 장소 변화에 따라 정리하기**

| 장소 | 고인돌 박물관 | 동림 저수지 |
|---|---|---|
| 한 일 | 고인돌의 역사를 알았다. | 물 위로 날아오르는 가창오리들을 구경했다. |

19 자신을 구해 준 나그네를 잡아먹으려고 한 것으로 보아 호랑이는 뻔뻔하고 고마움을 모르는 성격입니다.

20 호랑이가 궤짝에서 나가기 위해서는 나그네의 도움이 꼭 필요하므로 간절하게 부탁하는 말투가 어울립니다.

평가 교재

## 전 범위 기말 평가 62~64쪽

1 진우
2 예 눈을 크게 뜨고 깜짝 놀란 표정을 짓고 있다.
3 건들장마 4 ㉠ 5 ①
6 동생의 이마에 차가운 물수건을 얹어 주었다. 등
7 ㉯ 8 (1) ○ 9 ①
10 아저씨가 진짜 색깔을 볼 수 있는 것 등
11 나왔습니다 12 ④ 13 ②
14 예 친구들 앞에서 공연을 하는데 실수를 할까 봐 떨렸던 적이 있다.
15 그 나라의 땅 16 ②
17 집안 어른들께 선물로 드릴 만한 물건을 만들기 위해서이다. 등
18 열한 시 19 ④, ⑤ 20 ②

1 미안하다고 말할 때에는 웃지 말고 진지하게 진심을 담아서 말해야 하며 장난치듯 하면 안 됩니다.

2 자두는 미미가 자신보다 더 유명해지고 싶어서 몰래 발레를 배웠다는 이야기를 듣고 깜짝 놀란 표정을 짓고 있습니다.

**채점 기준** 자두의 마음을 짐작하여 표정을 알맞게 썼으면 정답으로 합니다.

3 가을에 비가 쏟아져 내리다가 번쩍 개고 또 오다가 개는 장마를 건들장마라고 합니다.

4 이 문단에서 전체 내용을 대표하는 문장을 찾아봅니다.

5 '앉다'와 서로 뜻이 반대인 낱말은 '서다'입니다.

6 '나'는 아픈 동생을 걱정하며 동생의 이마에 물수건을 얹어 주었습니다.

7 '나'는 동생이 아픈 일이 평소와 달리 특별하게 생긴 일이고, 동생을 걱정하는 마음이 기억에 남았기 때문에 이 글을 쓴 것입니다.

8 아기가 오리를 보고 있는 상황입니다. 낱말과 낱말 사이는 띄어 쓰되 '이/가, 을/를, 은/는, 의'와 같은 말은 앞말에 붙여 씁니다.

9 '나'는 앞이 보이지 않는 아저씨에게 색깔을 알려 드리고 싶어 했습니다.

10 '나'는 아저씨가 진짜 색깔을 볼 수 있으면 얼마나 좋을까 생각했습니다.

11 '나왔습니다'가 알맞은 표현입니다.

12 사물인 사과주스는 높임 표현을 사용할 수 없습니다.

13 '나'는 발표를 할 때 실수를 할까 봐 불안하고 걱정스러운 마음입니다.

14 실수를 할까 봐 불안하고 걱정했던 경험을 떠올려 씁니다.

15 국기에는 그 나라의 땅이 담겨 있다고 했습니다.

16 책을 읽고 기억에 남는 문장과 그 까닭을 책갈피 앞뒤에 써서 소개하는 방법입니다.

17 민기가 집안 어른들께 선물로 드릴 만한 물건을 만들고 싶다고 해서 그렇게 정한 것입니다.

> **채점 기준** 집안 어른들께 선물로 드릴 만한 물건을 만들기 위해서라는 내용을 썼으면 정답으로 합니다.

18 열한 시에 제빵사 체험을 하려고 제빵 학원으로 갔다고 했습니다.

19 소품 설계관에서 제빵 학원으로 장소가 바뀌고 있습니다.

20 쿠부는 거만한 태도로 잘난 체하고 있으므로 무툴라의 말이 가소롭다는 듯이 크게 웃으며 읽는 것이 어울립니다.

MEMO

MEMO

한·끝·시·리·즈 교과서 학습부터 평가 대비까지 한 권으로 끝! 국어 공부의 진리입니다.




**대표전화** 1544-0554

**주소** 서울특별시 구로구 디지털로33길 48 대륭포스트타워 7차 20층

15개정 교육과정

# 한끝 평가 교재

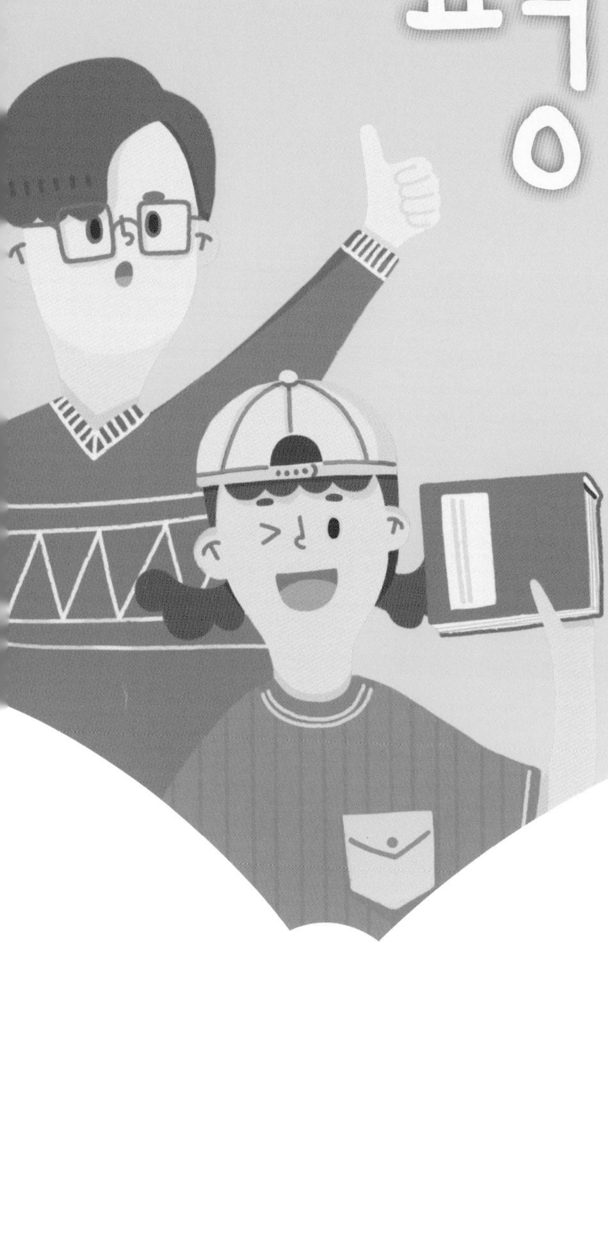

# 초등 국어 3·2

| 단원 평가 대비 | 중간·기말 평가 대비 |
| --- | --- |
| •단원 평가 2회 | •중간 평가 |
| •서술형 평가 | •기말 평가(중간 이후) |
| •수행 평가 | •기말 평가(전 범위) |

책 속의 가접 별책 (특허 제 0557442호)

[평]가 교재'는 본책에서 쉽게 분리할 수 있도록 제작되었으므로
[유]통 과정에서 분리될 수 있으나 파본이 아닌 정상제품입니다.

# 한끝 평가 교재

# 3·2

초등 국어

## 단원 평가



## 중간·기말 평가

# 단원 평가 1회

## 1. 작품을 보고 느낌을 나누어요

| 3학년 반 | 점수 |
|---|---|
| 이름 | |

**1~2** 그림을 보고, 물음에 답하시오.

**1** 이 그림에서 어떤 일이 있었는지 쓰시오.

(　　　　　　　　　　　　　　　　　)

**2** 여자아이가 할 말로 알맞은 것은 무엇입니까?

(　　　)

① 미안하다고. 됐냐?
② 뭘 그걸 갖고 그래?
③ 너, 엄살이 심하구나.
④ 잘 좀 보고 다녔으면 좋겠어.
⑤ 괜찮니? 발을 밟아서 미안해.

**3~4** 다음을 보고, 물음에 답하시오.

| 처음으로 수라간 상궁을 보는 장면 | | |
|---|---|---|
| 수라간요? | 마음 | 놀라움과 호기심을 느낌. |
| | 표정 | ㉠ |
| | 몸짓 | 몸을 앞으로 기울이며 |
| | 말투 | ㉡ |

**3** 인물이 처한 상황을 생각할 때 ㉠에 들어갈 인물의 표정으로 알맞은 것은 어느 것입니까?

(　　　)

① 눈물을 흘리며
② 눈을 꼭 감고 입술을 떨며
③ 눈을 크게 뜨고 입을 벌리며
④ 눈썹을 찡그리고 입을 다물며
⑤ 앞을 쳐다보고 입을 쑥 내밀며

**4** ㉡에 들어갈 알맞은 말투를 쓰시오.

(　　　　　　　　　　　　　　　　　)

국어 활동

**5** 다음 장면에 어울리는 몸짓은 무엇입니까?

(　　　)

① 허리를 숙이며
② 폴짝폴짝 뛰며
③ 머리를 긁적이며
④ 느릿느릿 걸으며
⑤ 발로 돌멩이를 걷어차며

**6~7** 다음 장면을 보고, 물음에 답하시오.

㉮

미미는 학교 친구와 선생님도 언니 자두에게만 관심을 기울이자 화가 납니다.

㉯

학예회에서 인기상을 탄 미미는 자두와 화해합니다.

**6** 장면 ㉮에서 미미의 표정이나 몸짓, 말투로 어울리는 것은 무엇입니까? ( )

① 걱정스러운 표정으로
② 기쁜 표정으로 웃으며
③ 눈을 크게 뜨고 놀라는 말투로
④ 고개를 숙이며 미안해하는 말투로
⑤ 화가 난 표정으로 눈물을 흘리며 높고 큰 목소리로

**7** 장면 ㉯에서 미미와 자두의 표정은 어떠한지 쓰시오.

( )

**8~9** 글을 읽고, 물음에 답하시오.

"정말 웃기지도 않네. 우리 지렁이들은 젠체하고 살지 않아. 우리는 그냥 지렁이야."
㉠"너는 내가 무섭지 않니?"
"왜 너를 무서워해야 하는데?"
"내가 너보다 훨씬 덩치가 크니까."
부벨라는 당연하다는 듯이 대답했어요.
"무슨 그런 말도 안 되는 소리가 다 있어? 이 세상 모든 것이 다 나보다 커. 만약 나보다 큰 것들에게 말 붙이기를 겁냈다면 난 계속 입을 다물고 살아야 했을걸."

**8** 지렁이는 자신이 부벨라를 무서워하지 않는 까닭을 무엇이라고 했습니까? ( )

① 부벨라가 덩치가 작기 때문에
② 부벨라와 친한 사이이기 때문에
③ 지렁이들은 젠체하고 살지 않기 때문에
④ 부벨라가 다정하게 말을 걸어 줬기 때문에
⑤ 세상 모든 것이 자신보다 크기 때문에 큰 것들에게 말 붙이기를 겁내면 계속 입을 다물고 살아야 하기 때문에

논술형

**9** 부벨라가 ㉠과 같이 말하는 장면에 알맞은 표정, 몸짓, 말투를 쓰시오.

______________________

______________________

**10** ㉠에 들어가기에 알맞은 표정, 몸짓, 말투는 어느 것입니까? ( )

해설: 서로의 집에 몰래 볏단을 옮겨 놓으려던 형제는 서로 얼굴을 알아보고 깜짝 놀랐습니다.
형: (  ㉠  ) 아우야, 네가 볏단을 옮겨 놓았구나!
아우: (놀라서 뛰어가며) 형님, 형님도 볏단을 옮겨 놓으셨군요.

① 화를 버럭 내며
② 거만하게 고개를 들며
③ 아우에게서 멀리 도망치며
④ 부끄러운 듯 고개를 숙이며
⑤ 깜짝 놀라 볏단을 떨어뜨리며

# 단원 평가 2회

## 1. 작품을 보고 느낌을 나누어요

3학년 반 점수
이름

**1** ㉠에 들어갈, 다음 여자아이의 상황에 알맞은 말을 쓰시오.

(　　　　　　　　　　　)

**2** 미안하다고 말할 때에 알맞은 표정, 몸짓, 말투가 아닌 것은 어느 것입니까? (　　)

① 진지하게 말한다.
② 웃으며 가볍게 말한다.
③ 진심을 담아서 말한다.
④ 장난치듯 하면 안 된다.
⑤ 비꼬는 말투를 사용하지 않는다.

**3~4** 다음을 보고, 물음에 답하시오.

| 시험을 볼 수 있다는 소식을 듣고 뒷산에 홀로 올라가는 장면 | | |
|---|---|---|
| 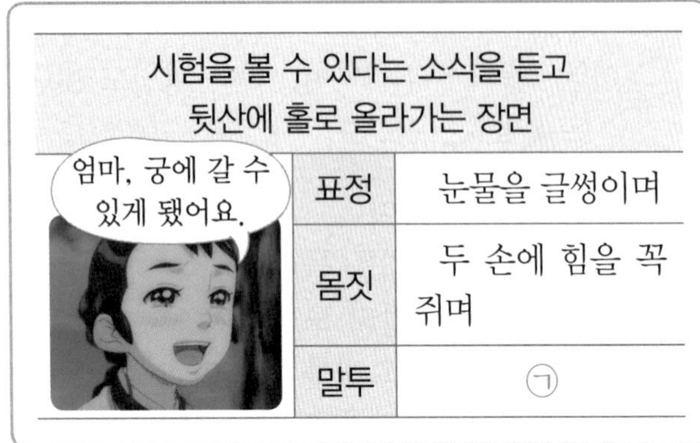  | 표정 | 눈물을 글썽이며 |
| | 몸짓 | 두 손에 힘을 꼭 쥐며 |
| | 말투 | ㉠ |

**3** 이 장면에서 인물의 마음으로 알맞은 것은 무엇입니까? (　　)

① 두렵다.
② 외롭다.
③ 안타깝다.
④ 불안하다.
⑤ 무척 기쁘다.

**4** ㉠에 들어가기에 알맞은 말투는 어느 것입니까? (　　)

① 높고 빠른 목소리로
② 더듬거리는 목소리로
③ 느리고 굵은 목소리로
④ 가늘고 떨리는 목소리로
⑤ 크고 화난 듯한 목소리로

**5** 다음 만화 영화의 장면에 알맞은 인물의 표정, 몸짓, 말투는 무엇이겠는지 쓰시오.

미미는 어른들이 엄마를 '자두 엄마'로만 부르자 섭섭해합니다.

(　　　　　　　　　　　)

논술형

**6** 다음 만화 영화의 장면을 보고, 자신이 미미라면 어떻게 했을지 생각하여 빈칸에 들어갈 알맞은 말을 쓰시오.

미미는 사람들이 자신을 자두 동생이라고 부르는 게 너무 속상해서 울었어. ___

• 나라면 ___

**7~8** 글을 읽고, 물음에 답하시오.

부벨라는 친절한 정원사에게 어떻게든 꼭 보답을 하고 싶었어요. 그때 갑자기 부벨라의 손이 간지러워지기 시작하더니 아주 따뜻해졌어요. 무슨 일이 벌어지고 있는지는 정확히 알 수가 없었지요.

부벨라는 손을 들어 정원사를 가리켰어요. 그러자 손이 점점 더 간지러워지고 따뜻해졌어요. 그리고 깜짝 놀랄 만한 일이 벌어졌어요. 갑자기 정원사가 허리를 꼿꼿하게 펴더니 똑바로 선 거예요. 정원사는 한 발자국 한 발자국 내디뎌 보다가 덩실덩실 춤을 추었어요.

정원사가 웃으며 큰 소리로 외쳤어요.

㉠"이제 하나도 아프지가 않아!"

**7** 부벨라가 손을 들어 정원사를 가리키자 어떤 일이 일어났습니까? (　　)

① 정원사가 거인이 되었다.
② 정원사의 손이 따뜻해졌다.
③ 정원사가 아파서 쓰러졌다.
④ 정원사가 갑자기 상냥해졌다.
⑤ 정원사가 허리를 꼿꼿하게 펴더니 똑바로 섰다.

**8** ㉠에 알맞은 표정, 몸짓, 말투를 두 가지 고르시오. (　　,　　)

① 활짝 웃으며
② 쪼그리고 앉아서
③ 덩실덩실 춤을 추면서
④ 아주 작고 슬픈 목소리로
⑤ 허리를 구부리고 힘들게 걸으며

국어 활동

**9** 다음 만화에서 남자아이가 미안한 마음이 잘 느껴지지 않는다고 말한 까닭은 무엇이겠습니까? (　　)

① 여자아이가 화를 내어서
② 여자아이가 아무 말도 하지 않아서
③ 여자아이가 미안하다고 하지 않아서
④ 여자아이가 자신을 쳐다보지 않아서
⑤ 여자아이의 표정, 몸짓, 말투가 미안해하는 느낌이 안 들어서

**10** 친구들과 '이야기 극장' 놀이를 하려고 할 때 인물이 처한 상황을 잘 표현하는 방법을 한 가지 쓰시오.

(　　　　　　　　)

# 서술형 평가 1. 작품을 보고 느낌을 나누어요

3학년 반 점수

이름 /30점

정답과 해설 ● 43쪽

**1** 다음 그림에서 여자아이의 상황에 어울리는 말과 표정을 쓰시오. [6점]

**2** 다음 장금이의 말에 어울리는 표정, 몸짓, 말투를 쓰시오. [6점]

**3** 인물의 표정, 몸짓, 말투에 주의하며 만화 영화를 보면 좋은 점을 두 가지 쓰시오. [6점]

•

•

**4~5** 글을 읽고, 물음에 답하시오.

부벨라는 바나나케이크를 먹고, 지렁이는 진흙파이를 여기저기 파 들어가며 먹었어요.

지렁이의 말에 부벨라는 드디어 기다리던 순간이 되었다고 생각했어요.

"네가 내 친구가 되어 준다면 어디든지 데리고 다닐게. 그러면 가는 곳마다 맛있는 흙으로 만든 훌륭한 파이를 맛보게 될 거야."

지렁이는 생각만 해도 군침이 돌았어요.

"그러면 너에게 좋은 점은 뭐야?"

"나를 무서워하지 않고 늘 진실을 말해 줄 수 있는 좋은 친구가 생기는 거지. 너를 만난 이후로 하루하루가 더없이 즐거워. 난 너와 헤어지고 싶지 않아."

**4** 부벨라는 지렁이가 친구가 되어 준다면 어떻게 할 것이라고 했는지 쓰시오. [6점]

**5** ㉠의 장면에 어울리는 표정, 몸짓, 말투를 쓰시오. [6점]

# 1. 작품을 보고 느낌을 나누어요

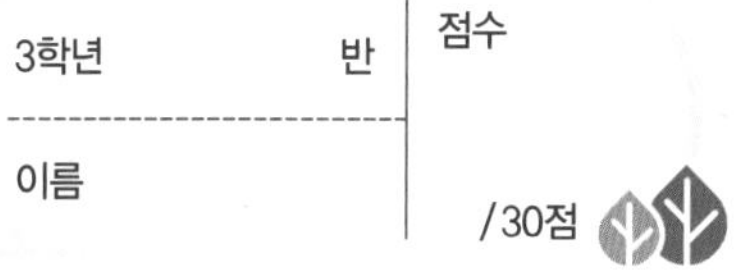

3학년 반 점수

이름 /30점

정답과 해설 ● 43쪽



| 관련 성취 기준 | 적절한 표정, 몸짓, 말투로 말한다. |
|---|---|
| 평가 목표 | 인물의 말과 행동을 살피며 만화 영화를 감상할 수 있다. |

**1~3** 인물의 표정, 몸짓, 말투에 주의하며 만화 영화의 장면을 살펴봅시다.

가

나

다

장금이의 강아지 때문에 국수를 쏟아 수라간에서 온 사람에게 장금이가 꾸중을 듣는 장면

**1** 장금이가 처한 상황을 쓰시오. [10점]

**2** 장면 ㉰에서 장금이의 마음이 어떠할지 쓰시오. [10점]

**3** 장면 ㉰의 상황에 알맞은 장금이의 표정, 몸짓, 말투를 쓰시오. [10점]

| (1) 표정 | |
|---|---|
| (2) 몸짓 | |
| (3) 말투 | |

# 단원 평가 1회

## 2. 중심 생각을 찾아요

3학년 반 | 점수
이름

**1~2** 글을 읽고, 물음에 답하시오.

> 전통 놀이 가운데에서 지금까지도 잘 보존된 놀이가 줄넘기입니다. 지금도 체육 시간이나 운동 경기로 줄넘기 놀이를 자주 합니다. 언제부터 줄넘기를 했는지는 정확하게 알 수 없습니다. 다만 아주 오래전부터 줄을 사용했고, 전국의 어린이들이 줄넘기를 해 온 것으로 보아 오래된 놀이임을 짐작할 수 있을 뿐입니다. 예전에는 칡 줄기나 새끼줄로 줄넘기를 했다는 기록이 남아 있습니다.

**1** 무엇에 대해 설명하고 있는 글인지 쓰시오.

( )

**2** 이 글의 내용으로 알맞은 것은 어느 것입니까? ( )

① 줄넘기는 지금은 하지 않는다.
② 줄넘기는 어른만 하는 놀이이다.
③ 줄넘기는 최근에 유행하기 시작했다.
④ 예전에는 칡 줄기나 새끼줄로 줄넘기를 했다.
⑤ 언제부터 줄넘기를 했는지 정확히 알려져 있다.

**3~4** 글을 읽고, 물음에 답하시오.

> 첫째, 선생님께서 계시지 않을 때에는 과학 실험을 하지 않습니다. 과학실에는 조심히 다루어야 할 실험 기구와 위험한 화학 약품이 많습니다. 선생님의 말씀에 따라 실험 기구나 화학 약품을 다루어야 사고가 나는 것을 예방할 수 있습니다. 그러므로 선생님께서 계시지 않을 때에는 과학 실험을 해서는 안 됩니다.

**3** 이 글의 내용을 정리해 쓰시오.

( )

**4** 과학 실험을 할 때 사고가 나는 것을 예방하기 위해서는 어떻게 해야 합니까? ( )

① 화학 약품을 다루지 않는다.
② 실험 기구를 만지지 않는다.
③ 친구들이 하는 대로 따라 한다.
④ 친구들이 없을 때에는 과학 실험을 하지 않는다.
⑤ 선생님의 말씀에 따라 실험 기구나 화학 약품을 다룬다.

국어 활동

**5** 다음에서 설명하는 내용으로 알맞지 않은 것은 어느 것입니까? ( )

> 복숭아는 단물이 많고 맛이 좋아요. 그런데 쉽게 짓물러서 오래 두고 먹지 못해요. 그래서 설탕을 넣고 졸여서 통조림이나 잼으로 만들어 먹기도 해요. 복숭아씨는 약으로도 쓴답니다. 기침이 많이 나거나 가래가 생겼을 때 복숭아씨를 갈아서 먹어요.
>
> 포도는 사람들이 아주 오래전부터 길러 온 과일이에요. 포도는 처음에는 푸르다가 검게 익어요. 포도를 따서 으깨면 즙이 나오는데 이 즙을 오래 두면 술이 되지요.

① 복숭아씨는 약으로 쓴다.
② 복숭아는 단물이 많고 맛이 좋다.
③ 복숭아는 오래 두고 먹을 수 있다.
④ 포도는 처음에는 푸르다가 검게 익는다.
⑤ 포도는 사람들이 아주 오래전부터 길러 온 과일이다.

**6~7** 글을 읽고, 물음에 답하시오.

❶ 첫째, 갯벌은 다양한 생물이 살 수 있는 장소입니다. 갯벌에 물이 들어오기도 하고 빠지기도 하면서 생물이 살기에 적합한 환경을 만듭니다. 그래서 게, 조개, 갯지렁이, 불가사리, 물고기 같은 여러 가지 생명체가 삽니다. 또한 갯벌은 철새들이 휴식하거나 번식하려고 이동하는 중간에 머물며 살기도 하는 장소입니다.

❷ 둘째, 어민들은 갯벌에서 수산물을 키우고 거두어 돈을 법니다. 어민들은 갯벌에서 조개나 물고기, 낙지 따위를 잡아 팝니다. 또 갯벌은 생물이 살기에 좋은 환경이므로 어민들이 바다 생물들을 직접 키우기도 합니다. 이것을 양식이라고 하는데, 양식은 농민들이 밭이나 논에서 농작물을 키워 파는 것과 비슷합니다.

**6** 이 글을 읽고 알 수 있는 내용이 아닌 것은 무엇입니까? ( )

① 농민들은 갯벌에서 농작물을 키워 판다.
② 갯벌은 생물이 살기에 적합한 환경이다.
③ 어민들은 갯벌에서 조개나 물고기, 낙지 따위를 잡아 판다.
④ 갯벌은 철새들이 이동하는 중간에 머물며 살기도 하는 장소이다.
⑤ 갯벌에는 게, 조개, 갯지렁이, 불가사리, 물고기 같은 생명체가 산다.

서술형

**7** 각 문단의 중심 문장을 정리해 쓰시오.

| (1) 문단 ❶ | |
|---|---|
| (2) 문단 ❷ | |

**8~10** 글을 읽고, 물음에 답하시오.

여름 날씨를 나타내는 토박이말에는 '마른장마', '무더위', '불볕더위' 같은 말이 있다. 여름이면 어김없이 장마와 더위가 찾아온다. 장마 때에는 비가 많이 오는데, 장마인데도 비가 오지 않거나 적게 오면 '마른장마'라고 한다. 더위는 크게 '무더위'와 '불볕더위'로 나눌 수 있다. '무더위'는 '물+더위'로 물기를 잔뜩 머금은 끈끈한 더위를 뜻하고, '불볕더위'는 '불볕+더위'로 볕이 불덩이처럼 뜨거운 더위를 뜻한다. 장마철에 비가 오거나 날씨가 흐리면서 끈끈하게 ㉠더울 때에는 '무더위'라는 말이 어울리고, 장마가 지난 한여름에 물기도 없이 뜨거운 햇볕이 쨍쨍 내리쬘 때에는 '불볕더위'라는 말이 어울린다.

**8** 이 글의 중심 문장을 찾아 기호를 쓰시오.

㉠ 여름이면 어김없이 장마와 더위가 찾아온다.
㉡ 더위는 크게 '무더위'와 '불볕더위'로 나눌 수 있다.
㉢ 여름 날씨를 나타내는 토박이말에는 '마른장마', '무더위', '불볕더위' 같은 말이 있다.

( )

**9** 다음 빈칸에 들어갈 알맞은 말을 쓰시오.

• ( )은/는 물기를 잔뜩 머금은 끈끈한 더위를 뜻하는 말로, 장마철에 비가 오거나 날씨가 흐리면서 끈끈하게 더울 때에 어울리는 말이다.

**10** ㉠'더울'의 기본형인 '덥다'와 서로 뜻이 반대인 낱말은 어느 것입니까? ( )

① 춥다 ② 뜨겁다 ③ 흐리다
④ 다르다 ⑤ 끈끈하다

3학년 반 점수

이름

**1~2** 글을 읽고, 물음에 답하시오.

> 닭싸움 놀이는 한쪽 다리를 들어 올려 두 손으로 잡고, 다른 다리로 균형을 잡아 깨금발로 뛰면서 상대를 밀어 넘어뜨리는 놀이입니다. 준비물이 필요하지 않고 놀이 방법이 간단해 요즘도 어린이는 물론 청소년과 어른도 즐기는 놀이입니다.
>
> '닭싸움'은 두 사람이 겨루는 모습이 닭이 싸우는 것과 비슷하다고 해서 지어진 이름입니다.

**1** '닭싸움'이라는 이름은 어떻게 해서 지어졌는지 빈칸에 알맞게 쓰시오.

- 두 사람이 겨루는 모습이 (　　　　　) 이/가 싸우는 것과 비슷하다고 해서 지어졌다.

**2** 아는 내용이나 겪은 일과 관련지어 이 글을 읽고 좋은 점을 알맞게 말한 사람을 쓰시오.

> 도란: 텔레비전에서 닭싸움 놀이하는 모습을 본 것을 떠올리며 읽었더니 그 모습을 잘 상상할 수 없었어.
>
> 진수: 점심시간에 운동장에서 친구들과 닭싸움 놀이를 한 경험을 떠올리며 읽었더니 내용을 기억하기가 쉬웠어.

(　　　　　)

**3~4** 글을 읽고, 물음에 답하시오.

> 둘째, 과학실에서는 절대 장난을 치면 안 됩니다. 과학실에는 깨지기 쉽거나 위험한 실험 기구가 많습니다. 장난을 치다가 유리로 만든 실험 기구가 깨지면 날카로운 유리 조각이 생겨 이 유리 조각에 사람이 다칠 수 있습니다. 또 장난을 치다가 알코올램프가 바닥에 떨어지면 과학실에 화재가 발생할 수도 있습니다.

**3** 이 글에서 과학실에서 절대 하면 안 된다고 한 것은 무엇입니까? (　　)

① 말을 하면 안 된다.
② 장난을 치면 안 된다.
③ 실험을 하면 안 된다.
④ 책을 읽으면 안 된다.
⑤ 설명을 들으면 안 된다.

논술형

**4** 앞으로 자신이 지킬 일을 생각하며 자신만의 과학 실험 안전 수칙을 만들어 쓰시오.

________________________________

________________________________

**5** ㉠~㉣ 중, 다음 문단의 중심 문장은 어느 것인지 기호를 쓰시오.

> ㉠갯벌은 육지에서 나오는 오염 물질을 분해해 좋은 환경을 만듭니다. ㉡갯벌은 겉으로는 그냥 진흙탕처럼 보이지만 작은 생물이 갯벌에 많이 살고 있습니다. ㉢이 생물들은 오염 물질 분해가 잘 이루어지게 합니다. ㉣갯벌에서 흔히 사는 갯지렁이도 오염 물질 분해를 돕습니다.

(　　　　　)

6 다음 문단에서 글쓴이가 하고 싶은 말을 생각하여 쓰시오.

> 갯벌의 환경은 특별하고 다양합니다. 갯벌과 그 속에 사는 여러 생물은 자연과 사람을 위해 좋은 역할을 많이 합니다. 그러므로 갯벌은 쓸모없는 땅이 아니라 우리와 함께 살아가는 소중한 장소입니다. 소중한 갯벌을 잘 보존해야겠습니다.

(　　　　　　　　　　　　　　　　)

**7~8** 글을 읽고, 물음에 답하시오.

> 겨울 날씨를 나타내는 토박이말에는 '가랑눈', '진눈깨비', '함박눈', '도둑눈' 같은 말이 있다. 겨울에는 눈이 와야 겨울답다고 한다. 같은 눈이라도 눈의 생김새나 크기에 따라 그 이름이 다르다. '가랑눈'은 조금씩 잘게 부서져서 내리는 눈을 말한다. 가늘게 가루처럼 내리는 비를 '가랑비'라고 하는 것과 ㉠같다. 비가 섞여 내리는 눈은 '진눈깨비', 굵고 탐스럽게 내리는 눈은 '함박눈', 밤에 사람들이 모르게 내린 눈은 '도둑눈'이라고 한다.

7 다음이 가리키는 토박이말은 무엇입니까? (　　)

> 비가 섞여 내리는 눈

① 가랑눈　② 가랑비
③ 함박눈　④ 도둑눈
⑤ 진눈깨비

8 ㉠ '같다'와 서로 뜻이 반대인 낱말을 이 글에서 찾아 쓰시오.

(　　　　　　　　　　)



국어 활동

9 ㉠의 기본형인 '펴다'와 뜻이 서로 반대되는 낱말은 무엇입니까? (　　)

> 그러나 수많은 참새가 모여들어 날개를 활짝 ㉠펴고 마음껏 곡식을 쪼는 이 커다란 그림은 오히려 가을의 풍요로움을 느끼게 해 줍니다.

① 서다　② 앉다
③ 가다　④ 접다
⑤ 날다

10 다음 문단의 중심 문장을 찾아 쓰시오.

> 먼저, 옛날에는 신분에 따라 옷차림이 달랐지만 오늘날에는 직업이나 유행에 따라 다른 경우가 많다. 옛날에는 양반과 평민의 신분에 따라 옷차림이 달랐다. 양반 가운데에서 남자는 소매가 넓은 저고리와 폭이 큰 바지를 입었고, 여자는 폭이 넓고 긴 치마를 입었다. 평민 가운데에서 남자는 비교적 폭이 좁은 저고리와 바지를 입었고, 여자도 폭이 좁은 치마를 입었다. 그리고 평민이 입는 치마 길이는 양반보다 짧은 편이었다. 하지만 오늘날에는 직업이나 유행에 따라 옷을 입는 경우가 많다. 또 사람들이 입는 옷 종류도 옛날보다 더 다양해졌다.

# 서술형 평가 2. 중심 생각을 찾아요

3학년 반 점수
이름 /30점

정답과 해설 ● 45쪽

**1** 「꼬마야 꼬마야, 줄넘기」 노랫말을 읽고, 줄넘기한 경험을 쓰시오. [5점]

> **꼬마야 꼬마야, 줄넘기**
> 꼬마야 꼬마야 뒤로 돌아라
> 꼬마야 꼬마야 땅을 짚어라
> 꼬마야 꼬마야 만세를 불러라
> 꼬마야 꼬마야 잘 가거라

**2** 다음 글을 읽고 새롭게 안 내용을 쓰시오. [5점]

> 셋째, 실험할 때 책상에 바짝 다가가지 않습니다. 실험하다가 만약 실험 기구가 넘어지면 깨진 기구의 조각이나 기구 속 화학 약품이 주변에 튈 수 있습니다. 이때 책상에 바짝 다가가 앉아 있으면 다칠 수가 있습니다. 그러므로 실험을 할 때에는 책상에 너무 바짝 다가가 앉지 않고 실험 기구와 어느 정도 거리를 유지하면서 하는 것이 안전합니다.

**3~4** 글을 읽고, 물음에 답하시오.

> **갯벌을 보존해야 하는 까닭**
> 넷째, 갯벌은 기후를 조절하고 홍수를 줄여 주는 역할을 합니다. 갯벌 흙은 물을 많이 흡수해 저장했다가 내보내는 기능을 합니다. 그러므로 갯벌은 비가 많이 오면 빗물을 저장해 갑작스러운 홍수를 막아 줍니다. 그리고 주변 온도와 습도에 따라 물을 흡수하고 내보내는 역할을 알맞게 수행해 기후를 알맞게 만들어 줍니다.

**3** 이 문단을 대표하는 문장을 정리하여 쓰시오. [5점]

**4** 제목을 보고 알 수 있는 글쓴이의 생각을 쓰시오. [5점]

**5** 보기 에서 서로 뜻이 반대인 낱말들을 골라 그 낱말들을 넣어 문장을 만들어 쓰시오. [5점]

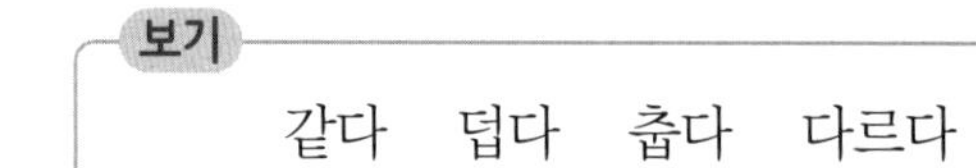


**6** 다음 문단의 내용을 간추려 쓰시오. [5점]

> 마지막으로, 옛날에는 자연에서 얻은 실로 짠 옷감으로 옷을 만들었지만 오늘날에는 합성 섬유로 옷을 만드는 경우가 많다. 우리 조상은 식물이나 누에고치에서 실을 뽑아 옷감을 얻었다. 식물에서 뽑은 실로 짠 옷감으로는 삼베, 모시, 무명 따위가 있고, 누에고치에서 뽑은 실로 짠 옷감으로는 비단이 있다. 오늘날에는 옛날처럼 자연에서 얻은 실로 옷감을 짜기도 하지만 공장에서 만든 합성 섬유에서 옷감을 더 많이 얻는다.

## 2. 중심 생각을 찾아요

| 3학년 반 | 점수 |
|---|---|
| 이름 | /30점 |

정답과 해설 ● 45쪽



| 관련 성취 기준 | 문단과 글의 중심 생각을 파악한다. |
|---|---|
| 평가 목표 | 글을 읽고 중심 생각을 찾는다. |

**1~3** 중심 생각을 찾으며 다음 글을 읽어 봅시다.

### 갯벌을 보존해야 하는 까닭

❶ 셋째, 갯벌은 육지에서 나오는 오염 물질을 분해해 좋은 환경을 만듭니다. 갯벌은 겉으로는 그냥 진흙탕처럼 보이지만 작은 생물이 갯벌에 많이 살고 있습니다. 이 생물들은 오염 물질 분해가 잘 이루어지게 합니다. 갯벌에서 흔히 사는 갯지렁이도 오염 물질 분해를 돕습니다.

❷ 넷째, 갯벌은 기후를 조절하고 홍수를 줄여 주는 역할을 합니다. 갯벌 흙은 물을 많이 흡수해 저장했다가 내보내는 기능을 합니다. 그러므로 갯벌은 비가 많이 오면 빗물을 저장해 갑작스러운 홍수를 막아 줍니다. 그리고 주변 온도와 습도에 따라 물을 흡수하고 내보내는 역할을 알맞게 수행해 기후를 알맞게 만들어 줍니다.

❸ 갯벌의 환경은 특별하고 다양합니다. 갯벌과 그 속에 사는 여러 생물은 자연과 사람을 위해 좋은 역할을 많이 합니다. 그러므로 갯벌은 쓸모없는 땅이 아니라 우리와 함께 살아가는 소중한 장소입니다. 소중한 갯벌을 잘 보존해야겠습니다.

**1** 갯벌이 어떻게 좋은 환경을 만드는지 쓰시오. [10점]

**2** 문단 ❶, ❷의 중심 문장을 정리해 쓰시오. [10점]

| | |
|---|---|
| (1) 문단 ❶ | |
| (2) 문단 ❷ | |

**3** 글쓴이가 글 전체에서 말하고 싶은 생각을 한 문장으로 쓰시오. [10점]

3학년 반 점수
이름

**1** 자신이 겪은 일 가운데에서 기억에 남는 일이 무엇인지, 그 일이 기억에 남는 까닭은 무엇인지 쓰시오.

| | |
|---|---|
| (1) 기억에 남는 일 | |
| (2) 기억에 남는 까닭 | |

**2** 기억에 남는 일을 정리하면 좋은 점이 아닌 것은 어느 것입니까? ( )

① 자신이 한 일을 되돌아볼 수 있다.
② 기억에 남는 일을 글로 쓸 수 있다.
③ 기억에 남는 일을 자세히 떠올릴 수 있다.
④ 어떤 내용을 말하거나 쓸지 점검할 수 있다.
⑤ 자신이 겪은 일을 친구가 겪은 일과 비교할 수 있다.

**3~5** 글을 읽고, 물음에 답하시오.

"주혁이가 열이 많이 나는구나. 아무래도 장염에 걸린 것 같다. ㉠이번 가을에만 두번째네."

아빠께서 걱정스럽게 말씀하셨다. 주혁이는 얼굴을 찡그리며 힘들어했다. 아빠께서 병원에 갈 채비를 하시는 동안 나는 주혁이 옆에 앉아 있었다.

"누나, 나 아파."

㉡주혁이가눈물이 그렁그렁한 얼굴로 말했다.

"병원 다녀오면 금방 나을 거야."

나는 주혁이의 이마에 차가운 물수건을 얹어 주었다.

마음이 아팠다. 동생이 얼른 나았으면 좋겠다.

**3** '내'가 겪은 일은 무엇입니까? ( )

① 동생이 아팠다.
② '내'가 장염에 걸렸다.
③ 동생과 놀다가 다투었다.
④ 동생을 울려서 아빠께 꾸중을 들었다.
⑤ 아빠가 아프셔서 함께 병원에 다녀왔다.

**4** '내'가 왜 문제 3번에서 답한 일을 골라 글을 썼을지 그 까닭으로 알맞은 것을 두 가지 고르시오. ( , )

① 매일 똑같이 겪는 일이기 때문이다.
② 실제로 겪은 일을 쓴 것이 아니기 때문이다.
③ 동생을 걱정하는 마음이 기억에 남았기 때문이다.
④ 자신의 생각이 나타나 있지 않은 일이기 때문이다.
⑤ 동생이 아픈 일은 평소와 달리 특별하게 생긴 일이기 때문이다.

**5** ㉠, ㉡을 띄어쓰기에 맞게 각각 고쳐 쓰시오.

(1) ㉠'이번 가을에만 두번째네.'
→ ( )

(2) ㉡'주혁이가눈물이 그렁그렁한 얼굴로 말했다.'
→ ( )

**6** 다음 문장을 바르게 띄어 쓴 것은 어느 것입니까? ( )

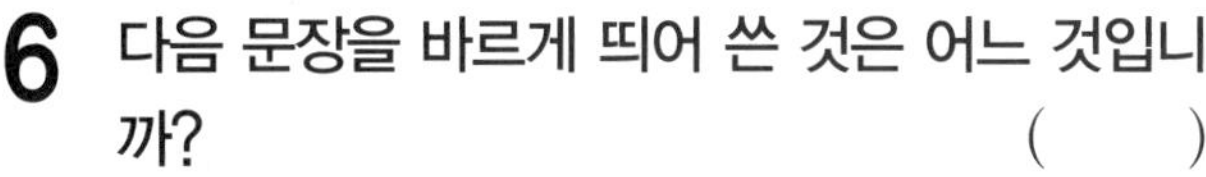
책을읽으면지식이쌓인다.

① 책을읽으면 지식이쌓인다.
② 책을 읽으면지식이 쌓인다.
③ 책을 읽으면 지식이 쌓인다.
④ 책 을 읽으면 지식 이 쌓인다.
⑤ 책을 읽으 면 지식이 쌓 인다.

**7** 인상 깊은 일을 글로 쓰는 방법으로 알맞지 않은 것은 어느 것입니까? ( )

① 무슨 일이 있었는지 쓴다.
② 왜 그런 마음이 들었는지 쓴다.
③ 항상 즐거웠던 일만 글로 쓴다.
④ 그때 어떤 마음이 들었는지 쓴다.
⑤ 언제, 어디에서, 누구와 있었던 일인지 떠올려 쓴다.

**8** 글을 쓴 후 고쳐쓰기를 하면 좋은 점에 모두 ○표를 하시오.

(1) 잘못된 띄어쓰기나 표현을 고칠 수 있다. ( )
(2) 모르는 낱말의 뜻을 짐작할 수 있다. ( )
(3) 자신이 전하고자 하는 내용을 효과적으로 표현했는지 확인할 수 있다. ( )

국어 활동

**9** 다음 그림의 각 상황에 알맞은 문장을 선으로 연결하시오.

(1)  •

(2)  •

• ① 나물좀 줘.
• ② 나물 좀 줘.
• ③ 자연 보호를 위해 오늘 밤 나무를 심자.
• ④ 자연 보호를 위해 오늘 밤나무를 심자.

**10** 기억에 남는 일 다섯 가지를 중심으로 만든 우리 반 소식지를 평가하는 기준으로 알맞지 않은 것은 어느 것입니까? ( )

① 생각이나 느낌이 드러나 있는지 확인한다.
② 어려운 표현을 많이 사용했는지 살펴본다.
③ 있었던 일이 구체적으로 나타나 있는지 살펴본다.
④ 언제, 어디에서, 누구와 있었던 일인지를 밝혔는지 확인한다.
⑤ 기억에 남는 일 다섯 가지가 골고루 들어가 있는지 확인한다.

# 단원 평가 2회

## 3. 자신의 경험을 글로 써요

3학년 반 점수

이름

**1** 기억에 남는 일을 정리하지 않고 친구들에게 말했을 때 어려운 점을 쓰시오.

( )

**2** 자신이 겪은 일 중 기억에 남는 일로 글을 쓰기 위해 내용을 정리하려고 합니다. 빈칸에 알맞은 말을 쓰시오.

- 언제, (1) ( )에서, 누구와 있었던 일인지 정리한다.
- 어떤 (2) ( )(이)나 느낌이 들었는지 생각한다.

**3** 다음 그림을 본 친구들의 반응으로 알맞지 않은 것의 기호를 쓰시오.

㉠ 서연이는 평소처럼 일어나서 학교에 갔고 친구와 놀았구나.
㉡ 그런데 그날따라 한밤중에 동생이 아팠나 봐.
㉢ 동생이 아팠던 일을 글로 쓴다면 그 일을 겪었을 때의 마음보다는 동생이 아파한 과정을 자세히 쓰겠어.

( )

**4~5** 글을 읽고, 물음에 답하시오.

㉮ ㉠"아이고,배야."

동생 주혁이가 끙끙 앓는 소리에 잠에서 깼다.

"열이 39도가 넘잖아! 배도 많이 아파하고, 큰 일이네."

걱정스럽게 말씀하시는 아빠의 목소리도 들렸다. 나는 눈을 비비고 자리에서 일어났다.

㉯ "주혁이가 열이 많이 나는구나. 아무래도 장염에 걸린 것 같다. 이번 가을에만 두 번째네."

아빠께서 걱정스럽게 말씀하셨다. 주혁이는 얼굴을 찡그리며 힘들어했다. 아빠께서 병원에 갈 채비를 하시는 동안 나는 주혁이 옆에 앉아 있었다.

㉡"누나,나 아파."

주혁이가 눈물이 그렁그렁한 얼굴로 말했다.

"병원 다녀오면 금방 나을 거야."

나는 주혁이의 이마에 차가운 물수건을 얹어 주었다.

마음이 아팠다. 동생이 얼른 나았으면 좋겠다.

**4** 이 글에서 알 수 있는 '나'의 마음은 어떠합니까? ( )

① 귀찮다. ② 부럽다.
③ 걱정된다. ④ 피곤하다.
⑤ 뿌듯하다.

서술형

**5** ㉠, ㉡에서 공통으로 '내'가 잘못 띄어쓰기한 점을 쓰고, 각 문장을 바르게 띄어 쓰시오.

(1) '내'가 잘못 띄어쓰기한 점: ____________

____________

(2) 바르게 띄어 쓴 것

- ㉠: ____________
- ㉡: ____________

**6** 다음 중 띄어 써야 할 부분에 ∨표를 바르게 넣은 것은 무엇입니까? ( )

① 하늘∨이∨맑고∨푸르다.
② 오늘은∨날씨가∨무척∨더웠다.
③ 책∨을∨읽으면∨지식이∨쌓인다.
④ 우정∨은∨예쁘게∨가꿀수록∨좋다.
⑤ 나는∨한가지∨아이스크림을∨골랐다.

**7** 인상 깊은 일을 글로 쓸 때, 제목을 정하는 방법을 바르게 말한 사람을 모두 쓰시오.

> 영미: 어떤 마음을 표현하고 싶은지 생각해서 정하는 것이 좋아.
> 준섭: 꼭 글에서 가장 많이 나오는 낱말로 제목을 정하는 것이 좋아.
> 혜주: 자신이 가장 하고 싶은 말이 무엇인지 생각해서 정하는 것이 좋아.

( )

국어 활동

**8** 다음 글에서 알 수 있는 내용이 아닌 것은 무엇입니까? ( )

> 지난주 월요일에 우리 반은 희망 목장으로 현장 체험학습을 갔다. 희망 목장에서는 내가 좋아하는 피자와 치즈를 만들 수 있다. 학교에서 출발해서 시간이 흘러 드디어 목장에 도착했다. 도착하자마자 피자 만들기 체험장에 들어갔다. 우리는 모둠별로 의자에 앉았다. 먼저, 밀가루 반죽을 동그랗게 만들고 여러 가지 재료를 그 위에 올려놓았다. 피자가 구워질 동안 우리는 치즈 만들기 체험장에 갔다.

① 누가 ② 언제
③ 무엇을 ④ 어디에서
⑤ 생각이나 느낌

**9** 자신이 쓴 글을 친구와 바꾸어 읽고 고칠 점을 생각한 것으로 알맞지 않은 것은 무엇입니까? ( )

① 글을 길게 썼는지 확인한다.
② 올바른 띄어쓰기를 했는지 살펴본다.
③ 있었던 일을 자세히 썼는지 확인한다.
④ 어떤 생각이나 느낌이 들었는지를 썼는지 살펴본다.
⑤ 친구들이 이해하기 쉽고 재미있는 표현을 썼는지 살펴본다.

**10** 지금까지 우리 반에서 있었던 일로 우리 반 소식지를 만들려고 합니다. 소식지에 들어갈 내용으로 알맞은 것을 두 가지 고르시오. ( , )

① 개학식 때 새 친구를 만났다.
② 집에서 엄마와 함께 양파 키우기를 했다.
③ 동네 친구들과 놀이터에서 미끄럼틀을 탔다.
④ 주말에 형과 실내 수영장에 가서 수영을 했다.
⑤ 반 친구들과 국립과학관으로 현장 체험학습을 갔다.

# 서술형 평가

## 3. 자신의 경험을 글로 써요

3학년 반 점수

이름 /30점

정답과 해설 ● 47쪽

**1** 자신이 하루 동안 겪은 일 가운데에서 어떤 일을 글로 쓰고 싶은지 쓰시오. [6점]

**2~3** 글을 읽고, 물음에 답하시오.

"아이고, 배야."

동생 주혁이가 끙끙 앓는 소리에 잠에서 깼다.

"열이 39도가 넘잖아! 배도 많이 아파하고, 큰 일이네."

걱정스럽게 말씀하시는 아빠의 목소리도 들렸다. 나는 눈을 비비고 자리에서 일어났다.

"아빠, 무슨 일이에요?"

나는 주혁이 머리맡에 앉아 계신 아빠 옆으로 다가갔다.

"주혁이가 열이 많이 나는구나. 아무래도 장염에 걸린 것 같다. 이번 가을에만 두 번째네."

아빠께서 걱정스럽게 말씀하셨다. 주혁이는 얼굴을 찡그리며 힘들어했다. 아빠께서 병원에 갈 채비를 하시는 동안 나는 주혁이 옆에 앉아 있었다.

"누나, 나 아파."

주혁이가 눈물이 그렁그렁한 얼굴로 말했다.

**2** '나'에게 어떤 일이 있었는지 쓰시오. [6점]

**3** 이 글에 나온 다음 문장에서 '두' 다음에 오는 말을 띄어 쓴 까닭은 무엇인지 쓰시오. [6점]

이번 가을에만 두∨번째네.

**4** 띄어쓰기를 바르게 하면 좋은 점은 무엇인지 쓰시오. [6점]

**5** 서준이는 일 년 동안 경험한 일 가운데에서 인상 깊은 일로 다음 글을 썼습니다. 글을 읽고 고쳐 쓸 점을 한 가지 쓰시오. [6점]

지난 추석, 나는 시골 할아버지 댁의 과수원에서 직접 사과를 따 보았다. 사과를 직접 따 본 것은 처음이었다. 사과를 많이 따서 바구니가 무거웠지만 할아버지 댁까지 혼자 힘으로 들고 왔다.

# 수행 평가 3. 자신의 경험을 글로 써요

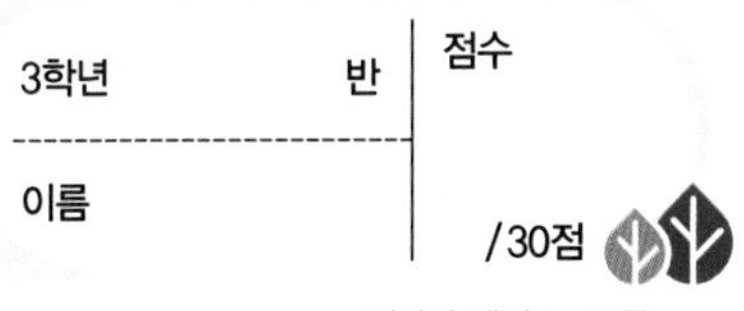


정답과 해설 ● 47쪽



| 관련 성취 기준 | 시간의 흐름에 따라 사건이나 행동이 드러나게 글을 쓴다. |
|---|---|
| 평가 목표 | 인상 깊은 일로 글을 쓸 수 있다. |

**1** 자신의 경험에서 인상 깊은 일을 한 가지 떠올려 다음 표에 정리하시오. [10점]

| | |
|---|---|
| 언제, 어디에서, 누구와 있었던 일인가요? | • 언제: (1)<br>• 어디에서: (2)<br>• 누구와: (3) |
| 무슨 일이 있었나요? | (4) |
| 어떤 마음이 들었나요? | (5) |
| 왜 그런 마음이 들었나요? | (6) |

**2** 문제 1번에서 정리한 내용을 바탕으로 인상 깊은 일로 한 편의 글을 쓰시오. [20점]

3학년 반 | 점수
이름

**1** 다음 대상에 어울리는 감각적 표현이 아닌 것은 어느 것입니까? ( )

① 와삭
② 매끈매끈
③ 동글동글
④ 꼬불꼬불
⑤ 아삭아삭

**2~3** 시를 읽고, 물음에 답하시오.

> 내 몸에
> 불덩이가 들어왔다.
> —뜨끈뜨끈.
> 불덩이를 따라
> 몹시 추운 사람도 들어왔다.
> —오들오들.
>
> 약을 먹고 나니
> ㉠느릿느릿,
> 거북이도 들어오고
> ㉡까무룩,
> 잠꾸러기도 들어왔다.

**2** 이 시의 말하는 이는 감기약을 먹고 몸이 무거워진 것을 무엇이 들어왔다고 표현했습니까? ( )

① 불덩이 ② 거북이
③ 잠꾸러기 ④ 얼음덩이
⑤ 몹시 추운 사람

**3** ㉠, ㉡은 무엇을 흉내 내는 말인지 알맞은 것에 ○표를 하시오.

- ㉠, ㉡은 ( 소리 , 모양 )을/를 흉내 내는 말이다.

국어 활동

**4** 다음 노랫말을 읽고 떠오르는 장면이나 느낌을 쓰시오.

> 너구 나구 살구나무
> 따끔따끔 가시나무
> 갓난아기 자작나무
> 앵돌아져 앵두나무

**5** 다음 시에서 지구가 대답해 준다고 표현한 까닭은 무엇입니까? ( )

> 강가 고운 모래밭에서
> 발가락 옴지락거려
> 두더지처럼 파고들었다.
>
> 지구가 간지러운지
> 굼질굼질 움직였다.
>
> 아, 내 작은 신호에도
> 지구는 대답해 주는구나.
>
> 그 큰 몸짓에
> 이 조그마한 발짓
> 그래도 지구는 대답해 주는구나.

① 땅이 크게 흔들렸기 때문에
② 모래에 글씨로 대답을 썼기 때문에
③ 지구가 직접 목소리를 냈기 때문에
④ 두더지가 모래를 파는 것을 보았기 때문에
⑤ 모래의 움직임을 지구가 움직이는 것으로 생각했기 때문에

**6~7** 글을 읽고, 물음에 답하시오.

> 우리 엄마는 피아노 선생님이에요.
> 그래서 엄마의 제자 중에서 내가 제일 잘 치기를 원하지만 난 그렇지 못해요.
> 이날은 엄마가 내 탓이 아니라며 딴 데서 핑계를 찾았어요. 피아노 음이 맞지 않는다고요. 조율이 안 됐다고 말이에요.
> 난 방으로 올라가서 투명 인간 책을 읽었어요.
> 정말이지 투명 인간처럼 되고 싶어요.
> 학교에서 돌아와 보니 검은 선글라스를 낀 아저씨가 피아노 앞에 몸을 숙인 채 앉아 있었어요. 밖엔 비가 오는데 선글라스를 끼고 말이에요.
> "누구세요?"
> 내가 물었어요.
> "안녕, 나는 피아노 조율사 블링크란다. 넌 누구니?"
> "전 피아니스트 에밀이에요."
> 아저씨가 웃었어요.

**6** 에밀은 무엇이 되고 싶어 하는지 쓰시오.

( )

**7** 다음 원인에 대한 결과로 알맞은 것은 무엇입니까? ( )

> 피아노 음이 맞지 않았다.

① 피아노를 교체하였다.
② 에밀이 직접 피아노를 분해했다.
③ 에밀이 블링크 아저씨에게 도움을 요청했다.
④ 에밀이 피아노 음이 맞지 않는 것에 불만을 터뜨렸다.
⑤ 블링크 아저씨가 집에 찾아와 피아노 음을 맞추었다.

**8~9** 글을 읽고, 물음에 답하시오.

> "질문 하나 해도 돼요?"
> "물론이지, 에밀."
> "조금 전에 어떻게 저란 걸 아셨어요? 앞이 보이지 않으시면서요."
> 아저씨는 웃으며 말했어요.
> "그래, 난 태어날 때부터 앞을 보지 못했지. 그 대신 어릴 적부터 다른 감각들이 아주 발달되어 있단다. 촉각, 후각, 미각, 청각 이런 것들 말이야. 아까 네가 현관문을 열 때 너희 집 냄새와 네 바지가 구겨지는 소리, 그 밖에 설명하기 애매한 것들로 너란 걸 알았어."
> "그러면 제가 투명 인간이어도 알아채실 수 있어요?"
> ㉠"에밀, 넌 나에게 투명 인간이란다."

**8** 아저씨는 어떻게 자기 집에 온 사람이 에밀이라는 것을 알 수 있었습니까? ( )

① 에밀이 투명 인간이어서
② 에밀이 아저씨의 눈에 띄어서
③ 에밀이 큰 소리로 인사를 해서
④ 에밀이 그 시간에 오기로 약속을 해서
⑤ 에밀네 집 냄새와 바지 구겨지는 소리를 통해 짐작해서

논술형

**9** 아저씨가 ㉠과 같이 말한 까닭은 무엇일지 짐작하여 쓰시오.

**10** '자전거'를 떠올리고 그 느낌을 소리나 모양을 흉내 내는 말로 표현하려고 합니다. 빈칸에 알맞은 말을 쓰시오.

• ( ) 달리는 자전거

# 단원 평가 2회 4. 감동을 나타내요

3학년 반 점수
이름

**1** 다음과 같은 감각적 표현이 어울리는 대상에 ○표를 하시오.

| 푹신푹신　　보들보들 |
|---|

| (1) (　　) | (2) (　　) | (3) (　　) |
|---|---|---|

**2** 다음 시에서 '몹시 추운 사람'이 들어왔다고 말한 까닭은 무엇입니까? (　　)

내 몸에
불덩이가 들어왔다.
—뜨끈뜨끈.
불덩이를 따라
몹시 추운 사람도 들어왔다.
—오들오들.

약을 먹고 나니
느릿느릿,
거북이도 들어오고
까무룩,
잠꾸러기도 들어왔다.

내 몸에
너무 많은 것들이 들어왔다.
그래서
내 몸이 아주 무거워졌다.

① 약을 먹고 몸이 무거워져서
② 다른 사람에게 감기가 옮아서
③ 문을 열자 찬 바람이 들어와서
④ 감기에 걸려 몸이 오들오들 떨려서
⑤ 매우 추운 겨울에 있었던 일이어서

국어 활동

**3** 다음 노랫말에서 초승달은 무엇이 되겠다고 했는지 그 대상을 모두 찾아 쓰시오.

초승달아 초승달아 무엇이 되련?
풀 베는 아저씨 낫이 되련다

초승달아 초승달아 무엇이 되련?
어여쁜 언니 머리빗이 되련다

(　　　　　　　　　　)

**4~5** 시를 읽고, 물음에 답하시오.

강가 고운 모래밭에서
발가락 옴지락거려
두더지처럼 파고들었다.

지구가 간지러운지
굼질굼질 움직였다.

아, 내 작은 신호에도
지구는 대답해 주는구나.

**4** 이 시의 말하는 이는 무엇을 하고 있습니까? (　　)

① 두더지를 찾고 있다.
② 강가에서 물놀이를 하고 있다.
③ 강가 모래밭에 발을 대 보고 있다.
④ 친구와 간지럼을 태우며 놀고 있다.
⑤ 친구와 묻고 답하기 놀이를 하고 있다.

**5** 이 시에 나타난 감각적 표현을 한 가지 찾아 쓰시오.

(　　　　　　　　　　)

**6~7** 글을 읽고, 물음에 답하시오.

> 난 할아버지네 토마토를 블링크 아저씨 집에 가져갔어요.
> 아저씨는 맛있게 먹었어요.
> "이건 붉은색이에요."
> 내가 말했어요. 그러자 아저씨는 피아노 한 곡을 쳤어요.
> "나한테는 이게 붉은색이란다!"
> 진짜였어요. 왜 그런지 설명하기는 어렵지만 딱 붉은색인 곡이었어요.
> 나는 아저씨를 풀밭에 데려가 걸었어요.
> 그러자 아저씨는 아코디언을 가져와 즉석에서 딱 초록색인 곡을 연주했어요.
> 이건 우리 사이의 놀이가 되었어요.
> 나는 아저씨에게 색깔을 알려 주려고 애를 썼고, 아저씨는 내게 색깔을 연주해 주려고 애를 썼어요.

**6** '나'와 블링크 아저씨가 한 놀이에 대한 설명으로 알맞은 것을 두 가지 고르시오. ( , )

① '내'가 아저씨에게 맛이나 피부의 느낌으로 색깔을 알려 드린다.
② 아저씨가 자신이 기억하는 색깔을 '나'에게 설명한다.
③ '내'가 아저씨에게 한 가지 색깔만 여러 가지 방법으로 알려 드린다.
④ 아저씨가 색깔에 대한 자신의 느낌을 악기로 연주한다.
⑤ '나'는 색깔을 가장 잘 나타내는 대상에 아저씨의 손을 갖다 댄다.

**7** 이와 같은 글을 읽고 생각이나 느낌을 표현하는 방법을 한 가지 쓰시오.
( )

**8~9** 글을 읽고, 물음에 답하시오.

> 엄마는 내 피아노 실력이 늘었다고 좋아했어요.
> 그럴 수밖에요. 난 블링크 아저씨가 돌아오면 세상 모든 색을 들려주려고 많이 연습했으니까요.
> 어느 날, 학교에서 돌아온 나는 눈이 휘둥그레졌어요.
> 진짜 투명 인간을 봤거든요.
> 투명 인간은 거실에 앉아 엄마와 얘기하고 있었어요.
> 얼굴을 붕대로 칭칭 감은 것이 책과 똑같았어요.
> "에밀, 네 피아노 실력이 늘었다며?"
> 블링크 아저씨의 목소리였어요.

**8** '내'가 피아노 연습을 많이 한 까닭은 무엇입니까? ( )

① 엄마께 칭찬을 듣고 싶어서
② 투명 인간을 만나고 싶어서
③ 학교에서 대회에 나가게 되어서
④ 유명한 피아니스트가 되고 싶어서
⑤ 블링크 아저씨가 돌아오면 세상 모든 색을 들려주고 싶어서

**9** 거실에 있던 투명 인간은 누구였는지 쓰시오.
( )

서술형

**10** 다음 시에서 '천둥소리'를 무엇처럼 표현했는지 쓰시오.

> **천둥소리**
>
> 하늘에 사는 아이들도
> 체육 시간이 있나 보다
>
> 우르르 쿵쾅,
> 운동장으로 / 뛰쳐나가는 소리

4 단원

# 서술형 평가

## 4. 감동을 나타내요

3학년 반 점수
이름 /30점

정답과 해설 ● 49쪽

**1** 다음 대상을 관찰하고 그 느낌을 감각적 표현을 넣어 쓰시오. [5점]

**2~3** 시를 읽고, 물음에 답하시오.

내 몸에
불덩이가 들어왔다.
—뜨끈뜨끈.
불덩이를 따라
몹시 추운 사람도 들어왔다.
—오들오들.

약을 먹고 나니
㉠느릿느릿,
거북이도 들어오고
㉡까무룩,
잠꾸러기도 들어왔다.

**2** 이 시의 말하는 이가 감기약을 먹고 몸이 무거워진 상태를 어떻게 표현하였는지 찾아 쓰시오. [5점]

**3** ㉠'느릿느릿'과 ㉡'까무룩'을 빼고 읽을 때와 넣고 읽을 때, 느낌이 어떻게 다른지 쓰시오. [5점]

**4~5** 글을 읽고, 물음에 답하시오.

나는 간식을 먹다가 결심했어요.
아저씨에게 색깔을 가르쳐 주기로요.
블링크 아저씨에게 알려 주기 위해 나는 색깔을 떠올리는 것을 찾아봤어요.
가장 초록색인 것은 맨발로 걸을 때 발가락 사이로 살살 삐져나오는 촉촉한 풀잎이에요.
가장 붉은색인 것은 할아버지 밭에서 나는 토마토 맛이에요.
가장 푸른색인 것은 옆집 수영장에서 헤엄치는 것이에요.
가장 흰 것은 여름에 푹 자고 열 시쯤에 일어났을 때예요.

**4** '내'가 색깔을 떠올리는 것을 찾아본 까닭은 무엇인지 쓰시오. [5점]

**5** 자신이라면 푸른색을 어떻게 표현하고 싶은지 쓰시오. [5점]

**6** 다음 대상을 떠올리고 그 느낌을 다른 대상에 빗대어 표현해 보시오. [5점]

◀ 밤송이

# 4. 감동을 나타내요

3학년 반 | 점수
이름 | /30점

정답과 해설 ● 49쪽

4 단원

| 관련 성취 기준 | 시각이나 청각 등 감각적 표현에 주목하며 작품을 감상한다. |
|---|---|
| 평가 목표 | 시를 읽고 감각적 표현을 말할 수 있다. |

**1~3** 감각적 표현을 생각하며 시를 읽어 봅시다.

**감기**

내 몸에
불덩이가 들어왔다.
—뜨끈뜨끈.
불덩이를 따라
몹시 추운 사람도 들어왔다.
—오들오들.

㉠ 약을 먹고 나니
느릿느릿,
거북이도 들어오고
까무룩,
잠꾸러기도 들어왔다.

내 몸에
너무 많은 것들이 들어왔다.
그래서
내 몸이 아주 무거워졌다.

**1** 말하는 이의 몸은 어떤 상태인지 쓰시오. [10점]

**2** ㉠ 부분에서 감각적 표현을 찾아 쓰고, 이와 같이 표현한 까닭을 짐작하여 쓰시오. [10점]

| (1) 감각적 표현 | |
|---|---|
| (2) 이와 같이 표현한 까닭 | |

**3** 이 시에 대한 자신의 생각이나 느낌을 시의 내용을 예로 들어 쓰시오. [10점]

# 단원 평가 1회

## 5. 바르게 대화해요

3학년 반 점수
이름

**1** 대화 ㉮, ㉯에서 진수가 잘못한 점은 무엇인지 선으로 이으시오.

(1) 대화 ㉮ • • ① 상대의 기분을 생각하지 않고 말했다.

(2) 대화 ㉯ • • ② 높임 표현을 사용하지 않고 말했다.

**2** 다른 사람과 대화할 때 고려해야 할 점으로 알맞지 않은 것은 무엇입니까? ( )

① 상대의 말을 잘 듣는다.
② 상대가 누구인지 생각한다.
③ 어떤 대화 상황인지 생각한다.
④ 자신의 기분만 생각해서 말한다.
⑤ 대화하는 목적이 무엇인지 생각한다.

**3** 다음 대화에서 ( )에 들어갈 알맞은 표현에 ○표를 하시오.

**4** 다음 전화 대화에서 민지가 밑줄 그은 부분처럼 말한 까닭은 무엇입니까? ( )

(전화벨이 울린다.)
민지: 여보세요?
지원: 여보세요, 민지 있나요?
민지: 제가 민지인데, 누구신가요?
지원: 나, 지원이야.

① 전화가 잘못 걸려와서
② 상대의 말투가 기분 나쁘게 들려서
③ 상대의 목소리가 잘 들리지 않아서
④ 전화 통화를 하고 싶은 기분이 아니어서
⑤ 전화를 건 상대가 자신이 누구인지를 밝히지 않아서

**5** 다음 중 전화 대화의 특징을 모두 골라 기호를 쓰시오.

㉠ 전화를 거는 사람과 받는 사람이 있다.
㉡ 듣고 있음을 나타내는 말을 해야 한다.
㉢ 자신이 누구인지 밝히지 않아도 상대가 알 수 있다.
㉣ 상대가 상황을 볼 수 없기 때문에 정확하고 구체적으로 표현해야 한다.

( )

서술형

**6** 다음 그림에서 남자아이 주변 사람들의 표정이 좋지 않은 까닭은 무엇인지 쓰시오.

국어 활동

**7** 다음 대화 ㉮와 ㉯ 중에서 바르게 전화 대화한 것을 골라 기호를 쓰시오.

㉮

㉯

대화 (　　　)

**8** 다음 상황에서 강이에게 어울리는 표정은 무엇입니까? (　　)

노란 옷을 입고 노란 우산을 쓴 강이를 보고 훈이가 유치원생 같다고 놀리는 상황

① 속상한 표정　② 행복한 표정
③ 미안한 표정　④ 즐거운 표정
⑤ 기대하는 표정

**9** 다음 상황에 어울리는 인물의 표정, 몸짓, 말투로 알맞지 않은 것은 무엇입니까? (　　)

훈이가 어두운 색 옷을 입고 우산을 쓴 채 앞을 잘 보지 않고 뛰어가다가 교통사고가 날 뻔한 상황

| | |
|---|---|
| 강이 | • ① 놀라고 걱정하는 표정<br>• ② 당황해서 발을 동동 구르는 몸짓 |
| 훈이 | • ③ 울먹거리는 목소리<br>• ④ 운전자 아저씨에게 공손히 인사하는 몸짓 |
| 운전자 아저씨 | • ⑤ 놀라며 떨리는 목소리<br>• 다친 데가 없는지 살피는 몸짓 |

**10** 다음은 미나가 할아버지와 전화 대화를 하는 상황입니다. 미나의 표정, 몸짓, 말투로 알맞지 않은 것은 무엇입니까? (　　)

미나: 할아버지, 가장 좋아하시는 음식이 뭐예요?
할아버지: 음식? 어떤 음식?
미나: 불고기, 김밥 같은 음식요.
할아버지: 응, 할아버지는 된장찌개가 최고야.

① 높임 표현을 쓴다.
② 공손한 목소리로 말한다.
③ 부드럽게 웃으며 말한다.
④ 상대가 하는 말을 끝까지 듣는다.
⑤ 상대가 하는 말에 집중하지 않는다.

# 단원 평가 2회 5. 바르게 대화해요

3학년 반 점수

이름

서술형

**1** 다음 대화에서 수정이와 통화를 하던 진수가 당황했다면, 그 까닭은 무엇일지 쓰시오.

**2** 다음 대화 ㉮, ㉯에서 진영이가 같은 뜻이지만 형태가 다르게 말하는 까닭은 무엇입니까? ( )

㉮

㉯

① 대화 상대가 다르기 때문에
② 대화하는 장소가 다르기 때문에
③ 대화할 때의 기분이 다르기 때문에
④ 고마운 마음의 정도가 다르기 때문에
⑤ 대화하는 사람의 수가 다르기 때문에

**3~4** 그림을 보고, 물음에 답하시오.

**3** 대화 ㉮와 ㉯에서 승민이의 대화 상대는 각각 누구인지 선으로 이으시오.

(1) 대화 ㉮ • • ① 선생님

(2) 대화 ㉯ • • ② 친구

**4** 대화 ㉮에서 승민이가 한 말을 대화 ㉯의 상황에서 한다면 어떻게 말해야 할지 쓰시오.

( )

**5** 다음 대화에서 지원이는 어떻게 말해야 할지 빈칸에 알맞은 말을 쓰시오.

• 전화로는 상황을 볼 수 없기 때문에 정확하고 ( )(으)로 표현해야 합니다.

**6** 다음 전화 대화의 마지막에서 할머니께서 당황하신 까닭은 무엇입니까? ( )

> (전화벨이 울린다.)
> 유진: 여보세요?
> 할머니: 유진이냐? 할머니다.
> 유진: 네, 할머니! 안녕하세요?
> 할머니: 그래. 여기는 괜찮은데, 요즘 한국은 많이 덥지?
> 유진: 네, 많이 더워요.
> 할머니: 네 엄마는?
> 유진: 시장에 장 보러 가셨어요.
> 할머니: 엄마 오시면 할머니가 이번 토요일에 한국에 간다고 전해 다오.
> 유진: 네. (전화를 끊는다. 전화 끊는 소리 "찰칵 뚜뚜뚜…….")
> 할머니: 세 시까지 공항에 데리러 오라고 말해야 하는데…….

① 전화를 건 사람이 누구인지 몰라서
② 유진이가 너무 큰 목소리로 말해서
③ 유진이가 계속 자신이 할 말만 해서
④ 유진이가 상대가 누구인지 확인하지도 않고 말해서
⑤ 할머니께서 하실 말씀이 남아 있는데 유진이가 그것을 듣지 않고 갑자기 전화를 끊어서

**7** 전화로 대화할 때 지켜야 할 예절로 알맞지 <u>않은</u> 것은 무엇입니까? ( )

① 공공장소에서는 작은 목소리로 말한다.
② 내용을 정확하고 구체적으로 표현한다.
③ 상대가 하는 말은 앞부분만 자세히 듣는다.
④ 자신이 누구인지 밝히고 상대가 누구인지 확인한다.
⑤ 상대의 얼굴을 보지 않고 이야기하므로 더 공손하게 말한다.

**8** 다음 장면에 어울리는 인물의 표정, 몸짓, 말투가 <u>아닌</u> 것은 무엇입니까? ( )

친구가 차가 오는지 보지 않고 횡단보도로 뛰어가는 것을 본 장면

① 놀란 표정 ② 당황한 표정
③ 다급한 목소리 ④ 타이르는 목소리
⑤ 뛰어가며 잡으려는 몸짓

국어 활동

**9** 다음 대화에서 어머니에게 어울리는 표정이나 말투를 찾아 ○표를 하시오.

(1) 손뼉을 치며 기쁜 표정으로 ( )
(2) 팔짱을 낀 채로 눈을 흘기며 ( )
(3) 미안해하며 걱정하는 목소리로 ( )

**10** 대화 ㉮와 ㉯ 중 왼쪽 여자 아이가 높임 표현을 써서 대화해야 하는 상황은 무엇인지 기호를 쓰시오.

대화 ( )

# 서술형 평가

## 5. 바르게 대화해요

| 3학년 반 | 점수 |
| --- | --- |
| 이름 | /30점  |

정답과 해설 ● 51쪽

**1** 대화할 때 고려해야 할 점을 생각하여 밑줄 그은 진수의 말을 바르게 고쳐 쓰시오. [6점]

엄마: 진수야, 몸은 좀 괜찮니?
진수: <u>엄마, 어제보다 많이 좋아졌어. 내일은 학교에 갈 거야.</u>
엄마: 그래.

**2** 다음 대화에서 승민이의 대화 태도가 어떠한지 쓰시오. [6점]

**3** 다음 대화에서 지원이가 지켜야 할 대화 예절을 쓰시오. [6점]

(전화벨이 울린다.)
민지: 여보세요?
지원: 여보세요, 민지 있나요?
민지: 제가 민지인데, 누구신가요?
지원: 나, 지원이야.

**4** 다음 대화에서 지수가 전화로 대화할 때 지켜야 할 예절은 무엇인지 쓰시오. [6점]

어제 우리 반 회의에서 책 당번을 정하기로 했잖아. 내 생각에는 책 당번을 일주일에 한 번씩 바꾸는 건 잘못된 것 같아.…… 내 생각에는 하루에 한 번씩 책 당번을 바꾸는 게 맞아.

지수에게 내 생각을 언제 말하지?

▲ 지수 ▲ 정아

**5** 다음 장면을 표현할 때에는 어떤 표정, 몸짓, 말투가 어울리는지 생각하여 쓰시오. [6점]

친구가 차가 오는지 보지 않고 횡단보도로 뛰어가는 것을 본 장면

| | |
| --- | --- |
| (1) 표정 | |
| (2) 몸짓 | |
| (3) 말투 | |

# 수행 평가 5. 바르게 대화해요

3학년 반 이름 점수 /30점

정답과 해설 ● 51쪽

| 관련 성취 기준 | 언어 예절을 생각하며 바르게 대화한다. |
|---|---|
| 평가 목표 | 대상에 따라 알맞은 높임 표현을 사용해 말할 수 있다. |

**1** 다음 대화에서 승민이가 할 말로 알맞은 표현에 ○표를 하고, 그 표현을 고른 까닭을 쓰시오. [10점]

**2** 다음 대화에서 밑줄 그은 부분이 잘못된 까닭을 쓰고, 알맞은 표현으로 고쳐 쓰시오. [10점]

(1) 잘못된 까닭

(2) 알맞은 표현

**3** 대화 ㉮에서 승민이가 한 말을 대화 ㉯의 상황에서 쓴다면 어떻게 바꾸어 말해야 할지 쓰시오. [10점]

# 단원 평가 1회

## 6. 마음을 담아 글을 써요

3학년 반 점수
이름

**1~2** 그림을 보고, 물음에 답하시오.

**1** 약속 시간에 늦어서 뛰어가는 남자아이의 마음으로 알맞은 것은 무엇입니까? ( )

① 신난 마음 ② 즐거운 마음
③ 서운한 마음 ④ 미안한 마음
⑤ 설레는 마음

**2** 뛰어가는 남자아이가 기다린 친구에게 해야 할 말을 보기 에서 찾아 기호를 쓰시오.

보기
㉠ 정말 미안해.
㉡ 왜 이렇게 일찍 온 거야?
㉢ 많이 늦지 않았으니까 괜찮지?

( )

**3~4** 그림을 보고, 물음에 답하시오.

**3** 그림 ❶~❹를 보고 규리가 한 일이나 겪은 일의 기호를 차례대로 쓰시오.

㉠ 사회 시간에 발표할 차례가 다가옴.
㉡ 음악 시간에 짝에게 리코더 연주 방법을 가르쳐 줌.
㉢ 아침에 더 자고 싶은데 엄마께서 깨우시는 바람에 억지로 일어남.
㉣ 수업이 끝나고 집으로 가다가 놀이터에서 수호네 강아지를 만나 강아지의 하얀 털을 쓰다듬어 줌.

( )→( )→( )→( )

**4** 규리가 한 일이나 겪은 일을 생각해 볼 때, 그림 ❶~❹에서 규리의 마음은 어떻게 변하였을지 선으로 이으시오.

(1) 그림 ❶ • • ① 행복한 마음
(2) 그림 ❷ • • ② 속상한 마음
(3) 그림 ❸ • • ③ 걱정스러운 마음
(4) 그림 ❹ • • ④ 자랑스러운 마음

국어 활동

**5** 다음 이야기 속 인물의 말이나 행동으로 알 수 있는 남자아이의 마음을 쓰시오.

( )

**6~7** 글을 읽고, 물음에 답하시오.

친구들이 책가방을 향해 얍체공을 던졌어요. 박 터뜨리기 연습을 하고 있는 거예요. 운동회가 코앞으로 다가왔지만 기찬이는 멀찍이 앉아 물끄러미 친구들을 쳐다보았어요.

'치, 하나도 재미없어!'

기찬이는 운동에 자신이 없었거든요. 심술이 나 돌멩이를 발로 뻥 차 버렸어요. 그런데 기찬이가 찬 돌멩이가 그만 책가방을 맞혀 버렸어요.

"으악!"

공책과 연필이 친구들의 머리 위로 우수수 쏟아졌어요.

"나기찬, 방해하지 말고 집에나 가!"

머리에 혹이 난 친구들이 화가 나서 한마디씩 거들었어요. 기찬이는 사과를 하려고 했지만 할 말이 생각나지 않았어요.

"난 운동회가 정말 싫어!"

기찬이는 교문 밖으로 후다닥 달려 나갔어요.

**6** 기찬이가 돌멩이를 발로 뻥 차 버린 까닭은 무엇입니까? ( )

① 친구들이 기찬이를 놀려서
② 같이 운동을 할 친구들이 없어서
③ 친구들의 책가방을 맞혀 보고 싶어서
④ 운동회 준비를 기찬이만 하고 있어서
⑤ 운동에 자신이 없는데 운동회가 다가와서 심술이 나서

**7** 이 글에서 알 수 있는 기찬이의 마음으로 알맞은 것을 두 가지 고르시오. ( , )

① 운동회 날이 기다려진다.
② 학교 수업이 끝나서 기쁘다.
③ 운동을 잘 못해서 속상하다.
④ 돌멩이로 책가방을 맞힌 게 신기하다.
⑤ 친구들에게 사과를 제대로 못 해서 당황스럽다.

**8~9** 내용을 보고, 물음에 답하시오.

주은이가 딱지치기를 하다가 마음대로 되지 않자 원호에게 "다시 해!", "집에 갈 거야!"와 같은 예의 없는 말과 행동을 하였다. 주은이는 화가 난 원호에게 사과를 하려고 한다.

6 단원

**8** 주은이가 원호에게 사과하려는 까닭은 무엇입니까? ( )

① 원호의 딱지를 다 따 버려서
② 원호가 사과를 해 달라고 말해서
③ 원호와 더 이상 놀고 싶지 않아서
④ 원호가 자신 때문에 선생님께 혼나서
⑤ 원호에게 예의 없이 말하고 행동해서

논술형

**9** 원호가 다음과 같은 주은이의 사과를 듣고 사과를 받지 않았다면 그 까닭은 무엇일지 쓰시오.

**10** 상대에게 마음을 전하는 쪽지를 쓰고 난 뒤 살펴볼 내용이 아닌 것에 ○표를 하시오.

(1) 상대에게 하고 싶은 말을 따지듯이 썼다. ( )
(2) 앞으로 바라는 점이나 자신의 다짐을 썼다. ( )
(3) 있었던 일과 그때 자신의 기분을 솔직하게 썼다. ( )

3학년 반 점수

이름

**1** 다음 그림의 빈칸에 들어갈 마음을 전하는 말을 쓰시오.

**2** 다음 중 다른 사람에게 자신의 마음을 전할 때 주의할 점을 두 가지 골라 ○표를 하시오.

(1) 하고 싶은 말이 생기면 생각나는 대로 바로 말한다. ( )

(2) 상대의 마음을 헤아리며 자신의 생각과 마음을 말한다. ( )

(3) 말하기 전에 이 말을 하면 상대의 기분이 어떨지 생각한다. ( )

**3** 그림 ㉮와 ㉯에서 규리의 마음은 어떻게 변했을지 쓰시오.

(1) ➡ (2)

**4~6** 글을 읽고, 물음에 답하시오.

> ㉮ 기찬이의 제비뽑기 순서가 다가왔어요. 기찬이는 '이어달리기'가 쓰인 쪽지를 뽑았어요. 울상이 된 기찬이를 보고 친구들이 몰려들었어요.
> "안 봐도 질 게 뻔해!"
> "어떡해! 이어달리기가 가장 점수가 높은데!"
> ㉯ 출발 신호가 떨어졌어요. 백군 친구들은 쌩쌩 잘도 달렸어요. 기찬이네 반 친구들은 걱정이 앞섰어요. 청군은 이미 반 바퀴나 뒤처지고 있었어요.
> "진 거나 마찬가지야! 다음엔 거북이 나기찬인 걸!"
> 아무도 기찬이를 응원하지 않고 딴전을 부렸어요. 기찬이는 이를 악물고 뛰었어요. 하지만 점점 뒤처지기만 할 뿐이었어요.

**4** 기찬이에게 일어난 일을 두 가지 고르시오. ( , )

① 이어달리기 선수로 뽑혔다.
② 친구들의 힘찬 응원을 받았다.
③ 이를 악물고 뛰었지만 뒤처졌다.
④ 이어달리기에서 점점 앞서 달렸다.
⑤ 선생님을 도와 운동회 준비를 하였다.

서술형

**5** 글 ㉮에서 기찬이의 마음은 어떠하였을지 쓰시오.

**6** 글 ㉯에서 달리기를 하는 기찬이의 마음으로 알맞은 것은 무엇입니까? ( )

① 뿌듯한 마음 ② 속상한 마음
③ 행복한 마음 ④ 즐거운 마음
⑤ 자랑스러운 마음

**7** 다음과 같은 상황에서 주은이가 원호에게 사과하는 쪽지를 쓰려고 합니다. 쪽지에 들어가면 좋을 내용을 세 가지 골라 기호를 쓰시오.

▲ 주은이가 딱지치기를 하다가 마음대로 되지 않자 원호에게 "다시 해!", "집에 갈 거야."와 같은 예의 없는 말과 행동을 했습니다.

㉠ 주은이가 원호에게 바라는 마음을 쓴다.
㉡ 다른 친구와 원호를 비교하는 내용을 쓴다.
㉢ 주은이와 원호에게 어떤 일이 있었는지 쓴다.
㉣ 주은이가 원호에게 드는 자신의 감정을 솔직하게 쓴다.

( )

**8** 친구에게 사과하는 쪽지를 쓸 때 주의할 점으로 알맞지 않은 것은 무엇입니까? ( )

① 정성껏 바른 글씨로 쓴다.
② 자신의 감정을 솔직하게 쓴다.
③ 진심을 담아서 자신의 마음을 표현한다.
④ 친구에게 전하고 싶은 마음을 장난치듯 편하게 표현한다.
⑤ 읽는 사람의 마음을 헤아려 읽는 사람의 기분이 상하지 않게 글을 쓴다.

국어 활동

**9** 다음 말을 다른 사람의 마음을 헤아리며 자신의 마음을 전하는 말로 알맞게 고친 것을 보기 에서 골라 기호를 쓰시오.

(1) 네가 물통을 건드려서 그림을 망쳤잖아! ➡ 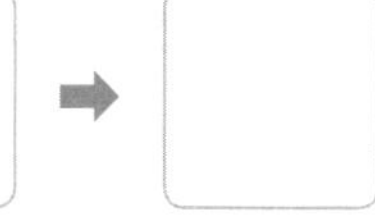

(2) 너는 왜 그렇게 준비물을 안 가져오니? ➡ 

보기
㉠ 네가 준비물을 안 가져오면 내가 많이 걱정돼.
㉡ 너는 맨날 준비물을 안 가져와서 선생님께 혼나는구나.
㉢ 너 때문에 물통에 물을 쏟아서 그림을 망쳤으니까 네가 책임져.
㉣ 네가 물통을 건드리는 바람에 그림을 망쳐서 내가 많이 속상해.

6 단원

**10** '마음을 전하는 우리 반' 행사에서 자신의 마음을 바르게 전한 친구를 쓰시오.

10월 넷째 주에 '마음을 전하는 우리 반'이라는 이름으로 각 반에서 행사를 합니다. '마음을 전하는 우리 반'은 자신의 마음을 다른 사람에게 전하는 행사입니다. 이때에는 친구들뿐만 아니라 주위 사람들에게 고마운 마음, 존경하는 마음, 미안한 마음 따위를 전할 수 있습니다.

호준: 짝에게 오늘 있었던 일을 알리는 쪽지를 썼어.
선미: 선생님께 존경하는 마음을 전하는 편지를 썼어.
민규: 부모님께 받고 싶은 선물을 적은 쪽지를 드렸어.

( )

3학년 반 이름 | 점수 /30점

정답과 해설 ● 53쪽

**1** 달리기를 하다 넘어진 친구에게 마음을 전하는 말을 쓰시오. [6점]

**2~3** 글을 읽고, 물음에 답하시오.

가 "규리야, 얼른 일어나. 학교 가야지!"
엄마 목소리가 귀에 울려 퍼졌다.
"5분만요."
"지금 안 일어나면 지각이야."
엄마 손이 이불을 걷어 냈다.
"아이참! 엄마, 알았다고요."

나 어디선가 강아지 소리가 들려왔다.
자세히 보니 옆집 수호네 엄마께서 강아지를 데리고 산책을 나오셨다. 너무너무 반가웠다. 수호네 강아지는 털이 하얗고 조그만 강아지여서 내가 아주 귀여워한다. 나는 수호 엄마께 반갑게 인사한 뒤에 수호네 강아지의 하얀 털을 조심조심 쓰다듬어 주었다.

**2** 글 가와 나에서 규리가 한 일이나 겪은 일을 쓰고 그때의 마음을 쓰시오. [6점]

| (1) 글 가 | |
|---|---|
| (2) 글 나 | |

**3** 글 가와 나 중 하나를 골라 비슷한 경험을 떠올려 규리에게 하고 싶은 말을 쓰시오. [6점]

**4** 다음 상황에서 친구들과 기찬이의 마음을 헤아려 쓰시오. [6점]

백군의 마지막 선수와 청군의 세 번째 선수 기찬이가 같은 자리를 뛰고 있었어요. 이호가 화장실에 가 버리는 바람에 기찬이의 다음에는 아무도 없었어요. 그런데 누군가 기찬이를 가리키며 소리쳤어요.
"어? 나기찬이 이기고 있어!"
백군의 마지막 선수와 같이 달리고 있는 기찬이를 보고 친구들이 착각을 한 거예요.
"뛰어라, 나기찬!"
"달려라, 나기찬!"
기찬이는 어리둥절했어요. 친구들이 목청껏 자신의 이름을 부르고 있었으니까요. 기찬이는 눈을 질끈 감고 발바닥에 불이 나도록 내달렸어요. 기찬이가 마지막 백군 선수보다 한발 앞서 나갔어요.
"기적이야! 우리가 이겼어!"
기찬이네 반 친구들이 신이 나서 외쳤어요.
"나기찬!"

| (1) 친구들의 마음 | |
|---|---|
| (2) 기찬이의 마음 | |

**5** 주은이가 다음과 같은 상황에서 원호에게 사과하는 쪽지를 쓴다면, 쪽지에 어떤 내용이 들어가야 할지 한 가지를 쓰시오. [6점]

주은이가 딱지치기를 하다가 마음대로 되지 않자 원호에게 "다시 해!", "집에 갈 거야!"와 같은 예의 없는 말과 행동을 하였다.

# 6. 마음을 담아 글을 써요

3학년 반 | 점수
이름 | /30점

정답과 해설 ● 53쪽



| 관련 성취 기준 | 읽는 사람의 마음을 고려하며 자신의 생각을 글로 쓴다. |
|---|---|
| 평가 목표 | 읽는 사람을 생각하며 마음을 전하는 글을 쓸 수 있다. |

**1~2** 인물의 마음을 생각하며 그림을 살펴봅시다.

▲ 주은이가 딱지치기를 하다가 마음대로 되지 않자 원호에게 "다시 해!", "집에 갈 거야."와 같은 예의 없는 말과 행동을 해서 원호는 화가 났습니다.

▲ 주은이는 원호에게 사과를 해야겠다고 생각했습니다.

▲ 원호는 주은이가 말로는 사과한다고 했지만 표정이나 분위기, 말한 내용이나 행동이 사과하는 것처럼 느껴지지 않아서 사과를 받지 않고 가 버렸습니다.

▲ 주은이는 친구들의 비법을 보고 사과 쪽지를 써서 원호에게 주었고, 원호는 주은이의 사과를 받아 주었습니다.

**1** 장면 ①, ②에서 인물의 마음이 어떠했을지 쓰시오. [10점]

| (1) 장면 ①에서 원호의 마음 | |
|---|---|
| (2) 장면 ②에서 주은이의 마음 | |

**2** 주은이가 되어 원호에게 사과하는 쪽지를 쓰시오. [20점]

# 단원 평가 1회

## 7. 글을 읽고 소개해요

3학년 반 점수

이름

**1~2** 글을 읽고, 물음에 답하시오.

'앉아서 하는 피구'는 공 하나로 교실에서 쉽게 즐길 수 있는 놀이이다. 먼저 교실에 있는 책상을 모두 뒤로 밀어 가로로 긴 네모 모양으로 피구장을 만든다. 그다음에는 학급 친구 전체를 두 편으로 나누고 두 편 대표가 가위바위보를 해서 먼저 공격할 쪽을 정한다.

규칙은 피구와 같지만 앉은 자세로 하는 것이 특징이다. 공을 굴리는 사람이나 피하는 사람 모두 앉은 자세로 해야 한다. 앉은 자세에서 무릎을 한쪽이라도 펴서 일어나는 자세가 되면 누구든 피구장 밖으로 나가야 한다. 상대를 맞힐 때에는 공을 바닥에 굴려서 맞혀야 한다. 공을 튀기거나 던져서 맞히면 맞은 사람은 밖으로 나가지 않는다. 공을 피할 때에는 옆으로 이동해 피하거나, 무릎을 가슴에 붙여 앉은 자세로 뜀을 뛰어 피할 수 있다.

굴린 공이 아무도 맞히지 못하고 벽에 닿으면, 수비하던 친구가 공을 잡아 공격할 기회를 얻는다. 그러나 굴린 공이 벽에 닿기도 전에 잡으면 공에 맞은 것과 똑같이 밖으로 나가야 한다.

**1** 이 글에서 소개하는 놀이의 이름은 무엇인지 쓰시오.

( )

**2** 이 글에서 소개한 놀이를 하는 방법으로 알맞지 않은 것은 무엇입니까? ( )

① 상대를 맞힐 때에는 공을 바닥에 굴린다.
② 공을 굴리는 사람이나 피하는 사람 모두 앉은 자세로 한다.
③ 굴린 공이 벽에 닿기 전에 잡으면 수비하던 친구가 공격할 기회를 얻는다.
④ 앉은 자세에서 무릎을 한쪽이라도 펴서 일어나는 자세가 되면 밖으로 나간다.
⑤ 공을 피할 때에는 무릎을 가슴에 붙여 앉은 자세로 뜀을 뛰어 피할 수 있다.

**3~5** 글을 읽고, 물음에 답하시오.

국기에는 그 나라의 자연이 담겨 있어.
캐나다에는 설탕단풍 나무가 많이 자라.
설탕단풍 나무는 캐나다처럼 추운 날씨에 잘 자라거든. / 가을에 붉은색으로 단풍이 들면 얼마나 고운지 몰라. / 캐나다 사람들은 설탕단풍 나무에서 나오는 즙으로 달콤한 메이플시럽을 만들어 먹기도 해. / 그래서 캐나다 사람들은 국기에 빨간 단풍잎을 그려 넣었어.

서술형

**3** 캐나다 국기에 자연이 담겨 있다고 한 까닭을 쓰시오.

**4** 이 글에서 소개하는 대상에 대한 이야기를 알맞게 말하지 못한 친구는 누구인지 쓰시오.

소희: 국기에는 그 나라의 자연이 담겨 있대.
경훈: 메이플시럽은 어떤 맛일지 궁금해. 한 번 맛보고 싶어.
나영: 캐나다 국기에 왜 빨간 단풍잎이 그려져 있는지 이제야 알겠어.

( )

**5** 이와 같은 책을 소개하는 방법으로 알맞지 않은 것은 무엇입니까? ( )

① 노랫말을 책을 소개하는 내용으로 바꾸어 부른다.
② 책을 읽고 기억에 남는 문장을 책갈피 앞쪽에 써서 소개한다.
③ 책을 읽고 감동 받은 부분을 나만 알 수 있는 그림으로 그려 소개한다.
④ 책을 읽고 새롭게 안 내용을 정리해 그림으로 보여 주며 책을 소개한다.
⑤ 책 내용과 관련된 물건을 책 보물 상자에 넣고 하나씩 꺼내며 소개한다.

국어 활동

**6** 다음 글을 소개하기 위해 책 보물 상자에 넣을 물건과 그것을 고른 까닭을 선으로 이으시오.

> 영롱이는 작은 우산 하나로 비를 피하며 걸었다. 드문드문 가로등이 켜져 있었지만 경사진 골목길은 어둡기만 했다.
> '이러다 온몸이 다 젖겠는걸? 그냥 지름길로 갔다 올까? 아니야, 밤에는 너무 어두워서 무서워.'
> 낮에 우현이와 다투다가 그만 공터에 가방을 두고 왔다. 학생이 가방을 내팽개치고 다닌다며 엄마에게 한바탕 꾸중을 들은 터라 무섭지만 꾹 참고 집을 나섰다.

(1)  • • ① 비가 올 때 ○○을 써도 옷이 젖은 기억이 있어.

(2) 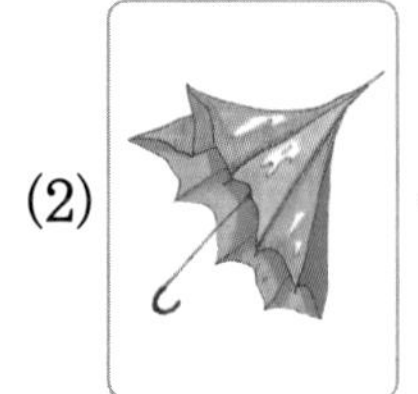 • • ② 친구들과 놀다가 ○○을 두고 와서 깜짝 놀란 적이 있어.

**7~9** 글을 읽고, 물음에 답하시오.

> 오늘은 학교에서 『바위나리와 아기별』이라는 책을 읽었다. ㉠앞표지에 있는 바위나리와 아기별 그림이 무척 예뻐서 내용이 궁금했기 때문이다. 이 책은 바위나리와 아기별의 우정 이야기이다.
> 바위나리는 바닷가에 핀 아름다운 꽃이었다. 하지만 친구가 없어 늘 외로웠다. 어느 날 밤, 아기별이 하늘에서 내려와 둘은 친구가 되었고, 바위나리와 아기별은 밤마다 만나 즐겁게 놀았다.
> 그러던 어느 날, 병이 든 바위나리를 간호하던 아기별은 너무 늦게 하늘 나라로 올라가 그 벌로 다시는 바닷가에 내려오지 못했다. 아기별을 기다리던 바위나리는 점점 시들다가 그만 바람이 세게 불어 바다로 날려 갔다. 아기별은 밤마다 울다가 빛을 잃어 바다로 떨어졌다.

**7** 이 글과 같이 책을 읽은 뒤에 책을 읽게 된 까닭, 책 내용, 인상 깊은 부분 등을 쓴 글을 무엇이라고 하는지 쓰시오.

( )

**8** ㉠에서 알 수 있는 독서 감상문의 특징은 무엇인지 쓰시오.

• 책을 읽게 된 ( )을/를 알 수 있습니다.

**9** 이 글에서 책 내용을 소개하는 부분이 아닌 것은 무엇입니까? ( )

① 이 책은 바위나리와 아기별의 우정 이야기이다.
② 바위나리와 아기별은 밤마다 만나 즐겁게 놀았다.
③ 아기별은 밤마다 울다가 빛을 잃어 바다로 떨어졌다.
④ 오늘은 학교에서 『바위나리와 아기별』이라는 책을 읽었다.
⑤ 병이 든 바위나리를 간호하던 아기별은 너무 늦게 하늘 나라로 올라가 그 벌로 다시는 바닷가에 내려오지 못했다.

**10** 독서 감상문에 쓸 내용을 이야기한 것 중, 알맞지 않은 것은 무엇입니까? ( )

① 책에서 인상 깊은 부분을 쓰면 좋겠어.
② 책을 어떻게 읽게 되었는지는 앞부분에 써야겠지?
③ 책 내용을 쓸 때에는 내용 전체를 빠짐없이 다 쓰는 것이 좋아.
④ 책을 읽고 가장 기억에 남는 부분을 쓰고 그 까닭을 함께 쓰려고 해.
⑤ 읽은 책의 제목을 써야지 친구들이 나중에 책을 찾아 읽어 볼 수 있을 거야.

# 단원 평가 2회

## 7. 글을 읽고 소개해요

3학년 반 점수

이름

**1~2** 글을 읽고, 물음에 답하시오.

'앉아서 하는 피구'는 공 하나로 교실에서 쉽게 즐길 수 있는 놀이이다. 먼저 교실에 있는 책상을 모두 뒤로 밀어 가로로 긴 네모 모양으로 피구장을 만든다. 그다음에는 학급 친구 전체를 두 편으로 나누고 두 편 대표가 가위바위보를 해서 먼저 공격할 쪽을 정한다.

규칙은 피구와 같지만 앉은 자세로 하는 것이 특징이다. 공을 굴리는 사람이나 피하는 사람 모두 앉은 자세로 해야 한다. 앉은 자세에서 무릎을 한쪽이라도 펴서 일어나는 자세가 되면 누구든 피구장 밖으로 나가야 한다. 상대를 맞힐 때에는 공을 바닥에 굴려서 맞혀야 한다. 공을 튀기거나 던져서 맞히면 맞은 사람은 밖으로 나가지 않는다. 공을 피할 때에는 옆으로 이동해 피하거나, 무릎을 가슴에 붙여 앉은 자세로 뜀을 뛰어 피할 수 있다.

**1** 이 글에서 소개하는 내용을 보기 에서 세 가지 골라 기호를 쓰시오.

보기
- ㉠ 놀이 이름
- ㉡ 놀이 규칙
- ㉢ 놀이 유래
- ㉣ 준비할 내용

( )

**2** 이와 같은 글을 읽고 친구에게 소개하면 좋은 점이 아닌 것에 ×표를 하시오.

(1) 새로운 사실을 알려 줄 수 있다. ( )

(2) 친구의 좋지 않은 습관을 알 수 있다. ( )

(3) 읽은 글의 내용을 잘 정리할 수 있다. ( )

(4) 소개하면서 친구들과 많은 이야기를 나눌 수 있다. ( )

**3~5** 글을 읽고, 물음에 답하시오.

일본에 나라를 빼앗긴 시대에는 태극기를 마음대로 사용하지 못했어.

일본이 태극기 사용을 금지했거든.

하지만 우리는 독립하려고 열심히 싸울 때마나 태극기를 힘차게 휘날렸어.

마침내 1945년에 나라를 되찾았고, 그동안 무늬가 조금씩 달랐던 태극기는 1949년에 지금의 태극기 모습으로 정해졌어.

우리나라 사람들의 평화를 사랑하는 마음은 태극기의 흰색에 담겨 있어.

태극 문양은 조화로운 우주를 뜻하고, 네 모서리의 사괘는 하늘, 땅, 물, 불을 나타낸 거야.

**3** 지금의 태극기 모습이 정해진 때는 언제인지 쓰시오.

( )

**4** 태극기에 담긴 뜻으로 알맞은 것을 각각 선으로 이으시오.

| | |
|---|---|
| (1) 흰색 바탕 • | • ① 조화로운 우주 |
| (2) 태극 문양 • | • ② 하늘, 땅, 물, 불 |
| (3) 사괘 • | • ③ 평화를 사랑하는 마음 |

**5** 다음 장면은 이 글을 읽고 무엇을 소개하고 있는 것인지 쓰시오.

( )

7 단원

**6~8** 글을 읽고, 물음에 답하시오.

> 나는 이 책에서 바위나리를 그리워하며 울다가 빛을 잃은 아기별이 하늘 나라에서 쫓겨나 바다로 떨어진 장면이 가장 기억에 남는다. 왜냐하면 살아 있을 때에는 만나지 못하다가 죽은 뒤에야 같이 있을 수 있게 된 것이 너무 슬펐기 때문이다. 바위나리는 몸이 아파 아기별을 만나지 못해 너무 슬펐다. 얼마나 슬펐으면 가슴이 미어졌을까?
>
> 이 책을 읽고 주위에 바위나리처럼 외로운 친구가 있는지 생각해 보았다. 그리고 그 친구에게 아기별과 같은 친구가 되어야겠다는 생각이 들었다. 나는 바위나리와 아기별의 우정이 아름다우면서도 안타깝고 슬펐다.

**6** 이 글에서 알 수 있는 독서 감상문의 특징을 두 가지 고르시오. ( , )

① 책의 제목
② 인상 깊은 부분
③ 책을 읽게 된 까닭
④ 책을 소개하고 싶은 까닭
⑤ 책을 읽은 뒤에 든 생각이나 느낌

**7** 이 글에서 글쓴이의 생각이 나타난 부분이 아닌 것은 무엇입니까? ( )

① 아기별과 같은 친구가 되어야겠다는 생각이 들었다.
② 주위에 바위나리처럼 외로운 친구가 있는지 생각해 보았다.
③ 나는 바위나리와 아기별의 우정이 아름다우면서도 안타깝고 슬펐다.
④ 바위나리를 그리워하며 울다가 빛을 잃은 아기별이 하늘 나라에서 쫓겨나 바다로 떨어졌다.
⑤ 살아 있을 때에는 만나지 못하다가 죽은 뒤에야 같이 있을 수 있게 된 것이 너무 슬펐기 때문이다.

서술형

**8** 이와 같은 독서 감상문으로 교실을 꾸미려고 할 때, 어떤 방법으로 꾸밀지 쓰시오.

______________________________

______________________________

국어 활동

**9** 글 ㉮~㉱에 드러나는 독서 감상문의 특징을 각각 선으로 이으시오.

> ㉮ 나는 음악을 좋아한다. 그래서 도서관에 가면 음악에 대한 책을 자주 찾는다. 이번에는 악기에 대한 책을 읽고 독서 감상문을 썼다.
> ㉯ 책에는 여러 가지 타악기가 나와 있었다. 트라이앵글, 탬버린, 북, 심벌즈는 내가 이미 알고 있는 타악기였다.
> ㉰ 책에서 읽은 타악기 가운데에서 마라카스가 가장 기억에 남는다. 마라카스는 '마라카'라는 열매를 말려서 그 속에 말린 씨를 넣고 흔들어서 소리를 낸다.
> ㉱ 책을 읽고 나서 나도 타악기를 하나 만들어 보고 싶다는 생각을 했다.

(1) 글 ㉮ • • ① 책 내용
(2) 글 ㉯ • • ② 인상 깊은 부분
(3) 글 ㉰ • • ③ 책을 읽게 된 까닭
(4) 글 ㉱ • • ④ 책을 읽은 뒤에 든 생각이나 느낌

**10** 독서 감상문을 쓰는 방법으로 알맞은 것을 두 가지 골라 ○표를 하시오.

(1) 책 제목을 쓴다. ( )
(2) 책을 읽게 된 까닭을 쓴다. ( )
(3) 책을 읽은 장소와 시간을 쓴다. ( )
(4) 책을 쓴 사람을 반드시 소개한다. ( )

# 서술형 평가

## 7. 글을 읽고 소개해요

3학년 반 / 이름 / 점수 /30점

정답과 해설 • 55쪽

**1~2** 글을 읽고, 물음에 답하시오.

> '앉아서 하는 피구'는 공 하나로 교실에서 쉽게 즐길 수 있는 놀이이다. 먼저 교실에 있는 책상을 모두 뒤로 밀어 가로로 긴 네모 모양으로 피구장을 만든다. 그다음에는 학급 친구 전체를 두 편으로 나누고 두 편 대표가 가위바위보를 해서 먼저 공격할 쪽을 정한다.
>
> 규칙은 피구와 같지만 앉은 자세로 하는 것이 특징이다. 공을 굴리는 사람이나 피하는 사람 모두 앉은 자세로 해야 한다. 앉은 자세에서 무릎을 한쪽이라도 펴서 일어나는 자세가 되면 누구든 피구장 밖으로 나가야 한다.

**1** 이 글에서 소개하는 놀이를 정리하여 쓰시오. [6점]

| | |
|---|---|
| (1) 놀이 이름 | |
| (2) 준비할 내용 | |
| (3) 규칙 | |

**2** 이 글과 같이 자신이 알고 있는 놀이를 친구들에게 소개해 보시오. [6점]

**3** 글을 읽고 친구에게 소개하면 좋은 점을 한 가지만 쓰시오. [6점]

**4** '책 보여 주며 말하기'로 책을 소개하는 장면을 보고, 어떤 내용을 소개하였는지 쓰시오. [6점]

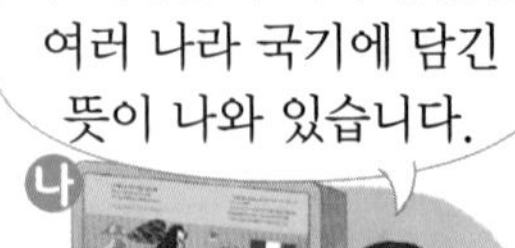

| 장면 | 소개하는 내용 |
|---|---|
| (1) 가 | |
| (2) 나 | |
| (3) 다 | |
| (4) 라 | |

**5** 다음 글 가와 나에서 알 수 있는 독서 감상문의 특징을 쓰시오. [6점]

> 가 오늘은 학교에서 『바위나리와 아기별』이라는 책을 읽었다. 앞표지에 있는 바위나리와 아기별 그림이 무척 예뻐서 내용이 궁금했기 때문이다.
>
> 나 나는 이 책에서 바위나리를 그리워하며 울다가 빛을 잃은 아기별이 하늘 나라에서 쫓겨나 바다로 떨어진 장면이 가장 기억에 남는다.

# 수행 평가

## 7. 글을 읽고 소개해요

3학년 반 점수

이름 /30점

정답과 해설 ● 55쪽



| 관련 성취 기준 | 읽기 경험과 느낌을 다른 사람과 나누는 태도를 지닌다. |
|---|---|
| 평가 목표 | 독서 감상문의 특징을 찾고 읽은 책에 대하여 독서 감상문을 쓸 수 있다. |

**1~2** 독서 감상문의 특징을 생각하며 글을 읽어 봅시다.

㉮ 오늘은 학교에서 『바위나리와 아기별』이라는 책을 읽었다. 앞표지에 있는 바위나리와 아기별 그림이 무척 예뻐서 내용이 궁금했기 때문이다.

㉯ 바위나리는 바닷가에 핀 아름다운 꽃이었다. 하지만 친구가 없어 늘 외로웠다. 어느 날 밤, 아기별이 하늘에서 내려와 둘은 친구가 되었고, 바위나리와 아기별은 밤마다 만나 즐겁게 놀았다.

㉰ 나는 이 책에서 바위나리를 그리워하며 울다가 빛을 잃은 아기별이 하늘 나라에서 쫓겨나 바다로 떨어진 장면이 가장 기억에 남는다. 왜냐하면 살아 있을 때에는 만나지 못하다가 죽은 뒤에야 같이 있을 수 있게 된 것이 너무 슬펐기 때문이다.

㉱ 이 책을 읽고 주위에 바위나리처럼 외로운 친구가 있는지 생각해 보았다. 그리고 그 친구에게 아기별과 같은 친구가 되어야겠다는 생각이 들었다.

**1** 글쓴이가 읽은 책은 무엇인지 쓰시오. [10점]

( )

**2** 글 ㉮~㉱의 내용에 알맞은 독서 감상문의 특징을 선으로 이으시오. [10점]

| (1) 글 ㉮ | (2) 글 ㉯ | (3) 글 ㉰ | (4) 글 ㉱ |
|---|---|---|---|
| • | • | • | • |
| • | • | • | • |
| ① 책 내용 | ② 읽게 된 까닭 | ③ 생각이나 느낌 | ④ 인상 깊은 부분 |

**3** 읽은 책 가운데에서 한 권을 정해서 독서 감상문을 쓰시오. [10점]

3학년 반 점수

이름

**1~2** 글을 읽고, 물음에 답하시오.

> ㉮ 그날 밤도 할아버지는 여느 때처럼 어린이들을 위한 동시와 이야기를 쓰고 있었습니다. 잠시 바람을 쐬러 마당으로 나왔다가 순식간에 벌어진 일이었지요. 할아버지는 어쩔 줄 몰랐습니다.
> "어, 이야기 할아버지 아니세요? 어쩌다 이렇게 작아지셨어요?"
> ㉯ "글쎄, 나도 잘 모르겠다. 마당에 처음 보는 작은 열매가 있기에 먹어 보았을 뿐인데……."
> 베짱이는 할아버지 말을 듣고 이마를 '탁' 치며 말했습니다. / "그건 아마 '커졌다 작아졌다' 마법 열매였을 거예요!"

**1** 할아버지가 작아진 까닭은 무엇인지 쓰시오.

( )

**2** 이 글에서 시간을 나타내는 말을 찾아 쓰시오.

( )

**3~4** 글을 읽고, 물음에 답하시오.

> ㉮ 실 팔찌 만들기의 준비물은 매우 간단합니다. 서로 다른 색깔 털실 세 줄, 셀로판테이프만 있으면 됩니다.
> ㉯ 첫 번째, 서로 다른 색깔 실 세 가닥을 함께 잡고 매듭을 짓습니다. 실의 3~4센티미터를 남겨 두고 실 세 가닥을 한꺼번에 잡아 작은 원을 만듭니다. 그 뒤 짧은 쪽 실 세 가닥을 아까 만든 원 쪽으로 집어넣고 당기면 쉽게 매듭을 지을 수 있습니다.
> [ ㉠ ], 셀로판테이프로 매듭 위쪽을 책상에 붙입니다. 셀로판테이프는 실 팔찌를 만드는 동안 실이 움직이거나 꼬이지 않게 고정하는 역할을 합니다.
> [ ㉡ ], 실 세 가닥을 잡고 세 가닥 땋기를 합니다. 이때 자신이 원하는 길이보다 길게 땋아야 합니다.

**3** 이 글에 대한 설명으로 알맞지 않은 것은 무엇입니까? ( )

① 일 차례가 나타나 있다.
② 장소 변화를 알 수 있다.
③ 차례를 나타내는 말이 있다.
④ 일하는 방법을 알려 주는 글이다.
⑤ '실 팔찌 만들기'에 대해 설명한 글이다.

**4** ㉠과 ㉡에 들어갈 차례를 나타내는 말을 각각 쓰시오.

(1) ㉠: ( )
(2) ㉡: ( )

국어 활동

**5** 일하는 방법에 따라 내용을 파악하는 방법을 바르게 말한 친구를 쓰시오.

> 현주: 같은 장소에서 일어난 사건은 모두 같은 시간에 생긴 일이야.
> 예슬: 차례를 나타내는 말과 차례와 관련된 중요한 내용을 파악해야 해.
> 동진: 원인이 무엇이고 결과가 무엇인지 생각해 봐. 결과가 먼저 일어난 일이야.

( )

**6~7** 글을 읽고, 물음에 답하시오.

㉮ 토요일 아침 일찍 출발해서, 맨 처음 도착한 고창 관광지는 고인돌 박물관이었다. 고인돌 박물관에서는 영화와 유물들을 보면서 고인돌의 역사를 알 수 있었다.
㉯ 다음으로 간 곳은 동림 저수지 야생 동식물 보호 구역이었다. 동림 저수지는 겨울 철새가 많이 찾는 곳으로 우리 가족도 혹시 철새 떼의 춤을 볼 수 있을까 하는 기대로 방문해 보았다.
㉰ 마지막으로 고창의 유명한 절인 선운사를 방문했다. 선운사는 삼국 시대 때부터 지어진 오래된 절이다. 오래된 절답게 웅장한 건물과 많은 관광객이 있었다.

**6** 이 글은 어떤 방법으로 간추리는 것이 가장 효과적이겠습니까? ( )

① 생각 변화 ② 장소 변화
③ 장점과 단점 ④ 원인과 결과
⑤ 일하는 방법

**7** 글쓴이가 이동한 차례대로 기호를 쓰시오.

㉠ 선운사 ㉡ 동림 저수지
㉢ 고인돌 박물관

( ) → ( ) → ( )

**8~9** 글을 읽고, 물음에 답하시오.

점심시간이 끝난 오후 한 시, 소방서에서 병주가 가장 기대하던 소방관 체험으로 활동을 시작했다. 소방관 복장을 하고, 소방차를 타고 출동하고, 불이 난 곳에 물도 뿌렸다. 원래 소방관에는 관심이 없었는데, 체험해 보니 내 적성에도 잘 맞고 보람도 있어서 미래에 소방관이 되어도 좋겠다고 생각했다.
소방관 체험을 마치고 나서 시계를 보니 두 시가 조금 넘었다. 두 시 반까지 버스에 타기로 우리 반 선생님과 약속했기 때문에 아쉽지만 체험 활동을 끝낼 수밖에 없었다.

**8** 글쓴이가 소방관이 되어도 좋겠다고 생각한 까닭을 두 가지 고르시오. ( , )

① 보람을 느낄 수 있어서
② 소방관 복장이 잘 어울려서
③ 원래 소방관에 관심이 있어서
④ 체험해 보니 적성에 잘 맞아서
⑤ 소방차를 한 번 더 타 보고 싶어서

논술형

**9** 글쓴이처럼 직업 체험관에 견학을 간다면 어디에서 어떤 체험을 하고 싶은지 쓰시오.

| 체험하고 싶은 곳 | (1) |
|---|---|
| 하고 싶은 활동 | (2) |

**10** 다음 주제로 지역을 소개하는 글을 쓰려고 합니다. 준비할 내용이나 주의할 점으로 알맞지 않은 것은 무엇입니까? ( )

주제: 괴산의 특산물, 한지

① 한지를 만드는 방법을 일 차례대로 설명한다.
② 한지를 만드는 방법이 나온 사진이나 그림을 준비한다.
③ 이동하는 곳에 따라 달라지는 장소 변화가 드러나게 쓴다.
④ '첫 번째', '두 번째'와 같은 표현을 써서 일 차례를 설명한다.
⑤ 한지 박물관에 견학을 가거나 인터넷에서 한지 관련 내용을 찾아본다.

# 단원 평가 2회

## 8. 글의 흐름을 생각해요

3학년 반 점수
이름

**1~2** 글을 읽고, 물음에 답하시오.

가 베짱이는 별빛으로 날을 날고, 꽃빛으로 씨를 삼아 부지런히 베를 짰습니다. 베짱베짱 베틀이 분주히 움직일 때마다 베는 한 자 한 자 길어졌습니다.

나 "자, 할아버지. 이 베를 가지고 쥐들을 찾아가세요. 그러고는 '커졌다 작아졌다' 마법 열매와 바꾸자고 하세요."

다 할아버지가 베를 내주자, 쥐들은 할아버지에게 마법 열매를 주었습니다.

마루 밑에서 나온 할아버지는 열매를 입에 넣고 꿀꺽 삼켰습니다. 순간 할아버지 몸이 풍선처럼 부풀어 오르는 듯한 기분이 드는가 싶더니 본래 크기로 돌아왔습니다.

라 다음 날 밤, 이야기 할아버지 방으로 동네 아이들이 모여들었습니다. / 할아버지가 새로 지은 시 「베짱이」를 들려주신다고 했거든요.

**1** 이 이야기의 차례에 맞게 다음 그림에 번호를 쓰시오.

(1) ( ) (2) ( )

(3) ( ) (4) ( )

논술형

**2** 이야기 할아버지가 쓴 시 「베짱이」는 어떤 내용일지 쓰시오.

______________________________

______________________________

**3~4** 글을 읽고, 물음에 답하시오.

먼저, 병원에서 의사와 충분하게 상담한 뒤 자신의 증세에 맞는 감기약을 처방받습니다. 어른들이 먹는 감기약이나 언제 샀는지 모르는 감기약을 먹으면 오히려 더 큰 병에 걸릴 수도 있습니다. 어린이들이 감기약을 먹을 때에는 꼭 의사의 지시에 따릅니다.

감기약은 끝까지 먹는 게 좋습니다. 감기약을 먹다가 몸이 나았다고 생각해 그만 먹으면 안 됩니다. 중간에 마음대로 감기약을 먹지 않으면 감기가 더 심해지거나 나중에 감기약을 먹어도 낫지 않을 수 있으므로, 의사가 처방한 날짜만큼 먹어야 합니다.

**3** 이 글의 제목은 무엇일지 빈칸에 알맞은 말을 쓰시오.

• ( )을/를 먹는 방법

**4** 이 글의 내용을 간추리는 방법에 대해 바르게 이해한 친구는 누구인지 쓰시오.

선미: 이 글은 차례가 없으므로 주의할 점을 중심으로 간추려야겠다.
정민: 장소 변화에 따라 어떤 일이 일어났는지를 중심으로 간추려야겠다.

( )

**5~6** 글을 읽고, 물음에 답하시오.

가 동물원의 입구를 지나 가장 먼저 간 곳은 '곤충관'이었다. 곤충관에는 여러 지역의 곤충들이 전시되어 있었는데, 날개가 있는 동물로 나비와 벌, 메뚜기와 같은 곤충들이 있었다.

나 곤충관 바로 옆은 '야행관'이었는데 주로 밤에 활동하는 동물들이 있는 곳이었다. 야행관에도 날개가 있는 동물들이 있었다. 바로 박쥐와 올빼미였다.

**5** 이 글을 간추리는 방법으로 알맞은 것에 ○표를 하시오.

(1) 일 차례가 잘 드러나게 간추린다. (　　)
(2) 장소 변화에 따라 바뀌는 일을 중심으로 간추린다. (　　)
(3) 시간 변화에 따라 사건이 어떻게 변하는지 살핀다. (　　)

**6** 다음 중 이 글과 같은 흐름으로 쓸 수 있는 것은 무엇입니까? (　　)

① 요리 방법
② 놀이 규칙
③ 주말에 다녀온 곳
④ 우리 고장의 역사
⑤ 종이비행기 접는 방법

**7~8** 글을 읽고, 물음에 답하시오.

> ㉮ 소방관 체험을 마치고 나서 시계를 보니 두 시가 조금 넘었다. 두 시 반까지 버스에 타기로 우리 반 선생님과 약속했기 때문에 아쉽지만 체험활동을 끝낼 수밖에 없었다.
> ㉯ 선생님께서 말씀하셨다.
> "오늘 체험활동이 재미있었나요? 세상에는 직업 체험관에 있는 직업 외에도 수많은 직업이 있어요. 여러분이 앞으로 직업의 세계에 관심을 가지고 살펴본다면 여러분에게 딱 맞는 직업을 찾을 수 있을 거예요." / 선생님 말씀을 들으며 앞으로도 직업의 세계에 관심을 두어야겠다고 생각했다. 이번 체험은 내 미래를 진지하게 생각해 볼 수 있는 좋은 경험이 되었다.

**7** 글쓴이가 직업 체험관을 다녀와서 생각한 것은 무엇입니까? (　　)

① 세상에는 수많은 직업이 있다.
② 직업 체험관에 자주 와야겠다.
③ 직업의 세계에 관심을 두어야겠다.
④ 가족들과도 체험활동을 하고 싶다.
⑤ 나에게 딱 맞는 직업을 이미 찾았다.

**8** 이 글에서 시간 흐름을 알 수 있는 부분은 무엇입니까? (　　)

① 직업　② 두 시　③ 소방관
④ 체험관　⑤ 체험활동



국어 활동

**9** 다음 글에서 시간을 알 수 있는 말을 찾아 쓰시오.

> 이튿날 아침, 환이는 아빠와 함께 쿠리치바 시의 자전거 도로를 달렸습니다. 아빠의 등이 풍선을 집어넣은 것처럼 바람으로 풀럭입니다.
> 환이도 시원한 아침 바람을 몸에 가득 담고 신나게 달렸습니다.
> "야호!"
> 환이가 소리쳤습니다.
> 키 큰 파라나 소나무도 환이를 반기는 듯 몸을 흔들었습니다.
> "저기가 꽃의 거리야."
> 아빠와 환이는 자전거를 세워 놓고 보행자 광장인 '꽃의 거리'로 향했습니다.

(　　　　　　　　　　)

**10** 다음은 '괴산' 지역을 소개하는 글입니다. 빈칸에 들어갈 내용으로 알맞은 것은 무엇입니까? (　　)

> 괴산 지역 이름은 [　　　　]에 따라 변해 왔습니다. 고구려 때에는 '잉근내군'이라고 불리다가, 신라 경덕왕 때 '괴양군'으로 바뀌었습니다. 그 뒤 고려 시대에는 '괴주'라고 불리다가, 조선 태종 때부터는 지금 이름인 '괴산'이라는 지명으로 불렸습니다.

① 장소　② 시간
③ 사람　④ 일 차례
⑤ 원인과 결과

# 서술형 평가

## 8. 글의 흐름을 생각해요

3학년 반 점수

이름 /30점

정답과 해설 ● 57쪽

**1~2** 글을 읽고, 물음에 답하시오.

㉮ 세 번째, 실 세 가닥을 잡고 세 가닥 땋기를 합니다. 이때 자신이 원하는 길이보다 길게 땋아야 합니다.

㉯ 네 번째, 땋은 실 끝 쪽에 매듭을 짓습니다. 매듭은 첫 번째 매듭을 지을 때 사용한 방법으로 지으며, 자신이 땋은 부분이 끝나는 곳보다 좀 더 앞쪽에 짓습니다.

㉰ 첫 번째, 서로 다른 색깔 실 세 가닥을 함께 잡고 매듭을 짓습니다. 실의 3~4센티미터를 남겨 두고 실 세 가닥을 한꺼번에 잡아 작은 원을 만듭니다. 그 뒤 짧은 쪽 실 세 가닥을 아까 만든 원 쪽으로 집어넣고 당기면 쉽게 매듭을 만들 수 있습니다.

㉱ 두 번째, 셀로판테이프로 매듭 위쪽을 책상에 붙입니다. 셀로판테이프는 실 팔찌를 만드는 동안 실이 움직이거나 꼬이지 않게 고정하는 역할을 합니다.

㉲ 마지막으로, 양쪽 끝을 연결합니다.

**1** 이 글의 차례를 흐름에 맞도록 정리하고, 그렇게 정리한 까닭을 쓰시오. [6점]

| 글의 차례 | (1) → → → → |
|---|---|
| 그렇게 정리한 까닭 | (2) |

**2** 이 글과 같이 물건을 만드는 차례를 알려 주는 글을 간추리는 방법을 쓰시오. [6점]

**3** 여행하면서 일어난 일을 정리하려면 어떤 글의 흐름에 따라 간추려야 하는지 쓰시오. [6점]

**4~5** 글을 읽고, 물음에 답하시오.

디자이너 체험을 끝내자 거의 열한 시가 되었다. 우리는 제빵사 체험을 하려고 제빵 학원으로 갔다. 제빵 학원 앞에는 크게 '크림빵'이라고 적혀 있었다. 체험관 안으로 들어가자 체험관 선생님께서 밀가루를 나누어 주셨다. 체험관 선생님께서 알려 주시는 차례를 그대로 따라 해서 크림빵을 완성했다.

제빵사 체험을 마치고 나오니 거의 열두 시가 되었다. 우리 모둠은 중앙 광장에서 아까 만든 크림빵과 각자 싸 온 점심을 먹으며 다른 모둠 친구들과 체험활동 이야기를 나누었다.

**4** 이 글의 흐름을 알 수 있는 부분을 찾고, 글의 흐름에 따라 내용을 간추려 보시오. [6점]

| 시간 | 장소 | 한 일 |
|---|---|---|
| (1) | 제빵 학원 | 체험관 선생님께서 알려 주시는 순서대로 크림빵을 만들었다. |
| 열두 시 | 중앙 광장 | (2) |

**5** 이 글과 같은 흐름으로 쓸 수 있는 자신의 경험을 한 가지만 쓰시오. [6점]

## 8. 글의 흐름을 생각해요

3학년 반 점수

이름 /30점

정답과 해설 ● 57쪽

8 단원

| 관련 성취 기준 | 글의 유형을 고려하여 대강의 내용을 간추린다. |
|---|---|
| 평가 목표 | 장소 변화에 따라 글의 내용을 간추릴 수 있다. |

**1~3** 장소 변화에 따라 어떤 일이 일어났는지 생각하며 글을 읽어 봅시다.

토요일 아침 일찍 출발해서, 맨 처음 도착한 고창 관광지는 고인돌 박물관이었다. 고인돌 박물관에서는 영화와 유물들을 보면서 고인돌의 역사를 알 수 있었다. 박물관 일 층에서는 고인돌 영화를 봤고 이 층에서는 고인돌과 관련된 여러 유물을 봤다. 박물관을 다 둘러보고 나니 고인돌 박사가 된 것 같은 기분이었다.

다음으로 간 곳은 동림 저수지 야생 동식물 보호 구역이었다. 동림 저수지는 겨울 철새가 많이 찾는 곳으로 우리 가족도 혹시 철새 떼의 춤을 볼 수 있을까 하는 기대로 방문해 보았다. 그곳에서 여러 가지 설명을 읽어 보았는데, 고창군 전 지역은 2013년부터 유네스코 생물권 보존 지역으로 지정되어 환경을 해치는 행위를 해서는 안 된다는 안내도 있었다. 아주 많은 수의 철새는 아니었지만 간간이 물 위로 날아오르는 가창오리들을 구경할 수 있었다.

**1** 글쓴이가 간 장소를 차례대로 쓰시오. [10점]

( ) → ( )

**2** 글쓴이가 각 장소에서 한 일을 정리하여 쓰시오. [10점]

| 장소 | 한 일 |
|---|---|
| (1) | (2) |
| (3) | (4) |

**3** 장소 변화에 따라 이 글의 내용을 간추려 쓰시오. [10점]

3학년 반 이름 점수

**1~2** 글을 읽고, 물음에 답하시오.

> "안녕, 투루." / 투루는 풀을 질겅질겅 씹기만 할 뿐 아무 말도 하지 않았어요.
> "안녕이라고 말했잖아. 투루!"
> 투루는 꼬리를 한 번 실룩 움직일 뿐 여전히 아무 말도 하지 않았어요.
> "안녕이라고 말했잖아. 투루!"
> 무툴라는 이번에는 아주 크게 소리쳤어요.
> ㉠"그래서 어쩌라고? 이 꼬맹이야! 감히 아침 식사 하는 나를 귀찮게 해?"

**1** 무툴라는 자신의 인사에 대답하지 않는 투루를 보고 어떤 마음이 들었겠습니까? ( )

① 수줍은 마음 ② 무서운 마음
③ 속상한 마음 ④ 미안한 마음
⑤ 걱정하는 마음

**2** ㉠의 말에 알맞은 표정, 몸짓, 말투가 아닌 것은 무엇입니까? ( )

① 거만한 표정으로
② 무시하는 표정으로
③ 거들먹거리는 말투로
④ 고개를 뒤로 젖히고 큰 목소리로
⑤ 활짝 웃으며 반가워하는 목소리로

**3** 다음 글에서 호랑이의 말투로 알맞은 것을 보기 에서 골라 기호를 쓰시오.

> 호랑이: 나그네님, 저를 좀 구해 주십시오.
> 나그네: (궤짝을 들여다보고) 이크, 호랑이구려! 무슨 일이오?
> 호랑이: 나그네님, 제발 문고리를 따고 문짝을 좀 열어 주십시오.

**보기**
㉠ 화를 내는 말투로 읽는다.
㉡ 부드럽고 간절한 말투로 읽는다.

( )

**4** 다음 글의 상황에 어울리는 나그네의 말투로 알맞지 않은 것은 무엇입니까? ( )

> 나그네가 문을 열자, 호랑이가 뛰쳐나와서 나그네를 잡아먹으려고 덤빈다.
>
> 나그네: 이게 무슨 짓이오? 약속을 지키지 않고…….
> 호랑이: 하하, 궤짝 속에서 한 약속을 궤짝 밖에 나와서도 지키라는 법이 어디 있어?
> 나그네: 조금 전에 은혜를 모를 리가 있겠느냐고 하면서 애걸복걸하지 않았소?
> 호랑이: 은혜 모르기는 사람이 더하지. 그러니까 사람은 보는 대로 잡아먹어도 괜찮아.
> 나그네: 아니, 그런 법이 어디 있소? 우리, 누가 옳은지 한번 물어보세.

① 뻔뻔한 말투 ② 억울한 말투
③ 당황한 말투 ④ 깜짝 놀란 말투
⑤ 겁에 질린 말투

국어 활동

**5** 다음 글에서 개구리의 말을 읽을 때 알맞은 말투를 쓰시오.

> ㉮ 농부: (혼잣말로) 갑자기 개구리가 불쌍한 생각이 들어. (마을 사람이 가려고 하자 그 사람을 잡으며) 여보시오, 내가…… 그 개구리를 사겠소. (쌀자루를 들어 보이며) 이 쌀과 바꾸면 어떻겠소?
> 마을 사람: (깜짝 놀라며) 농담하지 마시오.
> 농부: (진지한 표정으로) 농담이 아니오. 자, 어서 바꿉시다.
> 마을 사람: (기뻐하며) 좋소. 나중에 다시 돌려 달라고나 하지 마시오.
> ㉯ 농부: (개울가에 개구리들을 풀어 주며) 어서 들어가거라. 잘 살거라.
> 개구리들: (합창하며) 농부님, 고맙습니다! 농부님, 고맙습니다!

( )

**6~8** 글을 읽고, 물음에 답하시오.

나그네: 내가 호랑이를 잡아먹으려 하는 게 아니라, 이 호랑이가 궤짝에 갇혀 있었는데 내가 살려 주었어요.
토끼: 네, 알았습니다. 그러니까 이 호랑이하고 당신이 궤짝 속에 갇혀 있었다고요?
나그네: 아니지요. 호랑이가…….
호랑이: (답답하다는 듯이 화를 내며) 왜 이렇게 말귀를 못 알아듣지? (궤짝 속으로 들어가며) 이 궤짝 속에 내가 이렇게 있었어. 내가 이렇게 갇혀 있었단 말이야. 알았지?

토끼가 얼른 달려들어 문고리를 걸어 잠근다.

토끼: (웃으면서) 이제야 알았습니다. 설명하시지 않아도 잘 알겠습니다. 호랑이님이 어떻게 이 궤짝 속에 들어갔는지 잘 알았습니다. 그럼 저는 바빠서 이만 가 보겠습니다.
나그네: (토끼를 쫓아가며) 토끼님, 대단히 고맙습니다. 이 은혜를 어떻게 갚아야 할지…….

**6** 호랑이의 말과 행동에서 알 수 있는 호랑이의 성격으로 알맞은 것은 무엇입니까? ( )

① 친절하다. ② 쾌활하다.
③ 순종적이다. ④ 화를 잘 낸다.
⑤ 꾀를 잘 낸다.

**7** 토끼가 웃으며 사라진 까닭으로 알맞은 것을 두 가지 고르시오. ( , )

① 급한 볼일이 생각났기 때문에
② 궁금한 점이 모두 해결되었기 때문에
③ 죄 없는 나그네를 구할 수 있었기 때문에
④ 나그네에게 잡아먹힐까 봐 겁이 났기 때문에
⑤ 호랑이가 자신의 꾀에 속아 다시 궤짝 속에 갇혔기 때문에

**8** 이 글의 인물에게 어울리는 표정, 몸짓, 말투를 상상했을 때 바르게 말한 친구를 모두 쓰시오.

서은: 토끼가 나그네의 말을 못 알아듣는 부분에서는 고개를 갸우뚱하는 몸짓을 하는 게 좋을 거야.
연석: 호랑이의 말은 답답하다는 표정으로 가슴을 치며 큰 목소리로 말하는 게 어울려.
민아: 토끼의 마지막 행동은 겁에 질린 표정으로 쫓기듯이 급히 나가는 몸짓으로 표현하면 좋겠어.

( )

**9** 「토끼의 재판」 연극 발표회를 준비할 때 할 일로 알맞지 않은 것은 무엇입니까? ( )

① 인물이 입장할 곳과 퇴장할 곳을 정한다.
② 인물이 설 곳과 소품을 둘 곳을 생각한다.
③ 극본에 있는 것과 반드시 똑같은 소품을 준비한다.
④ 맡은 역할에 어울리는 표정, 몸짓, 말투를 상상해 본다.
⑤ 극본에서 공연할 부분을 정하고, 친구들과 함께 역할을 나누어 맡는다.

서술형

**10** 다른 모둠의 연극 발표를 볼 때 지켜야 할 예절을 한 가지 쓰시오.

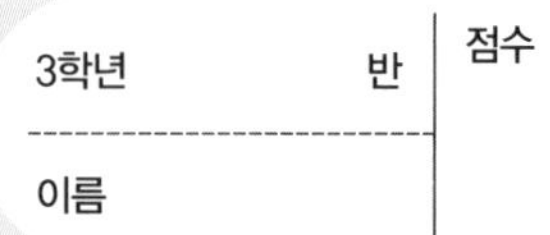

**1~2** 글을 읽고, 물음에 답하시오.

> "쿠부, 내가 안녕이라고 말했잖아!"
> "그래서 어쩌라고, 이 꼬맹이야! 감히 내 아침 잠을 방해하다니!"
> "쿠부, 그렇게 거만하게 굴 것까진 없잖아! 너는 몸집이 가장 크다고 네가 가장 힘이 센 줄 알지? ㉠난 줄다리기를 하면 널 언제든 이길 수 있어!"
> ㉡"네가? 너 같은 꼬맹이가? 푸우하하하!"
> "내일 아침, 내가 밧줄을 가져올게. 그럼 내가 얼마나 힘이 센지 알게 될 거야!"
> 무툴라가 자신만만하게 말했어요.

**1** 인물의 말에서 알 수 있는 쿠부의 성격은 어떠합니까? ( )

① 게으르다. ② 꾀가 많다.
③ 겁이 많다. ④ 잘난 체한다.
⑤ 남을 잘 돕는다.

**2** ㉠과 ㉡에 알맞은 말투를 선으로 이으시오.

(1) ㉠ •
(2) ㉡ •

• ① 깜짝 놀라는 말투
• ② 자신감 있는 말투
• ③ 비웃는 듯한 말투

**3~4** 글을 읽고, 물음에 답하시오.

> 나그네: 소나무님, 소나무님! 당신도 보셨으니까 사정을 아시지요? 호랑이가 옳습니까, 제가 옳습니까?
> 소나무: 물론 호랑이가 옳지. 왜냐하면 사람은 내가 맑은 공기를 마시게 해 주는데도 나를 마구 꺾고 베어 버리기 때문이야. 호랑이야, 얼른 잡아먹어 버려라.
> 호랑이: 자, 어때? 내가 옳지?

**3** 소나무는 나그네와 호랑이 중 누가 옳다고 했는지 쓰시오.

( )

**4** 이 글의 상황에 알맞은 나그네의 말투는 무엇입니까? ( )

① 간절한 말투 ② 미안한 말투
③ 당당한 말투 ④ 뻔뻔한 말투
⑤ 화가 난 말투

**5~7** 글을 읽고, 물음에 답하시오.

> 나그네: 토끼님, 토끼님! 재판 좀 해 주세요. 이 궤짝 속에 갇힌 호랑이를 살려 준 나하고, 살려 준 나를 잡아먹으려는 호랑이하고 누가 옳습니까?
> 토끼: (귀를 기울이고 한참 생각하다) 누가 누구를 살려 주었어요? 누가 누구를 잡아먹으려 해요? 아, 당신이 이 호랑이를 잡아먹으려고 해요?
> 나그네: 아니지요. 내가 호랑이를 잡아먹으려 하는 게 아니라, 이 호랑이가 궤짝에 갇혀 있었는데 내가 살려 주었어요.
> 토끼: 네, 알았습니다. 그러니까 이 호랑이하고 당신이 궤짝 속에 갇혀 있었다고요?
> 나그네: 아니지요. 호랑이가…….
> 호랑이: (답답하다는 듯이 화를 내며) 왜 이렇게 말귀를 못 알아듣지? (궤짝 속으로 들어가며) 이 궤짝 속에 내가 이렇게 있었어. 내가 이렇게 갇혀 있었단 말이야. 알았지?
>
> 토끼가 얼른 달려들어 문고리를 걸어 잠근다.
>
> 토끼: (웃으면서) 이제야 알았습니다. 설명하시지 않아도 잘 알겠습니다. 호랑이님이 어떻게 이 궤짝 속에 들어갔는지 잘 알았습니다. 그럼 저는 바빠서 이만 가 보겠습니다.
> 나그네: (토끼를 쫓아가며) 토끼님, 대단히 고맙습니다. 이 은혜를 어떻게 갚아야 할지…….

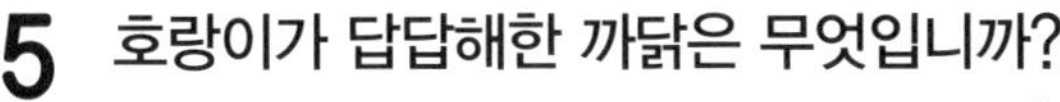



**5** 호랑이가 답답해한 까닭은 무엇입니까? ( )

① 나그네가 설명을 제대로 못해서
② 토끼가 계속 말을 이해하지 못해서
③ 토끼가 호랑이 편을 들어주지 않아서
④ 호랑이에게 말할 기회를 주지 않아서
⑤ 토끼가 재판을 해 주지 않겠다고 해서

**6** 이 글에서 다음의 표정과 말투가 어울리는 인물의 말은 무엇입니까? ( )

고마운 표정과 즐거운 말투

① "누가 누구를 잡아먹으려 해요?"
② "토끼님, 토끼님! 재판 좀 해 주세요."
③ "이제야 알았습니다. 설명하시지 않아도 잘 알겠습니다."
④ "토끼님, 대단히 고맙습니다. 이 은혜를 어떻게 갚아야 할지……."
⑤ "이 궤짝 속에 내가 이렇게 있었어. 내가 이렇게 갇혀 있었단 말이야. 알았지?"

논술형

**7** 궤짝 속에 다시 갇힌 호랑이의 마음을 표현할 때에는 어떤 표정과 몸짓이 어울릴지 상상하여 쓰시오.

국어 활동

**8** 다음 글에서 '눈'의 표정과 몸짓으로 알맞은 것에 ○표를 하시오.

눈은 노래를 부르다 말고 홍당무가 하는 말을 조용히 엿들었습니다.
"휴, 먼 곳에 살고 있는 토끼들에게 가야 하는데 눈이 너무 많이 오네. 발도 시리고 길도 보이질 않고……. 이제 눈이 그만 왔으면 좋겠어……."
눈은 믿을 수가 없었어요.
'세상에, 어떻게 나를 싫어한단 말이야? 나만 보면 모두 신이 나서 즐거워하는데……. 나만 내리면 세상이 다 깨끗하고 예뻐지는데…….'

| (1) ( ) | (2) ( ) | (3) ( ) |
|---|---|---|

**9** 「토끼의 재판」 연극 발표회를 준비할 때 알맞은 의견을 낸 친구는 누구인지 쓰시오.

윤재: 한 사람이 한 가지 역할만 맡아야 하니까 우리 모둠은 총 일곱 명이 필요해.
지호: 소품은 평소 사용하는 물건을 쓰거나 재활용품으로 간단히 만들어서 쓰자.

( )

**10** 연극을 발표할 때 꼭 지켜야 할 점으로 알맞지 않은 것은 무엇입니까? ( )

① 큰 소리로 말한다.
② 진지하게 참여한다.
③ 극본을 보고 읽지 않는다.
④ 자신이 맡은 역할을 충실히 한다.
⑤ 인물의 성격을 생각하며 알맞은 표정, 몸짓, 말투로 발표한다.

3학년 반 점수

이름 /30점

정답과 해설 ● 59쪽

**1~2** 글을 읽고, 물음에 답하시오.

"안녕, 투루."

투루는 질겅질겅 풀을 씹기만 할 뿐 아무 말도 하지 않았어요.

"안녕이라고 말했잖아. 투루!"

투루는 꼬리를 한 번 실룩 움직일 뿐 여전히 아무 말도 하지 않았어요.

"안녕이라고 말했잖아. 투루!"

무툴라는 이번에는 아주 크게 소리쳤어요.

"그래서 어쩌라고? 이 꼬맹이야! 감히 아침 식사 하는 나를 귀찮게 해?"

"투루, 그렇게 거만하게 굴 것까진 없잖아! 너는 몸집이 가장 크다고 네가 가장 힘이 센 줄 알지? 난 줄다리기를 하면 널 언제든 이길 수 있어!"

"네가? 너 같은 꼬맹이가? 흥, 푸우하하하!"

"내일 아침, 내가 밧줄을 가져올게. 그럼 내가 얼마나 힘이 센지 알게 될 거야!"

**1** 다음의 각 상황에서 무툴라의 마음은 어떠할지 짐작하여 쓰시오. [6점]

| | |
|---|---|
| (1) 투루가 인사를 받지 않을 때 | |
| (2) 투루가 거만하게 이야기할 때 | |
| (3) 투루에게 줄다리기를 하자고 말할 때 | |

**2** 인물의 말과 행동을 통해 투루의 성격을 짐작해 보고, 알맞은 표정, 몸짓, 말투를 상상하여 쓰시오. [6점]

| | |
|---|---|
| (1) 투루의 성격 | |
| (2) 상상한 표정, 몸짓, 말투 | |

**3** 다음 글을 인물의 성격과 상황에 알맞은 말투로 읽으려면 밑줄 그은 나그네의 말을 어떻게 읽어야 할지 쓰시오. [6점]

나그네: 뭐요? 문을 열어 달라고? 열어 주면 뛰쳐나와서 나를 잡아먹을 것이 아니오?

호랑이: 아닙니다. 제가 은혜를 모르고 그런 짓을 할 리가 있겠습니까? (앞발을 비비며 자꾸 절을 한다.)

나그네: <u>허허, 알았소. 설마 거짓말이야 하겠소? 내가 이 궤짝 문을 열어 주리다. 그 대신 약속을 꼭 지키시오.</u>

**4** 다음 글에 나타난 호랑이의 성격을 짐작해 보고, 알맞은 표정, 몸짓, 말투를 상상하여 쓰시오. [6점]

호랑이: (답답하다는 듯이 화를 내며) 왜 이렇게 말귀를 못 알아듣지? (궤짝 속으로 들어가며) 이 궤짝 속에 내가 이렇게 있었어. 내가 이렇게 갇혀 있었단 말이야. 알았지?

| | |
|---|---|
| (1) 호랑이의 성격 | |
| (2) 상상한 표정, 몸짓, 말투 | |

**5** 「토끼의 재판」 연극 발표회에서 맡고 싶은 역할을 고르고, 인물을 어떻게 표현하고 싶은지 쓰시오. [6점]

# 9. 작품 속 인물이 되어

3학년 반 점수

이름 /30점

정답과 해설 ● 59쪽



| 관련 성취 기준 | 재미나 감동을 느끼며 작품을 즐겨 감상하는 태도를 지닌다. |
|---|---|
| 평가 목표 | 인물의 성격을 생각하며 극본을 소리 내어 읽을 수 있다. |

**1~3** 인물의 성격과 알맞은 표정, 몸짓, 말투를 생각하며 다음 글을 읽어 봅시다.

㉮ 호랑이: (반가운 목소리로) 나그네님!
나그네: 누가 나를 부르나? (사방을 둘러본다.)
호랑이: 나그네님, 저를 좀 구해 주십시오.
나그네: (궤짝을 들여다보고) 이크, 호랑이구려! 무슨 일이오?
호랑이: 나그네님, 제발 문고리를 따고 문짝을 좀 열어 주십시오.
나그네: 뭐요? 문을 열어 달라고? 열어 주면 뛰쳐나와서 나를 잡아먹을 것이 아니오?
호랑이: 아닙니다. 제가 은혜를 모르고 그런 짓을 할 리가 있겠습니까? (앞발을 비비며 자꾸 절을 한다.)

㉯ 나그네가 문을 열자, 호랑이가 뛰쳐나와서 나그네를 잡아먹으려고 덤빈다.

나그네: 이게 무슨 짓이오? 약속을 지키지 않고…….
호랑이: 하하, 궤짝 속에서 한 약속을 궤짝 밖에 나와서도 지키라는 법이 어디 있어?
나그네: 조금 전에 은혜를 모를 리가 있겠느냐고 하면서 애걸복걸하지 않았소?
호랑이: 은혜를 모르기는 사람이 더하지. 그러니까 사람은 보는 대로 잡아먹어도 괜찮아.

**1** 글 ㉮와 ㉯에서 호랑이가 처한 상황을 쓰시오. [10점]

| 글 ㉮ | 글 ㉯ |
|---|---|
| (1) | (2) |

**2** 글 ㉮와 ㉯에 알맞은 호랑이의 표정, 몸짓, 말투를 상상하여 쓰시오. [10점]

| (1) 글 ㉮ | |
|---|---|
| (2) 글 ㉯ | |

**3** 호랑이의 말과 행동을 보고 호랑이의 성격이 어떠한지 짐작하여 쓰시오. [10점]

# 중간 평가

1. 작품을 보고 느낌을 나누어요 ~ 4. 감동을 나타내요

3학년 반 점수

이름

**1~2** 그림을 보고, 물음에 답하시오.

| 시험을 볼 수 있다는 소식을 듣고 뒷산에 홀로 올라가는 장면 | | |
|---|---|---|
| 엄마, 궁에 갈 수 있게 됐어요. | 마음 | 궁으로 가게 된 것이 무척 기쁨. |
| | 표정 | ㉠ |
| | 몸짓 | 두 손에 힘을 꼭 쥐며 |
| | 말투 | ㉡ |

1. 작품을 보고 느낌을 나누어요

**1** ㉠에 들어가기에 알맞은 인물의 표정은 무엇입니까? ( )

① 눈물을 글썽이며
② 눈을 감고 입꼬리를 내리며
③ 눈을 크게 뜨고 입을 다물며
④ 눈썹을 찡그리고 입을 다물며
⑤ 눈을 갸름하게 뜨고 입을 삐죽거리며

1. 작품을 보고 느낌을 나누어요

**2** ㉡에 들어가기에 알맞은 말투를 생각하여 쓰시오.

( )

국어 활동 1. 작품을 보고 느낌을 나누어요

**3** 다음에서 인물의 마음으로 알맞은 것은 어느 것입니까? ( )

① 즐겁다. ② 놀랍다.
③ 고맙다. ④ 재미있다.
⑤ 서운하다.

**4~5** 글을 읽고, 물음에 답하시오.

> "정말 웃기지도 않네. 우리 지렁이들은 젠체하고 살지 않아. 우리는 그냥 지렁이야."
> ㉠"너는 내가 무섭지 않니?"
> "왜 너를 무서워해야 하는데?"
> "내가 너보다 훨씬 덩치가 크니까."
> 부벨라는 당연하다는 듯이 대답했어요.

1. 작품을 보고 느낌을 나누어요

**4** 부벨라는 왜 지렁이가 자신을 무서워해야 한다고 생각했는지 쓰시오.

( )

1. 작품을 보고 느낌을 나누어요

**5** ㉠에 알맞은 표정, 몸짓, 말투를 두 가지 고르시오. ( , )

① 쪼그리고 앉아서
② 겁에 질린 표정으로
③ 자신 없는 목소리로 작게
④ 신이 나서 펄쩍펄쩍 뛰며
⑤ 놀란 표정으로 목소리를 높이며

**6~7** 글을 읽고, 물음에 답하시오.

> 둘째, 과학실에서는 절대 장난을 치면 안 됩니다. 과학실에는 깨지기 쉽거나 위험한 실험 기구가 많습니다. 장난을 치다가 유리로 만든 실험 기구가 깨지면 날카로운 유리 조각이 생겨 이 유리 조각에 사람이 다칠 수 있습니다. 또 장난을 치다가 알코올램프가 바닥에 떨어지면 과학실에 화재가 발생할 수도 있습니다.

2. 중심 생각을 찾아요

**6** 어디에서 지켜야 할 안전 수칙을 설명하고 있는 글인지 쓰시오.

( )

2. 중심 생각을 찾아요

**7** 이 글의 내용을 정리할 때 빈칸에 들어갈 알맞은 말을 쓰시오.

• 과학실에서는 절대 ( ) 을/를 치면 안 된다.

**8~10** 글을 읽고, 물음에 답하시오.

> **갯벌을 보존해야 하는 까닭**
>
> 셋째, 갯벌은 육지에서 나오는 오염 물질을 분해해 좋은 환경을 만듭니다. 갯벌은 겉으로는 그냥 진흙탕처럼 보이지만 작은 생물이 갯벌에 많이 살고 있습니다. 이 생물들은 오염 물질 분해가 잘 이루어지게 합니다. 갯벌에서 흔히 사는 갯지렁이도 오염 물질 분해를 돕습니다.

2. 중심 생각을 찾아요

**8** 갯벌에 대한 설명으로 알맞지 않은 것은 어느 것입니까? ( )

① 육지로 오염 물질을 보낸다.
② 갯벌에 작은 생물이 많이 산다.
③ 겉으로는 그냥 진흙탕처럼 보인다.
④ 오염 물질을 분해해 좋은 환경을 만든다.
⑤ 갯벌에 사는 갯지렁이도 오염 물질 분해를 돕는다.

서술형 2. 중심 생각을 찾아요

**9** 이 글의 중심 문장을 정리해 쓰시오.

______________________________

______________________________

2. 중심 생각을 찾아요

**10** 이 글의 내용으로 보아 글쓴이의 생각은 무엇일지 찾아 ○표를 하시오.

(1) 갯벌을 잘 보존하자. ( )
(2) 오염 물질을 줄이자. ( )
(3) 작은 생물을 보호하자. ( )

3. 자신의 경험을 글로 써요

**11** 다음 중 '누가'에 해당하는 것은 무엇입니까? ( )

① 5월에
② 운동회를
③ 학교 운동장에서
④ 우리 학교 학생들은
⑤ 친구들과 함께 여러 가지 운동을 해서 즐거웠다.

**12~13** 글을 읽고, 물음에 답하시오.

> ㉠"아이고,배야."
> 동생 주혁이가 끙끙 앓는 소리에 잠에서 깼다.
> "열이 39도가 넘잖아! 배도 많이 아파하고, 큰 일이네."
> 걱정스럽게 말씀하시는 아빠의 목소리도 들렸다. 나는 눈을 비비고 자리에서 일어났다.
> "아빠, 무슨 일이에요?"
> 나는 주혁이 머리맡에 앉아 계신 아빠 옆으로 다가갔다.
> "주혁이가 열이 많이 나는구나. 아무래도 장염에 걸린 것 같다. 이번 가을에만 두 번째네."

3. 자신의 경험을 글로 써요

**12** 이 글은 글쓴이의 어떤 경험을 쓴 것입니까? ( )

① 아빠께서 편찮으신 일
② 동생 주혁이가 아픈 일
③ 열이 나서 병원에 간 일
④ 동생이 자신을 간호해 준 일
⑤ 병원에 입원한 친구를 찾아간 일

3. 자신의 경험을 글로 써요

**13** ㉠"아이고,배야."를 바르게 띄어 쓰시오.

( )

국어 활동 3. 자신의 경험을 글로 써요

**14** 다음 사진을 설명하는 문장에서 띄어쓰기가 바른 것을 찾아 ○표를 하시오.

(1) 예쁜신 한 켤레 ( )
(2) 예쁜 신 한켤레 ( )
(3) 예쁜 신 한 켤레 ( )

중간 기말 평가

3. 자신의 경험을 글로 써요

**15** 자신이 일 년 동안 경험한 일 가운데에서 인상 깊은 일을 한 가지 떠올려 쓰시오.

(　　　　　　　　　　　　　　　　)

4. 감동을 나타내요

**16** 다음 그림에 어울리는 감각적 표현이 아닌 것은 어느 것입니까? (　　)

① 뻥　　② 와삭
③ 데굴데굴　　④ 왁자지껄
⑤ 요리조리

**17~18** 시를 읽고, 물음에 답하시오.

약을 먹고 나니
느릿느릿,
거북이도 들어오고
까무룩,
잠꾸러기도 들어왔다.

내 몸에
너무 많은 것들이 들어왔다.
그래서
내 몸이 아주 무거워졌다.

4. 감동을 나타내요

**17** '내' 몸이 아주 무거워진 까닭은 무엇입니까? (　　)

① 살이 쪄서
② 잠을 많이 자서
③ 게으름을 피워서
④ 밥을 많이 먹어서
⑤ 몸에 너무 많은 것들이 들어와서

4. 감동을 나타내요

**18** 감기약을 먹고 몹시 졸린 상태를 무엇이 들어왔다고 표현했는지 쓰시오.

(　　　　　　　　　　)

**19~20** 글을 읽고, 물음에 답하시오.

블링크 아저씨에게 알려 주기 위해 나는 색깔을 떠올리는 것을 찾아봤어요.
가장 초록색인 것은 맨발로 걸을 때 발가락 사이로 살살 삐져나오는 촉촉한 풀잎이에요.
가장 붉은색인 것은 할아버지 밭에서 나는 토마토 맛이에요.
가장 푸른색인 것은 옆집 수영장에서 헤엄치는 것이에요.
가장 흰 것은 여름에 푹 자고 열 시쯤에 일어났을 때예요.

4. 감동을 나타내요

**19** '나'는 색깔을 어떻게 떠올렸는지 알맞은 것을 찾아 선으로 이으시오.

(1) 초록색 • 　　• ① 옆집 수영장에서 헤엄치는 것
(2) 붉은색 • 　　• ② 할아버지 밭에서 나는 토마토 맛
(3) 푸른색 • 　　• ③ 여름에 푹 자고 열 시쯤에 일어났을 때
(4) 흰색 • 　　• ④ 맨발로 걸을 때 발가락 사이로 삐져나오는 풀잎

논술형　　4. 감동을 나타내요

**20** 이 글을 읽고 재미있거나 감동 깊었던 부분을 쓰시오.

5. 바르게 대화해요
~9. 작품 속 인물이 되어

3학년 반 점수

이름

5. 바르게 대화해요

**1** 다른 사람과 대화할 때 고려해야 할 점으로 알맞은 것을 두 가지 고르시오. ( , )

① 누구에게나 반말을 한다.
② 상대의 말을 듣지 않는다.
③ 상대가 누구인지 생각한다.
④ 자신의 기분만 생각해서 말한다.
⑤ 대화하는 목적이 무엇인지 생각한다.

**2~3** 그림을 보고, 물음에 답하시오.

5. 바르게 대화해요

**2** 승민이는 할머니께 어떤 표현을 사용해 말씀드리는지 쓰시오.

( )

5. 바르게 대화해요

**3** 승민이는 대화 태도가 어떠합니까? ( )

① 버릇없는 자세로 말하고 있다.
② 공손한 태도로 대화하고 있다.
③ 할머니를 보지 않고 말하고 있다.
④ 예의를 지키지 않고 말하고 있다.
⑤ 할머니의 말씀을 잘 듣지 않고 있다.

**4~5** 그림을 보고, 물음에 답하시오.

5. 바르게 대화해요

**4** 이 전화 대화에서 전화를 받은 사람은 누구인지 쓰시오.

( )

5. 바르게 대화해요

**5** 이 전화 대화에서 전화를 건 친구가 지켜야 할 전화 예절은 무엇입니까? ( )

① 작은 목소리로 말한다.
② 상대의 상황을 헤아린다.
③ 항상 높임 표현을 사용한다.
④ 상대가 하는 말을 끝까지 듣지 않는다.
⑤ 자신이 누구인지 밝히고 상대가 누구인지 확인한다.

**6~7** 글을 읽고, 물음에 답하시오.

> 수호네 강아지는 털이 하얗고 조그만 강아지여서 내가 아주 귀여워한다. 나는 수호 엄마께 반갑게 인사한 뒤에 수호네 강아지의 하얀 털을 조심조심 쓰다듬어 주었다. 구름을 만지는 기분이 이런 기분일까?
>
> 수호네 강아지 덕분에 오늘 하루가 행복하게 마무리되었다.

서술형 6. 마음을 담아 글을 써요

**6** '내'가 한 일은 무엇인지 쓰시오.

______________________________

______________________________

6. 마음을 담아 글을 써요

**7** '나'의 마음은 어떠합니까? ( )

① 속상하다. ② 불안하다.
③ 행복하다. ④ 자랑스럽다.
⑤ 걱정스럽다.

중간 기말 평가

국어 활동 6. 마음을 담아 글을 써요

**8** 다음 그림에서 왼쪽 여자아이의 마음으로 알맞은 것은 무엇입니까? ( )

① 슬픈 마음 ② 화나는 마음
③ 행복한 마음 ④ 신나는 마음
⑤ 부끄러운 마음

**9~10** 글을 읽고, 물음에 답하시오.

아이들은 투덜거리며 제비를 뽑았어요. 기찬이의 제비뽑기 순서가 다가왔어요. 기찬이는 '이어달리기'가 쓰인 쪽지를 뽑았어요. 울상이 된 기찬이를 보고 친구들이 몰려들었어요.

"안 봐도 질 게 뻔해!"

"어떡해! 이어달리기가 가장 점수가 높은데!"

6. 마음을 담아 글을 써요

**9** 기찬이는 어떤 경기가 쓰여 있는 쪽지를 뽑았는지 쓰시오.

( )

6. 마음을 담아 글을 써요

**10** 쪽지를 뽑고 난 뒤 기찬이의 마음은 어떠했겠습니까? ( )

① 뿌듯할 것이다.
② 이어달리기가 기대될 것이다.
③ 경기에서 이길 자신이 있었을 것이다.
④ 친구들이 응원을 해 주어 고마웠을 것이다.
⑤ 이어달리기가 가장 점수가 높은데 달리기를 잘하지 못해서 마음이 무거웠을 것이다.

**11~12** 글을 읽고, 물음에 답하시오.

국기에는 그 나라의 자연이 담겨 있어.
캐나다에는 설탕단풍 나무가 많이 자라.
설탕단풍 나무는 캐나다처럼 추운 날씨에 잘 자라거든. / 가을에 붉은색으로 단풍이 들면 얼마나 고운지 몰라.
캐나다 사람들은 설탕단풍 나무에서 나오는 즙으로 달콤한 메이플시럽을 만들어 먹기도 해.
그래서 캐나다 사람들은 국기에 빨간 단풍잎을 그려 넣었어.

7. 글을 읽고 소개해요

**11** 이 글에서 국기에 무엇이 담겨 있다고 했습니까? ( )

① 혼 ② 역사
③ 나라 이름 ④ 나라의 위치
⑤ 그 나라의 자연

7. 글을 읽고 소개해요

**12** 이와 같은 글을 읽고 친구들에게 어떤 방법으로 소개할지 쓰시오.

( )

**13~14** 글을 읽고, 물음에 답하시오.

오늘은 학교에서 『바위나리와 아기별』이라는 책을 읽었다. 앞표지에 있는 바위나리와 아기별 그림이 무척 예뻐서 내용이 궁금했기 때문이다.

7. 글을 읽고 소개해요

**13** 어떤 책을 읽고 쓴 독서 감상문인지 책 제목을 쓰시오.

( )

7. 글을 읽고 소개해요

**14** 이 부분에 나타나 있는 독서 감상문의 특징으로 알맞은 것에 ○표를 하시오.

(1) 책 내용 ( )
(2) 인상적인 부분 ( )
(3) 책을 읽게 된 까닭 ( )

**15~16** 글을 읽고, 물음에 답하시오.

감기약을 먹을 때에는 물과 함께 먹어야 합니다. 우유나 녹차, 주스와 같은 다른 음료와 함께 먹어서는 안 됩니다. 또 물 이외에 밥이나 빵을 같이 먹어서도 안 됩니다.

감기약을 먹는 시간을 놓쳤다고 다음에 두 배로 먹어서도 안 됩니다. 두 배로 먹는다고 감기약 효과가 두 배가 되지는 않습니다. 오히려 몸에 부담만 될 뿐입니다. 감기약은 정해진 양만큼만 먹어야 합니다.

8. 글의 흐름을 생각해요

**15** 감기약을 먹을 때 주의할 점은 어느 것입니까? ( )

① 감기약은 밥과 함께 먹어야 한다.
② 감기약은 우유와 함께 먹는 게 좋다.
③ 감기약은 정해진 양만큼만 먹어야 한다.
④ 감기약을 먹을 때에는 물을 마시면 안 된다.
⑤ 감기약을 먹는 시간을 놓치면 다음에 두 배로 먹어야 한다.

8. 글의 흐름을 생각해요

**16** 이 글에 대한 설명으로 알맞은 것에 ○표를 하시오.

(1) 일하는 방법을 알려 준다. ( )
(2) 일하는 차례를 알려 준다. ( )
(3) 장소 변화에 따라 일어난 일을 알려 준다. ( )

**17~18** 글을 읽고, 물음에 답하시오.

㉮ 토요일 아침 일찍 출발해서, 맨 처음 도착한 고창 관광지는 고인돌 박물관이었다. 고인돌 박물관에서는 영화와 유물들을 보면서 고인돌의 역사를 알 수 있었다.

㉯ 다음으로 간 곳은 동림 저수지 야생 동식물 보호 구역이었다. 동림 저수지는 겨울 철새가 많이 찾는 곳으로 우리 가족도 혹시 철새 떼의 춤을 볼 수 있을까 하는 기대로 방문해 보았다.

8. 글의 흐름을 생각해요

**17** 어디에서 어디로 이동했는지 쓰시오.

( ) → ( )

서술형

8. 글의 흐름을 생각해요

**18** 고인돌 박물관에서 글쓴이가 한 일을 간추려 쓰시오.

______________________________

______________________________

**19~20** 글을 읽고, 물음에 답하시오.

호랑이: ㉠네, 얼른 좀 열어 주십시오. 배가 고파서 눈이 빠질 지경입니다.

나그네가 문을 열자, 호랑이가 뛰쳐나와서 나그네를 잡아먹으려고 덤빈다.

나그네: 이게 무슨 짓이오? 약속을 지키지 않고…….
호랑이: 하하, 궤짝 속에서 한 약속을 궤짝 밖에 나와서도 지키라는 법이 어디 있어?

9. 작품 속 인물이 되어

**19** 호랑이의 말과 행동에서 알 수 있는 호랑이의 성격은 어떠한지 쓰시오.

( )

9. 작품 속 인물이 되어

**20** ㉠에 어울리는 말투는 어느 것입니까? ( )

① 간절한 말투
② 뻔뻔한 말투
③ 억울한 말투
④ 즐거운 말투
⑤ 자랑스러운 말투

1. 작품을 보고 느낌을 나누어요 ~ 9. 작품 속 인물이 되어

3학년 반 점수
이름

1. 작품을 보고 느낌을 나누어요

**1** 다음 상황에 알맞은 표정, 몸짓, 말투를 한 친구의 이름을 쓰시오.

혜미: 웃으면서 장난치듯 말했다.
진우: 진심을 담아서 진지하게 말했다.

( )

논술형 1. 작품을 보고 느낌을 나누어요

**2** 다음 인물의 표정은 어떠한지 쓰시오.

미미가 자신보다 더 유명해지고 싶어서 몰래 발레를 배웠다는 사실을 안 자두는 미안함을 느낍니다.

______________________

______________________

**3~4** 글을 읽고, 물음에 답하시오.

㉠ 가을 날씨를 나타내는 토박이말에는 '건들바람', '건들장마', '무서리', '올서리', '된서리' 같은 말이 있다. ㉡ 여름이 지나고 가을이 되면 서늘한 바람이 불고 늦가을이 되면 서리가 내린다. ㉢ 이른 가을날, 가볍고 부드럽게 건들건들 부는 서늘한 바람을 '건들바람'이라고 한다. ㉣ 이 무렵, 비가 쏟아져 내리다가 번쩍 개고 또 오다가 개는 장마를 '건들장마'라고 한다.

2. 중심 생각을 찾아요

**3** 가을에 비가 쏟아져 내리다가 번쩍 개고 또 오다가 개는 장마를 무엇이라고 하는지 쓰시오.

( )

2. 중심 생각을 찾아요

**4** ㉠~㉣ 중, 이 글의 중심 문장을 찾아 기호를 쓰시오.

( )

국어 활동 2. 중심 생각을 찾아요

**5** ㉠ '앉다'와 서로 뜻이 반대되는 말은 어느 것입니까? ( )

또한 참새가 ㉠앉거나 날거나 하는 모습이 일정한 규칙으로 반복되어 리듬감이 느껴지는데, 이렇게 구성한 데에는 그림에 많은 참새를 알맞게 그려 넣으려는 화가의 숨은 뜻이 담겨 있는 듯합니다.

① 서다 ② 쉬다 ③ 접다
④ 자다 ⑤ 펴다

**6~7** 글을 읽고, 물음에 답하시오.

"누나, 나 아파."
주혁이가 눈물이 그렁그렁한 얼굴로 말했다.
"병원 다녀오면 금방 나을 거야."
나는 주혁이의 이마에 차가운 물수건을 얹어 주었다.
마음이 아팠다. 동생이 얼른 나았으면 좋겠다.

3. 자신의 경험을 글로 써요

**6** 아픈 동생을 위해 '내'가 한 일은 무엇인지 쓰시오.

( )

3. 자신의 경험을 글로 써요

**7** '내'가 이 글을 쓴 까닭이 무엇일지 알맞은 것을 골라 기호를 쓰시오.

㉮ 학교에 안 가는 동생이 부러워서
㉯ 동생을 걱정하는 마음이 기억에 남아서
㉰ 동생이 아픈 일은 평소에도 자주 일어나는 일이어서

( )

국어 활동 3. 자신의 경험을 글로 써요

**8** 다음 그림의 상황에 알맞은 것에 ○표를 하시오.

(1) 아기가 오리를 보았다. ( )
(2) 아기 가오리를 보았다. ( )

**9~10** 글을 읽고, 물음에 답하시오.

> 나는 아저씨에게 색깔을 알려 주려고 애를 썼고, 아저씨는 내게 색깔을 연주해 주려고 애를 썼어요.
> 어떤 색은 다른 색보다 훨씬 쉬웠어요.
> 하지만 난 가끔 집에 돌아올 때에는 기운이 쭉 빠졌어요.
> 아저씨가 진짜 색깔을 볼 수 있으면 얼마나 좋을까요?

4. 감동을 나타내요

**9** '나'는 아저씨에게 무엇을 알려 드리려고 애를 썼습니까? ( )

① 색깔 ② 음악
③ 글자 ④ 점자
⑤ 피아노 연주

4. 감동을 나타내요

**10** '내'가 바란 것은 무엇이었는지 찾아 쓰시오.

( )

**11~12** 대화를 보고, 물음에 답하시오.

> 손님: 사과주스 한 잔 주세요.
> 점원: 사과주스 ㉠(나왔습니다/나오셨습니다).

5. 바르게 대화해요

**11** ㉠에 들어갈 알맞은 표현을 쓰시오.

( )

5. 바르게 대화해요

**12** 문제 11번의 답과 같은 표현을 사용해야 하는 까닭은 무엇입니까? ( )

① 손님과 친한 사이여서
② 손님이 자신보다 나이가 많아서
③ 사과주스를 높여서 표현해야 해서
④ 사물에는 높임 표현을 사용하지 않아서
⑤ 손님에게는 반말을 사용하면 안 되어서

**13~14** 글을 읽고, 물음에 답하시오.

> 1교시는 사회 시간이었다. 우리 지역의 자랑거리를 조사해서 발표하는 시간이었다.
> 우리 모둠 발표자는 나였다. 앞 모둠 발표가 거의 끝나 가자 나는 가슴이 콩닥콩닥 뛰기 시작했다.
> '어쩌지? 실수하면 안 되는데…….'
> 발표 내용이 갑자기 뒤죽박죽되는 느낌이었다.
> 우리 모둠 차례가 되었고 겨우겨우 발표를 끝내고 자리로 돌아왔다. 얼른 이 시간이 지나가면 좋겠다고 생각했다.

6. 마음을 담아 글을 써요

**13** '나'의 마음은 어떠합니까? ( )

① 즐겁다. ② 불안하다.
③ 뿌듯하다. ④ 기대된다.
⑤ 자랑스럽다.

6. 마음을 담아 글을 써요

**14** '내'가 경험한 일과 비슷한 경험을 떠올려 쓰고, 그때의 마음을 쓰시오.

중간 기말 평가

**15~16** 글을 읽고, 물음에 답하시오.

> 국기에는 그 나라의 땅이 담겨 있어.
> 미국 국기에는 줄과 별이 참 많지? 도대체 몇 개인지 한번 세어 볼까? 줄이 열세 개, 별이 오십 개야. 미국이 처음 나라를 세울 때에는 주가 열세 개였대. 열세 개의 줄은 그걸 기념하는 거야. 미국 땅이 점점 커져 주가 생길 때마다 국기의 별이 하나씩 늘어났는데 지금은 주가 오십 개라서 별도 오십 개가 된 거야. 땅과 함께 국기도 변한 거지.

7. 글을 읽고 소개해요

**15** 국기에는 무엇이 담겨 있다고 했는지 쓰시오.

( )

7. 글을 읽고 소개해요

**16** 이 글을 읽고 오른쪽 그림과 같이 책을 소개하는 방법은 무엇입니까? ( )

① 책 보여 주며 말하기
② 책갈피를 만들어 소개하기
③ 노랫말을 바꾸어 소개하기
④ 책 보물 상자를 만들어 소개하기
⑤ 알게 된 내용을 그림으로 보여 주며 소개하기

**17~19** 글을 읽고, 물음에 답하시오.

> 우리 모둠은 가장 먼저 소품 설계관으로 출발했다. 소품 설계관은 작은 소품을 설계하고 직접 만들 수 있는 곳이다. 체험학습 계획을 세울 때 민기가 "집안 어른들께 선물로 드릴 만한 물건을 만들면 좋겠어."라고 의견을 냈기 때문에 소품 설계관을 첫 번째 체험활동 장소로 정했다. 민기는 어머니께 드릴 머리끈을 만들고, 나는 할아버지께 드릴 손수건을 만들기로 했다. 내 손으로 만든 소품들이 어딘가 부족해 보였지만 기분만은 진짜 디자이너가 된 것 같아 뿌듯했다.
> 디자이너 체험을 끝내자 거의 열한 시가 되었다. 우리는 제빵사 체험을 하려고 제빵 학원으로 갔다.

서술형 8. 글의 흐름을 생각해요

**17** 가장 먼저 소품 설계관으로 가기로 결정한 까닭은 무엇인지 쓰시오.

8. 글의 흐름을 생각해요

**18** 이 글에서 시간 흐름을 알 수 있는 부분을 찾아 쓰시오.

( )

8. 글의 흐름을 생각해요

**19** 이 글에서 장소 변화를 알 수 있는 부분을 두 가지 고르시오. ( , )

① 손수건 ② 체험학습
③ 디자이너 ④ 제빵 학원
⑤ 소품 설계관

9. 작품 속 인물이 되어

**20** 다음 글의 ㉠에 어울리는 표정, 몸짓, 말투로 알맞은 것은 무엇입니까? ( )

> 쿠부의 머리가 다시 물 밖으로 나오자 무툴라는 아주 크게 소리쳤어요.
> "쿠부, 내가 안녕이라고 말했잖아!"
> "그래서 어쩌라고, 이 꼬맹이야! 감히 내 아침잠을 방해하다니!"
> "쿠부, 그렇게 거만하게 굴 것까진 없잖아! 너는 몸집이 가장 크다고 네가 가장 힘이 센 줄 알지? 난 줄다리기를 하면 널 언제든 이길 수 있어!"
> ㉠ "네가? 너 같은 꼬맹이가? 푸우하하하!"

① 부끄러운 듯 작은 목소리로
② 가소롭다는 듯이 크게 웃으며
③ 크게 입을 벌리고 하품을 하며
④ 고개를 숙이고 어쩔 줄 몰라하며
⑤ 궁금하다는 듯이 고개를 갸우뚱하며

한·끝·시·리·즈 교과서 학습부터 평가 대비까지 한 권으로 끝! 국어 공부의 진리입니다.

**대표전화** 1544-0554
**주소** 서울특별시 구로구 디지털로33길 48 대륭포스트타워 7차 20층